新生検察官論

国民の司法参加と検察官の役割

加藤康榮
著

北樹出版

は し が き

　私は，検察官として捜査公判の第一線で事件の捜査・処理と法廷活動という刑事司法の一端の任務を長く担ってきたが，その退任後は，法曹養成になる法科大学院制度の創設に伴い，刑事法系担当の実務家教員を務めるに至った。そこでは，かねて研究対象としてきた検察官の役割論も，より深く講ずる機会を得ることができた。

　21世紀の新時代に入り，国民の司法参加として裁判員制度や検察審査会法の一部改正になる起訴強制制度の導入など大きな司法制度の改革があった。私は大学の講義の過程で，勤める日本大学の紀要『日本法學』（法学部）や『法務研究』（法科大学院）に，検察官の役割についての研究結果を論点ごとに毎年のように発表してきた。そして，そのいくつかの論文をまとめて，平成20年6月には北樹出版から『適正捜査と検察官の役割（副題―適正な裁判を求めて―）』と題して上梓を得，幸いにも版を重ねた。本書は，その検察官の役割論についての前書のいわば続編になるものである。

　司法改革の動きは，その後も加速され法制審議会では取調べの可視化や一部司法取引の法制化等の審議も深められ，更には折からの検察官の証拠改ざんという驚愕の不祥事を受けて，検察においてその「再生に向けて」の検討も行うという状況の進展の中で，私もこれら問題点に関する論文を紀要に発表してきた。これら論文は，検察官の役割について，その制度の歴史，公訴権行使の実態，新生検察官としての将来像等，より基本的な問題点について論じたものであった。本書では，これら新たな論文に若干加筆修正をなした上（大幅な追加文については＊印を付し，級数を小さくして挿入），『新生検察官論（副題―国民の司法参加と検察官の役割―）』と題してまとめ，温故知新でもって今後の検察官の在り方の提示を試みたものである。

　第1章は，「刑事司法における検察官の役割」論とした。検察官の役割の歴史やその実態と，あるべき将来像など基本的な論点を詳しく論じたものである。平成27年10月から翌年6月にかけ，4回にわたって紀要に連載したものを収

4　はしがき

録した。

　第2章は，「起訴基準見直し論に対する一考察」論になる。検察官の役割論のコア部分を，裁判員制度や検察審査会法の改正になる起訴強制制度の導入との関係において，より深めて考察したものである。検察官の適正な公訴権行使としての起訴基準は，予審制度下にあった戦前から「有罪の確信」（確信基準）という極めて厳格な基準で運用してきた。しかし，新時代の要請は，公判中心主義への志向と国民の司法参加による「民意の反映」をより深化させることにあると捉え，司法改革は裁判員制度や起訴強制制度を導入するなどし，公判の活性化に加え起訴基準の弾力化を志向しているように思われる。この潮流と問題点を元検察官の立場から分析し，その受容の方向性を論じ，検察官の役割の議論がより具体的に深まることを期したものである。

　第3章は，「検察官の適正な公訴権行使と司法取引」論である。検察官が，公訴権を裁量権の範囲において訴因を設定行使する事件処理の過程で，いわば織りなす「秘められたる司法取引」は可能ではあるものの，これが顕在・明示化することで透明性のある司法取引になることから，その法制化の必要性と問題点を論じたものである。

　第4章は，「『取調べ可視化』の限界について」の議論である。取調べの可視化は，その任意性立証の上では有効な手段であるが，これを我が国が法制化するに当たっては限界があることを，主要国の例も見ながらその実際論を展開したものである。

　これら第3章の司法取引や，第4章の取調べの録音・録画の義務化の問題点は，いずれもその導入夜明け前の時期に論じたものであった。その法制化は，その後紆余曲折を経て，平成28年6月3日法54号として公布されるに至ったところである。

　第5章は，「『検察と警察の関係』について（副題—「刑事手続の警察化論」と検察官の役割—）」論を収録した。我が国の検察官は，弾劾機関（公訴官）であるとともに，これを適正に行うために第二次捜査機関としても位置づけられる「捜査する公訴官」である。そこで，戦後検察から独立して第一次捜査機関となった警察との関係は，「微妙な協力関係」ではあるが相互信頼と適度の緊張関係

を保ちつつ，過不足なく両者の職責が遂行されるべき関係性等を論じた。ほかに余り論じられていない視座からのこの関係性論は，本書の検察官の役割論展開の締め括りとして緊要な位置づけになる。

　本書が，刑事司法において刑罰権が適正に行使されるという刑訴法の目的達成のために，刑事司法のシステムを担う訴訟当事者間で応分の役割分担をポジティブに実現し，そして，そこで重要な役割を担う検察官がこれからも一層練磨を遂げていくことにおいて，些かなりともその議論進展のよすがになれば幸いと思っている。

　本書の上梓に当たっては，前書同様北樹出版の編集担当取締役の古屋幾子氏には一方ならずお世話になった。記して深謝申し上げる。

2017 年 2 月　建国記念の日

加　藤　康　榮

目　　次

第1章　刑事司法における検察官の役割……………………………12

Ⅰ　はじめに…………………………………………………………12

Ⅱ　本論考の課題……………………………………………………14

Ⅲ　刑事法制発展の歴史から学ぶべきこと………………………19

　1　英米法系と大陸法系の刑事法制の比較……………………19

　2　我が国の刑事法制の歴史的発展……………………………20

　　1　明治以前の刑事法制概観………………………………20

　　2　明治以降，終戦までの刑事法制概観…………………21

　　3　戦前の刑事法制の特徴点………………………………24

　　4　戦後の刑事法制とその運用概観………………………32

　3　刑事法制史から学ぶべきこと………………………………37

　　1　我が国の刑事手続の変遷・発展史に学ぶべきこと…37

　　2　刑事法制の歴史の分析…………………………………38

　　3　刑事司法のシステム的考察の有用性…………………40

　4　小　　括………………………………………………………44

Ⅳ　検察官の地位・役割……………………………………………48

　1　予審制度の廃止と検察官の公訴権行使の控制・チェック機能…48

　　1　予審制度の廃止から新しい検察官制度へ……………48

　　2　検察官の公訴権行使と控制・チェック機能…………51

　2　当事者主義と検察官の地位・役割…………………………53

　　1　公益の代表者・準司法官性論…………………………53

　　2　当事者主義と捜査構造における検察官の機能………57

　　3　「モデル論」の展開……………………………………61

　　4　刑事司法の現状分析における国民性論・

　　　　精密司法論と現状批判論………………………………64

目　　次　　7

　　　　5　刑事手続の日米比較論……………………………………77

　　③　検察再生とその在るべき将来像………………………………85
　　　　1　検察の在り方検討会議の提言……………………………85
　　　　2　「検察の再生」のゆくえについて………………………88
　　　　3　戦後検察の改革議論………………………………………93

　　④　近時の新たな重要法制度の導入………………………………104
　　　　1　取調べ可視化制度，一部司法取引制度等の創設…………104
　　　　2　新しい重要制度の導入が検察官の捜査・
　　　　　　公判活動へ及ぼす影響…………………………………110

　　⑤　小　　括………………………………………………………116

　Ⅴ　管見の整序……………………………………………………124

　　①　刑事司法の理念………………………………………………124
　　　　1　刑事司法の核としての実体的真実主義…………………124
　　　　2　検察官制度の在り方論……………………………………132

　　②　管見のまとめ…………………………………………………140
　　　　1　本論考の課題の確認………………………………………140
　　　　2　検察官制度の再確認とその適切な運用について………144
　　　　3　新たな重要制度導入への対応……………………………151
　　　　4　本論考の課題で指摘した7点の確認事項の整序………157

　Ⅵ　総　　括………………………………………………………168

第2章　起訴基準見直し論に対する一考察………………………175

　Ⅰ　はじめに………………………………………………………175

　Ⅱ　検察官の公訴権行使の在り方………………………………177
　　　　1　戦前の予審制度の廃止から戦後の新しい検察官制度へ………177
　　　　2　検察官の公訴権行使に対する控制・チェック機能………178
　　　　3　裁判員制度の導入及び検察審査法の起訴強制制度への
　　　　　　改正の意義と問題点……………………………………179
　　　　4　小　　括……………………………………………………182

8　目　　次

Ⅲ　起訴基準見直しへの展開······183

1　起訴するために必要な「嫌疑の程度」の基準······183

2　起訴基準見直し論を巡っての学説展望······188

3　起訴基準見直しへの管見の整序······194

Ⅳ　おわりに······200

第3章　検察官の適正な公訴権行使と司法取引······208

Ⅰ　本論考の課題······208

Ⅱ　司法取引導入の必要性と課題······209

1　取調べの有要性······209

2　全面可視化と司法取引の導入······210

3　司法取引の法的根拠と検討すべき事項······213

Ⅲ　公訴権とその運用の歴史······214

1　公訴権の内容······214

2　公訴権行使の歩み······215

3　公訴権の適正行使に係る判例······217

Ⅳ　アメリカ・ドイツにおける司法取引······221

1　アメリカの司法取引······221

2　ドイツの「合意手続」······223

Ⅴ　司法取引導入の問題点とその検討······224

1　秘められたる司法取引······224

2　約束・偽計、刑事免責等に関する判例······231

3　司法取引導入自体の問題点とその検討······245

Ⅵ　総　括······254

第4章　「取調べ可視化」の限界について······265

Ⅰ　はじめに······265

Ⅱ　取調べの適正確保とその可視化問題······266

1　我が国の刑事手続の特徴及び取調べの有要性······266

目　　次　　9

　　　　2　諸外国の取調べの録音・録画の実施の有無と捜査の実情…………268

　　　　3　取調べの録音・録画の在り方と可視化の限界…………………………275

　　　　4　検察官の役割……………………………………………………………281

　　Ⅲ　おわりに………………………………………………………………………282

第5章　「検察と警察の関係」について………………………………………………288

　　Ⅰ　本論考の課題…………………………………………………………………288

　　Ⅱ　戦前までの検察と警察の関係史……………………………………………289

　　　　1　行政警察と司法警察……………………………………………………289

　　　　2　検事の補助役としての司法警察官吏…………………………………291

　　Ⅲ　現行法の検察と警察の関係…………………………………………………294

　　　　1　現行刑訴法・警察法の誕生経緯………………………………………294

　　　　2　現行刑訴法における検察と警察の関係規定…………………………295

　　　　3　検察と警察の関係の実情とその在り方………………………………301

　　Ⅳ　刑事手続の警察化……………………………………………………………305

　　　　1　ドイツに見る「刑事手続の警察化」の問題…………………………305

　　　　2　我が国における「刑事手続の警察化」の状況………………………308

　　Ⅴ　新しい検察官の役割と準司法官論…………………………………………310

　　　　1　検察官の「新たなる客観義務」論……………………………………310

　　　　2　検察官の新準司法官論…………………………………………………312

　　　　3　新しい検察と警察の関係を目指す具体的な喫緊の課題……………316

　　Ⅵ　総　　括………………………………………………………………………317

○　初出一覧…………………………………………………………………………328

○　判例一覧…………………………………………………………………………329

○　事項索引…………………………………………………………………………331

新生検察官論

──国民の司法参加と検察官の役割──

第1章
刑事司法における検察官の役割

I　はじめに

　我が国の刑事司法は，特にこの十数年間司法制度の重要な法改正が相次いで行われている。平成16年5月の法改正では国民の司法参加としての画期的な裁判員制度や検察審査会法の「起訴議決」（起訴強制）制度が導入され，その5年後からこれら法が施行されたが，一部改善点を示しながらも既に定着化しつつある。また，平成18年10月の法改正では被疑者国選弁護制度も導入されてこれが緒に就き，その後，同制度も勾留中の全被疑者に拡大されることや，更には一定の被疑者取調べの録音・録画制度の導入，一部司法取引（捜査・公判協力型協議・合意制度及び刑事免責）制度の導入等々の法改正案が平成27年通常国会に提出され（衆議院で一部修正の上可決されたが，参議院で継続審査となり，翌28年の通常国会で成立している。），刑事司法制度の改革は飛躍的に推進されている。

　刑事司法（手続）とは，国家における適正な刑罰権行使のための制度である。その遂行の結果，治安の回復と維持に寄与することとなる。それは，警察等や検察官の捜査活動によって事件が処理され，検察官が公訴を提起した場合は，公判・判決（裁判）を経て有罪無罪が確定される。そして，確定した有罪判決の刑の執行は検察官が担任する。弁護人は，この刑事手続上の一方当事者である被疑者・被告人の補助者として，一定の真実解明に対する協力義務を負いながら刑事訴訟の遂行に協力する。また，刑事手続に関わる司法警察職員は，治安の回復維持に任じ，検察官はそれとともに，弾劾（訴追）機関として公訴権を有する。裁判所は，公訴事実の「判断」のみに任じ，治安の回復維持という行

政目的の達成は，裁判の反射効にとどまる。

　この刑事手続の過程は，狭義には，訴訟関係者による刑事の実体法，訴訟法の規律下でなされる一連の刑事手続として捉えられる。しかし，広義には刑の執行に密接に繋がる矯正や更生・保護法等の行刑法等の規律下でなされる矯正・保護の各過程がある。それぞれの過程に担任機関が配されて，専門の担い手が当時代の要請に従ってその役割・担任事務を果たしながら，その手続の工夫・改善を重ねてきた歩みがある。ところが，刑事司法には更にその周辺において密接に関わる被害者参加，非行少年の保護・処遇などの諸制度もある。また，これら刑事司法に関わる諸機関，担い手の存在は相互にその役割・機能が依存し合い，また影響し合う関係性を有することから，これらを広く「刑事司法システム」（criminal justice system）という有機的全体像の概念として俯瞰する必要がある。狭義の刑事司法を見ても，戦後のアメリカ法に倣う新憲法制定とこれに従っての刑事司法の大改革後，最近では裁判員制度の導入もあって，公判中心主義への指向徹底が図られるなどパラダイムシフトとなる司法制度改革がなされた。

　日本の刑事司法は，従来から検察が主導する「精密司法」と言われ，取調べを核にする綿密な捜査に基づき，刑事政策をも考慮した慎重な公訴権の行使によって，諸外国に比しても例がないような無罪が極めて少ない高有罪率を保って治安の維持に貢献してきた。ところが，その刑事手続の中核を担うべき検察官にあって，制度運用上の突沸現象なのか，それとも制度疲労（system fatigue）がもたらしたことによる深刻な現象なのか，証拠改ざんとその隠ぺいという，およそあってはならない不祥事に直面し（その不祥事の真の問題点は，検察官が事件の見立てに沿った不実の供述調書の作成を呼び込んでいったという事実にある。），識者による「検察の在り方検討会議」が設置され，「検察の再生に向けて」の提言を法務大臣に提出する局面に至った。このため，このような新しい裁判，検察再生を模索する時勢にあっては，四半世紀先も見越した新しい時代に対応する未来志向の改革を按ずる必要がある。そこで，長く捜査・公判に従事した元検察官の立場から，まずは刑事手続全体の在るべき姿を求めた上で，その刑事司法にあって重要な地位を占めている検察官の役割，在り方について，その

14 第1章 刑事司法における検察官の役割

原点に立ち返り，これを分析し，その改革の方向性を探ってみることは，些かなりとも意義があろうかと考えた。

　その検討の視点としては，近時，国民の司法参加になる裁判員制度を初め，取調べの可視化や一部司法取引制度の導入等の抜本的法改正がなされていることから，その志向するところを追求することが重要であることはもちろんである。しかし，検察官の公訴権行使の在り方，すなわち刑事訴追論は刑事手続全体に関わる構造論であるというべきであるから，むしろこれを機会にここで思考をリシャッフルして，まずは迂遠ではあっても刑事司法の歴史の積み重ねを辿ってその生成発展の過程から学ぶべきものと考える。そして，その到達点としての現在の法制度とその重要な法改正の経緯を検討し，更にはその運用実態を法社会学的手法で確認するという三位一体的把握法を採ることとする。また，もとより比較法的検討も加えて日本の刑事司法の特色を浮き彫りにすることも重要である。こうして，そのシステム上における検察官の立ち位置を再検討してこれをポジショニングし，その上で近時の新しい法制度の導入を踏まえてその将来像を追究するとの姿勢で本論考を整理することとした。

　なお，「国民の司法参加」と言えば，それは「司法の主体者」になるが，その対象（客体）になる者も国民の一部であるから，従来検察官が担ってきた「刑事訴追の抑制的運用」も，国民の司法参加の中で留意すべき視点となろう。

II　本論考の課題

　一国の刑事司法の実体を観察しようとするとき，その歴史の過程で生成発展してきた法制度，すなわち，弾劾（訴追）と裁判のシステム，国民参加の形態など静的な面からのアプローチが必要と思われる。また，比較法的に同様の法制度があっても，実は国民の国家（司法）に対する信頼を前提にしての制度か，それともむしろ不信感を根底に抱いての制度設計に成るのかの，その背景分析も等閑視できない。そしてその上で，その制度の運用が実際にどのようになされているかという動的な面からのアプローチが重要である。しかし，制度も運用の過程で改革されて生成発展するものである。その静的に見える制度も，動

的なその運用の日々の積み重ねから必然的に改革が求められてくる。その静的な面と動的な面とは、時に交錯しながら当時代の刑事司法の実体を表す。まさに「不易流行」なのである。

　我が国の刑事手続は国家が主体であり、国民はその客体に置かれていたが、主権在民となってからも依然として国家を信頼してその制度設計を支持しその運用を委ねてきた。それは、後発建国で発展を遂げたアメリカでの司法制度が国民の政府に対する不信を前提にしてのものと言われたのとは対照的であり、この制度のバックグラウンドの違いは大きい。このため、これまで我が国の刑事手続の各担い手や刑事司法を研究対象とする者にも、制度が国家と国民の共通のメンタリティーに立ってのものであり、国民を制度主体との観点から変動する刑事手続の活動状態を、全体としてシステム的に捉え、これを巨視的に分析して改革に供するというような動きは、必ずしも機敏ではなかったとの批判もある。本論考では、まず本格的な国民参加の時代を迎えてのこれが分析の前に、これまでの刑事司法の歴史を辿り、この一連の手続をひとつのシステム、有機的統一体として捉え、先達の研究結果に学びながら、それを基に更には刑事司法の将来を見据えて、その改革されるべき在るべき姿を検討しようとするものである。

　そこで、刑事訴訟の要諦は何なのか。この点、新刑事訴訟法の立法にも関与された團藤重光博士は、「人権の尊重，当事者主義の強化が新法の根本的な特色」と述べられ（もっとも、そこでの当事者主義のそれは「技術的当事者構成であり、職権主義の内容を当事者の形式に盛ったものだ」とされる。）、また、平野龍一博士も、「刑事訴訟で最も重要なのは、どうすれば、被告人の人権を護りながら、真実を発見することができるか，である」と指摘される[1]。この真相解明，すなわち、実体的真実主義と人権尊重・適正手続との関係は、実務においては前者を目的として捉え、後者はその手段ないし必要な手続要件として捉えるが、学説の多くは実態的に対立的併存関係として捉え、かつ人権尊重・適正手続の優位性を主張する[2]。確かに、先に触れたように、近時一部の検察官とはいえ、その真相解明という職責の遂行過程において、「正義追求者」としての自負心が昂じての驕りからか、証拠改ざんや内容の真正が疑われる捜査報告書作成など、これ

まで孜々営々として築きあげてきた検察の信頼を根底から覆すことになる，由々しき驚愕の事件を出来させた。このため，検察に対しては，その「不都合な真実」の個別的検証のほか，検察の信頼回復のため，従来の捜査・公判の手法に対し，折からの裁判員制度の導入と相まって，議論されていた取調べの可視化（録音・録画）など根源的な組織的改革論に拍車が掛けられた。この捜査・公判の刑事手続は，法と証拠に基づく真相解明による厳正な刑罰権行使の過程である。この過程において，検察官は，国家の訴追・独占主義と起訴便宜（裁量）主義の下，刑事訴訟法（以下，刑訴法）第1条の標榜する実体的真実主義の目的を実現するために，適正手続を履践しながら，被疑者を誤りなく特定し，その証拠を収集した上で起訴・不起訴の処分を決定し，その後の公判を追行する。検察官は，この「前捌き裁判」とも言い得る重要な職責を誠実に行使することによって，従来からそのレーゾン・デートルを示してきた。

　その検察官と検察組織に対しては，次のような理念・目標，職務遂行姿勢についての再構築と実現状況を確認してみたいところである。すなわち，①裁判員制度や検察審査会法の「起訴議決」（起訴強制）制度の導入，取調べの可視化（録音・録画）制度や一部司法取引制度の導入など大きな制度改革の推進に対して，検察官が外部からのチェックを待つまでもなく，自己規律的な組織的対応と今後の検察官の在り方をどのように捉えているのか。②前記の制度改革に伴って，検察官の従来からの座標軸である真相解明の理念の下で，「綿密な捜査と慎重な起訴」と「確実な公判での緻密な立証」といういわゆる「精密司法」の実態に変容を生じさせるのかどうか。また，従来からの「起訴基準」に変更はあるのか。③公益の代表者である検察官の起訴裁量権の行使が，適正な起訴・不起訴処分（率），略式手続・即決裁判手続による事件のセレクトと「核心司法」への結びつきをどうつかせていくのか。また，アメリカの刑事手続に倣って，一定の犯罪を刑事手続から外すというディヴァージョン（diversion）のセレクト手続も維持し適正に行われていくのかどうかなどの基本的な視点の確認がある。そして，司法取引などによって事件処理が公平に誤りなく実施していく柱をどう樹立していくのかなどである。そのほか，具体的な職務遂行の姿勢として，④全国検察庁の各種情報や事件処分例，あるいは法的分析例（例

えば，贈収賄罪における職務権限等）がデータベース化されていて，これが必要に応じてワンストップ的に検索され，捜査・公判に適切に活用されているのかどうか。⑤刑事司法のシステム思考からの刑事統計等による犯罪情勢の分析結果，そして刑事司法・刑事政策を俯瞰してその結果を実務の指針・運用の資料に活用することなどはなされているのかどうか。⑥検察官・検察事務官に対しては，充実した体系的研修や日常的指導が実施され，当時代の「検察の意識」が十分に共有され，人事も硬直化せず適材適所で組織発展のために闊達に実施されているのかどうか。⑦最高検察庁では，常々四半世紀先を見越した各種関連法規の改正を含めた「検察の在るべき像」の検討がなされ，これが全国の検察官に浸透されているのかどうか，などである。そして，そのいくつかは今や抜本的変革の対象になっているであろうが，例えば，前記基本的①②③の柱に関連して，事件処理を「あっさりした捜査によるおおらかな起訴」などとのアメリカ法方式への大変革を企図することはないにしても，制度改革の中で理念と座標軸の拠り所をどこに置き，具体的にどう対応していくのか。検察は今，正念場に立たされていると言えよう。そして，他の理念等についてもそれが国民の期待にとどまり既に神話化ないし，そもそも期待に基づく虚像でしかなかったりしているものがないのか，などを整理して検察再生の方途を考える必要があると思われる。

　検察官の公訴権行使は，戦前は予審制度で予審判事と検事とが役割分担をして相互チェックし，戦後は予審制度が廃止されたが，それが検察官の起訴処分においては自己チェックに委ねられ，不起訴処分に対しては，国民参加による検察審査会によるチェックが行われるようになっていた。ところが，近時は裁判員制度の実施と検察審査会法改正による不起訴処分に対する「起訴議決」（起訴強制）などの国民の司法参加になる司法制度改革があり，更には，平成27年通常国会には特定犯罪の取調べ可視化（録音・録画）や一部司法取引等の画期的な刑事訴訟法の一部改正等の法案が提出され，翌28年の通常国会で成立を見た。この刑事司法制度の大きな転換に際して，検察再生の道筋は見えてきていると言える。

　そこで本論考では，根源的な思考法をとって，第一に，我が国の刑事法制発

展の歴史を，英米法系や大陸法系を比較しながら先達の研究成果，特に旧刑訴法の母法になるフランス刑訴法が現在も維持している予審制度の改廃過程を辿って見ることとした。それは，予審制度に代わる検察官の公訴権行使のチェック機能を誰が担うべきか。それは検察官の役割に吸収させるべきか，などを考察する縁とすることにある。続いて，第二に，刑事司法全体をシステム的に捉えるべく若干の検討を行う。その上で，第三に，そこでの検察官の役割と検察運営の現状，そして最近の検察不祥事や裁判員制度，取調べ可視化制度，検察審査会法の「起訴議決」（起訴強制）制度，あるいは一部司法取引制度等の導入になる大改革の推進を契機としての，更なる四半世紀先を見越した検察の在るべき姿を検討整理し，そのことによって，パラダイムシフトとなる司法制度改革を見極めたい。最後に，元検察官の立場から，管を以て天を窺うばかりの管見ではあろうとも，あえて一顧の提言にとどまることを恐れずに，果敢に提言を試みることとした。

　團藤重光博士は「近代的刑事手続は，被告人の利益を擁護するために当事者訴訟の構造をとり，したがって刑事『訴訟』とよばれる。しかし，それはひとつの歴史的所産であって，その本質を知るためには，われわれは，まず，この歴史的発展をあとづけてみる必要がある」とされる[3]。そこで以下，まず，主として同博士や田宮裕博士らが叙述される歴史を核に辿りながら，刑事法制の発展の歴史を通史的に祖述概観することから始めたい。

　　＊　前記各改正法条（平成28年6月3日公布）の施行日は，①6月以内の施行が，弁護人選任権告知に係る教示事項の拡大，犯罪被害者等証人の保護措置の拡充，即決裁判手続却下後の再起訴要件の緩和による新たな公訴取消し制度導入，通信傍受の対象犯罪の拡大等。②2年以内の施行が，被疑者国選対象事件の拡大，捜査・公判協力型協議・合意制度及び刑事免責制度創設等。③3年以内の施行が，被疑者取調べの録音・録画制度の導入，通信傍受の暗号化による特定措置の導入である。

Ⅲ　刑事法制発展の歴史から学ぶべきこと[4]

1　英米法系と大陸法系の刑事法制の比較

　イギリスの近世後の刑事法制は，それまでの神判の裁判を禁止し，起訴陪審（大陪審）により訴追がなければ刑事手続が開始されず，更に訴追後の手続は審理陪審（小陪審）で審理されるという訴訟構造を整え，当事者主義的であり，証拠による事実認定も厳格であって，人身保護令状（Habeas Corpus）の機能が既に徹底していた。

　これに対し，フランス等欧州大陸法系は，14 世紀以降，民事・刑事責任の分化，神判の廃止等を経て糺問手続が整い，その手続法はそれなりに時代的意義を失わない発展経過であった。ところが，フランス革命（1789 年）が勃発し，国民会議から人権宣言が宣言されたことにより，イギリスの法制に倣って陪審制の採用など一時改革が進められた。それもナポレオンのクー・デター（1799 年）により，訴追官としての検察官制と予審制度が生まれ，1808 年には刑事訴訟法典が発布された。そして，その基本形が現代へと継承されてきた。つまり，大陸法系の刑事法制には，英米法系のような「無罪の推定」が，形式的にはともかく実質的には無いに等しく，糺問主義が継受されてきたと指摘される。それでも，国家訴追主義による陪審制下の形を変えた「当事者訴訟主義」になり，公開による口頭弁論・自由心証主義が行われ，革命の成果は確実に示されたものとされる。

　これは，1877 年，ドイツ刑事訴訟法にも継受されて欧州主要国における刑事手続の基本形となって根を下ろして行き，後述するようにこれが明治以降我が国にも継受されるところとなった。

20　第1章　刑事司法における検察官の役割

② 我が国の刑事法制の歴史的発展

1　明治以前の刑事法制概観

（1）　律令による刑事法制時代

　我が国では，中国の隋，唐の律令を継受することから刑事法制が始まったとされる。その継受法は，大宝律令（701年）や養老律令（757年）であり，裁判は被害者や公衆の訴えのほか官吏の糾弾によって職権主義的に刑事手続が行われた。その事実の認定法は，罪人の白状を得るか証人の証言によることとされ，拷問も一定の範囲では許されるものであった。裁判に対する不服申立ても認められ，その法制は，その後に生まれた大陸法系のカロリナ刑事法典（1532年）にも匹敵する相当に整ったものと評されている。しかし，この律令は当時代の我が国の民衆土壌(国民性)には合わず，継受法は余り生成発展することもなく，京内の犯罪者の糾弾，官吏の綱紀粛正を掌る弾正台の職制が設けられるに至った。しかし，これも平安朝時代を迎えると，新たに「検非違使庁」が置かれて，刑事法制は一変していった。それは，民衆の犯罪を捜査し，証拠を収集して犯人を弾劾後，訴訟から行刑まで行うという今の警察・検察そして裁判官等の全ての役割を担う強大な権限を有する令外官（律令制下における規定外の官職）の官署であった。しかし，その職制の内容は，必ずしも分明ではなく，職権主義，糾問主義による刑事手続であって，拷問も広く行われるようになり，これが中世・近世へと引き継がれていった。

（2）　独自の発展を遂げた江戸時代の刑事法制

　その後時代は下って，江戸時代では刑事訴訟が「吟味筋」と称されて，独自の発展を遂げた。幕府の直轄地では奉行（寺社・町・勘定の三奉行）を置いて，各所管の訴訟を担当させ（諸大名はその領地内で裁判権を有していたが，全国的に統一はされていなかった。），町奉行にあっては行政・司法・警察等を掌った。支配下の与力をして，警察事務を行う部下の町同心やその手下の岡引きを指揮して事件の捜査，罪人の探索に当たらせた上，罪人を追補・召喚し，これを糾問（取調べ）審理の上で裁判するという我が国独自の刑事手続を生み出していった。

2 明治以降，終戦までの刑事法制概観

（1） 近代的刑事法制の黎明期──治罪法及び明治刑事訴訟法初頭の時代

　我が国は，明治維新を迎えて中央集権体制を整え，四民平等化され裁判権も統一されて近代的な司法制度が生まれるところとなった。明治元年（1868年）3月に明治天皇が明治新政における基本政策5カ条（有名な「一，広く会議を興し，万機公論に決すべし」の条等の5カ条）のいわゆる五箇条御誓文を宣布し，それが翌月に政体書（組織法）として具体化され，「天下ノ権力総テコレヲ太政官ニ帰ス。則チ政令ニ途ニ出ルノ患無カラシム。太政官ノ権力ヲ分ツテ立法・行政・司法ノ三権トス。則偏重ノ患無カラシムナリ」として，司法権も三権のひとつとして独立することを目標としつつも（官吏公選制導入も謳う。），明治2年には律令系法制の弾正台や行部省（中央司法機関）の復活がなされた。しかし，これも明治4年に廃止され，これらに代わって司法省が設けられ，裁判所，検事局，明法寮の三省務を管掌することとなった。そして，明治8年（1875年）に司法権独立の礎となる大審院を頂点とし，下級裁判所としては上等裁判所・府県裁判所を置く系統的ピラミッド型の三審制になる裁判組織を制定した。また，その翌年には改定律令第318条の「凡罪ヲ断ズルハ口供結案ニ依ル」との規定を，太政官布告により，「凡ソ罪ヲ断ズルハ証ニ依ル」と改定して証拠裁判主義を掲げ，また，法定証拠主義から自由心証主義へとの改革が示された。更には，明治12年（1879年）の太政官布告において，拷問が明文を以て廃止された。この明治期の法制度は，招聘したフランスはパリ大学教授ボアソナードの指導により，民事法・刑事法とも並んで精力的に立法作業が進められた。その過程で前述の通り一時，検事制度に類するものとして律令制の弾正台を復活したこともあったが，明治5年（1872年）8月，司法職務定制を以て検事の職制を定めた。その第31条が「検事ハ裁判ヲ求ムルノ権アリテ裁判ヲ為スノ権ナシ」として，検事の公訴官としての位置づけを示した。ただ，翌年の断獄則例では「判事専ラ推問ニ任ジ，解部口供ヲ登記シ，検事傍ニ在リテ査核ス」と規定していて，検事の公訴官としての職制の内容が必ずしも分明ではなかった。ところが，明治7年の太政官達になる検事職制章程司法警察規則では，その第二章前文で「検事ハ犯人ヲ検探シ良ヲ扶ケ悪ヲ除クノ職トス」とした上，第7条で「検事ハ原

告人ト為テ刑ヲ求ムルノ権アリテ裁判ヲ為スノ権ナシ」と明記して，検事の公訴官としての位置づけをはっきりさせた。しかし，これはなお徹底せず，裁判所が検事の公訴を待たないで職権で審判を開始する例も出てきたため，明治11年（1878年）6月の司法省達により，裁判は検事の公訴がなければ開始してはならないことを徹底させ，以後これが定着した。

こうして，明治13年（1880年）7月，フランス刑事法制の継受法である治罪法が太政官布告で制定された。

同法により，検事による国家訴追主義，不告不理の原則，証拠法の制定が体系的に規定された。ただ，フランス法の影響を受けて，公訴に関しては，検事が行う場合のほか，重罪軽罪の被害者が公訴に付帯して私訴（民事原告）をなしたときは，公訴・私訴を併せて受理するものとされた（第110条）。また，現行犯事件，付帯事件及び公判廷内の事件については，不告不理の原則の例外が認められた（第113条・第276条）。治罪法の特徴点は，第一に予審制度を導入したことである（第113条以下）。この制度は，フランス革命の反動期における糺問手続の一部復活の例とされている。予審制度は，明治9年の司法省達になる糺問判事職務仮規則において，既に各府県裁判所に判事または判事補の中から糺問掛判事を置いて，一種の起訴前予審を実施していたところを，治罪法第113条では，検事の起訴後における公判準備手続としたものであった。同条では，「現行ノ重罪軽罪ヲ除ク」とするが，現行犯については検事の起訴手続を待つことなく，予審判事の検証調書の作成を以て公訴を受理したものと見做すものであって，予審が起訴後における手続であることは明らかであった。以後，この起訴後の予審制度は戦後の刑訴応急措置法で廃止されるまで続いたのであった。第二の特徴点は，弁護制度にある。まず明治5年8月，民事事件の弁護制度を司法職務定制において認め，明治9年司法省布達になる代言人規則が制定されたが，刑事弁護制度は治罪法でようやく起訴後の被告人に対する弁護制度が制定された（第266条・第378条）。第三に，上訴制度の整備がある。そして，治罪法は，明治23年（1890年）の改正の刑事訴訟法（明治刑事訴訟法，旧々刑事訴訟法とも指称される。）となったが，治罪法の上訴制度での不合理部分等は改正されたものの，治罪法の根本的な修正はなかった。

Ⅲ　刑事法制発展の歴史から学ぶべきこと　　23

（2）　明治刑事訴訟法の中期以降，大正刑事訴訟法時代

　治罪法や明治刑事訴訟法の制定・運用は，外国の近代法典（フランス法系）を導入し，これを咀嚼・注解する時代であったと言われる。その後，裁判所構成法の制定などでドイツ法系の影響を受けるようになり，そして，大正 11 年公布（1922 年法 75 号），同 13 年 1 月 1 日施行のいわゆる大正刑事訴訟法（旧刑事訴訟法とも指称される。）は，まさにドイツ法学の影響を受けたものとなった。この明治 2，30 年代以降は，やがて大正デモクラシーと言われる自由主義的風潮の昂揚期前夜，宿因となる諸々の制度や思潮の改革が大正年間に試みられた時代でもあった。刑訴法に関しても，学問として体系的，理論的に研究されるようになった。当時，実体的真実発見の指導原理の追求は「犯人必罰」となって，しばしば官憲の人権蹂躙行為が問題視され，当時の日本弁護士協会も，明治 42 年に既にこれを批判して被告人の人権擁護の声を上げた。そして，大正 3 年には「犯罪捜査に関する法律案」を作成して，捜査官の取調べに弁護人の立会いを求め，捜査書類の証拠能力を否定することなど革新的な主張をしたりした。

（3）　訴訟の基本原則――職権主義と直接主義・口頭弁論主義[5]

　戦前の刑訴法の基本原則は，大陸法に由来する職権主義であり，直接主義・口頭弁論主義であった。職権主義とは，戦後の当事者主義の対立概念になるものである。刑事手続の公判審理においては，裁判所が主宰者となり，証拠収集，証人尋問など，証拠調べ等の権限を集中的に主導して，真相究明を追行するのが訴訟原則であるところ，これは職権審理主義とも称される。当時のドイツ刑訴法の影響を受けたもので，具体的な審理追行として直接主義・口頭弁論主義の考え方も導入された。直接主義（直接審理主義）とは，「公判廷で直接に取り調べられた証拠に限って裁判の基礎とすることができる」ものとする訴訟原則である。糺問訴訟では書面に基づく判決という性格が顕著であるところ，この弊害を克服するため，フランスでは審理の公開と口頭主義の採用が，そしてドイツでは書面審理が間接的であることから直接主義の原則が示されたという経緯があって，我が国もこれに影響を受けたとされる。旧刑訴法第 343 条は，「被告人其ノ他ノ者ノ供述ヲ録取シタル書類ニシテ法令ニ依リ作成シタル訊問調書

24 第1章 刑事司法における検察官の役割

ニ非サルモノハ左ノ場合ニ限リ之ヲ證據ト為スコトヲ得」との原則を規定する
（同条での「左ノ場合」の例外の場合とは，①供述者の死亡と疾病等で供述者の訊問
ができないときのほか，②訴訟関係人に異議がないときである。）。このように，法
令による訊問調書に証拠能力が認められ，その他の例外規定も置くことから，
必ずしも直接主義が徹底されていたわけではなかったものである。また，裁判
所は直接審理において口頭によって提出された訴訟資料により，かつ当事者の
弁論（主張・立証・意見陳述）によって，審理を追行すべきとする口頭・弁論
主義と結びついていた。このため，当初直接主義も口頭主義も一体のものとし
て扱われていたとされる。しかし，直接主義は裁判所と証拠との関係を重視し
てこれを規律するものであるのに対し，口頭主義は公判廷における関係人のコ
ミュニケーションの問題であるので，両者の違いは正確に認識しておく必要が
ある。

　戦後の現行刑訴法への改正では，アメリカ法に倣って当事者主義が導入され
た。しかし，この戦前までの訴訟原則であった直接主義は必ずしも消え去った
ものではない。大きくその意義を変容させながらも，なおそれと重なる形で，
あるいは後見的に残っているものと解されている。

3　戦前の刑事法制の特徴点——予審制度と検事の公訴権
（1）　予審制度の導入とその改革案[6]
1)　予審制度については，先に治罪法の特徴点のひとつとして概観したが，予
審判事と検事の役割分担制度（相互チェック）の歴史的事実として重要なので，
ここで更に詳しく見ることとする。

　予審制度は，近世初頭からの大陸法系のアンシャン・レジュームの糺問制度
下における法制であり，当時は被疑者・証人の取調べ結果だけで直ちに判決に
至り，公判手続はなかった（職業裁判官だけによる非対審構造の秘密・書面主義）。
しかし，フランス革命後は近代的な弾劾手続に変革したが，革命期の混乱で起
訴陪審が機能せず，1808年，フランス治罪法が制定された。そこでは，イギ
リスの刑事手続における公開主義と弁論主義を取り入れたが，予審と公判との
2段階方式を採り，予審では従来通り職権主義になる糺問手続を残した。予審

判事は検事より公平であり，また衆人環視の公判での取調べよりはむしろ被告人に有利との視点と，公判における証拠保全の役割を実際上果たさせるとの趣旨から制定されたものとされる。そして，予審後の手続として自由主義・当事者主義になる公判手続を設け，このシステムが他の大陸諸国へ継受されて拡がり，我が国でも明治時代に入って，司法省達を経て当時のフランス法に倣う治罪法として採用されたのであった。そして，数次の改正を経て定着していき，戦後の現刑訴法によって廃止されるまで続いた（正確には，その直前の刑訴応急措置法で廃止が明示される。）。

この予審制度は，ドイツでは1975年まで続いた末に廃止された。しかし，フランスの予審制度は，1897年の大幅改正（弁護人の選任権が認められて予審判事の取調べにも立会うことが認められたことや記録閲覧権が認められる等相当大幅に弾劾化がなされたものであった。）を経て現在もなおこれが維持されている[7]。

我が国の治罪法では，検事または民事原告人の請求がなければ予審が開始されないと規定していたが（治罪法第113条。ただし，現行犯等の要急事件では検事の請求を待たずに予審を開始できる―第201条・第202条），これは明治23年（1890年）のいわゆる明治刑訴法では，既にドイツ法の影響を受けて民事原告人の請求による場合の予審開始が廃止され，「重罪軽罪の現行犯の場合を除くほか，検事の請求がなければ予審は開始されない」旨改正された（明治刑訴法第67条）。その後も，大正11年（1922年）のいわゆる大正刑訴法では，前記例外の「現行犯の重罪軽罪事件は予審判事が検事の公訴の提起を待たずに起訴と見做して予審が開始できる」旨の明治刑訴法第142条等の規定を削除したほか，予審制度のいくつかも改正がなされて戦後まで続いた。

予審制度下の捜査は，裁判所検事局所属の司法官である検事（または内務省所属の司法警察官）が内務省所属の司法警察吏を指揮して行うこととなっていて，実際の捜査主宰者は検事であった。しかし，形式上の捜査主宰者は予審判事であった。すなわち，規定上は現行犯等要急事件以外の強制処分は予審判事が行うこととなっており，この強制処分は，予審判事が直接または検事の請求を受けて実施することとなっていた（大正刑訴法第255条。以下，引用条文は同法による。なお，捜査機関による被疑者の取調べの明文の規定はなく，実際の活動として

任意の取調べがなされ，その聴取書の証拠能力も認められるようになった。）。検事の請求でなした強制処分の場合は，予審判事はその結果得られた書類・証拠物を検事に速やかに送付しなければならない（第256条）。予審は，検事が公訴を提起した被告人に対する被告事件を，予審判事が公判に付すべきか否かを決定するために，必要事項を取り調べることを以てその目的とし，公判においては取調べが困難と思料する事項についてまた取調べをすべきものとする（第295条）。予審判事は，公判に付するに足る犯罪の嫌疑があるときは決定を以て事実・法令の適用を摘示して被告事件を公判に付する言渡しを行い，それに足る犯罪の嫌疑がないときは決定を以て免訴の言渡しをする（第312条・第313条）。そして，弁護人の選任も従来の明治刑訴法までは予審を経た公判以後の段階で付することが認められていたが，これを被告人が公訴提起後はいつでも，すなわち予審段階から弁護人が選任できるようになった（第39条1項）。また，検事，被告人または弁護人は予審中いつでも必要とする処分を予審判事に請求できるとの規定を置き，予審自体の弁論主義化を図った（第303条）。更には，予審判事は公訴提起の被告事件について取調べを終えたときは，書類及び証拠物を検事に送付して意見を求め，検事は予審判事の取調べが不十分と認めるときは事項を指示して取調べを請求することができる（第306条・第307条）。ただ，このような公判前の実質的にはいわば捜査の二重構造になる制度は，被告人に対して取調べの煩を及ぼすことや，警察が行政執行法や違警罪即決例の行政処分の名においてこれを濫用し，検束（身柄拘束）に走る捜査上の強制処分潜脱の弊をもたらす問題が生じていた。

　予審制度の他の問題点としては，予審の目的について治罪法から旧々刑訴法（いわゆる明治刑訴法）へ改正するための法案改正理由書では，「事実発見のため必要なりとする証拠徴憑を収集すること」とされていたところ，それを旧刑訴法（いわゆる大正刑訴法）へ改正する際の理由書では，予審の目的を「判決裁判所に於ける直接審理の遂行を現実にすべきことを期して」，「被告事件を公判に付すべきか否かを決定するため捜査遂行の必要な事項を取り調べること」にあるとしてその目的の原則型を変更したことであった。すなわち，公訴官の検事ではなく，裁判官である予審判事が有罪・無罪の確信を得ないまま公判に

付するに足る犯罪の嫌疑が一応あるかないかとの，いわば中途半端な判断程度で決定することが問題であった。それは公判に付するか，または否（予審免訴）かを決するというのは，実体的真実主義を我が国刑事司法の基本柱とする以上，実務上不可解な変更と指摘されるものであった。このことは，予審が実質，検事捜査の延長であり重複であるということを示すものであった。また，予審と公判の関係も，公判を直接審理重視の「公判中心主義」の建前に従って，旧刑訴法第343条では被告人その他の者の供述を録取した訊問調書の証拠能力を制限していたのに，予審判事の訊問調書はこの制約を受けないことから，それが不可欠の証拠となり（公判では被告人や証人が容易には真実を語らない実態も背景にしていると思われるが。），その後の公判審理は，予審における審問調書裁判の実体を招いて，公判中心主義は既に形骸化していたことであった。その結果，予審での証拠収集の必要性からそれは必然的に捜査機関の捜査活動の徹底を促すこととなっていった。そして，このような屋上屋を架すような中途半端な予審制度は，「捜査機関に強制捜査権を付与して予審は廃止すべき」との流れも呼んでいき，結局予審制度が存続する間も，それは起訴前における検事の綿密な捜査と取調べの励行が前提となっていった[(8)]。

そこで，昭和9年には，時の司法大臣（小原直）が「司法制度改善」を指示し，刑事に関して，①司法警察を分離して検事に直属させること，②予審を廃止すること，③検事と警察に強制捜査権限を付与すること，④捜査機関の供述調書に証拠力を認めることの4点が司法省において検討されるようになっていた[(9)]。また，小野清一郎博士も当時「司法制度革新論」を掲げた。それは，捜査について検事と予審判事の二重性を排し，むしろ捜査権限は検事に一本化して，統一的な責任を持たせた上（検事は，司法警察吏を補助役として指揮して捜査を従来以上に主体的に適正なものとして徹底する。），任意捜査の権限はもとより強制捜査の権限をも付与することである。そのことによって，捜査，取調べは集中的になって徹底し，より事件の真相解明にも資するほか，被疑者（被告人）にとっても未決勾留が短縮されて有利である。こうして，従来の予審制度は廃止しても，その後の公判手続は既存条項を活用することを以て予審的効果を上げるものとする。すなわち，従来予審判事は，規定上は公判に付した事件には除斥さ

28 第1章 刑事司法における検察官の役割

れて関与できず，むしろ取調べの結果について証人として喚問できるかが議論されていたくらいで問題点が多く，また捜査の位置づけはともかく現実には当時「予審判事は検事の手助け（補助）をしているかの如し」の観を呈していた現状にもかんがみ，大正刑訴法第323条以下の「公判の準備手続」の規定を利用することを提言する。同条の第1項は「裁判所ハ第一回ノ公判期日ニ於ケル取調準備ノ為公判期日前被告人ノ訊問ヲ為シ又ハ部員ヲシテ之ヲ為サシムルコトヲ得」，第2項は「検事及弁護人ハ前項ノ訊問ニ立会フコトヲ得」と規定されていた。従来，この「公判準備」の手続規定は，予審制度があるために無用の長物となっていたが，これを活用し，公判手続も直接審理主義の原則を徹底して，公判中心主義を実現すべきものとする。こうして，従来の予審判事による予審の制度はこれを廃止すべきとするが，同時に裁判所にはその部員（受命判事）の準備的取調べを認めようとする特色ある予審改革論になる。ただ，証拠書類利用の例外は認めるべきであり，その範囲は陪審法の証拠取調べに関する第71条ないし第75条の規定に倣うものとする。例えば，検事の訊問調書は陪審法第73条の規定に倣い，供述者が死亡しまたは召喚し難い事情があるとき，供述者が公判において供述の重要な部分を変更したときなどにおいて証拠力を認める[10]。

　この司法省の「司法制度改善」や小野博士の予審制度の分析と提案に接するとき，まさに刑事司法をシステム的に捉える真髄が看取できるように思われる。いかに検察官と裁判官の役割を客観化して，最も事案の真相解明と被疑者・被告人の基本的人権の尊重に配意した適正な刑罰権実現の手続を設計できるかである。戦前の刑事司法を専ら古色蒼然のものと見るだけではなく，温故知新で虚心に学ぼうとすれば，予審制度の当時の「捜査の司法化」になる各担い手の制度的長所は残しつつ，余りに制度改革の振り子の振れが大きくなりすぎないよう，極大値にも走らずあくまでも当時代の国民の理解・容認度の最大公約数の範囲を見極めながら改革案を考えるとき，現代においてもこの小野博士の改革案は検討の余地があるのではないかとの視点もここでは残しておきたい。

2)　こうして，予審制度は戦後の司法権の独立，裁判官と検事の分離という大きな制度機構改革に伴って廃止されたが，検察官の地位・役割を検討する上で

は，この予審制度の母法であるフランス刑訴法が今でも予審制度を一部の改革を経ながらも維持しているところから，なおこれを更に詳しく見てみることとする。

　フランスの予審制度は，公訴権行使の前提としての捜査であり，重罪は必要的，軽罪は任意的に行われる。その予審の開始は，検事正の予審開始請求のほか被害者（私訴原告）の私訴申立てを伴う請求も認められている。予審判事は，予審被告人の取調べや対質等は自ら行い，その他の捜査は司法警察官等に共助嘱託をして行う。その捜査を遂げた結果，犯罪が成立すると判断したときは，罪種に従い重罪院，軽罪裁判所ないし違警罪裁判所等への送致決定を行い，犯罪不成立と判断すれば免訴の決定を行う。この送致決定に対して，検察官は全決定について，私訴原告は不利益決定について，そして予審被告人は重罪院送致決定について，いずれも控訴院予審弾劾部への上訴が認められる。検察官は，捜査に直接的には関与せず，予審を監視する役割を担任し，随時予審記録を閲覧し，証拠調べの請求，予審終結前の論告などを行う。弁護人は，予審判事が行う予審被告人の取調べに立会い（明確な権利放棄の意思表示がない限り必要的立会いである。），予審被告人の尋問や対質の際に自ら質問ができるほか予審記録の閲覧ができる。予審における被疑者の勾留措置としては，重罪事件が1年間，軽罪事件が4カ月間であるが，いずれもその勾留延長が認められ，その期間延長は重罪事件が6カ月ごとで罪種により最長2年ないし3年間，軽罪事件が原則1年間である。従来，勾留決定は予審判事が行っていたが，2000年の法改正で釈放勾留裁判官が行うこととなった[11]。

　しかし，最近この伝統的予審制度の根幹を揺るがすような大きな事件（ウトロー事件と称される。）が発生し問題となった。それは，2000年12月，フランスの地方都市ウトロー市で発生した被告人18名による子供に対する性的虐待等事件である。その予審における長期間にわたる被告人17名に対する捜査方法や未決勾留の妥当性等が問われた。この事件では，予審の問題点が議論となり，2005年12月，下院にウトロー事件に関する調査委員会が設置され，司法の機能不全の原因探索と再発防止策の調査活動を続け，2006年6月，その最終調査報告書が採択された。同報告書によると，問題点として，未決勾留期間の長期化

については，勾留最長期間の短縮が必要であることを指摘した。また，予審判事の問題としては，国立司法学院（我が国の司法研修所に相当する。）を修了したばかりの裁判官が単独で捜査に当たったこと，その対質や取調べに不当な点があったことなど当該事件対応の固有の問題点を列挙するなどした上，これは「合議制」で改善できるとした。そして，予審制度自体の存廃については，予審終結決定の免訴率が20％に達していて予審が常に予審被告人に不利とは言えないこと，本件では予審判事や釈放勾留裁判官の孤立という固有の問題があること，予審制度を廃止して捜査官を予審判事から検察や警察に替えても本件のような問題を回避できるものではないこと，現在の予審制度も弾劾的要素はあり，また弾劾主義的手続においては経済的に恵まれた被疑者ほどその弁護活動が手厚く有利となるという弊害があること，弾劾主義への移行では検察官を行政権力から完全に独立させなければならないことなどの諸点を挙げて，「予審制度の廃止」とまでの提言はしなかった。その結論を導く根底の理念には，真実発見のためには公平な裁判官が捜査することこそ最善の方法であるとする根強い思想があることや，予審制度の糺問主義的手続性をかえって諒とするフランスの誇り高い歴史と国民性をバックとする確固たる法文化があることなどによるものと思われる[12]。

（2）　検事（検察官）の公訴権——起訴便宜（裁量）主義

　この検事（検察官）が有する公訴権については，治罪法時代から起訴法定主義と解されていた。ところが，実際的には起訴便宜主義が取り入れられてこれが慣行化し，やがて明文化され定着していったという歴史的経緯がある。しかもこれが戦後の改正期にも変わらずに今日に至っているということである。

　我が国でも治罪法以来，当初検察官の公訴権は現在のドイツ刑訴法と同じく起訴法定主義（改正前当時は「合法主義」と称していた。）になると解されていた。ところが，明治18年には既に刑務所の定員過剰から予算不足となったため，微罪不検挙として起訴の例外を設け始め，それが拡大されていって明治41年12月には司法大臣訓令で「起訴猶予裁量」として発展させ（刑事統計年報に「起訴猶予」との欄が設けられたのは明治42年からである。），以後これが起訴便宜主

義（改正前当時は「任意主義」と称されていた。）の権限として慣行化していった。そして，大正刑訴法でこの起訴便宜主義が明文化されたものである（大正刑訴法第279条。現行刑訴法第248条もほぼ同じ規定。）。しかしその改正案は，なかなか成立せず数次にわたる法案提出の末に成立した。その大正の初めの改正案の第289条では，「検事ハ犯罪ノ情状ニ因リ訴追ヲ必要トセサルトキハ公訴ヲ提起セサルコトヲ得」と規定し，これに先立って第285条1項として「検事犯罪ノ情状ニ因リ被告人ニ対シ不起訴処分ヲ為シタル場合ニ於テ其処分時ヨリ2年ヲ経過シタルトキハ同一事件ニ付キ之ヲ予審ノ被告人ト為シ又ハ之ニ対シ公訴ヲ提起スルコトヲ得ス」との規定も置いた。これに対しては，当時大審院検事局は，これは公訴提起について合法主義を採用するものではなく，他の規定の趣旨，殊に右改正案第285条で既に明らかだから特に本条（第289条案）を設けてこれを宣示する必要はないとの意見を表明した。また，大審院（裁判所）は，本改正案の如く絶大な権限を検事に認めるのは世界無類であること，被害者の告訴権の効力の減殺甚だしいこと，訴追権の行使不行使の当否に関し政治上の責任問題を喚起すること，のみならず刑罰権の運用に対する人心の信服を害するおそれがあることなどの理由を上げてその明文化に異議を唱えた。また，弁護士会（神戸）も，訴追必要の有無をひとり検事の判断に委ねるとするならば，国家の刑罰権は検事の左右するところとなり，生殺与奪の権は全く掌中に帰するという不合理が生ずること，したがって犯罪があれば必ず起訴して裁判所が科刑上執行猶予の手段によりあるいは免訴の規定を設けることがよいなどとして改正案に反対していた。そして学者側からも，法定主義を採った上で予審を経た重大事件では裁判所が起訴不起訴を決する主義とするとか，法文で絶対に起訴すべき犯罪と起訴不起訴の判断を検事の任意とする犯罪とに区分すべきとか，あるいは現行法の準起訴手続によるべきとの案などが提言されていた。こうして，結局大正10年の準備草案が基になって帝国議会で成案（第279条「犯人ノ性格，年齢及境遇並犯罪ノ情状及犯罪後ノ情況ニ因リ訴追ヲ必要トセサルトキハ公訴ヲ提起セサルコトヲ得」）として成立したという明文化の経緯も確認しておくべきであろう[13]。この起訴便宜主義の明文化直前には，大隈重信内閣の大浦兼武農商務大臣が法案成立のために代議士を買収した事件の処理を巡って，検

察が司法大臣の指揮指導によってその起訴を断念したことから，大方の批判を受けたという時代背景もあったことである[14]。したがって，この起訴便宜主義を敢えて明文化すれば，検察がその処分の責任を一身に背負うこととなるとの懸念が大審院の検事局にあり，また裁判所の反対意見の含意でもあったと解され，しかしそれでも当時の明文化の提案理由にもあったが，この起訴便宜主義は慣行化して定着しており，明治後期以降の長い実務の積み重ねで基準も固まって妥当な運用がなされていたものである。

このように，我が国の公訴権行使の歴史は，起訴便宜主義を長年にわたって適切に行使してきたものであった。

4 戦後の刑事法制とその運用概観
（1） 予審制度廃止後の改正現行刑事訴訟法の骨子

予審制度はフランスでは紆余曲折を経ながらもなお現代に生きているが，我が国では昭和20年（1945年）8月の終戦から僅か3年後には，旧刑訴法（大正刑訴法）を廃止しないまま，その全面改正法（現行刑訴法）を制定する過程で廃止された。

昭和22年5月には改正刑訴法の施行までの間の繋ぎ法として，刑訴応急措置法（日本国憲法の施行に伴う刑訴法の応急的措置に関する法律。法76号―憲法第31条から第40条までの刑事手続に関する規定に対応する時限立法）が制定され，現行の刑訴法は，昭和23年法131号により公布され，翌年1月1日施行されるに至った。同法の骨格は，「大陸法系の法制を継受する旧法に，英米法の重要な理念を接ぎ木したもの」と一般的に評されるものであった。その顕著な点として，①公判における当事者主義の強化，②令状主義（捜査機関の強制処分に対する裁判官の令状審査），③勾留に対する理由開示の規定，④証拠法の厳格化（伝聞法則，自白法則・補強法則等），⑤上訴制度の改革，⑥略式手続の制限，⑦私訴の廃止，などである。また，刑訴応急措置法で既に予審制度や不利益再審制度（旧法の再審制度は，被告人に利益な再審ばかりでなく，不利益な再審も認める制度であった。）が廃止されて，これが新刑訴法で制定された。なお，陪審制度は大正12年に制定され（1923年法50号の陪審法），5年間の周知期間を経

て15年間施行されたが，戦時中から停止されている（昭和18年—1943年法88号。
陪審法ノ停止ニ関スル法律）。他方，同制度とは別に裁判員制度（平成16年—2004
年法63号。裁判員の参加する刑事裁判に関する法律）が，平成21年5月から実施
されている。英米法の証拠法等は陪審制度を前提としているところ，我が国も
裁判員制度が導入されたことにより，アメリカ法の当事者主義等の実現がより
実際的になったと言えよう。

（2） 現行刑事訴訟法への改正までの，GHQとのせめぎ合い

　戦後の刑訴法の改正過程を見るとき，GHQ担当部の「刑事訴訟法手続の改
正について」のステイトメントでは，「人民を警察官，検察官及び裁判官の恣
意的な行為から護り，又人民に法と迅速な司法の運営との保護を与える」もの
という東洋文明の後進性の観念を背景とする指示であった。ここで意外な歴史
的事実として，我が国の準備した刑訴法改正第九次案の交互尋問制度（第267
条案）と有罪答弁制度（第261条・第262条）がGHQ側から拒否されていたと
いうことであった。前者は，我が国が当事者主義を主張し，GHQ側が職権主
義を主張したこととなるが，それは当時既にGHQ側自身がアメリカ的当事者
主義への不信を抱いていて，日本への移植に危惧感を持ったからとの見方があ
り（交互尋問は，現行法第304条1項でGHQ側の指示に従った規定として，3項で
その例外変更を許す規定とした上，その後規則第199条の2以下の追加で交互尋問
を原則として実質的に当事者主義化した経緯がある。），また，有罪答弁制度につ
いては，日本案の第261条では「検察官は，まず，被告事件の要旨を陳述しな
ければならない。裁判長は前項の陳述が終った後，被告人に対し，その事件に
ついての答弁を求めなければならない」，第262条では「被告人が有罪の答弁
をした場合において，裁判所は，その答弁が被告事件を理解した上自由な意見
に基いてされたものと認め，且つ他の資料をも考察してその答弁が真実に合す
るものと認めるときは，被告事件について犯罪の証明があった旨の決定をする
ことができる。但し，死刑にあたる事件についてはこの限りでない—第1項。（第
2項の記載省略）」と英米法で定着していたアレインメント制度の導入であった
が，被告人の人権保障を理由にGHQ側からその採用を拒否され，別に訴因制

34　第1章　刑事司法における検察官の役割

度を提示されてこれが導入されるに至った経緯があった。結局，日本側が職権主義的な大陸法の伝統を盾に拒否したわけではなかったことや，当事者主義化も「英米法の当事者主義化」ではないとの見方もある[15]。

　このような法改正の攻防の中，GHQ 側は，我が国に対し公判前手続に関してのアメリカ流の提案もしており，その中には予備審問も含まれていた。その内容は，被逮捕者の取扱いにつき，これを釈放しない限り逮捕時から 24 時間以内に判事または予審判事の面前に連れて行くこと，そしてその場で検察官は公訴を行い，判事または予審判事は被告人に公訴事実，及び弁護人選任権を告げた上，逮捕の適法性と被告人が有罪判決を受けることがプロバブル（蓋然性）であるとするに十分な理由があるかを吟味すること，こうしてこれらの点が確認されれば，検察官の請求により裁判官は公判に付し被告人を勾留するとするものであった。この予備審問は，特に警察官が捜査，公訴を行うような行政型公判前手続においての「司法的チェック」ないし「司法的フィルター」であり，証拠を保全し証人を国家の支配の中に保っておく機能を有するが，糾問的証拠収集から警察の発達によって治安判事と警察とが分化した経過を辿る制度とされ，採用している英米では必ずしも評判がよくないとされていた。この予備審問の導入は，起訴ないし公判に対する嫌疑の程度の基本的考え方を巡って綱引きがあり，我が国では予審制度を採っていても，その実質は「検事が十分な捜査を遂げて実体的真実を解明し，有罪の確信を得た上で起訴する」との手続を重ねていたことから，この予備審問制度の導入には至らなかった。こうして我が国の刑事手続は，検察官の起訴便宜主義を旧刑訴法から既に採用し，かつ戦後になって予審制度も廃止したことで，大陸法からやや遠ざかり，戦後の刑訴法の改正時に交互尋問や有罪答弁の制度を目指して GHQ から拒否される一方で，訴因制度の提言は受け入れつつ予備審問は拒否することで英米法からも一定の距離を置いた[16]。

（3）　戦後の改正（現行）刑事訴訟法における予審制度の廃止と検察官

⑴　予審制度の廃止に伴う予備審問案　　ここで，予審制度の内容を整理すれば，同制度は検事が当時から実際は強制処分を自由に活用して糾問的捜査手続

Ⅲ　刑事法制発展の歴史から学ぶべきこと　　35

を主宰していたこと，したがって，予審が捜査の代替的機能を果たし，検事が
予審調書を通じて予審後の公判をも事実上間接的に支配していたという「検事
（検察官）司法」の実体にあったと位置づける訴訟構造観がある。そして，形
式的真実主義を基調とするアメリカ法の当事者主義の導入になる現行刑訴法の
誕生は，それまでの職権主義の旧刑訴法から，鮮やかな純正の弾劾主義訴訟構
造への変革を目指したものであったと評することとなろう。青柳文雄教授も，
旧刑訴法の下における予審が被告人を公判に付する嫌疑があるかどうかを迅速
に決定する制度として制定されながら，その運用において，「検察官の手足と
して証拠を集取するようなことに帰着し，そのために迅速な訴訟の要請に矛盾
し，また公判中心主義が軽視されることになった」と分析された。その原因と
しては，①旧刑訴法発足当時の自由主義思潮が昭和の初頭から急速に国家主義
思潮へと転換し，それが本来刑罰を以て臨むべきでない思想統制にまで及んだ
こと，②裁判官が司法大臣の監督下にあり，また検察官による控制の手段も認
められていたこと，③訴訟の遅延，長期間にわたる勾留，公判における口頭弁
論主義の軽視の傾向等，予審制度に内在する欠陥も軽視することができなかっ
たことなどを指摘された。そして，刑訴応急措置法で予審制度が廃止された後，
GHQ 側から一種のプリ・トライアル制度—予備審問（裁判官に対して，勾留中の
被告人の事件を公判に付する嫌疑があるかどうかの決定を求める権利を与える。）制
度が示唆されたが，裁判所側が旧予審制度の記憶が新しい際にそれと同じ運用
になるおそれがあるとして反対したため，この案が撤回されたとの歴史的経緯
も明らかにされている[17]。

　(2)　**予審判事の役割の検察官への移行論**　　こうして，予審制度が廃止された
後は，一見するとその役割が「検察官」（現行刑訴法から従来の検事のほか副検
事制度が創設され，両者を「検察官」と称する。）へ移行したようにも評される。
例えば，検察官調書は証拠能力の点で予審判事の作成する予審調書の代替にな
る制度（刑訴法第 321 条 1 項 2 号書面）も挙げられよう。

　しかし，新しい組織は，従来の判事と検事が同じ司法官として司法省に属し
ていたのが両者分離され，「裁判所」は最高裁判所を頂点にしてその司法権の
独立が名実ともに実現した。また，検事はそのまま司法省所属で新しくその特

36　第 1 章　刑事司法における検察官の役割

別の機関として裁判所組織に対応する独立性の強い最高検察庁を頂点とする「検察庁」組織を創設した（検察庁法—昭和 22 年 4 月 16 日法 61 号で公布し，日本国憲法施行の同年 5 月 3 日から合わせて施行）。ただ，検察官については当初 GHQ から任期制や公選制の導入が提案されたが，余りに我が国の歴史と国民性にそぐわないことから，代わりに検察官の活動を控制する制度として検察審査会法が制定された。そして，検事の補助役にとどまっていた警察官吏は，第一次捜査機関としていわばこれも独立した（警察のほか各内務行政を管轄していた巨大中央官庁の内務省は解体されて，その所管事務に従って各省に分かれた。）。この警察組織は，その固有の行政警察事務を所管し，司法警察事務も兼ねるところの組織としたが，一時は地方分権を重視するアメリカに倣い自治体警察と国家警察の併存警察組織とされた。しかし，その実施後これが我が国の土壌には馴染まず弊害が多かったことから，昭和 29 年法 162 号制定の警察法により，各都道府県公安委員会管理下の都道府県単位の各警察本部と，これを指揮・監督する国家公安委員会管理下の「警察庁」を頂点とする全国組織としてリニューアルした。

　検察官は，第一次捜査機関の警察等とともに第二次捜査機関として捜査権限を有し（刑訴法第 191 条 1 項），逮捕された被疑者の勾留請求権を有し（刑訴法第 204 条・第 205 条・第 208 条等），公訴権を原則独占して起訴裁量権を有することから（これを従来から「起訴便宜主義」という—刑訴法第 247 条・第 248 条等），捜査の主宰者として重要な権限を有する。その捜査権限の行使は，任意捜査が原則であり，強制捜査は「強制処分法定主義」に従い，具体的には「令状主義」による（憲法第 31 条・第 33 条・第 35 条，刑訴法第 197 条 1 項・第 199 条・第 218 条等）。戦前の大正刑訴法では，強制捜査権限は現行犯等要急事件を除き予審判事が有していた。検事が強制処分を必要とする場合は，予審判事に請求して予審判事がこれを実施するものであったことは先に見た通りである。予審判事が捜査を主宰するのは，糺問的手続であるから，この廃止は弾劾主義・当事者主義を徹底させることであった。ただ，検察官が司法官でなくなった以上，令状発付の権限を付与できないことから，逮捕等強制処分の種別の指定は立法機関が行い，その具体的な実施に関しては裁判官の令状審査を要するとの方式が採用された[18]。

Ⅲ　刑事法制発展の歴史から学ぶべきこと　　37

③　刑事法制史から学ぶべきこと

1　我が国の刑事手続の変遷・発展史に学ぶべきこと

　我が国の刑事法制史は律令制の導入に始まるが，この刑事手続の歴史的な変遷・発展状況を見るとき，我が国で共通する各時代の法制の運用は，いずれも他国の継受法を受容しながら，当時代の国民がこれを使いこなしてきた。例えば，弾正台から検非違使庁制を設けて独自の法制を生み出したり，明治以降も近代化，欧化主義の文明開化思潮の中で大陸法系の制度を輸入しながら起訴法定主義は，当初国費削減の必要性から明治18年の司法大臣訓示により微罪処分としての不検挙とし，その後は特別予防によって社会防衛を図るという新派刑法学の影響を受けて，刑事政策的処分の役割を発揮すべく，起訴便宜主義の慣行へと舵を切り，その後法改正をもってそれを確立させたりするなど独自の受容ぶりを示してきた。そして，現行刑訴法の運用においても，当事者主義などの実践において，捜査段階における詳細な供述の調書を活用するなど，いわゆる「精密司法」の手法によって，法制度を換骨奪胎して受容していることなどは，注目すべきことである。まさに「凡そ法律制度は其の成立する時代の社会的地盤をはなれて之を考へることは出来ない。一国の法律はその国民的乃至民族的精神形態とその時代的要求とを表現するものであらねばならない。特に刑法と刑事司法とは正に一国の倫理的・政治的要求の具現である」（小野清一郎博士[19]）と言える。

　こうして，これまで先達が見出した刑事手続の歴史から学び得るのは，それが時代を重ねて徐々に洗練され各国の当時代の国民性の違いの中で揉まれ，一部独自性を発揮しながら融合し根づいていくという歴史的過程の事実である。事件の真相解明に急な余りの拷問が横行し，冤罪も生まれるべくして生まれるような「目的のためには手段を選ばず」というような荒っぽい時代も続いた。しかし，世界では文明・文化の発展と民主化から，やがてこのような前時代的な手続の様相は，革命を経るなどして当時代の国民の願望を結集し，人権尊重と適正手続が重視される時代へと入って行くという息の長い歴史の流れでもあった。

2 刑事法制の歴史の分析──その連続性と非連続性

（1） 現行法の旧法との連続性と非連続性

　松尾浩也教授は，旧刑訴法は①裁判手続の二元性公判手続のほか略式手続も単独法で制定（大正2年制定の刑事略式手続法）して，裁判所の負担軽減を図っていたこと，②捜査の司法化とその後退─予審制度は，「多分に捜査の代行であったから，その意味で捜査は『司法化』されていた」こと，しかし，現行犯や要急事件の強制処分権が検察官に認められ，「予審判事の権限が実際上縮小される方向にあった」こと，③捜査の優越的地位─捜査段階では被疑者は取調べの対象という色彩が強く，その身柄拘束を行政法規（行政執行法による検束，違警罪即決例による拘留）の濫用で運用するなど捜査の優位性が顕著であったこと，④公訴提起の裁量制─起訴便宜主義が慣行から明文化となり，「ドイツ刑事訴訟法に対する意識的な造反という意味（その証人の捜査段階での供述調書は刑訴法第326条の同意書面となっている。）でも，注目すべき発展であった」こと，⑤公判手続の職権主義と書面の許容─公判手続は，ドイツ法と同じく職権主義，書面審理が緩やかである点で間接審理的であり，直接審理主義の採否は結局実現しなかったことなどを挙げる。そして，現行法への過程では，司法制度改善策として(i)訴訟の迅速化，(ii)人権蹂躙の根絶の2点に集約化しつつ，更にその達成方策として，(iii)予審の廃止及び検察権強化，(iv)裁判所と検事局との分離及び裁判所の独立性の強化，(v)司法警察と行政警察の分離及び前者の検察直属化の改革案があったことを指摘する。こうして，予審の廃止や公判準備の拡充強化，検事及び司法警察官に広汎な強制捜査権限を認めたことや令状主義，起訴状一本主義及び訴因制度の採用など大きな改革の歴史を整理しながら，そこには新旧の「法の連続と非連続性」があり，その範型となるアメリカの制度とは「似ても似つかぬ」ものとなっている，とされる[20]。

　また，田宮裕博士は，明治維新後の刑事法制は大陸法系の継受になる法制が続いたが，治罪法，そして同法のいわば第一次的改正になる，いわゆる明治刑訴法（旧々刑訴法）を経て，いわば第二次的改正になるいわゆる大正刑訴法（旧刑訴法）からはドイツ法を継受して新旧法の「連続」と「不連続」の改正の連続の歴史であったことを指摘される。そしてそれが，戦後のアメリカ法の基本

的理念を従来の旧刑訴法の原型に接ぎ木をする法制になる現行刑訴法へと変遷する過程を概観して，その戦後の現行刑訴法も「改正法」の形を採るが，それは既に西欧法の思想・法原理がそれなりに定着していたことからできたものと評されるのである[21]。そして，我が国の大陸法型に倣う明治時代からの治罪法以後の近代的刑訴法の特徴について，最大公約数的に言えば，国対被告人の二面構造による職権主義の訴訟であるとされる。それは，①裁判所と検察官の関係は，訴追者たる検察官は「当事者」（被告人と並ぶ原告）ではなく，裁判の監視役たるを本質とするので，訴追と裁判の分離は形式にとどまり，実質は未分化であったこと，②職権（審理）主義として，証拠の収集・取調べは裁判所の職権によって施行されていたこと，③被告人の地位は，被告人の人格的主体性の承認は弱く，したがって訴訟法上の権利保障も十分とは言えなかったことなどを指摘される。そして，旧法から戦後の現行法への移行は，モデル論的には，まさに大陸法型の職権主義訴訟から英米法型の当事者主義訴訟への転換を意味し，これを前記旧法の特色に対応させて見れば，前記①の裁判所と検察官の関係は，その機能が分離したこと，つまり訴因制度により，訴訟物の範囲は当事者たる検察官の決定するところとなり，他方で，起訴状一本主義の採用により，裁判所の判断者たる地位が純化したので，訴追と裁判の機能が分離され，弾劾方式が実質化した。前記②の職権主義は，それが当事者追行主義に変わったこと，すなわち，旧刑訴法では証拠調べの客体として供述が強制されるのが実体とされていた被告人訊問の廃止，伝聞法則の採用等により，当事者による証拠提出等が原則とされた。前記③の被告人の地位は，その人格的主体性が承認されたこと，すなわち黙秘権，弁護権を初め，被告人の訴訟法上の権利保障が前進したことなどとされる[22]。

（2） 多様な歴史的分析の方法論

　刑訴法の歴史的分析の方法論として，小田中聰樹教授は，刑事手続の法現象，とりわけ刑訴法は，歴史を見ると国家権力の歴史的性格の変化に極めて敏感に反応ないし対応して変化し発展してきたとした上，このことは「刑事訴訟法が刑事手続における国家と市民との関係を律する法規範であり，『国家権力の端

40 第1章 刑事司法における検察官の役割

的な発現』(團藤重光)を保障する法規範であることからみて当然といっていいであろうが,問題は,このような両者の対応関係がいかに歴史的必然的に成立し発展するかを分析し把握することであり,これこそ歴史的分析の重要な課題であるといえよう」「この両者の対応関係は,国家権力側の『刑事手続政策』と,これに対抗して展開される『刑事手続における人権保護要求運動』,すなわち刑事手続の自由主義的改革運動とを媒介項として設定し,両者の運動面および理論面における対抗と交錯の諸様相を分析することによって,より精密に分析し把握されえよう」とされる[23]。

　また,川崎英明教授は,戦前の刑事手続理論の流れを,次の3つに分析される。すなわち,①予審廃止論などを展開された小野清一郎博士の理論を「糺問主義的検察官司法を理論化した権力主義的刑事手続理論」と位置づけた。これに対し,②これを批判する弁護士らを「国民」法曹の担い手として,その主張を人権主義的改革論とし,これを理論的に昇華しようとする自由主義的刑事手続法理論だとする。また,③これらと一線を画して職権主義的刑事手続理論を追求したのが團藤重光博士であるとした。その上で,前記①は敗戦とともにその基盤を失い,前記②も形成に至っておらず,こうして,前記③の團藤理論が必然的に戦後の刑事訴訟法学の出発点となったと評する[24]。

　このように,刑事法制度の歴史からは多くのことを学び,立場により様々に分析評価を加え得るが,その刑事手続の分析と改革のためには,分断的でなく,連綿として続いてきた一国の制度の歴史と当時代を背景として行われてきた制度全体をシステム的・統一的に観察し,その連続性と非連続性にある実態を鋭く分析することが肝要であると言える。

　そこで,次にはそのような視点から,鳥瞰図を描くように刑事司法をその「システム観」の手法を以て検討する。

3　刑事司法のシステム的考察の有用性[25]

（1）　刑事司法のシステム的把握の思考

　刑事司法システム観とは,刑事手続には,司法警察職員の第一次捜査機関と捜査・公訴機関であり,裁判の一方当事者である検察官,これと対立する当事

者の被疑者・被告人の弁護人，そして裁判官・裁判員，あるいは参加被害者や検察審査員ら多くの訴訟関係者らが関与する。これら関係者が適正な刑罰権の実現という共通の目的に向けて協働する関係図は，その手続の表裏・相互作用を分断することなく全体的統一体としてシステム的に把握する。そのことが制度の本質，在り方や改善点を客観的に見極めるための効果的，かつ相当な方法と言えよう。このシステム的把握は，企業でも鉄道・航空事業等々巨大システムは多いが，安全性や定時運行等いかにそのシステム全体が役割分担し，しかもその連携を確実に遂げながら求められる目的・結果を生んでいるか，その見るべき共通課題は多い。

　刑事司法におけるシステム的思考は，もともと犯罪統計も不備な状態であったアメリカにおいて，1967年，大統領委員会報告書が刊行されたことを契機として着眼され始めた手法と言われている。それは，刑事司法システムの全体を調査対象として，警察・裁判所それに矯正へとの事件の流れの全体像を把握しようとするものであった。もっとも，アメリカは50の州による連邦制を採っており，二重の統治機構になる合衆国であるから，各州には刑事司法の法文化や制度運用の違いがあって，これをシステム的に把握することは刑罰権実現の統一を図る上でも必然のことであったと言えよう[26]。1961年のアメリカ連邦最高裁判決のマップ事件（不合理な捜索押収を禁止するアメリカ連邦憲法修正第4条に違反する違法収集証拠の排除判決で，この判決が同憲法修正第14条の適正手続条項をもって各州事件にも適用するとした判決になる。）や，1966年のミランダ事件（被疑者に対する黙秘権と弁護人依頼権の十分な告知を命じる判決）等が，アメリカ連邦憲法による各州手続に対する規制というアメリカの刑事手続の構造をシステム的に把握することにおいて大きな貢献をなし，我が国への影響も大きかったと言える。

（2）　我が国の刑事司法システム観

⑴　**事件統計からの分析法**　　刑事司法をシステム的に捉えるという思考は，我が国では明治以降に事件統計を行うことで既にその一部は顕れていた。明治8年（1875年），司法省は「刑事綜計表」（その3年後からは「刑事統計年報」と

42　第 1 章　刑事司法における検察官の役割

改め）を始めて，事件統計によって犯罪情勢や刑務所の収容人員を把握し，そ
れが軽微事件の不検挙や刑事略式手続法（大正 2 年—1913 年），あるいは検事の
起訴便宜主義制度の導入に繋がり（大正 11 年—1922 年旧刑訴法第 279 条で明文化），
戦後に至っている。ただ，これは自覚的なシステム思考ではなく，法社会学的
観点からの追究も意識的にはなされていなかったと見られている。戦後の昭和
20 年（1945 年）以降は，刑事司法改革が始まり，その後も新しい刑事訴訟法
の下で刑事統計は継続し，昭和 35 年（1960 年）にはその前年に生まれた法務
省法務総合研究所から『犯罪白書』が創刊され，当時の増加・凶悪化傾向にあ
る犯罪情勢を統計的に分析し，以後同白書の刊行は毎年特集を設けて今に続き，
システム的思考の深化に寄与している。

　⑵　**『犯罪白書』における分析**　　そこで，刑事手続のシステム的考察の具体
的推進状況として，最近の『犯罪白書』（平成 26 年—2014 年版）によってその
内容を見るに，そこでは，犯罪統計の分析のほか，窃盗事犯者の再犯について
特集がなされている。そして，犯罪の動向，犯罪者の処遇（検察，裁判の結果
から矯正・更生保護の現状等），少年非行の動向と非行少年の処遇，各種犯罪者
の動向と処遇，犯罪被害者，窃盗事犯者と再犯等について，これら刑事手続を
事件統計によってシステム的思考で分析している。これまでの『犯罪白書』から
刑事司法の推移を概観するに，昭和 40 年代に入ると，犯罪情勢は落ち着きなが
ら裁判の遅延は続き，かえって深刻化する傾向にあったことから，手続の改革
として，交通事件では，昭和 28 年（1953 年）の刑訴法一部改正による在庁略式
方式，翌年制定の交通事件即決裁判手続法，昭和 38 年（1963 年）の交通切符制と，
これに続く昭和 42 年（1967 年）の道路交通法一部改正による交通反則通告制
度等の導入へと，システム思考の結果によると目される法改正が続いた。一般
事件では，規則や法改正を伴わずして，裁判所の期日指定等を核として各担い
手によるシステム対応で迅速裁判が効果を示した。公安事件では，吹田事件，
高田事件等裁判の長期化への対応が困難を極め，昭和 50 年代には公判開廷の
暫定的な特例法案も国会に提出されたが，廃案に終わっている。しかし，その
後必要的弁護事件の公安事件等で法廷闘争としての弁護人の正当の理由のない
不出頭や，裁判長から退廷命令を受ける行動から審理が長時間遅延する状態の

公判審理に対して，判例もこのような場合は弁護人不出頭のまま審理ができることを認め，これは平成16年，刑事訴訟法第289条の2項の改正と，3項の追加がなされるところとなって，訴訟促進の成果を上げている[27]。

　これらシステム的思考方法について，『犯罪白書』を題材にして見てきたが，松尾教授は，システム的思考は各担い手が共通の目的に向かっての協働関係で改善を行うことが前提であって，当事者対立関係であってはでき得ないこと，真実発見の追求，人権擁護に対する姿勢でも，関与者の職業倫理で敵対することは非システム的であることを指摘される。そして，『犯罪白書』から，刑事司法システムの現状，特にその日本的特色として明らかだと思われる点として，松尾教授は後に詳しく検討するが，まず無罪数が著しく低いことを挙げる。これは，検察官が確実な嫌疑のある被告人だけを起訴するという綿密な振るい分けをしていることを指摘する。また自白事件が多く，証人が少ないという特徴があるが，自白事件の高率は精密な捜査の反映であり，証人が少ないのは自白以外でも公判で取り調べられる証拠の比重が書証に傾いていること，換言すれば，捜査の過程で作成された調書等が多く利用されていることを物語るものとする。そして，システム各部分の相互作用は，弁護人ら関係者が起訴を免れ得るよう活動し，検察官も一層起訴・不起訴の判断を慎重にするため捜査をますます精密にするなどの作用を指摘される。

（3）　刑事司法における各担い手の一連の人間関係と「主体性」

　團藤重光博士は，「刑事訴訟法における主体性の理論」を唱道される[28]。同博士は，刑法において人格責任理論を説いておられ，これを刑訴法においても主体性理論として構成しようとするものであり，「人格の主体性を認めることは人間の尊厳をみとめることである。犯人でさえも人間としての尊厳をみとめられなければならないのはもちろんであるが（だからこそ真の意味での刑罰もありうるのである），まして刑事訴訟では被告人はもともと犯人かどうかがわからない者なのであるから，ある意味では，主体性の考えが刑法以上に当て嵌まるはずである。往時の糾問手続では被疑者は手続の客体であったのに対して，当事者訴訟では被告人は当事者として訴訟の主体であると言われるが，私が主体

性の理論において『主体』というのは，単なる法的な主体という以上に，より人格的な，いわば実存主義的な意味での主体を意味しているのであり，そのような意味での主体であることを主体性を有するというのである。……刑事手続に関与するすべての人たちが，このような意味での主体性を有するものというべきである。つまり，刑事訴訟は，一時的ながらも，それらの主体によって形成される一連の人間関係に外ならない」とされる。また，一連の手続システムの各担い手の相互間には「間主体性」というものが働き，これを「友好的―敵対的な協力」とするカール・ポッパーの見解を引用して「刑事訴訟における主体と主体とのいわば人格的なぶつかり合いの関係を，このような『友好的―敵対的な協力』の関係として見ることができるのではないかと思う」とされる。

　刑事手続をシステム的に捉えようとするとき，それは「担い手の人間としての働きの所産である」との視点が重要であろう。

4　小　括

　如上のように，我が国の刑事司法の歴史概観とその中での予審制度の導入と戦後の廃止経緯を見ることで，そこに現在の検察官の公訴権行使を控制・チェックする機能を研究する上では学ぶべきことが多い。そして，制度はセクショナリズムに分断考察するのではなく，システムを全体的に考察し，より客観的正義とその結果を得る方途を導くものとしてのシステム観に従う必要があることである。各機関が連続的・協働的に担う刑事司法をシステム全体として捉えるとき，近時はシステム全体の改革はかなり高いレベルで進展している様子が見られる。ただ，平成21年5月施行の裁判員制度が，その成案の当初は法曹三者必ずしも一致してその必要性を感じてはおらず，また，国民の7割もの人がその制度化に戸惑いを隠さなかったという当時代の背景事情をどう見るかである。いわば刑事司法外の要因をもって5年間の準備期間を経て裁判員制度は施行されたが，その結果は必然的に従来の「調書裁判」から公判中心の直接集中審理による裁判員に分かり易い迅速な裁判が求められ，当事者主義，口頭・弁論主義が展開されて今日に至っている。しかし，陪審法が停止中に，同じく

司法への国民参加という「在るべき論」からの大改革であるが，長いスパンで
どういう効果をもたらすのか注目すべき大いなる司法制度改革の試行過程にあ
るものとも言えよう。ただ，他の先進諸国のように，政策・改革の実施は果敢
であるが，不都合であれば随時変更することに躊躇を示さない国民性とは違っ
て，我が国の国民性は，その実施中に不都合な部分が出てきても，法改正とい
う手続までは容易に実施しないで，しかし実際上は徐々に当時代の現実に合わ
せて運用上変更していくという独特の法文化も窺われる。それは，律令の継受
法にあって検非違使庁を創設して実施したという歴史的事実からも言えるであ
ろう。

　このように，長く大陸法系に慣れ親しんできた我が国の旧刑訴法から戦後の
新刑訴法への大改正の歴史も，敗戦という特殊事情下において，法系も国情・
法文化も全く異なり，基本的に刑事訴訟も民事訴訟と同列ないしその延長にな
る法理念の下でのアメリカ法における純粋な当事者主義という概念を導入した。
それも，敗戦国の我が国が占領軍の GHQ（連合国軍総司令部）の指令で時間的
余裕もなく，アレインメント制度や司法取引なども外して，ピンポイント的に
かつ生硬なまま導入したというのが紛れもない事実経緯である。したがって，
この当事者主義における検察官の在るべき地位・役割の意義も，やはり我が国
の長い刑事司法の歴史を踏まえ，その刑事司法システムの全体像の中で鳥瞰し，
これを価値中立的・客観的に見定めるべきものと言えよう。してみると，アメ
リカ法の純粋当事者主義は，我が国では，松尾浩也教授が指摘されるように「擬
似当事者主義」に変容していると捉えるのが，そのシステム観から導かれる適
正な思考かと思われる。

　このようなシステム観は，検察官の地位・役割を分析する際の基本的思考，
座標軸として深化させていくものと思うが，その手法としては「検察官と裁判
官のシステム上での役割分担」を考える歴史的視点として，予審制度の創設と
廃止の歴史を見ておくことも，検察官の役割の在り方を考える上で必要なもの
と言える。すなわち，予審制度の改廃の歴史を見る意義は，検察官の現代的役
割の本質を見極めようとする視点だけでなく，近時の国民参加の裁判員制度等
の導入という，大きな司法制度改革の時代の意義を見出すためのいわば伏線に

46　第1章　刑事司法における検察官の役割

したいということでもある。

(1)　團藤重光「新刑事訴訟法の概観」法律タイムズ3号3頁，本文の（　）内の記述は團藤『刑事訴訟法綱要〔七訂版〕』（創文社，1967年）88頁。平野龍一『法律学全集　刑事訴訟法』（有斐閣，1958年）はしがき。

(2)　松尾浩也・田宮裕『刑事訴訟法の基礎知識』（有斐閣，1966年）―田宮「刑事手続におけるデュー・プロセスとはなにか」1頁以下，松尾「実体的真実主義とはなにか」11頁以下参照。

(3)　團藤・前掲『刑事訴訟法綱要〔七訂版〕』1頁以下。

(4)　本事項の概要は，主として團藤・前掲注(3)書1頁以下，團藤重光「近代的司法制度の成立」『刑法の近代的展開』（弘文堂書房，1948年）1頁以下，田宮裕「刑事訴訟法〔戦前〕」ジュリスト400号166頁以下，兼子一・竹下守夫『裁判法〔新版〕』（有斐閣，1979年）49頁以下に依拠した。検非違使庁については，細川亀市『日本刑事裁判手続の法制史的研究』（日本法理研究会，1943年）42頁以下，著者・谷森饒男＝解題・森田悌『検非違使を中心とした平安時代の警察状態』（柏書房，1980年）（特に森田解題には他の検非違使に係る文献が紹介されてもいる）などが詳しい。なお，小田中聰樹『刑事訴訟法の歴史的分析』（日本評論社，1976年）2頁以下参照。

(5)　團藤重光『刑事訴訟法綱要』（創文社，1943年）556頁，なお同書〔七訂版〕（團藤・前掲注(3)書）438・439頁参照。松尾浩也『刑事訴訟法・下〔新版補正第二版〕』（成文堂，1999年）336頁参照。川出敏裕「刑事裁判における直接主義の意義と機能」『川端博先生古稀記念論文集〔下巻〕』（成文堂，2014年）681頁以下参照。

(6)　小野清一郎「司法制度革新論」『法学評論・上』（弘文堂書房，1936年）264頁以下参照。

(7)　山崎威「フランスにおける予審制度を巡る最近の議論について」判例タイムズ1237号129頁。

(8)　佐藤欣子「戦後刑事司法における『アメリカ法継受論』の再検討（上）」警察學論集32巻10号32頁以下参照。

(9)　小野・前掲書264頁。

(10)　予審の実情については，小野・前掲書267頁参照。

(11)　山崎・前掲書129頁以下参照。

(12)　山崎・前掲書130頁以下参照。その予審・公判経過は，予審終結前に死亡した被告人1名を除く17名の被告人に対して，加重強姦罪等により重罪院に送致決定がなされたところ，2004年7月，重罪院が10名に有罪，7名に無罪判決を言い渡した。そして，有罪被告人6名が控訴し，2005年12月，パリ重罪院（控訴審）は，6名全員に無罪判決を言い渡した（結局，被告人17名中，13名が無罪判決で確定）。無罪被告人の未決勾留期間は，1年11カ月から3年3カ月間にわたっていた。拙稿「第二章　取調べの有要性と任意性立証」『適正捜査と検察官の役割』（北樹出版，2008年）53頁以下参照（初出論文は2007年3月。筆者がその前年，当時欧州において留学中にウトロー事件問題がフランス司法界で議論沸騰中であったため，その内容を当時及び帰国後も資料を取り

III 刑事法制発展の歴史から学ぶべきこと 47

寄せてフォローし，これを紹介した部分である。その後に，前掲山崎裁判官の詳しい論文に接したが，問題の基本的捉え方は筆者と同じと言える。）。

(13) 三井誠「検察官の起訴猶予裁量（二）」法学協会雑誌 91 巻 7 号 52 頁以下。なお，小貫芳信「起訴裁量権の獲得」研修 749 号 37 頁以下参照。

(14) 大浦事件とは，大隈重信内閣が大正 3 年の帝国議会で提出した陸軍二個師団増設法案と海軍軍艦建造法案に反対する政友党の切り崩しを図るため，大浦兼武農商務大臣が林田衆院書記官長を介して代議士 10 名に贈賄したという議員買収事件。大浦が一切の公職を辞し反省の意を表したとして，司法大臣が検察に対し慣行の「起訴猶予」処分にするよう指揮指導し，検察もこれに従って収賄者側らは起訴しながら贈賄側の大浦を起訴猶予という偏頗な処分が批判された（我妻栄・団藤重光ら編『日本政治裁判史録〔大正〕』（第一法規出版，1969 年）106 頁以下〔田宮裕〕参照。三井誠ほか編『刑事法辞典』（信山社，2003 年）39・40 頁〔吉村弘〕参照）。

(15) 佐藤・前掲書 24 頁以下参照。松尾浩也「刑事訴訟法を学ぶ〔第六回〕」法学教室 12 号 46 頁参照。

(16) 佐藤欣子「戦後刑事司法における『アメリカ法継受論』の再検討（下）」警察學論集 32 巻 11 号 50 頁以下参照。

(17) 青柳文雄「新しい予審制度の検討」ジュリスト 199 号 52・53 頁。

(18) 小野・前掲書 268 頁。

(19) 小野・前掲書 264 頁。なお，田宮裕『刑事手続とその運用』（有斐閣，1990 年）6 頁参照。

(20) 松尾浩也「刑事訴訟法史のなかの現行法〔1980 年〕」『刑事法学の地平』（有斐閣，2006 年）210 頁以下。なお，初出は別冊判例タイムズ 7 号。

(21) 田宮裕「刑事訴訟法の展開」ジュリスト 930 号 3・25〜60 頁参照。

(22) 田宮裕「刑事訴訟におけるモデル論」内藤謙先生古稀祝賀『刑事法学の現代的状況』（有斐閣，1994 年）357〜359 頁。

(23) 小田中・前掲注(4)書 2 頁。

(24) 川崎英明「刑事手続法理論史研究の発展」法律時報 67 巻 1 号 27 頁以下。なお，同号曽根威彦ほか「〔座談会〕現代法理論史研究の現代的課題—Ⅳ刑事手続法理論史研究の展開」52 頁以下の「川崎英明発言」も参照。

(25) 刑事司法システムについては，松尾浩也「刑事手続とシステム思考」『刑事訴訟の理論』（有斐閣，2012 年）143 頁以下，同『刑事訴訟法・下〔新版補正第二版〕』（弘文堂，1999 年）355 頁以下に主として依拠した。なお，巨大システムの管理運営等について，水戸祐子『定刻発車—日本の鉄道はなぜ世界で最も正確なのか？—』（新潮社，2005 年）195 頁以下参照。

(26) 平野龍一「刑事司法のシステムの研究」判例タイムズ 400 号 32 頁参照。

(27) 平成 26 年版『犯罪白書』44 頁から平成 25 年の犯罪の認知・検挙・処理・裁判状況等を概観して見ると，警察等から検察官への送致の新規受理人員は，133 万 2918 人である（刑訴法第 246 条ただし書きによる微罪処分は，一般刑法犯で 7 万 6151 人—全検挙人員に占める比率は 29.0％）。検察官の終局処理人員は 134 万 897 人であるが，そのうち，

48 第1章 刑事司法における検察官の役割

公判請求人員9万486人，略式請求人員31万4930人，不起訴人員82万9093人（内，起訴猶予75万8164人），家庭裁判所送致10万6388人。各処分の比率は，公判請求が6.7%，略式命令請求が23.5%，起訴猶予が56.5%，その他の不起訴が5.3%，家庭裁判所送致が7.9%。全事件の起訴率は32.8%。

その他，裁判所の裁判確定人員は，有罪36万4824人，通常第一審における終局処理人員5万9311人中，無罪は548人であるが，同年（平成25年）の無罪確定者は122人で裁判確定人員総数の0.03%になる。起訴率・無罪率とも例年とほぼ同じ割合で推移している。なお，犯罪の検挙率は，52.0%（ただし，一般刑法犯では30.0%―前年比1.2pt減少）である。

(28) 團藤重光「刑事訴訟法における主体性の理論」ジュリスト905号44頁。

Ⅳ　検察官の地位・役割

1　予審制度の廃止と検察官の公訴権行使の控制・チェック機能

1　予審制度の廃止から新しい検察官制度へ

（1）　予審制度と検事・予審判事の役割分担

本論考は，刑事司法において中心的役割を果たす検察官について，刑事法制の歴史に学びながらその地位・役割を整理し，今後の在るべき姿を求めようとするものである。そして，これまでに刑事司法のシステム的考察から，約70年にわたる予審制度における検事と予審判事の役割分担（嫌疑が十分でない被疑者を早期に見極めて釈放する役割を裁判所が担任することなど。）を詳しく見てきた。その母法のフランス刑事訴訟法では，予審請求の権限を検察官に独占させず，私訴原告にも認める制度であって，これはイギリスでの民衆起訴―起訴陪審の歴史にも通じるものであり，今に生きている。我が国では，戦後廃止後しばらくは予備審問や更なる新しい予審制度の提言もあったりしたが[29]，今や予審制度の復活論までは見られない。それは，単に現行法が定着してきたという現実の重みだけではない。捜査権限を第一次捜査機関として独立して有することとなった警察等司法警察職員の地位・役割の効用との関係でも，これとその事件処分を裁判所へ繋ぐその媒介者として，予審判事ではないところの検察官を介在させることは有用なシステムと言える。また，刑事手続上のシステム

としても，そして適正なチェック・アンド・バランスの観点からも，刑罰権を実現するに効果的・有機的な機能を果たしていると評される。このため，この枠組みは現行制度を以て基本形とするのが相当ではないか。

（2） 戦後の改正現行刑訴法の制定過程と検察官の位置づけ

改正現行刑訴法は，戦後 GHQ（連合国軍総司令部）の指示・指導の下，国民主権となった新しい日本国憲法に従って，その「応用憲法的」な刑訴応急措置法を経て制定に至ったものであるが，アメリカ法の理念が必ずしも体系的に導入されたわけではない。それは，短期間で相当な混乱状態のうちに慌ただしく，しかも切り貼り的に改正作業が行われて接ぎ木されたというのが歴史的事実であったと言える[30]。

そこでの検察の機能・職能に関する改革の骨子を述べれば，先ずは裁判所からの分離独立であったが，それは予審制度の廃止とそれに伴っての捜査権限の名実ともになる強化でもあった。それは従来の予審判事が有した強制捜査権限を検察官等の捜査機関に移管し，その代替措置として令状主義を憲法，それを承けた改正刑訴法に規定した。その GHQ 案から成案に至った憲法第 31 条，第 35 条が示す令状発付権限者の「司法官憲」には，裁判官のほか検察官も含まれるとするのが当初の政府答弁であったが，やがてそれが「司法官憲とは，検察官を含まず裁判官のみである」との公権解釈に落ち着いたという立法解釈上の変遷経緯もあった。また，旧刑訴法通り国家訴追主義としての公訴権の原則独占と起訴便宜主義が維持され，その一方で訴因制度などを以て当事者主義が導入された。

（3） 予審制度廃止に伴う検察官の役割の重要性

新しい検察官の役割は，捜査機関として任意捜査権限のほか強制捜査権限を含めて全ての捜査権限を有し，第一次捜査機関である警察等の捜査機関の関係でも，検察官への全件送致・送付主義（刑訴法第 246 条）の下で，これが統括する捜査の主宰者になること（検察官のみ勾留請求権限を有することがこれを示す—刑訴法第 204 条〜第 208 条の 2。ほかに，検察官の司法警察職員に対する指示・

50　第1章　刑事司法における検察官の役割

指揮権の付与―第193条・第194条），事件の起訴・不起訴の処分を原則検察官
が独占するということは，公訴前の捜査段階がいわば前捌き的な裁判機能を有
することを示す。

　この検察官の権限集中型になる役割の付与は，極めて重要である。刑事司法
システムの中では，その後の手続の出発点となるが，そこでの判断が誤りであ
ったり，結果として権限濫用になる公訴権濫用あるいは起訴すべき事件の不起
訴処分であったり，捜査の過程で被疑者等の関係者に対する人権蹂躙に至る不
都合な事態を招く危険をも孕むダイナミックな制度設計とも言える。現に，検
察官へは戦前からその独自捜査による日糖事件や大逆事件等著名事件の摘発
と，その有罪判決に至る強力な活動が，ともすれば，無罪となった帝人事件等
の摘発から，「検察ファッショ」とも批判されたりしてきた[31]。また，戦後も，
「検察官司法」と評されたりもしてきた。そこでは，当時アメリカ留学から帰
国されたばかりの平野龍一博士による，我が国の捜査が従来のそれは糾問的捜
査観であるとして，これを否定して弾劾的捜査観たれとする学理的には有名な
提言も生まれた。

　そこで，刑事司法のシステム的思考から，捜査権限は検察官への権限の分配
として「補充的な範囲」で認め，公訴官に徹しさせること，そして，起訴基準
も緩和した運用へと変革を遂げさせ，公判中心主義へと前進させること，しか
し，無用な公訴がないよう，その確認制度として新たな予審制度を設けるとい
う司法システムも，学理的には一案としては挙げることができる。それは，「捜
査の司法化」の理念であって，検察官の起訴裁量権の必要性を減少させ，起訴
した事件に対しても，「公平な予審判事」がいわば確認の捜査をして，公判に
耐えられると判断した事件だけ公判に付するというものであって，裁判官が関
与する点で一面弾劾的手続とも言えよう。しかし，この制度は実績もある一方
で，小野博士の指摘にも，捜査の不必要な二重性，予審勾留の長期化と被告人
の負担加重等の問題点があり，その解決案として，予審制度を廃止し捜査権限
を検察官に集中させるという改革案が廃止前の戦前当時から出ていたもので，
今や従来のままの予審制度の復活論は到底採り得ないし，現実の声にも接しな
い。ただ，検察官による捜査の主宰と起訴・不起訴の処分を巡っての裁判官的

機能を分散化・希釈化あるいは実質的控制の方策として，システム構造的には検察官への権限集中を「公訴の是非」の確認としての新たな予審制度（現在のフランスでも維持されている私訴原告も含めた予審制度も含めた制度）を採ることも，学理的には立法政策のひとつとなり得よう。

そこで現在，予審制度相応の機能を有する控制・チェックシステムを設ける必要性があるかである。

2　検察官の公訴権行使と控制・チェック機能

我が国の予審制度は廃止されるべくして廃止されたものと言えるが，問題は検察官の公訴権行使を控制・チェックする予審制度に代わる新しいシステムが必要ではないのかということである。

そして，先の検察不祥事も検察官制度の「制度疲労」によるならば，なお更検討の余地のある議論ではないかということである。予審制度の機能的観点からは，検察官が自らその役割を担うこととなった。しかし，事件を公判に付するか否かの決定権限が二重構造となる予審制度を廃止して，これを検察官にだけ直接的・集中的に付与することが制度的にはそれでよいのかということである。いわば予審的機能になる新たな「公判前の前捌き的システム」が必要なのではないか。そして，それが必要だとすれば，具体的にどのような制度設計が適切なのかという学理的な問題提起である。

戦後 70 年間は，予審制度の廃止に代わって検察官の起訴・不起訴処分の適否のチェックは，検察官が基本的には先ずは「自己チェック」で規律するという重い役割を担い，起訴された事件は裁判所が精密司法に従って適正手続を履践しての証拠収集であることを検察官と弁護人の協力も得て検証し，真相解明を尽くして冤罪を防ぎながら適正な科刑に至る。一方，不起訴処分に対しては，検察審査会のほか公務員の職権濫用罪については付審判制度によって裁判所が控制・チェックするということでその機能の役割分担をしてきた。

しかし，国民の司法参加が時代の要請となって，近時は起訴の重大事件では新たに裁判員制度が導入され，起訴事件の適否の判断に新たに国民（裁判員）が「裁判」に直接加わるようになった。また，不起訴事件に対しては，国民（検

察審査員）が従来参加していたが，それがいわば勧告・意見具申的な位置づけから，「起訴強制」権限まで付与されるようになった。これら重い画期的な新たな「民意の反映」の制度化によって，「国民による刑事司法チェック」という一大システムができ上がっている。このパラダイムシフトをどう考えるかということである。

してみると，かつての予審制度に代わる制度の設計を今考えるよりも，司法への国民参加の流れに即して，従来からの検察官の公訴権行使の運用を基本としつつ，それが相当か否かは国民のチェック状況の結果如何で改善を重ね，それが例えば，フランスの予審制度のような，その機能に相応する新たな制度設計の要請が強まれば，その時点で改革を実施すればよいものと思われる。そのためには，国民が「司法参加の主体」（裁判員，検察審査員，あるいは「被害者参加」の被害者）となる国民と，その対象（客体）となる罪を犯した犯罪者の国民との「国民二分化」問題，あるいは「ペナル・ポピュリズム問題」を呼ぶことや，そして対象国民に対する「訴追抑制」の要請との関係を説く論者の指摘も考慮しながら，また，「起訴議決」（起訴強制）制度の実施以降，これまで起訴強制の件数自体が少ない上に，これが無罪判決も圧倒的に多い状況にもかんがみて，これからの制度の浸透状況を見て，引き続き検討課題としていく必要があろう。そして，刑事司法への「国民参加」が時代の要請であるならば，後述する現状批判派の有力論者からの，検察官の起訴に対しても起訴陪審ないしは検察審査会の審査員に「起訴審査」権限をも与えて，これに拘束力を持たせるとの案も現実味を帯びてこよう。それは予審判事に代わる役割を付与するものであるが，そこまでいけば，英米法の大陪審（起訴陪審）論まで議論は発展を見せ，国民による検察官の公訴権行使に対する究極の控制・チェック制度となってこよう。

こうして見るとき，事は「検察官の地位・役割の性格・位置づけ」をどう捉え，その期待する内容をどう見るかという問題点の検討こそ必要となってくるものと言える。

Ⅳ　検察官の地位・役割　53

② 当事者主義と検察官の地位・役割

1　公益の代表者・準司法官性論

(1)　検察官の当事者性の意義

　検察官の地位・役割論に関しては，まず，その位置づけとして，従来から検察官は刑事訴訟の単なる一方当事者ではなく，「公益の代表者」，あるいは「準司法官（性）」であるという位置づけが有力に唱えられている。

　だからこそ，検察官は捜査においては有罪証拠ばかりでなく無罪証拠も収集し，いったんは有罪の確信を以て起訴した後も，その立証過程で無罪の証拠が発見されれば，「公訴取消権」という後戻りのための黄金の架け橋を用意し，あるいは審理をほぼ遂げているならば無罪論告を以て冤罪を厳粛に認めるとの職責を有することが指摘でき，この公益の代表者・準司法官論は管見においても支持するところである。このように解する根拠は，戦後，改正現行刑訴法施行までの繋ぎ法になる時限立法の刑訴応急措置法（昭和22年5月3日施行）の第9条が，「予審は，これを行わない」と規定し，その従来の予審判事の役割を，本来の公訴官である検察官の担任事務に吸収した形で，同法と同じ日に施行された検察庁法第4条において，検察官の職務権限を明示したことである。それは，①刑事について，公訴を行い，裁判所に法の正当な適用を請求し，かつ，裁判の執行を監督する事務，②裁判所の権限に属するその他の職務上必要と認める事項につき，裁判所に通知を求め，または意見を述べる事務，③公益の代表者として他の法令が属させた事務，の3点の職務権限である。戦後の新検察官としての職務権限を整理して明示したものである。その共通項は「公益の代表者」である。条文上は，③の事務だけにしか「公益の代表者」という用語は使われていないが，①②の事務も公益の代表者としての職務であることは明らかであり，③は①②に続いて「その他の公益の代表者」としての検察官の職権事務を括って掲げたものと言える。ただ，公務員は「全体の奉仕者」（憲法第15条2項）として，みな公益に奉仕する職責を有するから，検察官の刑事司法システム上の位置づけの説明としては不十分であり，ここで検察官の職務を問う場合の「公益」の内容というのは，検察官固有の特徴を捉えたものでなけれ

ばならない。

（2） 検察官の地位（性格）明確化の必要性

　亀山継夫教授（元検察官・元最高裁判事）は，「現在の実務の運用においては，検察官の性格が不明確なままに推移しており，このことが検察のあり方のあいまいさを招き，種々のところで問題を生んでいる」として，その位置づけの明確化の必要性を指摘される。

　つまり，この問題は，従来，検察官は捜査官か公訴官という形で論じられてきたが，検察官は，捜査を直接の職責とする機関という意味では捜査機関ではなく，また，単に公訴を職責とするのでもないことを指摘された上で，検察官の刑事司法システム上の位置づけを，「『法の正当な適用』，換言すれば『法の適正な実現』という『公益』を代表することを直接の職責とする機関」と説かれる[32]。その理由のひとつとして，現行法上，検察官が司法官ではなく行政官であること自体は明瞭であるが，戦前の検察官は，裁判所に所属して裁判官と並んで司法官であり，戦後司法権の独立に伴って両者は分離したが，このような沿革ばかりでなく，職務の基本的性格が事件の真相を解明して適正な刑罰権を行使，すなわち法の正当な適用をするための職責にある点では裁判官の職責に通じ，また，検察官は，行政官とは言いながらも他の行政官とは違って，特定の一般行政目的を有しているわけではないから，この点でも裁判官の職責に通じるものと言えるとして，検察官の実質「準司法官性」の視点を説かれる[33]。

　井戸田侃教授は，捜査手続を検察官・司法警察職員・被疑者（弁護人）がそれぞれ訴訟法律関係を構成し，そこでの検察官の役割は公益の代表者として起訴・不起訴の第一の振るい分けをする機能の独自性を認め，その位置づけにつき「準司法官性」を認める。これは，当事者主義を受容しながらも検察官には客観義務を求める考え方を基底にするものであり，アメリカ法の純粋な当事者主義を念頭に，解釈上の訴訟条件になる公訴権濫用論と一体的に論じる[34]。

　この公益の代表者性については，検察の在り方検討会議の提言，平成23年3月31日付け「検察の再生に向けて」においても確認されているが，この点は同検討会議の提言の分析の項で再論する。

IV　検察官の地位・役割　　55

（3）検察官の「客観義務」論

　次に，検察官の地位・役割を「客観義務」の面から位置づける立場がある。
それは岡部泰昌教授の「検察官の客観義務」でその総括がなされる[35]。

　その論旨のポイントは，検察官を刑事手続における（消極的）実体的真実主
義の担い手と位置づけ，そのための職務（義務）と，その手続を適正に遂行す
べき義務を負うこと，それをもって「客観義務」と称するものであり，これを
各手続段階ごとに分析し，その客観義務違反に対しては裁判所がこれをチェッ
クするものとする。すなわち，①実体的真実主義が刑事訴訟の基本理念である
ことを確認の上，実体的真実主義は，まさに検察官の主張としての訴因に掲げ
られた事実が事件との密接な関係を持ち，事件を鋭く反映するか否かによって
担保されていると考える。つまり，検察官はこの公訴権行使において客観的義
務を尽くすべきものとし，その客観的抑制の方法として，訴因の構成において，
事件との密接かつ鋭い対応関係を維持しつつ，法の適正な手続をとおして収集
された証拠の十分性に裏打ちされるべき義務と，刑事訴追を必要かつ妥当とす
る刑事政策その他の考慮を客観的に行うべき義務とを検察官に負担させるべき
であるとされ，これらの義務を検察官の「職務遂行の客観義務」と観念される。
②次に，その検察官に客観義務を負わせる実定法的根拠について，従来は検察
官の準司法官的地位から論拠づけられていたところ，検察官は国家機関として
国家の刑事訴追権ならびに刑罰権を行使する行政官としての公的地位にあるこ
とから本来的にでてくるものとして，公益の代表としての地位からの根拠づけ
を考える。しかし，その公益の代表者性も，「検察官が公益の代表者であるとい
うのは被告人の弾劾そのものが公益の代表者としての立場からなされるもので
あるということ，従って，その弾劾に当たっては，それが―個人的な利害や感
情に走るなどして―公益の代表者としての行動の枠外にそれるようなものであ
ってはならない，ということを意味するにすぎない」（柏木教授）と説明される
ように，検察官が私的利害や感情に走って刑事訴追権を行使してはならないこ
と，また，政治的な利害に基づき訴追活動を行ってはならないことなどは，ま
さに検察官が行政官として公的地位にあることに由来するものであるとする。
こうして，検察官は，公務員として不偏不党，かつ公正に職務の遂行に当たる

56　第1章　刑事司法における検察官の役割

一般的義務を負い，刑事訴追権の担い手として，法の定める適正な手続に従って行動する義務を負うものと論拠づけられる。そして，③この検察官の客観義務を，刑事手続の各段階における検察官の各職務を検討しながら，これらの手続部分のあり得べき目的と機能の関連において，具体的，個別的に論定することで理論づけを行う。例えば，捜査手続では，被疑者に与えられた防御権が憲法上，法定手続の保障，令状主義，黙秘権，弁護人依頼権等として規定され，これが刑事訴訟法で具体化されていることから，被疑者に与えられた防御権の行使を尊重し，将来の公判に対する十分な準備活動を行わしむべく努め，いやしくもこれらの基本的人権の保障を侵害するがごとき犯罪の捜査をなすべきではないという義務が中心となること，実体的真実主義も誤って無辜を訴追しないという消極的な真実義務であるとした上，被疑事件の客観的な解明に基づかない検察官による不当な起訴を起訴以前に規範的に抑止しようと意図してなされたものであること，公訴が検察官の主張であり，その限りにおいて主観的なものであっても，そうした主張は被疑事件の客観的な解明＝客観的嫌疑に基づき，特に十分な証拠に基づく客観的な判断に依拠して確信的になされたものか否かということにより区別できること，このことから警察の違法な捜査活動に基づき公訴を提起すべきでないことなどの刑事訴追の恣意的行使の抑制としての客観的義務を説かれる。また，④検察官の客観義務に対する控制・チェックは，公判における裁判所の司法的抑制に期待し，公訴が客観的嫌疑と密接かつ鋭い緊張関係を保持していないことが検察官側の証拠によって判明したとき，起訴便宜主義の不当な運用があった場合，あるいは違法な捜査に基づく不当起訴の場合に対しては，刑訴法第339条1項4号により公訴棄却の決定を言い渡し，公判手続において蒙る諸種の負担から被告人を早期に解放してやるべきであり，そこにこそ，人権擁護機能に基づく裁判所の司法的抑制の実質的な具体化が認められることになることを説かれる（横山晃一郎教授からの批判もある[36]。）。

（4）　検察官と捜査構造論

　検察官の地位・役割の定立は，刑事手続における捜査の構造論と結びつけて論じられることから，先の井戸田教授提唱の訴訟的捜査構造論は，平野龍一博

士提唱の糺問的捜査観か弾劾的捜査観かとの択一的対比論[37]に「新しい糺問的捜査観」とも言える積極的な捜査観を定立するものと評されたこともある。

ところが，検察官の公正・客観性の確保や客観的な職務執行の義務論には，その実体的根拠こそが問われ，観念的義務論で終わるとの川崎英明教授からの疑念の指摘もある[38]。これに対して田宮裕博士は，取調べの任意性の確保や，被疑者弁護権の保障だけならば，弾劾構造を採る必要性はなく，「人権にめざめた糺問構造」でも足りるとした上，更に「もしそれだけが弾劾的捜査観の帰結ならば，客観義務をもった検察官が捜査を総括するといういわゆる『修正された糺問構造』もむしろ弾劾的なものと称さざるをえなくなり，糺問—弾劾のモデルとしての意義は失われてしまう。そこで，真に有用な弾劾構造というのは，当事者の平等関係ばかりでなく，捜査の法的地位ないし目的論にこそその特徴があると考える」とされ，「捜査構造論は捜査独自の理論ではなく，即『訴訟構造論』なのである。この見地からは，自白や弁護権ばかりでなく，強制処分論一般の再検討，捜査と検察官論，したがってそれとの関連における裁判官の機能論など解明を要すべき課題はなお山積している」と指摘される[39]。

2　当事者主義と捜査構造における検察官の機能

（1）　アメリカ法の当事者主義

当事者主義の徹底には当然，人権保障の重視が政策論として存在するが，アメリカでは刑事訴訟も基本的には民事訴訟の延長であり，形式的真実主義の下で当事者処分権主義となる。

アメリカの刑事手続におけるアレインメント制度では，被告人が有罪答弁をすれば，証拠調べなく直ちに量刑の調査をして有罪判決に至る。無罪答弁をした事件だけが公判審理に付され陪審が審理する。全事件の9割以上は有罪答弁で処理されており，しかもその前の手続では，検察官と被告人・弁護人の当事者間で，いわば罪一等減ずる訴因の縮小や求刑を低くする答弁取引（司法取引）をして有罪答弁に至ることが法認される。しかし，我が国の刑訴法では，大陸法系の訴訟構造で当事者処分権は認めず，実体的（実質的）真実主義を指導理念とした（刑訴法第1条）。それでも，神のみぞ知る絶対的真実ではなく，人権

を保障した適正手続を踏んだ上での結果，すなわち訴訟法上の真実を前提とした刑罰権の確定である。検察官も裁判官も，証拠を吟味して実体的真実の解明に努めるが，実は弁護人も一定の真実解明に対する協力義務を負う。要するに，アメリカの刑事訴訟における当事者主義は，裁判訴訟のゲーム化で戦術を駆使しての弁論主義によって決せられ，それが奏功しての結果が真実として扱われる。このため，検察官と弁護人の陪審員に対する説得としての弁論の巧拙・優劣で形式的に有罪・無罪が決せられる。その結果，我が国ではいわば「木の葉が水に沈んで石が浮かぶ」というような事実認定は，実体的真実に反する理不尽・不合理なものとして到底受容しないが，アメリカではこれと対照的に，水に沈んだと認識したものが木の葉であっても，沈んだものと認識した以上はその認識した形式的真実ないし手続上の事実主義によってこれを受容する。このように，陪審で真実（Truth）と事実（Fact）とを割り切って区別しながら評決をして，その結果に理由も付さないことで裁判を終結させるというのがアメリカの「司法風土」であることは確認しておかなければならない[40]。

（2） 我が国での当事者主義の徹底論——田宮裕博士

田宮裕博士は，日米の当事者主義の違いを受容しながら，捜査に始まる訴訟構造をシステム的に捉え，我が国での当事者主義の徹底を主張される[41]。

戦前の予審制度では，捜査について予審判事が公判に向けての準備の最終責任者となるが，戦後はそれが廃止された。ところが，その役割を現行法でも捜査機関—捜査の主宰者である検察官がその予審判事の役割も担うとする捜査観がある（この捜査観を弾劾的捜査観の論者は「糺問的捜査観」と命名する。）。しかし，司法的抑制からする令状主義がとられた以上，捜査機関—検察官がこれを予審判事的に担うのは現行法の当事者主義に合わないから，ここでは当事者として捜査機関側と被疑者・弁護人側とが公判活動と同様対等当事者として各準備し合うものと捉える捜査観を主張するのが弾劾的捜査観である。この見解では，捜査機関の捜査活動とて「性質的には私的な探偵の活動と変わりがないものと観念せよ」ということになる。しかし，これでは，理屈上は行き着くところ「検察官民営化論」まで発展してその受容を迫られることにもなろう。この点では，

同博士は国民感情という点から言っても，捜査機関を私立探偵と同じに考えるのは実態に合わないだろうとする。そして，弾劾的捜査と現行の訴追制度とはナチュラルには繋がらないとし，「法の正当な適用」を請求するという意味での準司法官的性格を持つ検察官のいわば「司法処分」的な訴追と，捜査の当事者的性格とはうまく繋がりにくい。だまっていれば捜査は「司法処分」という方向へ流されていってしまうはずで，これが弾劾的捜査に対して働く阻害要因の最大のものと分析する。要するに，検察官に司法処分を行う地位・役割までを付与する訴訟構造は，当事者主義，弾劾的捜査の理想に反して相当でないとの基本的な考えの下に，しかし現状の検察官の地位・役割が客観義務を負う準司法官である現状を認めるものである。

　事は，当事者主義の内容の確定と検察官の地位・役割を刑事手続上，システム的にどう捉えるのが政策的に相当であるのかということである。田宮博士の分析と主張は，検察官制度の現状が中央集権的なキャリアの検察官による官僚的な検察制度で，公訴権を原則独占し，しかもその行使については訴追裁量権が認められているという3点セットで国家訴追主義を支えていることを前提とすれば，戦前と同じように，裁判の前に行われる司法的な判断，準司法官による司法的判断だと考えることはごく自然のこととする。そういう一種の準司法官とされる訴追官（検察官）が，同時に捜査官でもあることから，その捜査官はやはり，公平な準司法官でなければならない。しかし，当事者主義もワン・サイデットの性格にならざるを得ない。その顕れとして，捜査の結果を調書にまとめて，これが証拠として事実認定に供する手続が定着し，それは起訴状一本主義を「一段階遅れた書証の引き継ぎ」と化させて，捜査の結果が実質上優先しているという実情となっている。また，調書尊重主義は，書面審査の「調書裁判」となり，口頭弁論・公判中心主義を形骸化させる危険を孕んでいる。ところが，この裁判手法によって，無罪率を最小限に抑え込んでいる事実は，起訴・不起訴について有罪の確信に至るまで証拠を厳選してこれを決定しているということを示すものである。それ自体は人権に配慮し，裁判の効率化にも寄与していて一面評価すべき点でもある。そこで，この裁判手法でも裁判が公正に誤りなく行われて，正しい結果を出しているのであれば問題がないはずで

ある。しかし，このような公判主義を形骸化させる実情は，ひいては当事者主義のチェック機能が働き難くなって，冤罪を易々と有罪と裁判してしまう危険が避け難いものとなり，それは，「検察官が準司法官の立場で完璧を期そうとすればするほど，それは非当事者主義化する」という制度的な問題点があることなどを田宮博士は指摘される。

（3） 検察官の公訴権行使の実態と「公判中心主義」の現状

　この検察官の公益の代表者・準司法官性論は，検察官に公訴官のほか捜査の主宰者としての地位・役割を与え，捜査の結果に対して起訴・不起訴の司法処分を現実に行わせるものであって，大きな権限行使を認めるものとなる。

　弾劾的捜査観からは，アメリカ刑事手続法同様，当事者主義を徹底すべき刑事訴訟にあって，これが捜査段階でも行われるべきところ，「我が国では実体的真実主義の指導理念を強調して，その捜査から公訴までの段階を自己完結的に担うという糺問的捜査で終始している」と見て批判する。戦前から，予審制度の下での捜査過程において，既に人権侵害の危険が指摘され，このため，検察官に強制捜査権限も含めて権限集中を図ることでこれを回避する策が提案されていた。しかし，我が国では検察官の地位・役割自体に変革を加えるべきではないであろう。ただ，いかなる制度でも，これを担任する機関の人材の無瑕疵性に期待しているだけでは，やがて巣くう弛緩現象を免れ得ないのが歴史の示す通患と言えよう。その弊害回避のための担保規定はもちろん，誤りが現出した場合の救済措置の設定は重要と言えよう。このようなことから，検察官による捜査の主宰と起訴・不起訴の決定を巡っての裁判官的機能を希釈化あるいは実質的控制の方策としては，先に触れたように付審判（準起訴）手続（刑訴法第262条以下）のほか，検察審査会法の改正による「起訴議決」（起訴強制—同法第41条の6以下）の創設という検察官の起訴裁量権の例外拡大の政策の流れをもって是正する担保政策が当面相当と言えよう。

　こうして絞られてくる問題の核心部分は，究極の批判が「現行法での検察官の公訴権行使は，刑事司法のシステム上，あまりに当事者主義・公判中心主義と乖離している」との指摘に収斂できるように思われる。もっとも，そこでの

当事者主義は，アメリカ法のそれとはやや異なり，検察官の捜査・訴訟追行には公益の代表者，準司法官的立場での行為規範を求めつつ，被告人側には実質的武器対等の原則の担保を求める意味での当事者主義—松尾教授の言われる擬似当事者主義—を指し，したがって，主張の重心は公判中心主義からの乖離を批判するところにあるものと言えよう。そこでは，刑事手続のいわゆるモデル論が我が国にも紹介された。それは，憲法原理を具現化するための規範的ツールとして，特に学界では捜査構造論と合わせて活発な議論が展開された。すなわち，これが我が国では従来の大陸法型の真実究明・権力行使型—実体真実モデルと，英米法（アメリカ法）型の主張吟味・権力抑制型—適正手続モデルという一対のモデル類型として論じられてきた。その議論の先に，現状は「精密司法」との分析が出てきて，それがいわば日本型当事者主義としてむしろ国民性にも合致し，問題はその各論的・具体的なものとして検討していくべきではないかとも考えられるようになってきた。

　そこで，次には「モデル論」から精密司法論へと展開して行った過程を追って見ることとする。

3　「モデル論」の展開

（1）　パッカーのモデル論など

　従来の大陸法型と英米法型のモデル論に対して，1964 年以降，アメリカでは「パッカーのモデル論」を契機として，注目すべきモデル論が提示されるところとなった[42]。

　ハーバート・パッカーは「刑事手続の 2 つのモデル」論を展開する。刑事手続の最も重要な機能・目的は，犯罪の抑圧（処罰）だとする「犯罪抑圧モデル」（処罰優先型）を一方に置き，これに対し，個人優位の観念及びこれを補充する公権力の制約という観念を基礎に置く「適正手続モデル」（手続保障優先型）を対置させた。前者は，裁判所の審判手続よりもより優れた手続として，警察・検察が行う迅速・正確で効率的な行政的真実発見活動を置き（有罪の推定に結びつく活動），公共の秩序の回復維持面を重視する。後者は，基本的に前者の手続に信頼を置かず，誤判の余地をできる限り排除するために機能し，そこか

ら「無罪の推定」の観念なども生まれるとする理念である。

これに対し，1970年，グリフィスは，「刑事手続における理念—刑事手続の第三のモデル」を示した。すなわち，パッカーモデル論は，国家と被告人との関係を，本質的に利害相反する調和不可能な関係とする思想，闘争のモデルを提示したにすぎないと批判する。その上で新たに，「刑事手続は官憲に対する信頼が前提とされ，弁護人も検察官と相争うものではなく，裁判所の公正な裁判に協力するものとして捉えられることになる。被告人も，その権利，尊厳，人格につき最大の尊重を受け，特殊のカテゴリーの者としてではなく，人間として扱われる。また，手続それ自体の教育的効果など，手続の実体的機能も重要な問題として浮かび上がってくる」とし，司法の目的を「主として犯人の改善更生に向けられるもの」とする「家族モデル」を提唱したのである。

それでは，パッカーらのモデル論は我が国にはどのような影響を及ぼしたのか。次に，その状況をも概観する。

（2）　捜査におけるモデル論

パッカーのモデル論が公刊されるより5年前の1958年，平野龍一博士が既に「弾劾的捜査観・糺問的捜査観」の対比論—いわば捜査におけるモデル論—を提言されていた[43]。

学説は，弾劾的捜査構造論を検討する中で現れた「適正手続と犯罪抑制のモデル論」を，捜査から始まる刑事手続システム全体にわたる問題として位置づけ，また，適正手続の具現化の試みを，当時モデル論を支えるミランダ判決などアメリカ合衆国連邦最高裁のリベラル判例を基礎づけとして深化させようとした。そして，我が国の最高裁の判例にもその影響が顕れたものとして，取調べにおける約束による自白の証拠排除（最判昭41.7.1刑集20・6・537）や，偽計による自白の証拠排除（最大判昭45.11.25刑集24・12・1670）の判例を挙げる。ただ，モデル論への評価あるいは批判は，実務のほか学者からも上がっていた。

田宮裕博士は，パッカーのモデル論は，「複数の制度の比較ではなく，アメリカ法の運用の方向づけ理念たるを本質とするので，アメリカにおいては固有の有用性をもつが，普遍性に難点がある」とし，「ダマシュッカ等の職権主義・

当事者主義のモデルに帰着せざるをえないであろう」と，また，グリフィスの家族モデルと抗争ないし対立モデルの対比は，「職権主義モデルと当事者モデルに相応するものといえる」とされる[44]。

　白取祐司教授は，パッカーモデル論は，当時のアメリカの深刻化する犯罪情勢への厳しい対応の法執行と連邦最高裁のウォーレン・コートによる刑事手続に関する一連の自由主義的な判例の輩出という時代背景におけるモデル論であったことを指摘される。そして，パッカーは「憲法理念」を切り口にして手続上の問題を縦断することで，刑事司法の「革命」を指し示す方向，すなわちデュー・プロセス方向への転換の正統性を論証しようとしたと評する[45]。

　鴨良弼教授は，我が国の法制は英米法とドイツ法とのいわゆるミックス型であるから，弾劾システムを基本とする法制下での「適正手続のモデル」論がそのまま当てはまるかどうかは疑問であるとして，「刑事訴訟は，すぐれて，人間関係の濃厚な社会である。相互の信頼関係，協力関係なくしては成立しない社会である。公権力側と個人の関係を一律にエネミイの関係で割り切るわけにはいかない社会である。……法的義務とまではいかないが，一般第三者の協力なくして民主法制下の捜査は充分に機能することはできない。当事者の敵対関係と一般の無関心を刑事訴訟の基本的前提としているものとは，とうてい考えられない」として，むしろグリフィスの「家族モデル」を評価される[46]。

　また，松尾浩也教授は，モデルは，ドイツ，アメリカにせよ各国の刑事手続を素材にしながら，しかしそれを高度に抽象化して作成したものであり，実在の手続は，社会の変化にダイナミックな反応を示すし，また，ある部分の変容は必然的に他の部分にも影響を及ぼすとされた上，ところが，モデルは作成された段階で固定されやすいし，また，モデルの一部分（捜査等）を取り出して現実に適用しようとする場合，他の部分との関連は失念されがちであって，弾劾的捜査観に従って捜査の抑制を求める以上，公訴提起における嫌疑の基準も抑えなければならない。しかし，検察実務は，殆ど確信に近い高度の基準を採用していると指摘され，その概説書を執筆した際，悩み抜いて結論において実務を支持したが，これは同時にモデル論からの離脱を余儀なくさせるものであると結論を述べられている[47]。

64　　第1章　刑事司法における検察官の役割

　こうしたモデル論争は，我が国では先行する捜査構造論（糺問的捜査観・弾劾的捜査観の対比論）を以て，「実体的真実主義（真相解明）と適正手続」の相克として対置させ，適正手続の深化を図る論議を「我が国のモデル論」としたが，やがて，根強い実務の手続実体を直視し，日本的特色論としての国民性論，そして改革点を探る視点からの「精密司法論」が有力に説かれるようになってきた。

4　刑事司法の現状分析における国民性論・精密司法論と現状批判論

（1）　国民性論

　国民性論は，つとに青柳文雄博士の提唱になる分析である。

　その「新旧刑訴の連続性と非連続性」の論考で，「被疑者取調べの重視，低調な弁護活動，起訴便宜主義，書証の中心的活用，念入りな被告人質問など基本的な諸制度の連続性を強調するばかりか，旧法からの断絶を象徴するかのようにいわれている令状主義，起訴状一本主義，訴因制度，各種証拠法則，上訴などにおいてさえ，旧法の傾向からの修正が加味され，結局，日本的にアレンジされた大陸法が強固に生き続けている」とされる[48]。田宮裕博士は，青柳博士の主張を要して，「日本人の民族，歴史，生活，思想，文化等がかもす特性，そのあり方とこれをもたらした諸状況との総合を，国民性と表現」し，これを一口で言えば「和合とゆるしの心情」と理解された上，これは「実はかたちを変えた『反・当事者主義論』（反・英米法論）にほかならない」とされ，職権主義の正当化論であるから，真の日本的特色論は，精密司法論をまたねばならなかったとされる[49]。

　ところで，土本武司博士（元検察官）は，基本的に国民性の視点から現行刑事訴訟を分析され，「かかる国民性がある以上，わが国では，警察や検察が，あっさり捜査し，おおらかに起訴するという態度をとることは，わが国民の正義感情と司法に寄せる期待に反することになりかねないであろう」とされる。すなわち，①高い有罪率は起訴の厳選が前提となっていること，②捜査手続は糺問型と弾劾型の混合形態であること，③「あっさり捜査し，おおらかに起訴すること」は，我が国民性にそぐわないことなどを説かれる。そして，国民性

IV 検察官の地位・役割　65

については，④国民は権利意識よりも「お上」意識が強く，司法官憲の真実に
できるだけ近づこうとする熱意と誠実さに期待し，そこに自分達の正義感の満
足を求めようとすることを指摘される。そして，権利義務の論理的観念の代わ
りに，「互譲」「和」を尊ぶ精神風土が培われ，情緒性を本旨とする「義理」「人
情」という独特の心情が育ち，民事紛争についても，訴訟による解決は好まれ
ず，和解や調停がもてはやされること，刑事訴訟法も，実際の運用面では，我
が国民性に合致する方向でのみ機能し，そこでは法廷のみを主戦場とし，スポ
ーツ的訴訟技術の巧拙によって事を決することでは国民の納得が得られず，捜
査において真実を発見し，確定して，裁判においてはそれを説得し明確にする
ということの方が国民性によく適応することも上げられる。また，⑤我が国に
おいては自白が非常に多く，国民も自白がないのを当然と見ないで，「もどか
しさ」を感じていること，⑥我が国にあっては犯人として検挙されればその者
の80％が有罪であると思い，起訴されれば90％が有罪であると見る国民感情
が支配的であることなどを指摘される[50]。

（2）　精密司法論

精密司法論は，松尾浩也教授が提唱された刑事手続の日本的特色としての分
析である。

それは「綿密な取調べに始まり，慎重な起訴を経て，入念な判決に終わる」
という丁寧な手続であって，「『事案の真相』を細部まで解明し，また量刑の資
料も提供できること，起訴に無駄がなく高い有罪率を確保できること」等の長
所がある一方で，「捜査が糺問的な色彩を帯びやすく，国際的な批判の対象に
もなること，虚偽の自白など誤判の原因を生じた場合の是正に関係者の多大の
労力を要することがその短所である」と分析される。要するに，徹底した捜査
を経た慎重・厳選起訴で，公判を書面中心でじっくり進めて，納得のいくまで
上訴を三審限度で重ねて，無罪率の低下を目指す刑事モデルを特色として捉え
るものである。松尾教授は，これを検察官の権限の強大さという側面から見て，
戦前からドイツ法に倣いつつその基本とする起訴法定主義の影響からは離脱し
て，起訴便宜（裁量）主義を採用したが，これは「旧法下においても，既に擬

66　第1章　刑事司法における検察官の役割

似当事者主義的な土壌が存在していたことを意味しており，戦後，アメリカ法の部分的継受がスムーズに行われた理由の一半は，それによって説明がつくといってよい」とされる。その上で，「警察だけでなく検察官も捜査に深い関心を持ち，公訴の提起は，十分な証拠固めをした上で，確信をもってなされるのが常態である」とし，その結果，口頭弁論は調書裁判となって形骸化しているものの，有罪率は99％強という世界の裁判趨勢からはおよそ驚異的な精密度を呈していることをもって，「精密司法」と称された[51]。そして，この刑事裁判の歴史は，多年にわたって形成された結果であり，その歴史の連続と不連続の問題があるところ，その中で生まれたのが「丹念な取り調べによる真実の発見」であると評された[52]。

　また，井上正仁教授は，我が国の刑事手続の特色について，捜査は，被疑者の取調べを中核として，極めて綿密になされる。成果という点で見ても，諸外国に比べて，検挙率が一番高いなど，効果的・効率的である。しかも，警察のみならず，検察官も自ら捜査に関与する。被疑者や重要な参考人については，検察官が重ねて取調べをし，自ら嫌疑を確認した上で，有罪の確信があり，かつ刑事政策的にもメリットがあると判断される場合に限って起訴をするという「十分な捜査と慎重な起訴」（石井判事）であると分析される。そして，その問題点を，①慎重な起訴，②真実の究明，③有罪率の高さ，④証書の多用，⑤弁護人の責任を挙げ，精密司法の実体を受容した上で，その改革案を提言される。それは，（i）刑事弁護の強化・充実である。具体的には，ⓐ起訴前弁護制度の整備，ⓑ接見交通の緩和・自由化，ⓒ証拠開示の拡充である。次に，（ii）調書の利用の制限・厳格化である。それはⓐ争いのある事件と争いのない事件の区別，ⓑ自白調書の任意性・信用性の厳格な判断，ⓒ取調べ状況の可視化，ⓓ検察官面前調書等の利用の制限などであると分析されている[53]（なお，法文化（松尾教授）や国民性（青柳博士・土本博士）に準拠することには言及されていない。）。

（3）　精密司法の実態とその問題点

1）　田宮博士は，我が国の刑事司法が精密司法の実態にあるとの議論について，次のような疑義を呈される[54]。

Ⅳ　検察官の地位・役割　　67

　それは，①徹底した捜査で事件が固められ，公判ではその成果たる書証が活用されるやり方は誤判を招きかねないとの指摘があるが，それはむしろ「ラフな審理」であって，決して精密ではないこと，②アメリカの当事者主義像と似ても似つかぬというのが実体と言うが，それは「反・アメリカ」にすぎない。「お国ぶり」が違うのだからそれ自体は当然であること，③日本の法文化論や，青柳文雄博士の提唱になる国民性論などには，ただ異なる理念像を提示しただけと言うべきであること，④精密司法論では，手続の適正を欠きかねないとの指摘があるが，丁寧にやることが適正を欠くこととはならず，それは精密そのものに問題があるのではないことを示していると考えるべきこと，などを挙げた上，当事者主義ないし公判中心主義こそ真に実現すべきことであり，その阻害事由は，「他の制度との相互規制，つまり訴追制度の反映」とされる。

　もっとも，現在の制度・運用にメリットがあることも確かであり，「日本の刑事司法の効率のよさは，誰が何と言おうと現在の検察制度の帰結」であるとも評される。すなわち「いかなる刑事手続きであっても，事件を選り分ける，起訴をスクリーンする何らかの制度が必要」なところ，「予審などと比べて，検察による方が手続きをスマートにシェイプ・アップできている」と分析される。それは，公判を簡単にすませるのが適当な事件ではそれができ，また，被疑者の早期解放にも寄与するとする。ところが，他国では殆ど例外なく，犯罪が多く過剰拘禁が大問題で，刑事司法の軽量化が最大の課題となっていて，このため非犯罪化，ディヴァージョン，罰金の多用などや司法取引などが刑事司法の最先端の問題として論じられていることを指摘される。しかし，日本は幸いにしてこれらの問題から免れ得ている唯一の文明国といってよく，それには，全てを呑み込んで処理するという訴追制度が寄与しているとして，現行の検察官の役割自体は評価し，「我が国の訴追の在り方を根本的に変えることは現時点では不可能だから，捜査自体の弾劾化を強力に推進する手立てを試みる他はない」とされる。そこで，それは立法で明文化するのがベターだが，運用でもある程度可能とする。また，当事者主義の復権にかけて，刑事弁護の活発化など各論的問題点の改善のほか，当事者主義化に伴って浮上する推定規定の問題や状況証拠に関連する問題の検討も避けて通れなくなると結論づけられるが，検

68　第1章　刑事司法における検察官の役割

察官の役割が相当鋭く分析されているものと評される。

2)　精密司法の問題点は，提唱者の松尾教授自身も，次のような諸点を指摘されている。

　それは，①捜査機関に多大の労力を要求するという意味においても，また，捜査対象の被疑者にも重い負担を受忍させる点においても，一考すべきものを含んでいるとされた上，捜査ないし公訴提起の「精密さ」の故に，もし誤った起訴が行われた場合には，その誤りを是正して無罪判決に至ることが，いわゆる「あっさりした起訴」の場合に比べて容易ではないことを挙げ，捜査が公判の前段階であるという点に留意すれば，このような「精密」司法は，多分に前のめりの刑事手続だということになること，そして，これに対して公判段階の比重の回復を図ろうとしたのが弾劾的捜査観であり，弾劾的訴追観にほかならないことを指摘される。また，②現在の日本の刑訴法の「成功」は，その特異性の点で一種のガラパゴス的状況を混在させているのではないかとの懸念が払拭しきれないとして，その改革案としては，③弁護人を通じて，争う被疑者とそうでない者とを早期に区分し，前者については公判中心主義の審理を徹底させることにすること，そしてもしこれが軌道に乗れば，アレインメント手続（形式上の二元主義）の採用も視野に入ってくるとされるが，結局，④改革の方向としては当事者主義の充実という方向をとりたいとされ，それは，精密司法と調和するからではなく，むしろその対立物だからであるとの位置づけをされている。そして，⑤裁判員制度の導入は，訴因の厳選，証拠の選択が行われ，調書への依存度は低下し，公判中心の裁判が実感され，それはいわゆる核心司法ということになるが，それは，精密司法にとって代わるのではなく，精密司法を圧縮して実現するのであるとされる[55]。

（4）　精密司法論に対する反対説

1)　精密司法論に対しては，根強い反対説がある。

　白取祐司教授は，精密司法論が，効率的な日本の刑事司法に自信を持つ裁判・検察実務家に広く受け容れられ「発展」させられていったという事実を指摘しつつ，しかしこの精密司法論の問題性は，①精密司法論が適正手続モデル論の

否定的評価の延長線上で展開されたこと，また，②それが日本の法文化の所産であることを強調するが，それは，国民性論と同様，論証不能なジャパノロジーにすぎず，法文化論はゾレンの問題を覆い隠す危険性を持つこと，そして，③我が国に根づいていない黙秘権，防御権等の人権に対して「改革」を語るのではなく「精密司法」ないし「日本的特色」の名の下に是認してしまうことなどにあることを批判する[56]。

　小田中聰樹教授は，①精密司法という概念は，微調整論といった改革論と絡める形で発展してきたように思えること，②精密司法という概念規定・現状分析自体が，松尾理論の中では，微調整論へと繋がる踊り場となったのではないかということ，③精密司法という捉え方は，部分的すぎ，その一番の限界は，日本の司法が抱えている人権侵害とどう向き合うのか，はっきりしない点であることなどを指摘し，「糾問的な自白追究，それにあわせた証拠収集など，様々な人権侵害が生じていると思うが，この問題とどう向き合うのか」と問われる[57]。

　ところで，田口守一教授は，精密司法の理論的根拠が実体的真実主義にあるとの視点から，①日本の実体的真実を巡る議論がその概念の母国ドイツのそれを墨守・修正する過程であること，②逆説的だが，日本ではアメリカと違って，むしろデュー・プロセスを進めたことが，真実主義を温存させたのではないかということ，そして，③綿密な事実認定が必要な事件もあるだろうが，そうでない事件もあり，事実の個性にダイナミックに対応する必要があり，そのためにどうしたらいいかが時代の課題であるとされる。そして，④デュー・プロセスと真実発見の2項対立的な考え方ではうまく対応できないとして「相対的真実主義」という自説を開陳される[58]。

2)　精密司法の実体に対しては，検察実務家からの改革視点もある。

　先の亀山教授は，証拠としての「調書化」の問題を指摘された。すなわち「公判は，実際上調書中心主義であり，捜査段階の調書の記載及び調書間の整合性に関する精密な審理がその特徴をなすに至っている。このような姿は，新刑訴の本来目指していたもの，少なくとも条文等から予想されるものとは相当大きく異なっているものといわざるを得ないであろう」と根本的・重要な指摘をさ

70　第1章　刑事司法における検察官の役割

れた。しかし，その調書化の原因について，簡易公判手続・略式手続も書証の存在が当然の前提となっており，「すべての事件についてまず調書をとっておくということにならざるを得ず，調書重視の傾向が実務に定着するのはむしろ当然といえよう。……アレインメント等の方式によって，真に争いのある事件とそうでない事件を手続的に峻別していれば，あるいは公判中心主義のいわゆる集中審理方式が定着したかもしれないと思われる節がある」とされ，また，「証拠資料としての自白の重要性が不変である限り，真実を追求する職責を有する捜査機関が自白を追求し，これを調書化しようとするのは，むしろ当然の成行きといわなくてはならない」こと，「アレインメント，司法取引等の制度を導入して，争いのない事件の審理手続を正規の手続と全く別のものとすることによって，捜査すなわち調書の作成という惰性を断ち切るきっかけを作る必要性がある」こととされ，「平野教授は，かつて刑事訴訟の実務の現状を病理現象と評されたが，私見では，それはほとんど必然的な推移であり，その意味では，病理現象というよりは，生理現象というべきものと思われる」とされた[59]。この見解は，アメリカのアレインメント方式では，有罪答弁があれば証拠調べなくして有罪とでき，その前提としての起訴前の司法取引が認められており，我が国とは訴訟構造が異なること，我が国の刑訴法では，この方式を採用せず公判中心主義を行うにしても，重罪・軽罪，そして自白・否認の事件の区別なく公判では厳格な証拠が求められるため，起訴を厳選し，捜査段階では全ての事件に対して，公判での証拠調べに耐えられるよう精密な捜査，調書化をしなければならないという訴訟構造そのものに精密司法必然の原因があることを指摘するものである。

　田口守一教授も，精密司法論との関係では，「訴追基準の精密化」と「量刑事情の精密化」という要請を満たすためには，「公判」では遅すぎるのであって，「捜査」においてそれに耐え得る事実解明を尽くしておく必要があるということになること，その「調書」利用可能性の点に着目したのものとされ，調書の証拠能力というどちらかと言えば技術的側面に極めて本質的な問題が潜んでいる点を解明されたものと評される[60]。

（5）　現状に対する批判論

1)　学説では更に検察制度の根幹を睨んでの現状批判によるラジカルな改革案を主張する論者も多い。

　川崎英明教授は，「我が国の当事者主義は『擬似当事者主義』である」とする松尾教授の捉え方に対して，「それは，『予審廃止—検察官への強制処分権の移譲』という，戦前の司法制度改新論から戦後改革における司法省の刑事手続改革構想に至る検察官司法再編路線の反映に他ならない」と分析した上，我が国の検察制度が国民的議論のないまま定着し，戦後改革でも検察は「民主化」の洗礼を免れ，戦後改革で失った権限回復，すなわち捜査における主宰者性の回復を追求したと見る。そして，当事者主義の展開の中，検察官を「真実発見の担い手」とは見ずに当事者の一方的準備活動と位置づける弾劾的捜査観が学説上湧き上がっても，検察実務では，捜査を「真実発見の自己完結的手続」と捉えて譲らず，捜査における検察官の裁判官的役割を続けているとする。これまで公判専従論が検討されて真実発見を公判に委ねるよう議論されたり，学説や弁護人側から公訴権濫用論が主張されたりして弾劾的捜査観と相まって訴追裁量の次元での検察の実体変革が迫られたが，現状変革には至っていないとする。また，客観義務論や準司法官論の台頭は，当事者主義下の検察官像を総括的に提示しようとしたものと捉え，それが少なくとも検察の活動にデュー・プロセスの枠をかぶせるという問題意識は評価できるとしながら，この見解に対しては「解釈論的帰結を導出する媒介概念として必ずしも必須でない上，逆に検察官の権限強化を導きかねない」との批判を招くとし，そしてその批判は，当事者主義の観点からすれば支持できるとする。更には，公訴権は本来，市民に帰属するとの理念から，「検察官は市民に帰属する公訴権を代理行使する機関だから，その地位は訴追された市民たる被告人と対等同質のものでなければならない」として，検察官の当事者たる所以を説く。ただ，私人訴追論まで主張するには，濫訴のチェックが働かないとしてその理論のアポリア部分を懸念される[(61)]。

　小田中聰樹教授もこの現状批判の論説を支持され，「精密司法」として特色づけられた我が国の刑事司法の実体について，我が国刑事司法は「『糾問的検

察官司法』と特色づけることができると思う」とし，「もっとも，検察当局の立場は，対警察関係において近時とみに弱体化，低下しており，その意味でわが国刑事司法は糺問的『警察司法』へと変貌しつつあるとの見方が強くなっている」との見解を示される[62]。そして，このように，現状を「人権侵害的な糺問的捜査手続に強度に依存する公判手続の形骸性」と捉え，これを1970年代以降の治安政策の所産と見た上，その改善策として，①違法な身柄拘束の禁圧，②代用監獄制度の廃止，③被疑者取調べの改善（弁護人立会いの許容，取調べ時間等の規制，取調べ受忍義務不存在の手続的明確化など），④捜査弁護の強化（接見自由化など），⑤証拠全面開示手続の新設，⑥自白の任意性・信用性の判断基準の厳格化と補強法則適用範囲の拡大，⑦伝聞法則の例外の厳格化などを挙げる。そして，このような現状批判の立場からの捜査・起訴・書証の抑制を軸とする改革指向の問題点として，これら改革案が一定の理念に基づくまとまりのある刑事手続に収斂できるのかということ，その実現可能性を検討される。それは，権力抑制型の当事者主義的構造を持つ現手続において，このような改革手続の全体像が捜査・起訴・公判の各段階を統合し得る一貫した体系的原則を持つかどうかであるとされる。また，捜査の弾劾化モデルに従えば，「捜査はあっさりしたものとして抑制され，起訴も低い嫌疑に基づくあっさりしたものとなり，黒白は公判で決すべきとものとなるが，無罪がかなり出る上，不都合は冤罪者の起訴や逆に真犯人の不起訴の形で現れるところ，このような事態は国民に支持されない」とする反論に対しては，「その解決は，捜査権限の強化という逆行的方向で行われるべきではなく，捜査技術の向上，起訴・不起訴に対する検察外部からの抑制・充実・強化（例えば検察審査会の権限を起訴処分の審査にも拡大し，しかもその議決に拘束力を与えること，準起訴手続を改善することなど），検察組織機構の民主的改革（例えば個々の検察官の職権の独立性の拡大など），公判審理の充実，無罪判決の迅速化などによって行われるべきである」として，現状批判の立場からの改革案を総体的に見て「一種の体系的な一貫性を認めてよいのではないか」とされる[63]。

　なお，現状批判派からは，予備審問を新設して起訴のスクリーニングをするべきとの改革案も提示される。予備審問は，英米法における大陪審による正式

起訴と検察官による略式起訴の二元的刑事手続において，起訴前に逮捕された被疑者に公判に付するだけの相当な犯罪の嫌疑があるか否かをマジストレイト（治安判事）等が審査する制度である。ところが，我が刑事訴訟上では，検察官の不当な不起訴処分に対するチェック手段として，検察審査会の議決や準起訴手続があり，不当起訴に対しては公訴権濫用論が判例に上ってきているが，当事者主義的な審査手続によって自己の身体拘束の正統性を争うための手段がない，として予備審問の導入を主張するものである[64]。

　この点，田宮裕博士は，立法論としながらも捜査の弾劾化は究極的には我が国も英米のような予備審問を要求してくることとなって弾劾化が徹底し，他方で検察官の手元で必ずしも十分にできなくなった事件の振るい分けを担当する機関が生まれるとの見通しを立てておられる[65]。

2)　以上の我が国の基本的な捜査・訴訟構造観について，鈴木茂嗣教授は，次のように整理される[66]。

　それは，平野博士が提唱された捜査観は，現状のそれが糾問的捜査観（捜査を「捜査機関による被疑者取調べの手続」として，強制処分もこのために認められるという捜査観）で運用されていることを批判し，在るべき捜査観が弾劾的捜査観（捜査は「捜査機関が一方当事者として単独で行う公判準備活動にすぎない」として，その強制処分も将来の裁判のために裁判所に委ねられるという捜査観）でなければならないと断ずるもので，その議論提起の帰結は，「あっさり捜査して起訴せよ」ということとなる。しかし，そのような事件処理は妥当なものと言えるのかということを鋭く指摘される。現状は，起訴されれば社会的には既に有罪視され，法的にも被告人となれば様々な制約を受けるから，当然「起訴・不起訴の判断はできる限り慎重に行う方が望ましい」との反論に晒される。そこで，井戸田教授から「訴訟的捜査観」が提唱されるに至った。それは，捜査は起訴・不起訴の決定を目的とする手続であり，その判断者の検察官に対し，司法警察職員と被疑者・弁護人が働きかけるというものである。これは，弾劾的捜査観と同じく人権保障の視点からの主張ではあるが，被疑者の取調べ自体を否定し（弾劾的捜査観の提唱者である平野博士は，身柄拘束中の取調べ受忍義務は否定しつつ，任意の取調べまでは否定していない。），被疑者・弁護人から捜査

機関への働きかけの重視へと訴訟構造の転換を図るものである。しかし，この「検察官をはさんで司法警察職員と被疑者側が対立する三面構造をもつものとして捜査を把握し，とくに被疑者側からの検察官への働きかけを積極的に認める訴訟的捜査観」は有益であることを認め，その限りではこれを支持するが，被疑者の取調べを一切否定して，刑訴法第198条1項を単に被疑者側に弁解の機会を与えるにすぎない規定と割り切る点は，現行法の解釈としては無理だとされる。

　鈴木教授のこの整理・分析は，かねてからの管見と符合することが多いところである。

3）　ところで，團藤博士は，戦時中の昭和18年（1943年）当時の刑事司法時代において，既にして「有罪が100％に近いことは，欧州諸国に比して我が国に特殊の現象である。これは我が国において捜査に重点が置かれ，且つ起訴が極めて慎重なることを物語るものである」と指摘され，そして，現行刑事訴訟法における捜査手続は糺問手続であり，せいぜい「当事者訴訟的構造の萌芽がみられる」にすぎないとされる[67]。

　平野博士も，昭和36年（1961年）に著した論文では，検察官が「確実なものだけ，自信のあるものだけを起訴しているのだとすると，検察官は治安維持の活動に忠実ではないのではないか，という批判を甘受しなければならない」とされた上，「かりに現在の起訴猶予中，20％は情状としては起訴すべきものであり，ただ証拠が十分でないため起訴されなかったものだとしよう。そして，起訴したならば15％程度は有罪になったはずだとしよう。この15％について検察官は，無罪の判決をうけて面目を失することをおそれるのあまり有罪とすべきものをしなかったことになる」として，「もし，治安維持の責任をも同時に果そうとするならば，強力にめんみつに捜査を行う必要がある」とする。しかし，「それでは被疑者に対する強制処分も強化されざるをえないし，好ましくない結果も出てくる」から，被疑者を「何はともあれ，裁判所に連れてゆき，ある程度の無罪はがまんするという方法をとることによって，人権を保障しつつしかもある面ではむしろ治安維持に役立つ」ものであるとの結論を導かれる。また，「この見解では治安が乱れてもかまわないのかとか，無罪率が10％にも

なれば国民が黙っていないだろう」とかいう批判があるとしても，これを「取越苦労」として，「50％の不起訴に文句をいわない国民が，10％の無罪に不満をいだくかどうか，うたがわしい。しかも，何もただちに，無罪を10％程度まで引き上げよといっているわけではない。現在の0.3％を，せいぜい3％程度に引き上げる覚悟をするならば，日本の捜査はもっとおおらかなものになるだろう」との見解を示された[68]。

　同博士はその後の昭和60年（1985年）には「現行刑事訴訟法の診断」とする論考を発表され，「現行刑事訴訟法は，欧米の刑事訴訟法，いわばその『文化的水準』に比べると，かなり異状であり，病的でさえあるように思われる」として，「わが国の刑事裁判はかなり絶望的である」との衝撃的な診断をされた。要するに，検察官は「ラフな捜査でおおらかに起訴」して，事件は裁判で有罪無罪を決するのが刑事司法の本来の在り方であるという究極の公判中心主義の主張になる。すなわち，欧米の裁判所は「有罪か無罪かを判断するところ」であるが，日本の裁判所は，「有罪であることを確認するところであるといってよい」とされる。そして，アメリカでも，検察官の起訴は「一応の証拠」があればよく，被害者のコンプレイント（告訴）がある以上，一応の証拠があれば起訴しなければならないとされているといってよいが，我が国では，公訴提起のために必要な嫌疑は，逮捕・勾留に必要な「相当の嫌疑」よりも高いものと考えられている。そうして取調べの結果，嫌疑が十二分に確認されて初めて起訴すべきものとする。公判で無罪となるのは，検察官・警察官の失態とされ，マスコミその他国民の多数もそう考えがちである。一審で有罪となり上級審で無罪となったときでさえ，検察官の起訴に対し賠償が求められ許容されさえしている（憲法第40条では，刑事補償の規定を置く。）。公訴提起に高度の嫌疑を要求するのは，一度公訴が提起されると被告人に大きな負担がかかるからとされる。起訴が慎重なこと自体は好ましいようにも見えるが，起訴に高度の嫌疑が要求されると，訴訟の実質が捜査手続に移って，捜査機関にかなり強力な強制権限を与えざるを得なくなる。その一方，裁判所は検察官が有罪と確信したものを，「念のために確かめる」だけのものになってしまい，実際我が国の第一審は「検察官に対する控訴審にすぎない」と言えなくもなく，「検察官司法」と言われ

76　第1章　刑事司法における検察官の役割

るのも当たっていないとも言えない。したがって，我が国の刑事訴訟の実質は
捜査手続にあり，それは検察官・警察官による糺問手続なのである。そこで，
この捜査手続ないし公判前手続をどのように構成するべきかである。ドイツで
は，予審制度による糺問手続であったが，長年の議論の末，1964 年の刑事訴訟
法の改正により，検察官（警察官は含まず。）に予審判事の権限の一部を移譲す
ることによって，予審廃止が実現した。我が国では戦後になって予審制度を廃
止したところ，刑事訴訟法上では予審判事の権限が検察官に移譲されてはいな
いが，運営上はかなり移譲されている。その他，我が国の定着した取調べや「任
意性の疑い」の裁判所の扱い，調書裁判の実体，最高裁判所も書面による事実
認定にかなり自信を持っていることである。そして「一般の人々，とくにマス・
メディアも，一方では，人権を強調しながら，他方では警察による『厳しい追
及』を期待しているといってよい。警察の取調べによって，自白させることが
できないときは，しばしば『もどかしさ』が表明される。そして，自白の内容
が客観的事実と喰い違うと，急に『人権』を問題にする。反応のパターンは，裁
判所の場合と同じである。現在の捜査のやり方はある意味では世論に支えられ
ているともいえよう」，「ではこのような訴訟から脱却する道があるか。おそら
く参審か陪審でも採用しない限り，ないかもしれない。現実は，むしろこれを
強化する方向に向かってさえいるように思われる。我が国の刑事裁判はかなり
絶望的である」とされる[69]。しかし，この提言は実務で支持されずその運用に
変更をもたらせなかったばかりか，学界からも，「被疑者の主体性の承認という
点では弾劾的捜査観を支持しながら，起訴のための嫌疑の基準を下げるべきで
あるというこの平野主張に従わなかった」のである[70]。

　このため，同博士はその 14 年後の 1999 年に著した論文では，参審制の採用
による「核心司法」の新しい提言をされ，参審制度を採用すれば，公判で心証
をとるようになり，そのためには捜査記録も，要を得た，そして事件の核心を
突いた短いものにする必要があるであろうから，ひいては，取調べでのやり方，
身柄拘束の長さにも影響を及ぼすかも知れず，公判での証人尋問，反対尋問も
精密なものでなく，核心的なものになるかもしれない。それは「ラフ・ジャス
ティス」ではなく，あえていうならば「核心司法」であるとされた[71]。

IV　検察官の地位・役割　　77

　こうして，「あっさりした捜査・ラフな起訴」との平野提言自体は現状批判派を含めて支持が少ないが，その後，「国民参加によって核心司法が成り，現状打開ができる」とされた点では慧眼とされている。

5　刑事手続の日米比較論

（1）　英米法が我が国の刑事訴訟法に及ぼした影響など

1）　田宮裕博士における「刑事訴訟法の展開と英米法の影響」との論考など[72]。
　同博士は，「通常英米法とはコモン・ローをさすのであって，それは長い年月を経て集積された判例法にほかならない。『大陸法から英米法へ』というとき，最初の課題は，まず，そのような既存の英米法のなかから，何を吸収すべきかということにあった。ところが，1950年代の後半から，英米法のうちとくにわが法とかかわりの多いアメリカ法じたいが，大きくゆれ動き，飛躍をとげるに至った」，「わが法も，アメリカ法の進展を追いかけるようなかたちで少しずつ動いてゆくのである。それは『憲法的刑事訴訟』といわれる分野，すなわち，デュー・プロセスの領域において，判例のリーダシップによって行われた静かな地殻変動であった」と分析される。ただ，アメリカのデュー・プロセス条項は，厳密に言えば連邦制に由来する独自のものであることも指摘される。すなわち，「州の事件には，連邦憲法の修正1条から8条までの具体的な権利宣言の各規定は適用がなく，同14条の『いかなる州もデュー・プロセスに違反して，人の生命または財産を奪うことはできない』といういわゆるデュー・プロセス条項だけ適用がある。そこで，連邦最高裁が州の事件に介入するにはこの条項を利用するほかない」という，アメリカ固有の判例生成の過程があることである。そして，ウォーレン長官が就任した1953年以降，連邦最高裁によるデュー・プロセス判例は量・質とも飛躍的な発展を遂げ，ミランダ判決，違法収集証拠の排除法則判決等を生んでいったこと，また，これらが我が国の判例にも影響を与えていったことを指摘される。しかし，その後のバーガー長官時代に入った1970年代からは，ミランダ判決の原則内容に制限を加えるなど前ウォーレン・コート時代と比べて，その連邦最高裁の判例には明らかに後退を見せるけはいがあるとされる。

78　第1章　刑事司法における検察官の役割

　この点，同博士は，他の「実務と英米法」と題する座談会において，先例拘束性の問題について「裁判はリアリズムでなければ動きません。しかし，アメリカのリアリズムはもっとダイナミックで思い切った実験をやって，望ましいと思われる新しい法律状態をどんどんつくっていくということがある」と指摘され，判例はひとつの実験たる性格を持ち，ミランダ判決も連邦最高裁がその実験を行ったものと評する。その座談会での鈴木義男検事の分析では，画期的な判例，例えば違法収集証拠排除法則の判例が出されても，日本ではそのような判例の有無にかかわらず，違法な証拠収集は禁止されたものとしてそれ自体非常に限られたものであって，判例が出ればその実務への実効性は高いが，アメリカの場合は，「最高裁で証拠排除法則を出したところで実務がどこまでそれに従うことになるのかということは大変むずかしい問題だ」と指摘される。それというのも，現場の警察官は何も裁判まで持っていく必要はなく，とにかく違法な事態を抑圧すれば足りると考え，証拠排除のことはお構いなしに令状もなくプロバブル・コーズもないのに捜索差押や逮捕に至ってしまい，しかし，後は答弁取引で裁判にならずに終わってしまうというアメリカ法特有の訴訟構造を指摘される[73]。

2)　河上和雄教授（元検察官）は，我が国の検察実務に対するアメリカ法の影響を日米の刑事手続の相違点から分析される。

　第一に，刑事司法の地方分権化である。アメリカは50の州の法体系と連邦の法体系からなるばかりか，準州に対する連邦法や軍法があり，その法執行たるや特に現実の地方における法の執行状況の酷さは到底我が国では考えられないこと，それだけに連邦最高裁の高踏的な判決を必要とする現実があって，戦後の我が刑事司法の執行状況とには大きな差がある。第二に，国民参加である陪審制度が存在し，それが州に対しても保障され全司法制度，実務の前提として構成されていることである。そして，連邦最高裁が発展させ，これが我が国の最高裁判決まで生み出させた違法収集証拠排除法則を初め，伝聞法則や有罪答弁について取引が行われることなどは陪審の存在を大きな前提としていることが，我が国の制度との大きな違いである（我が国にも平成21年5月から，裁判官と共に事実認定と量刑の判断を行う裁判構造の裁判員制度が施行されたが，陪審制

度では裁判官は加わらず，評議・評決は事実認定だけで全員一致が要件であり，か
つ民事陪審もあるなど，大きな違いがある—筆者）。また，訴追免除，証人抑留な
どの制度的保障の下に公判が唯一の事実認定の場である制度であること，更に
起訴前手続では，アメリカ法では被疑者の身体上の拘束から始まるのが常道で
あり，伝統的に拘束が原則で釈放が例外であること，これに対し我が国の場合
は，起訴前の保釈制度はなく，釈放はあっても検察官の裁量によることであり，
この保釈制度の違い，予備審問制度の欠如が彼我の国民の被疑者に対する嫌疑
の程度の違いと関連があること，それは我が国では逮捕即有罪に近いもの，起
訴では有罪の嫌疑が一層高い（99％以上の有罪率）ものとの国民の認識があり，
法的な「無罪の推定」の原則も，現実の社会生活においては極めて影が薄いの
が現状となっていることを指摘される。なお，アメリカには我が国の検察審査
会制度と類似する大陪審が存在する（我が国の検察審査会の議決は，当初は勧告に
すぎなかったが，裁判員制度導入に合わせて「起訴議決」による起訴強制へと改正—
筆者）。大陪審は，独立の訴追機関として被害者の保護とともに被告発者の保
護に当たる独立の捜査機関であり，その捜査，訴追の合理性については裁判所
の司法審査さえ及ばない強力な権限を有するとされている（現実には検察官主
導の機関とされている。）。

　こうして，同教授はこれら彼我の刑事手続の相違から，検察実務へのアメリ
カ法の影響を，結局「わが国の刑事司法は，実体的真実の発見をその中心目的
に置き，その目的のために全ての制度が組立てられており，そのため，アメリ
カからの輸入の当事者主義もその目的に奉仕するものと理解されてきた」とし，
これに対し，アメリカにおける刑事司法の目的は，「実体的真実主義が中心目
的からはずれ，ラフ・ジャスティスの名で呼ばれるように，刑事司法が存在し，
それが自分たちの身近な代表によって運営され，その過程が外見上適正である
こと，つまりデュー・プロセスが目的の中心となっていることに表われている
ように思われる」とする。もっとも，その後のアメリカの判例の流れを見ると
き「ミア・エビデンス・ルールの廃止やバーガー・コートの後退，さらには，
連邦証拠規則による伝聞法則の大幅な緩和のような実体的真実主義への回帰の
傾向がないわけではない」と評する。そして，もとより，我が国においても「人

80　第1章　刑事司法における検察官の役割

権保障，適正手続の保障は，憲法的要請であり，戦後の検察実務が，その面での多くの発展を遂げていることも間違いない」こと，「このデュー・プロセスへの志向はなお当分続くであろうし，検察実務もその方向に進むであろう」としつつ，しかし，「彼我の差異は根深く，決定的であり，我が国の司法の一環としての検察は，実体的真実主義を中心目的とし，デュー・プロセスをその範囲内で高める実体的真実志向型適正手続導入検察とでもいうべき方向をひきつづき進むこととなろうし，それが法の求めるものといえよう」と結論づけられる[74]。

（2）　アメリカの研究者が見た刑事手続法の日米比較論

　我が国が範としたアメリカの刑事手続について，アメリカの研究者のその日米比較論を見るとき，我が国の検察官の地位・役割など刑事司法の評価は，相当に高いものがある。以下，その研究者の論考を見ることとする。

1）　ダニエル・フット（ワシントン大学）教授は，「日米比較刑事司法の講義を振り返って」の論考[75]において，「一国の刑事司法制度を理解しようとすれば，その制度の全体をながめて，ひとつのまとまりとして把握しなければいけない」として，システム的思考が重要であることを指摘した上で，日本の刑事司法の研究成果をアメリカ法と比較しながら分析している。そして，日本の検察官の役割は，当事者主義を採っていながら大陸法の欧州諸国とも違った特異なものと見る。また，元来，英米の制度において，当事者主義の手続は真実を究明するための優れた手段であり，加えてアグレッシブな防御活動は全ての人の基本的人権を守るための要となる手段だと考えられてきたが，現在のアメリカでは，真実は神様以外誰も知り得ないとして，当事者主義の手続はゲーム以外の何ものでもない，当事者主義の名のもとに，勝訴するためには，殆ど何でもやってよいといった風潮が強くなっていると見る。現に，刑務所の服役者の話を聞いても，ゲームで負けたぐらいの気持ちでしかなく，「刑務所に入れられたのは悪いことをしたからではなく，お金がないから優秀な弁護士を雇えなかったからにすぎない」と言っている現状を紹介する。また，アメリカの有名な弁護士が語る被疑者との接見時の会話の一例も紹介する。最初の面会で，依頼人（被疑者）が何も言わない前に，必ず依頼人に「真実を語るな。一番聞きたくない

のは，真実なんだよ。真実を知ってしまうと，弁護の妨げになるかもしれない。自分が知りたいのは，真実ではなくて，むしろ君が陪審に信じてほしい物語だ。15分ほど休憩をとるから，そのあいだに，君が信じてほしいと思う物語をじっくり考えなさい。私が戻ったら，その話を聞かせてくれ」と話す。これはアメリカの弁護士として決して例外的な存在とは思えないとする。ところが，日本の弁護士の多くは，真実の追求を自分の主たる使命としているし，検察官も裁判官も真実の追求のために尽くしていると弁護士も信じているように思われる。これが，アメリカと日本の刑事司法における最も重要な相違点と見る。「それは何かと言うと，刑事司法制度全体が基本的にどういうことを志向し究極の目標としているかという点での考え方の違いである」とズバリ核心を突く分析をしている。そして，日本の刑事司法の全体像は，捜査段階では厳しい取調べを伴う捜査を，裁判の段階では真実の追求を，また，処分の段階では，改善更生と特別予防の考え方に基づいた比較的寛大な取扱いをする手続にあると捉え，更に，全ての段階において，当局，特に検察官に，強い権限と幅広い裁量を与えていることなどを特徴点として指摘する。この刑事司法制度を支持するかどうかは，当局に対する信用の度合いの差に尽きるとし，警察と検察官の質と公正さだけでなく，真実の追求と改善更生への熱意に対する信頼も必要であること，しかし，いくら信頼しても潜在的な偏見や思い込みなどによる誤った判断の危険性は常にあることから，特に検察官のチェックが重要であり，日本の制度にも改善の余地もあるとしながら，「それでも一外国人として，日本の刑事司法制度を全体として評価した場合，その制度は本当に誇るべきものと思う」とされている。

2) B. J. ジョージ（ニューヨーク・ロースクール）名誉教授は，「外国人から見た日本の刑事訴訟法」と題して分析する[76]。同教授は，まず「いかなる法システムも，それが生きて動いている限り，折々の立法的調整の必要がない法律や法などというものは，機能的には死んだものに違いない」と指摘した上，日本の刑事司法制度は，その社会的・法的伝統にある程度の基礎を持ちながら，①戦後の独立した司法権の創設，②重要な人権が憲法自体に基礎づけられたこと，③制度を運用する3つの主要構成—裁判所，検察官，弁護人—の関係が再編成

されたこと（裁判所を頂点とする三角形の位置づけ），④システムを動かしている人々が，厳格な司法試験によってセレクトされた献身的専門家集団であること（これは，世界のどこの国も真似ができないことかもしれない。）などとの優れたポイントを挙げる。そして，むしろアメリカでも採用されればよいと望む日本の刑事手続の特徴点として，例えば，日本では任意捜査を原則とし，未決勾留は原則ではなく例外であることが挙げられるとする。これは，勾留のための逮捕が原則で，有罪前の釈放が裁量的例外である英米の伝統に比べて，遥かに人道的である。また，起訴猶予制度（刑訴法第248条）は，有罪のスティグマを与えることを避けながら犯罪者の更生を促進する手段として推奨されるとする。それは，効果において一種の判決前プロベイションであり，具体的事件において成功すれば，有罪判決の法的・社会的帰結を避けながら犯罪者の更生を促進することができるものとなる。この点は，既に1960年代から1970年代にかけてアメリカのいくつかの検察局がほぼ同様のプログラムを実験したことがあるが，苛酷な「法と秩序」の環境下でついに同様の法改正には至らなかったという経過も説明する。また，日本では公判において証人の「生の」証言に依拠することが減少し，それに対応して書証に依拠することが増加していることを分析する。この日本の現行刑事訴訟法の改正を指導したSCAP（連合国最高司令官）の起草者は，証人が徹底的な主尋問―反対尋問にさらされる当事者対抗的な公判手続を創設することにあったことだから，書証化はおそらく考えていなかったであろうし，望んでもいなかったであろうが，「私は特に心配していない」とする。英米（特にアメリカ）の当事者対抗的な公判手続と証拠の範囲・内容を統制する念入りな証拠規則に対する観念（「強迫観念」とまで表する―筆者）は，陪審制度に対する伝統的な依拠と敬意を反映したものと見る。日本の制度は，人間と人間の組織に考え得る限りに汚職と権力濫用から免れ高度の能力を持った専門家によって運営されている。世界のどこの国も現実的にはまねすることができないものであるかもしれないが，日本の国民と政府が誇ることのできるものである。少なくとも，世界のその明白な長所を示すために，「今後更に50年間存続するに値するものである」と評されている。

3) ジョーゼフ・ホフマン（インディアナ大学）教授は，「『真実』と日本の刑事訴

訟法」と題してアメリカの当事者主義と陪審制度の実体等を述べる[77]。すなわち，アメリカの刑事手続法（連邦と各州の刑事手続法を集合した法体系）は，根底に国民の「自らの統治機構に対する歴史に根差した深い不信感を共有していることに由来しているものである」と指摘する。そして，更にアメリカ人は，「糺問的」ではなく「弾劾的」な刑事司法制度を維持するのが望ましいという考えに強く取りつかれているので，また，アメリカの刑事司法制度の高度に当事者抗争的な性質を保持しておきたいために，捜査機関が被疑者から自白を獲得することを妨げるための規則や手続を生み出してきたとする。そして，殆どのアメリカ人は，事実そのものが確定できない世界に住む以上,「事実としての真実」に代わる実現可能なものとして，「法的な真実」とでもいうべきもの，すなわちその最も重要な形態である「陪審による真実」を信頼し，それを客観的な「真実」に代わり得るものとして受容していること，したがって，O. J. シンプソン事件（被告人が 1994 年 6 月，元妻とその友人を殺害したとして起訴されたが，彼が有名な元プロフットボール選手であったため注目を集め，刑事の陪審では無罪，民事裁判では殺人が認められて賠償が命じられるという特異な経緯を辿った事件）や，ロドニー・キング事件（1991 年 3 月，強盗で仮釈放中の黒人のキング被告人が交通違反を犯した際に白人警察官から暴行を受けこれが大きく報道され，人種差別事件としてロス暴動のきっかけにもなったとされる事件）のような陪審裁判で時折生じる異常な結末にもそれほど動揺を受けない傾向にあることも指摘する。その陪審制度については，公共心の涵養に向いていること，公務員（とりわけ警察官及び検察官）の裁量に対して一般市民の統制がよりよく及ぶこと，法制度の中に市民の常識が注入されること，まれには不当な刑罰法規を陪審が無視できることなどを，同制度の相対的な利点として目を向け認容するのがアメリカ人であるとする。また，アメリカに「自白に対する奇妙な嫌悪感が拡がっているためか，合衆国最高裁のアントニン・スカーリア裁判官は，1990 年のある判決で次のような反対意見を述べている」として，同裁判官の「百歩譲って，正直に自白することは愚かな過ちだとしても，私は，これを拒絶するのではなく，これを受け入れたいと思う。正直な自白を『過ち』と考えることは，誤っているし，われわれの刑事司法制度を徐々に腐食させるものである。何人も黙秘する権利を保

障されてはいるが，悪事を働いた者が自らの罪を認め，相応の罰を受け入れることのほうが，より道徳的である。罪を認めることは，それが強要されたものでないのなら，社会だけでなく犯人自身にとっても，本来的に望ましいものである。『正義』と『社会復帰』の両方の目標に適うからである。したがって，われわれは，自白した者を『哀れな愚者』と気の毒がるのでなく，むしろ正直な自白をしたことを歓迎すべきである。われわれは，そのような善行を思い止まらせるよう助長したりせず，むしろ善行に出ないことを遺憾とすべきである。これらと逆の前提で法制度を設計することは，個人の責任又は服従すべき統治機構の道徳的正当性に対する信念を放棄することである」との意見を紹介される。

4) デイビッド・T・ジョンソン（ハワイ大学アノア校）准教授は，神戸地方検察庁と法務省法務総合研究所の国連アジア極東犯罪防止研修所において日本の検察制度を研究しており，その結果を『アメリカ人のみた日本の検察制度—日米の比較考察—』との著書でまとめられた[78]。

まず，アメリカ合衆国の多様な刑事司法制度の要約6点を示す。①いったん一市民が告訴すると，殆どの刑事事件は「逮捕」から始まること，②検察官は，逮捕から24時間以内に最初の起訴の決定を行うのが通常であるが，その間に警察官が取調べ（2時間位）を完了し，検察官は被疑者に対する取調べは行わないこと，③裁判官または治安判事の前で行われる罪状認否手続は，逮捕から48時間以内に実施されるのが通常であり，そこで裁判所は被告人に対し起訴事実を告げ，弁護人を指名して保釈の適格性，種類，金額を決定し，被告人は最初の答弁を行うこと，④大陪審または予備審問は，被疑事実の嫌疑に相当する理由があるか否かを決定すること，⑤有罪または無罪は，審理段階において，裁判官または陪審員により，棄却，有罪答弁または審理の評決を通じて決定されること，⑥陪審では審理を経ての評決で有罪の決定の場合は，そのあと別途裁判官によって行われる審問において，被告人に判決（量刑宣告）がなされることである。

次に，検察官の役割について，アメリカの検察官は，(i)世界に比類なき独立性と裁量の特権を享受していると言うのは間違っており，多数の事件処理に追われ多忙な中で，この重荷を回避すべく裁量によって，答弁取引はシステムが

IV　検察官の地位・役割　　85

目詰まりを起こさないようにするドレミ（訳者注―パイプ用洗浄剤）であること，
(ⅱ)一方で中立的な独立した「法の番人」であって，ただ有罪判決を求める者で
なく，無実の者の罪をはらすことが義務づけられているが，他方で，検事正が
公選制のため選挙民の犯罪者に厳しい処罰を求める目を意識せざるを得ず，そ
の選挙民の目は「絶対的な善」であり，検察官をますます厳罰強化の方向へ押
しやっていること，(ⅲ)逮捕と収監における人種的格差の大きさの拡大傾向と，
すし詰めの刑務所の現況や，無数の誤審を生むが，検事正は選挙のために，法
の番人としての責務より，有罪判決を追求する者としての役割を優先させる「熱
意過剰」または「有罪判決心理」に陥っているとする。

　そして，日本の検察官の役割をアメリカの検察官と比較して分析する。第一
に，日本では起訴前の捜査や取調べを自らまたは警察と協力して行うが，アメ
リカでは連邦レベルを除けば，捜査や取調べをすることは殆どないこと，第二
に，日本では起訴，不起訴の事件処理につき独占的権限を行使するが，アメリ
カでは起訴の決定を他の関係者，つまり警察，裁判官（予備審問において），大
陪審，そしてまれではあるが一般市民（私訴において）などと一緒に行うこと，
第三に，日本では裁判所に対して適切な判断を求め，無罪判決や量刑の決定に
ついての上訴ができるが，アメリカでは無罪判決に対しては上訴ができず，量
刑に関する上訴も一部の裁判管轄における限定的な場合だけであること，第四
に，日本では刑罰の執行を監督し，罰金の支払いを確保するとともに，矯正担
当者は判決の刑罰を確実に執行するが，アメリカでは刑罰の執行の監督に関す
る権限は殆どないことを挙げている。

③　検察再生とその在るべき将来像

1　検察の在り方検討会議の提言
（1）　検討会議の設置経緯とその提言の基本
　この検討会議（座長は千葉景子元法務大臣・弁護士）は，大阪地検特捜部の主
任検事が厚労省元局長事件（無罪）の捜査の過程において証拠隠滅罪を犯した
として，平成 22 年 9 月 21 日に逮捕され，その後同事件の隠蔽工作に走った上

86 第1章 刑事司法における検察官の役割

司2名の検事も犯人隠避罪で逮捕された一連の事態を受けて，法務大臣の指示で設けられたものであった。そして同会議は，翌年3月31日付けで「検察の再生に向けて」と題する提言を行うに至った[79]。その提言は，冒頭に「一連の事態は，国民に大きな衝撃を与えるとともに，巨悪を眠らせず，公正な社会の実現に向けた役割を期待されてきた特捜部に対する信頼を根底から失墜させた。そればかりでなく，公共の福祉の維持と個人の基本的人権の保障とを全うしつつ，的確に犯罪を認知・検挙し，公正な手続を通じて事案の真相を明らかにし，適正かつ迅速に刑罰権の実現を図ることにより，社会の秩序を維持し，国民の安全な生活を確保することを目的とする刑事司法の重要な一翼を担う検察の捜査・公判活動全体への不信を招くことになった。『検察の在り方検討会議』は，この極めて深刻な事態を受け，失われた検察の信頼の回復を図るべく，幅広い観点から抜本的に検察の在り方について検討し，提言をまとめた」とする。

（2）　検討会議の提言の具体的内容

その提言の具体的内容は，「検察の使命・役割，検察官の倫理及び人事・教育の在り方，検察の組織とチェック体制の在り方，取調べを始めとする検察における捜査・公判の在り方を基本的な検討課題」とし，「検察にとっての再生とは，古き良き検察への郷愁と回帰を意味するものではない。……自ら，未来志向で検察の果たすべき使命・役割，検察の『正義』とは何であるのかを問い直す」こととする。

同提言の主要な点を見るに，ひとつは，検察の基本的使命・役割である。すなわち，検察官は，①被疑者・被告人の権利保障と事案の真相解明に努めることにより，えん罪を防止し，真犯人の適切な処罰を実現するという検察の使命，役割を改めて自覚すべきこと，②「公益の代表者」として，有罪判決の獲得のみを目的とすることなく，公正な裁判の実現に努めること，③捜査段階においても，起訴・不起訴を決し公判活動を行う公訴官として期待されている冷静な証拠評価や法律問題の検討等の役割を十分に果たすべきこと，である。そして，検察の存在意義は，「この社会に暮らす個人の権利と公共の秩序・安全とを守る」ことにあり，このような検察の使命・役割は，「被疑者・被告人の権利の保障

を十全ならしめる」という柱と，「証拠に基づいて事案の真相を解明する」という柱の2本柱によって支えられ，このためには，時代の変化に応える検察として，未来志向の能力を培うことが求められることである。また，検察官の使命，役割を検察内外に明確にすることも求められるとする。

また，提言のひとつとして，検察の組織とチェック体制についてである。特捜部の組織は，現状を是とすることなく，その捜査能力の向上とチェック機能の強化等を図るため，名称，組織体制・編成，人員配置等を含め，その組織の在り方を見直すための検討を行うべきことである。そして，検察における捜査・公判のチェック体制，そのほか監察体制を構築するとともに，外部の有識者等から適切な意見・助言を得られるような仕組みを構築すべきことなどである。

更に重要な提言のひとつは，検察における捜査・公判の在り方についてである。それは，①検察における取調べ可視化の基本的な考え方として，被疑者の取調べの録音・録画は，検察の運用及び法制度の整備を通じて，今後，より一層，その範囲を拡大すべきこと，②新たな刑事司法制度の構築に向けた検討を開始する必要性として，「取調べ及び供述調書に過度に依存した捜査・公判の在り方を根本的に見直し，制度としての取調べ可視化を含む新たな刑事司法制度を構築する」ための検討を直ちに実施すべきことである。それには，今後，③国民の安全・安心を守りつつ，えん罪を生まない捜査・公判を行っていくためには，抜本的・構造的な改革として，「追求的な取調べによらずに供述や客観的証拠を収集できる仕組み（実体法の見直し，客観的な証拠をより広範に収集する仕組み，先端科学や心理学等の知見をも活用した捜査の「現代化」など。）を早急に整備し，取調べや供述調書に過度に依存した捜査・公判から脱却する」ことなど，その在り方を改めていかなければならないことを提言する。

この提言では最後に，「究極においては，検察官一人一人が個別の事件に直面し，その解決に真摯に取り組む中で答えを見出すことである。検察官には，今般の事態を自己の問題としてとらえ，検察の使命・役割や検察官の任務その他検察の在り方について，広く，深く思索し，相互に腹蔵なく議論し，再生に向けた意識改革を進めていかれることを願ってやまない」などとして，強い検察再生の願望と期待を滲ませて提言を締めている。

2 「検察の再生」のゆくえについて

(1) 検察再生への提言の検討

先の「検察の再生に向けて」の提言を契機として行われた，有識者による座談会「検察改革と新しい刑事司法制度の展望」と題しての検討が参考になる[80]。

田中康郎教授（元裁判官）は，刑事司法制度全体の在り方を検討する上では，検察組織・制度の側面，捜査・公判の構造の側面，そして現に捜査・公判に従事する検察官の意識改革の側面に，しっかり目を向ける必要性があることを説かれる。三井誠教授は，我が国の刑事司法は検察官を軸として動いていることから「検察官司法」と呼ばれたりしたが，その一方で「公判専従論」や，警察と裁判所の刑事司法リードの中での「検察谷間論」が検察内部からも言われたりした歴史的な流れを踏まえた議論の必要性を説かれる。大澤裕教授は，司法制度改革，裁判員制度導入などの改革の中で，検察本体の本格的な検討がなされなかったとの指摘をされる。渡邉一弘教授（元検察官）は，検察官の事件処理について，縦からの決裁チェックだけでなく，横からのチェックの重要性と，問題点が判明した場合に，迅速かつ適切な対応ができる仕組みが作られることの重要性を指摘される。田中敏夫氏（弁護士）は，縦と横の両面からのチェックの重要性と引き返す勇気の問題の徹底を指摘される。岡田薫氏（元警察庁刑事局長）は，無罪事件があると警察や検察の失態と考える傾向が強すぎるとの平野龍一博士の指摘にもあるように，刑事司法の健全性はその担い手の全体で担うものではないかと主張される。この点では田中教授も，公訴権の行使，司法判断のいずれについても無謬であろうはずはなく，「健全な誤謬率」という発想がなければ，公訴権行使にしても，司法判断にしても閉塞状況に陥ることになると思われるとされる。

検察官の使命・役割・倫理に関する提言について，三井教授は，「検察官は，行政官として検察官同一体の原則下にあるが，『独任官庁』であり，職務権限が司法権行使と密接に関連しているため厚い身分保障も認められている。こうした検察官の性格づけを行なった上で，検察官の使命・役割は何かを提示し，それを踏まえて行為規範基本規程を掲記するという視座がもう少し表に出てきてもよかった」などと述べ，結局は「公益の代表者性を軸に，裁判官や弁護士

と同様の法曹・法律家という視点から検察活動の在り方を示すことにはなる」との見解を示される。そして，検察官のいわゆる客観義務論との関係では，「歴史的には，検察官の客観義務は，訴訟構造との関連で論じられてきており，戦前の旧法においては，職権主義的構造の下，実体的真実を体現するものとして，検察官にこのような義務が求められるのは当然だと理解されていた」ところ，「現行法が当事者主義化することに伴って，そのような主張は次第に姿を消した」こと，ところが，「当事者性が表に出て，訴追者としての活動面が強調されてくると，検察官の権限が濫用されたり，被疑者・被告人の防御に対する配慮が薄れるような事態に対応する理論的バリアが欠けることにもなった」ことから，公訴権濫用論や証拠開示などを巡って，学説上，「行きすぎた訴訟活動の規制を図るために，検察官の客観義務が強調された時期があった」こと，しかしこの見解は，「旧法に戻ろうというのではなく，当事者主義の下における客観義務論を通して，検察活動の抑制を図ろうとした」ものであったものと分析される。

　また，新たな刑事司法制度の構築については，取調べ・供述調書の偏重見直しと取調べの可視化の重要問題があった（その具体的対応策については，平成 23 年 5 月 18 日に法務大臣から法制審議会に対して諮問がなされ，これはその後「新時代の刑事司法制度特別部会」において審議され，法案が平成 27 年通常国会に提出され，衆議院で一部修正を経て可決後，参議院で継続審査となったが，翌年の通常国会（5 月 24 日）で成立するに至っている。）。この点，田中教授は，刑事司法の在り方として刑事裁判自体の持つ真相解明機能は健全に働かなければならず，その意味では的確な捜査活動が重要であることを指摘された上，本質的・根源的問題としては，「無謬性を過度に意識した捜査および公訴権行使の運用であったのではないかと思う」とされる。そして，刑事司法全体をひとつのまとまりのあるものとして見た場合には，「刑事裁判の中核を占める裁判員裁判が実施されるに至った以上は，供述調書の作成を含む捜査の在り方も裁判員裁判の運営と有機的な連携を持ったものに大きく変わらなければならない」とされる。その上で，裁判所の平成 23 年度長官所長会同における協議結果（同年 7 月 15 日付け裁判所時報 1534 号）を紹介される。そこでは，裁判員裁判の実施状況について，自白事件を含め，当事者の作成する書面が詳細化し，立証の面でも書証の比重が増

し，判決書も同様に従来のような精密なものとなっているなど，全体として書面への依存が高まっている傾向が指摘され（その背景として，口頭よりも書面での主張・立証の方が確実で安心であるといった旧来の意識が法曹三者の間に根強く残っていることが関係しているのではないかなどの指摘がある。），その結果のひとつとして，裁判員等経験者の審理が分かりやすかったとする意見の比率が減少していることなどが問題とされ，結論として，裁判員制度の下での裁判所は，「自白事件を含め，公判中心主義とこれを支える直接主義，口頭主義の意義を再確認し，公判前整理手続，審理，評議，判決書のあるべき姿について原点に立ち返った検討を続け，当事者の協力も得て運用の改善を実施していく必要がある」ことが確認されているとされる。もっとも，渡邉教授は，「調書がその審理を効率化している場面もあって，裁判員裁判では長期間裁判員を拘束できないとすると，調書による効率化という部分は，少なくともいくつかの場面で残って，それ自体も無視してしまうわけにはいかない」こと，「もうひとつは，精密司法化かどうかは別として，やはり刑事裁判に国民が期待しているところの事実というのが，法律家が理解している事実よりも少し幅が広いと思う」こと，それも「少しではなくて，ある意味では歴史的事実に近い事実を知りたいというのは，被害者もそうであろうし，あるいは一般国民もそうではないか。そういうことを考えたときに，供述調書を初めとする文字情報というものの重みというのは全く要らないのだという理解を一般の方に持っていただくことも難しいのではないか。そうした理解を得ながら進まないと，刑事司法そのものに対する国民的な基盤みたいなものが揺らぎかねないとも思う」などと指摘される。

　確かに，この渡邉教授の指摘は，検察実務家の多くに共通するこれまでの基本的理解でもあろうかと思われる。しかし，裁判員制度が定着し，取調べの可視化（録音・録画）の証拠が任意性の立証として，あるいは実質証拠として用いられることも定着するようになれば，文字情報の利用も変容していくように思われる。

（２）　松尾教授らの提言に対する分析
1）　松尾浩也教授は，検討会議の提言を次のように分析されている。

すなわち，提言の第一から第三までは，検察の基本的使命・役割等を幅広く検討しているところ，①「検察官は『公益の代表者』として公正な裁判の実現に努めるという立言に異存はないが，すべての公務員は『国民全体の奉仕者として，公共の利益のために』勤務しているのであるから（国家公務員法第96条1項)，『公益の代表者』というだけでは，検察の使命を明らかにするのにはやや物足りない。検察官は，司法の関与者である点に，公務員一般とは異なる特性を持つ。法に従って犯罪を捜査し，公訴を提起・追行することが検察の使命だと言わなければならない。そのような使命を持つ検察だからこそ，ある程度の身分保障も認められるし，犯罪捜査及び公訴提起について包括的な権限が与えられてもいる」ものであること，②「提言は，『検察官一人一人が重大な権限を負託されていることの責任の重さを十分に自覚〔するように〕』と呼びかける。まさに珠玉の文字である」こと，③「提言には，『悪しき一方当事者』という表現も登場している。『検察官は当事者（Partei）ではない』と位置づけるドイツと違って，日本では，学説は一致して検察官を『当事者』だとする。もとより『悪しき当事者』を肯定するつもりはないのであるが，ひとつには，被疑者・被告人の地位の改善への期待，さらにひとつには公判中心主義の実現への願望から，『当事者主義』にコミットし過ぎ，検察官の『闘志過剰』を招いたかもしれない。しかし，検察官の『当事者化』は，むしろ技術的なものにすぎない」こと，④「提言はまた，検察組織の『強い自己完結性』を指摘している。そのことに異論はないが，……刑事司法は，検察官だけが支えているのではなく，裁判官，弁護士と共同しての作業である。検察だけで完璧な仕事をする必要はないし，場合によってはそれがかえって不適切な場合もあるかもしれない。仮に起訴・不起訴の処分が100％正確に行われれば，有罪率も限りなく100％に近づくであろうが，それは果たして良いことか，この点では疑問が残る」こと，また，提言第四は，「検察における捜査・公判の在り方」を主題とし，特に取調べ及び供述調書に対する過度の依存を戒めているが，「提言は，取調べの意義を否定しているわけではない。可視化ないし録音・録画の指向や拡大について繰り返し述べているのは，むしろ取調べが今後も捜査の主役であることを前提としているようにも読める」こと，「供述への依存を減ずるとすれば，おの

ずから『客観的証拠』の重要性が高まる。筆者は，この点について日本では関心が乏しかったと思う」ことなど重要な点を指摘をされて「提言を契機に『新刑訴が蘇る』ことを期待」するとされる[81]。

2）田口守一教授は，取調べの可視化問題について，それは自白の任意性を巡って争いが生じた場合に，的確な判断を可能にすることを目的とするものであるとされる。

　これは換言すれば，取調べによる供述の確保の必要性を前提とした制度論であり，この点，この前提自体もひとつの問題であること，例えば，英米法やドイツ法でも，取調べによる供述の確保の必要性はあまり議論の対象となっていないことからすると，我が国における供述証拠の必要性それ自体にも問題があるのではないかとも思われること，しかし，比較法的考察をそのまま我が国の状況に当てはめるのは適切でないとして，「第一に，贈収賄事件や選挙違反事件等の密室性のある犯罪や放火等の物証の残りにくい犯罪，目的などの主観的要素の重要な事件などでは，被疑者の供述に依らなければ事案解明も不可能となることが考えられるし，第二に，日本の起訴基準は極めて厳格であり……そのための詳細な事案解明が要求されていることなどを考えると，取調べによる供述証拠の確保の必要性を単純に否定する議論は必ずしも現実的なものとはいえないと思われるからである。取調べによる供述確保制度は，これからのわが国の刑事司法制度においても，一定の存在価値を認めておくべき」こと，そして「取調べ技術の高度化も緊急の課題といわなければならない」ことを指摘される。また，可視化の議論が「取調べによらずに供述や客観的証拠を収集できる仕組み」の議論へと展開していったことは自然であるとされる。そこで客観的証拠をより広範に収集する新たな捜査手法の導入の必要性を認め，新たな公判の理念として核心司法の考え方に移行するときに，最後に残る問題は，刑訴法の原理である実体的真実主義をどのように理解すべきか，刑事司法は何のためにあるか，という根源的な問いにつながる問題であること，多元的・多層的な刑事司法システムの構築が今問われているなどと，実に捜査の実態を見通した上での説得力のある指摘をされる[82]。

IV　検察官の地位・役割　93

3　戦後検察の改革議論──「検察官公判専従」論争など

（1）　検察官公判専従論の是非

⑴　**検察官公判専従論者の主張**　　戦後の検察は，当事者主義・公判中心主義の透徹化の掛け声の下，特に1960年代から70年代にかけて，多数の窃盗等一般刑法犯事件や公安労働事件等の処理のために多忙を極め，補充捜査にも追われその運用に呻吟していた時代であった。

　そこで，検察官は捜査を警察に委ね，公判に専従するべきではないかという議論が沸いていた。当時，現職裁判官からも「検察官よ，法廷にかえれ」として，「現行法の正統な解釈の結論は，検察官の主要な任務は公判手続における公訴の追行にあることは明白であり，また事実認定の場が検察段階と公判段階の二つあるという二元主義は当事者訴訟構造に背を向けるもの」（佐々木判事）とか，「捜査機構の二重性を問い，公訴官としての検察官本来の職責がおろそかにされ，刑事訴訟の基本的舞台である公判の機能が十分に発揮できない」（伊達判事）などの批判の声が上がるような事態を呼んだ[83]。また，当時の時流に乗った検察バッシング思潮の高揚もあって，「公判専従」の是非論は，検察内部でもこれが「検察の在り方」「検察官論」などの議論の流れで大いに沸騰した。

⑵　**公判専従論に対する反論**

1)　この公判専従論に対しては，出射義夫教授（元検察官）が，「検察の実践的説得機能」論を展開して，検察二元論でもって反論された。

　それは，①刑事司法の頂点はむろん裁判であるが，そのメカニズムは検察を軸として動いているのに，刑事訴訟理論の中では，検察はとかくまま子扱いにされ勝ちになるのは，主として捜査段階と公判段階における特殊性を認めない平板な論理に原因があるのであって，そこから刑訴法の偽善性が生じるのである。捜査は綺麗事では目的は達せられないにもかかわらず，理論体系は綺麗事でやれるという形で出来ているからであるとした上，②捜査の段階では，実体の分からなさ，不確実さ，認定の流動性が著しいばかりか，「捜査機関は，その実体を発見しなければならず（捜査の下降過程），これを裁判所に対して立証する資料を集めなければならない（捜査の上昇過程）という責任を持つ」という点であるとされる。そして，③外国の検察官は，殆ど直接捜査はもちろん，被疑

者を取り調べることもないが，我が国の検察官は，起訴する事件である限り被疑者を取り調べないで起訴することはないという世界無比の慣行ができていることである。もっとも，フランス法に倣った治罪法では検察官が捜査することは殆どなかった。それにもかかわらず起訴前の取調べを励行する慣行が生まれたのは，明治30年（1897年）ころから大正5年（1916年）ころまでの間であった。それは当時，無罪と予審免訴率とが合わせて50％近い高率であったことから，検察官が事前に十分取調べをして無罪になるような事件は起訴しないように努力した結果，大正5年時の統計では予審免訴7％，公判無罪2.5％までに激減させる実績を上げ，また，検察官が政治的犯罪や贈収賄事件，会社事件，選挙違反事件などを独自捜査によって遂行できるまでに成長した事実がある。このようにして，④検察官の捜査機能を，対警察との関係で単に「法的安定性を守るための控制機能」とだけ捉えるならば，警察捜査が十分であればその控制の必要が無くなるのであるから，検察官は公訴官に徹すればよいとの公判専従論に至るであろうとされる。しかし，⑤刑事司法の機能は，捜査，公訴，裁判，矯正，保護を通じて，一国の刑事政策が適正に行われることを目的とした流れ作業であると理解している。適正にとは刑事政策的に合目的的であり，かつ，法的安定性が守られるということである。個々の事件について合法性が守られることの重要性とともに，全体の刑事司法が，社会の実情に即して，最小の副作用において，最大の機能を発揮することの重要性を考えると，刑事司法の初動段階である捜査を単に事実行為的性格が強いから，司法警察に任せておいてよいというように，訴訟法理論的に割り切ってよいものだろうかとして，刑事司法のシステム的思考から検察の捜査機能を「検察的濾過作用」と捉える。それは，「単なる法的安全性のための控制ではない。場合によっては，警察の捜査を促し，あるいは，独自の捜査を展開したり，協力を求める。こうすることによって，刑事司法機能全体を合目的性と法的安定性の両者にわたって健全なものにし，刑事政策的に実効のあるものにしようとしているのである」との結論を導かれる。こうして，以上を要するに，⑥検察官は，捜査機能において警察に，また，公訴機能において裁判所に，それぞれ向かって立っているとし，「従来，検察官は公訴の遂行を完全にするために，捜査の適正を期すると考えられてい

IV　検察官の地位・役割　　95

たのが（刑訴法第 193 条の用語参照），逆に検察官は捜査の適正を期するために捜査機能を持ち，適正に選択された刑事司法機能を実現するために公訴機能によって裁判所を説得するのだといった方が，実際に即しているかも知れない」もので，それは，検察官は捜査力をもって警察に司法的要素を与え，また，法律家として裁判所に政策性を与えるためにそれぞれ向かうと言ってもよい。いわば，警察と裁判との中間に立ち，橋渡しの形で，両脚を構えている姿であるとまとめられる[84]。

　出射教授は更に，先の「検察官よ，法廷にかえれ」と主張する佐々木判事らの批判に対しては，実定法の根拠について，検察官の「公訴を行う」こと（検察庁法第 4 条），「捜査をする」こと（同法第 6 条）や，刑訴法上の捜査権限規定（刑訴法第 189 条 2 項・第 191 条）に立っての検察二元論の主張であること，しかし，問題は法の解釈ではなく運用にあり，部内でも検察官の取調べが多すぎるのではないかとの議論もあるくらいで，要は，検察官が自ら捜査をするのは「必要と認めるとき」である（刑訴法第 191 条）。そして，「（批判者は）現行法を改正して検察官の捜査権限（裏がえせば捜査上の責任）を削除すべしとされるのであろうか。それならそれで法律論として筋が通っている。しかしそんな改正をすると刑事司法が大混乱におちいることを知っておられるかと反問したいところである」と反論される。また，事実認定に関し，批判者の「公判審理を経て得られた事実こそ真実に価するということが法秩序を維持するための出発点であるということに反し，とうてい承認をかちとるわけにいかない」とする批判に対しては，「私は検察官の手中にこそ絶対的真実が握られていると考えておらず，裁判上の認定が常に検察官の認定よりも客観的に正しいと考えていない。いうまでもなく，絶対的真実と訴訟上の真実との間には大きなギャップがある。検察官の認定にも，裁判上の認定にもそれは避け難い。しかし，刑事司法のメカニズムの過程でその落差を縮めることが刑事司法の重要な目標であると考える。こう考えるので，私は裁判のメカニズムに送り込む前に，検察官は良心的に事実認定をすべきであると主張しているのである。単なる嫌疑で，不十分な証拠しか持たないで起訴するのは，被告人を無用に法廷にさらすことになったり，誤った裁判を言渡される危険を伴うので，好ましくないと思うわけである。

96 第1章 刑事司法における検察官の役割

だから，検察官は起訴前に一度裁判官的立場に立って心証（嫌疑でなく）を取ってから起訴すべしと言うのである。そこに検察段階における事実認定がある。……検察官はその認定を訴因として裁判所に提示し，立証によって説得しようとするのである。検察庁法4条が，『公訴を行い，裁判所に法の正当な適用を請求し』というのはこの意味でなくて何であろうか。検察官が事実認定を行わないで，公訴の追求ができる筈がないではないか」と，あるいは「検察が起訴前に納得のいく取調をし，十分な検察的濾過をするわが国の慣行は，公訴官制度の進歩の方向に沿っており，その意味で誇るに足るもので，国民もその方を望んでいると思う」と，検察実務家からすれば極めて至当な核心を突く説得力ある反論をされている。

　また，捜査機構の二重性は健全でないとの批判に対しては，「大陸法系諸国では検察官の捜査指揮を認める立場に立っており，アメリカでも大都市ではアトーニーの捜査面への進出傾向にある」こと，そして，「警察はその本質から，社会秩序維持という警察目的に立って犯罪を検挙するという姿勢をとる」が，「検察はその本質から，刑事司法の健全な運用を目的として捜査機能を持っている」こと，「刑事司法というメカニズムは公訴官が軸になって動くと言っているが，国家弾劾主義訴訟はそういうものなのである。裁判は頂点であるが，軸は弾劾機関である。このことは，制度の問題として肯定されなければならない」と反論される[85]。

2)　ところで，公判専従論争が大きなうねりを示している中，検察は1964年6月開催の全国検察長官会議において，分科会では「今後における検察運営の方向と問題点について」との議題で議論もしている。

　同会議での検事総長訓示では，①法曹一体観における判検事弁護士の使命の確認，②検察の目的が司法的機能であること，すなわち，公共の秩序を破壊する行為に対して国家刑罰権を実行し，もって法秩序の維持を図ることであることの確認，③日本の検察官の二元的性格，すなわち，我が国の検察制度は，明治以来，独特の発展を遂げ，欧米のそれとは趣を異にし，検察官は単に公訴官たるにとどまらず，自らまたは司法警察職員を指揮して犯罪の捜査を行い，更に起訴便宜主義による広汎な起訴猶予の権限を有するなど，世界に類例を見な

い性格を有するものであることの確認，④捜査活動と公判活動との調整，すなわち，検察の職務には，犯罪捜査と公訴の提起維持との二面があることは明らかであるが，そのうち，公訴の提起維持は検察官の専管に属する重要な職責である。従来とかく検察の主力が捜査活動の面に置かれがちであったが，これは，捜査書類の証拠法上の規制，司法警察の現状等にかんがみるとき，ある程度やむを得ないものがあった。しかし，検察官の行う捜査活動については，この際その在り方について十分検討を加え検察の合理化を図る必要があることの確認，⑤捜査活動の在り方として，第一に，検察官が独自の立場から行う特殊または，重要事件の捜査は従来以上に積極的に行うこと，第二に，警察送致事件の不備欠陥は，原則として警察の責任において補充させることの確認，であった[86]。

3）　この公判専従論争は，70年代以降は私の検察官の現職時代と重なるが，やがて公安労働事件等も下火となり，検察の多忙を極める時代は過ぎ，以前からの「精密司法」化の状況が検察関与の捜査の充実からという流れの中で，検察官公判専従論争は自然と下火となっていった。

　この「精密司法」化した経緯は，もともと昭和30年（1955年）代の初頭ころから，幸浦事件（1948年11月，静岡県内幸浦村で発生した一家4人殺害—強盗殺人・死体遺棄事件—63年最高裁で無罪確定）や，仁保事件（1954年10月，山口県大内町仁保下郷で発生した一家6人殺害—強盗殺人事件—72年最高裁で無罪確定）など重大著名事件の無罪判決が相次ぎ，藤永幸治教授（元検察官）の分析によれば，この無罪判決が検察実務に与えたインパクトは極めて大きく，これら無罪事件は，自白が警察で強要された疑いがあり，その信用性に疑問があることを理由とするもので，起訴当時，検察官がこれを見抜くことができず，警察調書の上塗り調書を作成して起訴したことによるものであったことから，そこで強盗殺人のような刑事事件の強力犯でも，検察官自らが警察の捜査段階からこれを指揮して捜査に関与するか，場合によっては，直接捜査もすべきであるという強烈な使命感と責任感を奮いたたせ，これが相まって，検察官は，法の建前はともかく，強力な捜査機関でなければならないとの考え方が検察全体の共通認識となって，検察官として「精密検察」の樹立が検察の合言葉とされるようになったとされる[87]。

その後，公判専従論争に代わり，検察が警察と裁判所との狭間にあって，その活動・機能の発揮場面の影が薄く，存在意義が問われるとして「検察谷間論」が囁かれたりもした。既に精密司法状態の中で，捜査本部設置事件以外の一般事件の相当数の事件処理では，「警察の本体捜査とその補充捜査の不十分さから，検察官が自ら補充捜査を行って証拠を固めた上で起訴にこぎ着ける」という現状を前に（参考人調書の証拠能力につき，作成者が司法警察職員と検察官とで違うことから生ずる，いわゆる「上塗り調書」化の問題は別として。），「検察官は警察が必要な補充捜査を遂げない場合は，検察官が自ら捜査に乗り出すまでもなく果断に不起訴処分とする」という，いわゆる「警察突き放し論」の是非論があり，それが公判活動の充実化とも結びつけて議論されることもあったが，結局，これは「公訴官」の任務を疎かにするに等しく採り得ない選択肢であった。一方で，検察は，独自捜査にも十分な実力を発揮し，折からロッキード事件の摘発（1975年7月，ロッキード社と丸紅による航空機売り込みに関しての大掛かりな大物政治家らへの贈収賄等事件であり，田中元首相へは5億円が供与されたとして同氏も逮捕起訴され，一，二審は実刑判決を言い渡し最高裁に係属中の1993年12月に田中氏は死亡により公訴棄却となったが，その他の被告人は有罪で終結した。）などもあって，その存在意義を大いにアップさせる時代へと向かったが，一面この検察の特捜全盛時代の構築が，今日の「検察捜査機能」の落とし穴の基となったとも指摘されることは余りにも皮肉と言える。

ともあれ，検察の捜査機能は，出射教授が説く方向で発揮されていった。公訴官として，確信を持った起訴をするためには警察捜査にも自ら入念に関与して，その適正妥当な処理を行うべきである。検察官が，捜査の実力を蓄えずして警察に対する具体的な必要捜査の指揮（説得）もできない。検察官が捜査機能を持つのは，公訴官たる所以からである。こうして，検察官公判専従論はほぼ影を潜めるに至ったものである。

その後の検察活動の展開は，裁判員制度の導入での公判中心主義の実効化であるが，それだけに捜査段階での証拠収集の厳格化とその徹底の要請は，基本的には強まることはあっても弱まることはないと言えよう。

（2）　今後の検察の在り方の検討

このように，戦後の「検察の姿勢」の在り方論は，検察内部で相当な議論が行われたものであった。

1)　そこに一貫して流れている思潮は，①「検察の目標は真実追求以外にはない」こと，②起訴猶予制度は戦前から検察官の権限行使の中枢的地位にあり，「検察の原点」であること，③検察が被害者から怒りの拳を預かって適正な刑罰権行使のために尽くす役割を担う以上，国民とのつながりを忘れては存在し得ないという意味で，陪審制など「検察の民主化」あるいは「検察への控制」は重要であること，などについて真摯に議論してきた辛労の歩みがあった[88]。

私の検察官時代の昭和61年度（1986年）にも，検察を取り巻く諸情勢の厳しい現下の情勢を踏まえて，最高検察庁は『検察問題検討会』を立ち上げて，検察の将来像を検討し，その結果を報告書にまとめている。これを私の当時の備忘録から確認すれば，①検事は，刑政の中核として，警察に対しては捜査に関しその責任を負わせる点と，主任検事自らが担うものとをセレクトし，警察をよく納得させて指揮することが重要であること，②不備・欠陥のある送致事件でも，検事自らが補充捜査を実施して起訴にこぎ着けている実情にあるが，適正を欠く警察捜査があってもその懲戒措置を採ることなく，安易に起訴するようなことのないようにすること，③検察官の独立性と決裁制度の在り方などが指摘されている。

2)　その後も，増井清彦教授（元検察官）は，「検察の理念と検察官の心構え」[89]との論考において，我が国の検察制度の特色として，「刑事司法手続において検察官の果たしている役割が極めて大きい」ことを指摘されている。

すなわち，①検察官に広範な捜査権が認められていること。②有罪判決が得られる確信を有する場合に限り起訴をする，という実務の運用が定着しているところ，平野博士からは「検察官の役割が少し大きすぎる」との傾聴すべき卓見も示されているが，「検察官は公益の代表者として実体的真実を追求することが求められているのであり，自ら有罪判決を獲得する確信を持てないのに起訴することは，やはり妥当を欠くといわざるを得ない」こと。③検察官には，全ての事件の最終的な起訴・不起訴を決定する権限が付与され，「この起訴便宜

100 第1章 刑事司法における検察官の役割

主義は，適正に運用されることにより犯罪の一般予防のほか，個々の犯罪者に対する再犯防止，矯正・更生保護などの刑事政策的配慮を可能にする」ことから，「検察官には慎重にその適正かつ妥当な運用に努めることが求められている」とされ，検察官には，このように「刑事政策運営の中核的機能を果たすことが期待されている」が，「検察官がその機能を十分に果たしているかどうか，疑問なしとしない」とも苦言を呈されている。検察の理念としては，「検察は，常に国民の期待に応えられるよう運営されなければならない」ところ，「国民が検察に何を期待しているかを見極めることは，実は必ずしも容易なことではない……結局は，原点に立ち戻って，検察の存在目的は何か，最も大切な使命は何かを考え，時勢に即応して運用してゆくほかはないであろう」とされる。そして，その検察官の果たすべき役割を確認される。第一に，事案の真相を明らかにして，起訴・不起訴を決定し，公判立証を全うするのに必要な各種証拠を収集することである。第二に，犯罪捜査は殆ど専ら警察によって行われているところ，警察による捜査権限の行使に行きすぎがないわけではないから，警察と緊密な連絡を保ってその検挙方針の妥当性，捜査方法の適法性の確保に努めることである。第三に，捜査に関する検察官の役割は，警察が検挙しないまたは検挙したがらない犯罪があったときは，その権限の発動を促しまたは自ら捜査を開始して，いわゆる悪い奴を眠らせないことである。また，公判活動については，裁判員制度の導入に伴って，公判中心主義・直接主義に則って人証中心の立証方法によらざるを得なくなり，必然的に「公判における立証活動は，単なる捜査の所産の再提示ではなく，捜査の結果を資料にして，独自に新たに事実関係を構成して行う創造的行為である」ことにならざるを得ない。課題は，刑事司法全体のシステムに適合するような量刑の実現であるが現実の検察官の活動として，刑事政策を踏まえてのそれにはなっていないのではないかということ，また，裁判所の科刑も含めて批判の余地があるのではないかということを適切に指摘される。その他，具体的で有益かつ含蓄のある指摘が多く，検察の現役はもとより研究者に対しても検察の在るべき姿を論ずるに好個の指針を提供するものと思われる。

3）　こうして，平成23年3月，検察の在り方検討会議が「検察の再生に向けて」

と題する提言を取りまとめたが，最高検察庁はこの提言を受けて同年 9 月，基本規程「検察の理念」を策定し発表した[90]。

その冒頭では「この規程は，検察の職員が，いかなる状況においても，目指すべき方向を見失うことなく，使命感を持って職務に当たるとともに，検察の活動全般が適正に行われ，国民の信頼という基盤に支えられ続けることができるよう，検察の精神及び基本姿勢を示すものである」と謳っている。以下，その内容を要約すれば，①本文において，検察は，「刑罰権の適正な行使を実現するためには，事案の真相解明が不可欠であるが，これには様々な困難が伴う。その困難に直面して，安易に妥協したり屈したりすることのないよう，あくまでも真実を希求し，知力を尽くして真相解明に当たらなければならない」，「あたかも常に有罪そのものを目的とし，より重い処分の実現自体を成果とみなすかのごとき姿勢となってはならない。我々が目指すのは，事案の真相に見合った，国民の良識にかなう，相応の処分，相応の科刑の実現である」，「検察に求められる役割を果たし続けるには，過去の成果や蓄積のみに依拠して満足していてはならない。より強い検察活動の基盤を作り，より優れた刑事司法を実現することを目指して，不断の工夫を重ねるとともに，刑事司法の外，広く社会に目を向け，優れた知見を探求し，様々な分野の新しい成果を積極的に吸収する姿勢が求められる」として，真相解明の理念とそれに見合った処分など検察の役割を積極的に果たしていく姿勢などを掲げた上，以下，検察の精神及び基本姿勢を示している。②「基本的人権を尊重し，刑事手続の適正を確保するとともに，刑事手続における裁判官及び弁護人の担う役割を十分理解しつつ，自らの職責を果たす」こと（第2項），③「無実の者を罰し，あるいは，真犯人を逃して処罰を免れさせることにならないよう，知力を尽くして，事案の真相解明に取り組む」こと（第3項），④「取調べにおいては，供述の任意性の確保その他必要な配慮をして，真実の供述が得られるよう努める」こと（第5項），⑤「警察その他の捜査機関のほか，矯正，保護その他の関係機関とも連携し，犯罪の防止や罪を犯した者の更生等の刑事政策の目的に寄与する」こと（第8項）など 10 項目にわたってその在るべき理念を掲げる。

この本文と 10 項目にわたる「検察の理念」は，これまで当然視されてきた

102　第1章　刑事司法における検察官の役割

基本指針を検察部内で徹底的に議論した上で明文化したものと言われている。現時点における検察の基本的な姿勢を，内外に確認・宣明したものとして，重要な文書となる。本文で謳っている，検察が目指すのは「事案の真相に見合った，国民の良識にかなう，相応の処分，相応の科刑の実現」であるということは，有罪やより重い処分を自己目的化するような行きすぎた当事者主義を諌めたものと評される。また，第2項や第8項は，刑事司法のシステム的思考に基づくものと評されよう。この「検察の理念」が，検察再生のための単なる独参湯（気付け薬）に終わってはならないことはもちろんである。

4)　ところで，亀山継夫教授は，「刑事司法システムの再構築に向けて」の論考において，刑事司法システム上の検察官の役割について，次のような見解を示されている[91]。

　まず，検察官の性格として，その公訴権の行使は，戦前は「捜査官・公訴官の性格を有する検察官が行使する公訴権」であって，それは有罪判決請求権であった。しかし，戦後は，検察官の捜査権は補充的，後見的権限となったことから，その行使する公訴権は，「旧法とは異なり，適正判決請求権ともいうべき構成をとることも可能であり，新刑訴の基本理念と考え併せると，新刑訴は，ある程度『ラフな捜査』による『ラフな起訴』を予期し，ないしは少なくとも許容するものであったということができるのではなかろうか」として，平野博士のかねての提言に理論的な点では理解を示される。しかし，運用によって築き上げられた刑事司法は，検察官の公訴権行使が「精密な捜査と厳格な訴追裁量による厳選された起訴によって特徴付けられる」として捜査の二重性，すなわち「実質捜査をする公訴官」である実体を示した上，「公訴権は，依然として有罪判決請求権と解されてきたのであり，驚異的な有罪率がこのことを裏付けている。また，公判は，実際上調書中心主義であり，捜査段階の調書の記載及び調書間の整合性に関する精密な審理がその特徴をなすに至っている」と分析され，これをもって新刑訴の本来目指していたもの，少なくとも条文等から予想されるものとは相当大きく異なっているものといわざるを得ないであろうと評されている。しかし，戦後しばらくの間は新刑訴法の理念に従った運用を実際に行ったもので，それを再審無罪事件として著名な免田事件（強盗殺人等

事件。再審無罪判決—熊本地八代支判昭 58.7.15 判時 1090・21）を例にとって，その捜査経過からも裏づけられることも示される。

　亀山教授は，続いて，「新刑訴はなぜ死んだか」という刺激的な表現でその原因を分析される。すなわち，2 でも少し触れたが，第一に，直接主義・口頭主義が定着しなかった原因についてである。これは正規の手続と争いのない事件の手続との違いがないがために結局，全事件について綿密な調書をとっておくという調書重視の傾向が実際に定着するのは必然的なものと指摘され，これが是正策として，アレインメント等の方式によって，真に争いのある事件とそうでない事件を手続的に峻別していれば，あるいは公判中心主義のいわゆる集中審理方式が定着したかもしれないこと，また，自白を追求しなくても犯罪事実を無理なく認定できるような方策が用意される必要性を説かれる。第二に，「ラフな捜査・ラフな起訴」が実現しなかった理由についてである。これは「被疑者の糾問を最小限に押さえ，大摑みな捜査で心証をとった上で，限界事例は裁判所の判断にゆだねるという感じで大胆に起訴をするという捜査・処理のあり方を想定している」とする。その前提として「すべての社会的争いは裁判所で決着がつけられるべきであるという戦後民主主義の原点的発想からすれば，このような捜査・処理のあり方は，新刑訴がある程度予想していたとも見ることもできるし，それなりに十分にメリットも認められる」と，この見解そのものの有意性には理解を示される。しかし，捜査官・公訴官の使命は，伝統的に，実体的真実主義を追求すること，すなわち真犯人を確信を持って特定して起訴し，有罪判決を得ることにある。「ラフな捜査・起訴」では勢い無罪が多くなるが，このようなやり方は，「無罪は，本来有罪であるべきものを捜査・公判の遂行上の不手際で無罪にしたか，本来起訴すべきでないものを起訴したか，いずれにせよ，職務遂行上の重大な過誤と受け止められてきた」こと，そして，これが「起訴という重大な権限を行使する検察官個人にとってみれば，当然の職業倫理でもある」とされる。更にその問題点として，①に，「処罰すべき犯罪者を的確に処罰する」ことにあるところ，そのシステム上の効率性の問題である。すなわち，捜査と裁判の各段階における選別の効率性として見れば，捜査段階の方が「明らかに社会的コストが低いと考えられる」上，裁判段階では「無罪

104　第1章　刑事司法における検察官の役割

率の上昇は避けられない。高い無罪率は，相当程度の確率で高い犯罪率につながる」こと，更には，「ひいては犯罪率上昇の危険を冒すという問題」もあることを指摘される。②に，「ラフな起訴ないし無罪率の上昇を一般的庶民感覚が許容するか」ということ，「起訴は有罪に近く受け取られ，反面，無罪となったときの起訴に対する非難も，あるべからざる過誤として，厳しいものがある」ことなどを指摘され，精密捜査・厳格起訴の現状を，「ラフな捜査・起訴」へ導くためには「よほど明確で強力な法制度上の指示が必要であったと思われる」とされる。第三に，書証中心主義に至っている現状の必然性の指摘である。すなわち，「公判供述の不安定さからくる心証の取り難さ，上級審への顧慮，記録に残らない心証形成の不安等からやはり調書重視の傾向が強かった」として，更には最高裁が再審事件でも「書面による総合的心証形成で再審事由の認定ができる」ことを認め（財田川事件の最決昭 51.10.12 刑集 30・9・1673），上告審で事実上事実誤認の主張ができるようになったことも上げ，これが下級裁判所における書面中心の精密審理の傾向を加速化し，裁判所自らが刑事訴訟の形骸化に手を貸す結果となっているとの事実を指摘されている。

④　近時の新たな重要法制度の導入

1　取調べ可視化制度，一部司法取引制度等の創設

　近時，取調べ可視化，組織犯罪等重要な事件についての情報提供の供述に係る司法取引，あるいは自白事件の簡易迅速な処理のための方策などの重要な法案（刑事訴訟法の一部改正法案等）が国会に提出され成立している[92]。

　法務大臣は，平成 23 年 5 月，法制審議会に対し，「時代に即した新たな刑事司法制度を構築するための法整備の在り方」について諮問し，同審議会ではその翌月には「新時代の刑事司法制度特別会」を設置して調査審議を始め，「時代に即した新たな刑事司法制度の基本構想」が策定された。法制審議会第 173 回会議録（平成 26 年 9 月 18 日）及びその法案によれば，その基本構想における理念として，①被疑者取調べへの録音・録画制度の導入を始め，取調べへの過度の依存を改めて適正な手続の下で供述証拠及び客観的証拠をより広範囲に収集

することができるようにするため，証拠収集手段を適正化・多様化すること，②供述調書への過度の依存を改め，被害者及び事件関係者を含む国民への負担にも配慮しつつ，真正な証拠が顕出され，被告人側においても，必要かつ十分な防御活動ができる活発で充実した公判審理を実現することとの2点が示された。こうして，被疑者の取調べ状況を録音・録画する方法により記録する制度の導入など，刑事の実体法及び手続法の整備の在り方の結論を集約して，平成26年9月にこれが答申され，先に述べたように翌年1月召集の通常国会への法案提出（刑事訴訟法の一部改正，通信傍受法の一部改正等）となって，平成28年5月24日成立するに至っている。

（1） 取調べの可視化（録音・録画）制度の創設

被疑者取調べの録音・録画制度（録音・録画した記録媒体の証拠調請求義務，録音・録画義務―刑訴法第301条の2として新設）は，検察官または検察事務官が逮捕・勾留中の被疑者の取調べ（弁解の録取を含む。以下ここでは「取調べ等」と言う。）をするについて，その対象が一定の事件（裁判員裁判対象事件及び検察官独自捜査事件）に係るときは，その全過程を録音・録画する義務があること，また検察官は，被疑者調書として作成された被告人の供述証拠の任意性が争われたときは，その供述調書が作成された取調べの状況を録音・録画した記録媒体の証拠調べを請求しなければならないとの制度を導入した（司法警察職員が，身柄拘束中の被疑者取調べ等に際しても，裁判員裁判対象事件を対象とする場合は，前同様その録音・録画の義務があることを規定する。）。

そして，対象例外事由として，①記録に必要な機器の故障その他のやむを得ない事情により，記録ができないとき，②被疑者が記録を拒んだことその他の被疑者の言動により，記録をしたならば被疑者が十分な供述をすることができないと認めるとき，③当該事件が指定暴力団の構成員による犯罪に係るものであると認めるとき，④前記②③に掲げるもののほか，犯罪の性質，関係者の言動，被疑者がその構成員である団体の性格その他の事情に照らし，被疑者の供述及びその状況が明らかにされた場合には，被疑者またはその親族に対し，身体・財産への加害行為または畏怖・困惑行為がなされるおそれがあることによ

り，記録をすると被疑者が十分に供述できないと認めるとき，の4事由が挙げられているのが制度の骨子である。なお，録音・録画の実施範囲については，できるだけ対象事件以外でも幅広く可視化するよう努力すべきであることの付帯決議がなされている。

> *　平成28年5月19日の参議院法務委員会の付帯決議では，「刑訴法第301条
> の2第4項の規定により被疑者の供述及びその状況を記録しておかなければ
> ならない場合以外の場合であっても（別件逮捕による起訴後における取調べ等逮
> 捕または勾留された被疑者以外の者の取調べに係る場合を含む。─筆者注─この場
> 合は録音・録画の義務の対象ではないことが同年4月14日の参議院法務委員会での
> 法務省刑事局長答弁で明らかにされていることから，先の衆議院法務委員会の同様
> の趣旨の付帯決議に加えて，念のため努力目標としてここでこの別件逮捕の取調べ
> についての文言を付加したものと解される。），取調べ等の録音・録画を，人的・
> 物的負担，関係者のプライバシー等にも留意しつつ，できる限り行うように
> 努めること」とされている。

（2）　証拠収集等への協力及び訴追に関する合意制度の創設

次に，捜査・公判協力型協議・合意制度の導入であるが，実質は「司法取引」となる制度である（新設の第四章証拠収集等への協力及び訴追に関する合意─刑訴法第350条の2以下として新設）。検察官は，「必要と認めるときは，特定犯罪（財政経済関係犯罪及び薬物銃器犯罪）に係る被疑者・被告人との間で，特定犯罪に係る他人の刑事事件について，弁護人立会いの下，その他人の犯罪事実を明らかにするため，真実の供述その他の行為をする旨及びその行為が行われる場合には検察官が被疑事件・被告事件について不起訴処分，公訴取り消し，訴因の選定，特定の求刑，即決裁判手続，略式命令請求等の行為をする旨を弁護人の同意を得て合意することができる」とした。そして，これには，①合意からの離脱を認めること，②合意が成立しなかった場合はその証拠の使用制限を課すこと，③検察官が合意に違反して公訴権を行使したときは，裁判所が判決で当該事件の公訴を棄却しなければならないこと，④合意の当事者である被疑者・被告人が虚偽供述等をした場合は処罰（5年以下の懲役）されること，また，検察官は，⑤司法警察員が送致・送付した事件または司法警察員が現に捜査して

いると認める事件について，その被疑者との間で合意のために必要な協議を行おうとするときは，あらかじめ司法警察員と協議しなければならないことと，この場合において，必要と認めるときは司法警察員に個別の委任の範囲内で合意内容の提示ができること（刑訴法第350条の6として新設）などと規定するのが制度の骨子である。

（3）　刑事免責制度の創設

刑事免責制度（刑訴法第157条の2以下として新設）については，検察官は，証人が刑事訴追を受け，または有罪判決を受けるおそれのある事項についての尋問を予定している場合であって，当該事項についての証言の重要性，関係する犯罪の軽重及び情状その他の事情を考慮し，必要と認めるときは，あらかじめ，裁判所に対し，①当該証人の供述及びこれに基づいて得られた証拠は，原則（例外は，刑訴法第161条—証言拒絶罪等や，刑法第169条—偽証罪に該当する場合）として当該証人に不利益な証拠とすることができないこと，②当該証人は自己が刑事訴追または有罪判決を受けるおそれのある証言を拒否することができないことの条件により行うことを請求することができるとするものであり，また，証人尋問開始後の免責請求などが規定の骨子である。

（4）　自白事件の簡易迅速な処理のための方策

この方策は，自白事件である即決裁判手続に関し，同申立て撤回により却下決定された場合，その後の再起訴要件を緩和して，新たな公訴取消しを認める制度の導入である（刑訴法第350条の26として新設）。

これは当初捜査の軽減化を図りつつ，自白を撤回した場合の再捜査を許容する立法的担保措置である。自白事件の捜査負担軽減化の一環としての制度設計であるが（裏付け捜査の一部の「念のための捜査」の省略化による捜査の負担軽減と処理の迅速化への動機づけが法案の趣旨とされる。），証拠調べ請求前の場合に限定しており，捜査の実際上はその軽減化に余り実効性はないかも知れない。その点は，制度の実施過程で問題点を是正していく必要があろう。

108　第1章　刑事司法における検察官の役割

（5）　その他の重要法改正点

その他の法改正案としては，①通信傍受の合理化・効率化（対象犯罪の拡大
―殺傷犯等関係，強窃盗関係，逮捕・誘拐等関係，詐欺・恐喝関係，児童ポルノ関係
の各犯罪―，特定装置を用いる傍受の導入等），②弁護人による援助の充実化（被疑
者国選弁護制度の対象を「被疑者に対して勾留状が発せられている場合」に拡大する
こと―刑訴法第37条の2・第37条の4改正，弁護人の選任に係る事項の教示の拡充），
③証拠開示制度の拡充（検察官による証拠の一覧表交付を義務づけ，類型証拠開示
の対象の拡大等―刑訴法第316条の14・15に追加新設），④犯罪被害者等及び証人
を保護するための方策の拡充（刑訴法第299条の4の改正），⑤公判廷に顕出され
る証拠が真正なものであることを担保するための方策（刑訴法第151条・第161条・
第152条改正）などがある。

被疑者国選弁護制度の拡充など弁護人による援助の充実化や証拠の一覧表の
交付制度の導入は，弁護人の弁護活動を一層拡充するものであるから，刑事司
法における弁護人の役割分担の重要性，社会的公益性（真相解明への一定の協
力義務）も問われるところと言えよう。

　　　＊　前記各改正法条（平成28年6月3日公布）の施行日は，①6月以内の施行が，
　　　　弁護人選任権告知に係る教示事項の拡大，犯罪被害者等証人の保護措置の拡
　　　　充，即決裁判手続却下後の再起訴要件の緩和による新たな公訴取消し制度導
　　　　入，通信傍受の対象犯罪の拡大等。②2年以内の施行が，被疑者国選対象事
　　　　件の拡大，捜査・公判協力型協議・合意制度及び刑事免責制度創設等。③3
　　　　年以内の施行が，被疑者取調べの録音・録画制度の導入，通信傍受の暗号化
　　　　による特定措置の導入である。

（6）　新たな刑事司法制度の構築についての「調査審議の結果」が示す付帯
　　　事項と今後の課題

前記法制審議会の調査審議の配布資料「附帯事項」に依れば，基本構想にお
いて，「刑事司法における事案の解明が不可欠であるとしても，そのための供
述証拠の収集が適正な手続の下で行われるべきことは言うまでもない」，「公判
審理の充実化を図る観点からも，公判廷に顕出される被疑者の捜査段階での供

述が，適正な取調べを通じて収集された任意性・信用性のあるものであること
が明らかになるような制度とする必要がある」旨の共通認識を確認した上で，
更に検討が進められたこと，実務の運用において，「可能な限り，幅広い範囲
で録音・録画がなされ，かつ，その記録媒体によって供述の任意性・信用性が
明らかにされていくことを強く期待する」ことが強調されている。

　また，その「今後の課題」で示されていることは，いずれの制度についても，
「一定の運用の経験が蓄積された後に，その実情に関する正確な認識に基づい
て，多角的な検討がなされることを期待する」とし，更に，「刑事司法を取り
巻く情勢等は常に変化していくのであり，刑事司法制度が『時代に即した』も
のであり続けるためには，今後，他の新たな制度の導入についても検討がなさ
れることが必要」として，特別部会で相当程度検討した「犯罪事実の解明によ
る刑の軽減制度や被告人の証人適格などについては，引き続き検討を行うこと
が考えられる」としている。

　ほかに，平成28年の通常国会で成立したこの度の刑訴法一部改正法等や，
その一部修正等の決議内容も重要である。それは，①協議・合意制度において
は提供する情報が提供者の事件と一定の関連性を有することや弁護人がその全
過程に関与すること，②付帯決議として，可視化運用範囲の拡大，検察官が協
議・合意制度における協議の記録の作成とその保管をすること，保釈において
否認・黙秘や書証不同意が被告人の不利益事由とされないことなどが決議され，
弁護人の役割と責任も一層重いものとなっている。

　ところで，今回の制度化で見送られた刑の減免制度は，自己または他人の犯
罪事実（共犯者の犯罪事実）を明らかにするための重要な協力（重要供述）を
した場合に，実体法で刑が減免され得ることを規定することで，その動機づけを
強化しようとする政策的の制度である。ただ，その動機づけが強ければ強いほど
虚偽供述を招くリスクも多いと指摘されているが，捜査・公判協力型の協議・
合意制度を導入する以上は，関連してその刑の減免制度も規定するのが相当で
なかったかと思われる。また，今回は自己負罪型取引も被疑者が恩典なくして
は自供をしない等の弊害も懸念されることもあって除外されているが，捜査・
公判協力型も共犯者の犯罪事実の重要供述であり，その取引材料（不起訴等恩

典は「自己の犯罪」——その多くはターゲットと共犯関係になる犯罪事実が対象）は重なり，今後はこの制度導入も視野にいれていくべきではないかと考える。ただ，自己負罪型取引は重罪に係る事件が対象となるのが実際であり，真相解明の手段と訴訟経済との兼ね合いから，アメリカのようにアレインメントまで踏み込まないと制度化は慎重にならざるを得ないことも指摘されるところではある。その点では問題点も多いかとは思われる。

2　新しい重要制度の導入が検察官の捜査・公判活動へ及ぼす影響

1)　先ず，身柄拘束中の被疑者取調べの録音・録画である。

　これはいわば密室の取調べではなく，ガラス張りの取調べであることから，任意性の立証としては最も透明性のある手段と言えよう。検察庁は，平成18年から身柄拘束中の被疑者取調べにおいて検察官の任意性立証のための必要性の判断により録音・録画の試行を実施して（同年5月9日付け次長検事コメント），相当の実績を重ねてきており，既に裁判員制度において自白調書の任意性が争われる事例では有力な立証手段となっている。しかし，被疑者にとって常にビデオカメラの前での公開に等しい取調べ，特にその初期の段階では誰しも身構えていわば建前のよそ行きの対応にならざるを得ない。追及されるまでもなく反省して直ぐに真相を供述するならばともかく，黙秘・否認で通す被疑者も多くなり，自白するに至るとしても通常は人間の性，業のなせるところ正当化心理で葛藤を見せ，あるいは責任転嫁し，追及を受けた末に真実供述に至るという取調べの実際は綺麗ごとだけではいかないものがある。したがって，被疑者取調べの全てに一律全過程を録音・録画するということでは，被疑者が真実供述を躊躇する弊害も多く，取調べの重要な効果・機能が損なわれかねない[93]。このため法制審議会特別部会でも審議を重ねた末，先ずは一定範囲の録音・録画をもって義務化された。

　そこで，今後の検察官の公訴権行使の在り方としては，「実質捜査する公訴官」としての我が国の公訴官制度の特徴を堅持し，その捜査能力の向上は継続すべきであるが，まず取調べの録音・録画制度は，科学的取調べ（精神医学，臨床心理学を学んでのカウンセラー的要素を加味した取調べ）を更に深めることや，取調べ

の状況を録音・録画した記録媒体の証拠使用が任意性立証にとどまらず，これが供述調書に代わる実質証拠として扱える場合が出てくることとなる。自白調書の証拠能力は，任意性を具備していることが必要であるが，その調査は訴訟手続に関する判断事項であるため裁判員裁判においても構成裁判官のみが有する権限となることから（裁判員法第6条2項2号），公判前整理手続あるいは公判でも構成裁判官のみの公判期日でできるが（裁判員法第6条3項），その信用性判断は裁判員出席になる合議で判断しなければならない。そうである以上，訴訟経済の観点からも裁判員も出席する公判で任意性と合わせて信用性立証を行うのが相当と言えるから，法廷でその被疑者の録音・録画をした記録媒体を上映することが通常となろう。したがって，このことにより従来の供述調書に過度に依存した捜査・公判の弊害からの脱却が図られることともなる。そしてまた，現状批判派からの従来のいわゆる「調書裁判」の批判も，録音・録画の映像が法廷で上映されることによって，被告人自身の有りのままの主張がよりビジュアル化し，これが法廷での供述と重ねられて裁判員にも分かり易くより正確な心証が得られることにもなろう。検察官の今後の捜査，公訴権行使，公判追行の在り方が様変わりとなり，既にこの取調べ可視化は数年にわたる試行過程を経ているので，制度施行を待たずして対応が定着していくことと思われる。ただ，現行刑訴法の証拠法には基本的に変更がないことから，被疑者の取調べ状況を録音・録画した記録媒体を実質証拠として用いることは，犯人性に疑いがない自白事件でも，核心的な供述調書の作成が省力化されるわけではなく，また，身上経歴等の一般的情状立証に関してはむしろ調書化する方が正確性を保ち得て訴訟促進の点からも必要性が残るのではないかとも思われる。

　また，裁判所においては，公判中心主義で法廷での供述から直接心証を形成する観点からは，確かに取調べの任意性ないし信用性立証に関しては，取調べ状況の録音・録画の記録媒体を法廷で上映して確認することは有効であろう。しかし，これをそのまま実質証拠として用いるとなると，法廷で直接生の供述を聞くこととはならず，取調べ時現場での供述ないし言動の積み重ねと総合状況からの心証形成となる。このため，これは「調書裁判」ならずの，「記録媒体裁判」になるとして躊躇することも考えられる。

112　第 1 章　刑事司法における検察官の役割

　更に，取調べの現場では，録音・録画が特に犯人性の決め手として有力な証拠になり得るものと思われる。ところが，取調べの過程で自認供述をしたり，これを覆したり，変更させたりした後に最終的に自白調書に応じた場合とか，いったん自白しながらも調書作成時には否認になる調書作成にしか応じない場合とか，あるいは犯行前の途中の行動についてまでの取調べ状況の録音・録画には応じながら，いよいよ犯行状況の供述をする段になってからは「これからは真実を話すから録音・録画は拒否する」旨強く主張した場合におけるその後の自白調書の作成等色々なケースが考えられる。これらケースで実質証拠として用いられないとすれば，調書作成は従来通りで省力化はできず，録音・録画場面と調書内容との微妙な違いを巡って争いを招く事態も考えられよう。録音・録画の記録媒体の実質証拠としての用い方については，録音・録画が少なくとも任意性立証には制度対象以外の事件にも及び，更には実質証拠として有用な場合も出てくることから，今後の事例の集積を待つことが必要ではないかと思われる。

　　＊　なお，最高検察庁は，平成 27 年 2 月 12 日付けで「公訴事実又は重要な情状事実について，被告人の捜査段階における供述（以下「被疑者供述」という。）による立証が必要となった場合には，刑事訴訟法第 322 条 1 項により供述調書を請求する以外に，事案によっては，より効果的な立証という観点から，同項に基づいて，被疑者供述を録音・録画した記録媒介体を実質証拠として請求することを検討する」との依命通知を発しているところ，日弁連刑事法制委員会では，これに対し「理論的な解明」や，その対抗手段として，「被疑者に黙秘を積極的に勧める弁護活動の意義などについても研修を重ねていく」ことが必要としている（日弁連刑事法制委員会委員長　岩田研二郎「刑事法制委員会ニュース復刊 19 号」2016 年 8 月 1 日発行）。

2）　次に，捜査・公判協力型協議・合意制度，刑事免責制度である。

　この司法取引は，そもそも検察官がその起訴裁量権の範囲内でできる事項があるものと思われる。現にいわば「秘められたる司法取引」（論者により「隠れたる取引」，「暗黙裡の取引」などとも称される。）として，略式命令請求や即決裁判手続に応諾すること，あるいは簡易公判手続に関し公判で「有罪陳述」をす

ることを，検察官と被告人・弁護人との間で協議し，検察官は被告人が争わないことを見越して訴因の構成・量刑などを考慮して事件処理していることは，既にして「秘められたる司法取引」ではないか，との問題点が検討されなければならない。約束・偽計，刑事免責等に関する判例（最判昭 41.7.1 刑集 20・6・537，最大判昭 45.11.25 刑集 24・12・1670，最大判平 7.2.22 刑集 49・2・1）との解釈との関連でその隘路を克己すべき問題点もある。

　そして，司法取引と言っても，今回の制度導入ではいわゆる自己負罪型取引（取引当事者自身の犯罪そのものを，自白することを条件にその自己負罪に係る事件を減免するとの取引）は立法対象ではない。今回の制度は，あくまでも他人の犯罪に係る捜査・公判協力型のそれになる。弁護人が関与し約束が履行されることで虚偽供述のおそれや（共犯者の引っ張り込みの虚偽供述），任意性を欠くことのない類型的担保がある政策的立法ということで，従来の「約束による自白は任意性に疑いがある」とする判例と抵触するものではないと解されよう。それは捜査の省力化としてではなく，被疑者取調べ以外の多様な供述証拠の収集手段のひとつとしての制度導入である。事案としては，情報提供者（供述協力者）が特定犯罪に係る「自己の犯罪」の共犯関係（その共犯者は特定の暴力団等の組織的犯罪の上位主犯者・黒幕などでこれがターゲットになる対象犯罪例）になる者の重要な犯罪内容の供述，ないしはその他人（ターゲット）の犯罪を知り得る者（俗に「蛇の道は蛇」の同類関係）としてその知り得るターゲットの重要な犯罪内容を供述するものであるから（ただし，立法―衆議院の審理―過程で，「情報提供者―供述協力者がターゲットの犯罪を供述するときは，その犯罪は自己の犯罪と一定の関連性があることが認められること」との修正がなされている。このため，実際は殆どの場合は，特定犯罪を犯したその情報提供者の上位共犯者であるターゲットに対する重要供述ということになろう。），基本的には情報提供者自身の犯罪（自己の犯罪）の中核的捜査を遂げた上での司法取引である。情報提供者の処罰に減免があっても，大物犯罪者を処罰する公益からすれば小さな社会的リスクと見るものである（大の虫の成敗のために小の虫を逃がすことの相対的正義の実現）。情報提供者としても，「自己の犯罪」が検察官の中核的捜査で有罪確実との状況にあることを察知していわば観念し（否認すれば嫌疑不十分で起訴されないと

114 第1章 刑事司法における検察官の役割

の自信があれば，敢えてターゲットの重要な真相供述をするインセンティブが働かない。），弁護人と相談して他人（ターゲット）の犯罪内容の情報提供によって「自己の犯罪」の減免交渉・合意をすることのメリットを弁護人と相談して得ようとするインセンティブが働くものと言えよう。したがって，検察官にはその情報提供者自身の犯罪の中核的捜査自体の省力化は許されないとしても，「念のための捜査」の省力化は可能であろう。そして，この手段が採られる場合，司法取引で得られた他人（ターゲット）の犯罪に係る情報（重要供述）に対しては，検察官は綿密な裏付け捜査でその情報の「確度」を確認して，「冤罪ターゲット」を生まないよう注力する。その裏付け捜査の結果，虚偽情報（供述）であることが判明すれば，情報提供者自身の「自己の犯罪」に対する減免はなされないし，それは処罰の対象となる（更には，他人の犯罪の情報提供者自身の減免対象事件の「不起訴処分」に対しては，検察審査会での審議対象事件ともなり得る。）。この司法取引の積極説になる管見の詳細は，本書第3章の司法取引に関する論考[94]に譲りたいが，検察官の起訴裁量権を検討するにはこの問題を分析することにも繋がり，有意な研究の仕方とも言えよう。

　ここでの問題点としては，取調べの可視化（録音・録画）制度の導入と，この実質の司法取引制度（捜査・公判協力型協議・合意制度及び刑事免責制度）の導入との関係をどう捉えるかである。先の新時代の刑事司法制度特別部会における「刑事司法制度の基本構想」は，「取調べへの過度の依存を改めて供述証拠の収集手段を多様化するとともに，その収集を容易化する制度」として，取調べ可視化制度や一部実質司法取引などの制度導入を検討するものとしていた。これは，取調べ可視化に伴い取調べによらずして供述証拠を確保する手段として，一部実質司法取引を導入するというものであった。結局，これら制度の導入は，両者それぞれの導入理由を以て実現するに至ったものと言える。

　一方，弁護人の弁護活動の範囲は，被疑者国選弁護制度も全ての勾留事件の被疑者に拡大される。弁護人はいよいよ被疑者との接見も充実して，検察官の略式命令請求事件や即決裁判手続事件，その他適切な訴因設定等も被疑者との接見を通じてよく打ち合わせの上で的確にセレクトされ真に争う事件だけが公判において充実した裁判が展開されるという，それこそ平野博士の説かれる核

心司法へと導かれる契機も用意された。検察官と被疑者の弁護人との間では，そのセレクトの過程でいわば阿吽の呼吸で合意形成を果たして核心司法へ傾注する道筋はできたこととなる。ここでのセレクト過程は，従来の検察官の取調べの在り方とその過度の供述調書依存からの脱却，弁護人の弁護活動の充実活発化と接見指定の運用の更なる弾力化，あるいは弁護人の積極的な真相解明への協力的活動等の再吟味の問題を提供するものと言えよう。また，これが取調べの可視化制度と司法取引制度の導入で司法取引（合意形成）を顕在化させて確実なセレクトとして核心司法を推進することにもなることが考えられる。しかしその一方で，今回最もセレクトの流れに沿う自己負罪型の司法取引を法制化から外したため，その制度利用の幅が狭くなったようにも思える。捜査・公判協力型の司法取引では，例えば，組織犯罪の下っ端の被疑者が大きな役割を果たしているターゲットの犯行状況を供述する場合には，これを録音・録画の対象事件から外すことで，むしろ捜査協力がし易くなると言えよう。ただ，もしこれらの事件も一律に取調べの可視化の対象とすると，特に共犯関係の組織犯罪ではむしろ司法取引における合意形成は顕在化するだけに応じ難いことになる現実の微妙さも考えられる。そうしてみると，刑事免責の方が活用され易いように思われる。すなわち，他人の犯罪の重要供述をする者にとってはむしろ「自己負罪になる事実を，黙秘権を奪って強制的に供述せざるを得ないから，やむを得ず必然的に関連するターゲットの犯罪も供述する」との形を採る例がより現実的かとも思われる。また，捜査・公判協力型の司法取引に応じなかった被疑者が，結局起訴された後に「低い求刑」にすることの合意でこの刑事免責制度の合意に至る例も考えられよう。

　ところで，捜査・公判協力型協議・合意制度及び刑事免責制度の導入は，従来の取調べ依存過多を避け，供述証拠の収集手段の多様化を求めての検察官の訴追にとっての切り札的手段になるが，その取扱いには慎重を要し，既に述べたようにその効果も未知数な部分もある。また，この制度導入がこのような捜査手段以外の検察官の起訴裁量権による訴追セレクト，すなわち従来の「秘められたる司法取引」を許さないものとは解されない。そして，司法取引に係る捜査が従来型捜査と比べてどれだけ省力化され得るかである。先に触れたよう

116　第1章　刑事司法における検察官の役割

に，情報提供者（協力者）にとっては，取引材料の「自己の犯罪」の捜査が既
に核心的証拠収集がなされていることで，いわば観念してこれが他人の重要供
述を行うインセンティブとなり得ること，供述した「ターゲットの犯罪」もそ
の協力者の供述に従って裏付け捜査が十分に行われることから，協力者から「取
引なくして従来通りの取調べで供述を得る」ことよりも，形態は大きく異なる
捜査方法（技術）ではあっても，全体としての捜査構造の核心に変容を来すも
のとはならないと思われる。

　いずれにしても，捜査・公判協力型の司法取引はこれを法制化しておくこと
に重要な意義を与えつつ，当面は「伝家の宝刀」的な捜査手段で慎重な対応で
推移するようにも思われる。

　また，司法取引が訴追の「起訴基準」に影響を及ぼすかである。被疑者取調
べによる真相供述の入手や，その他の物的証拠の収集の制約が強化され，被疑
者の防御手段が徹底化すれば，従来の起訴基準（起訴の嫌疑の程度）を緩和（低
下）せざるを得ないのではないかという論点である。しかし，この点，嫌疑の
程度を低くして司法取引制度を用いるならば，被疑者も「自己の犯罪」の嫌疑
が十分でないまま取引に応じざるを得なくなることから，「捜査段階での証拠
収集に制約を課し，被疑者の防御を充分に保障し，公判中心主義をより徹底し
ようとするのであれば，『あっさり起訴』の下で弊害の少ない『取引』が成立
しうるのか否かは，理念型として検討しておく必要がある。そして，それは，
なお今後の検討課題である」とする見方があることも留意しておきたい[95][96]。

5　小　括

　このように，戦後の我が国の刑事司法は，いわば路線混在型の独自路線を進
む日本的刑事手続となったと言えよう。それでは，その日本的特色を価値的に
どう捉えるのかである。これまでは，一部現状批判派からの批判はあったもの
の，国民性論や精密司法論で独自の刑事手続を築いているとの分析の下，結局
国民の支持を得てこれを基本的には肯定ないし追認してきたのが実務や学説の
大勢であったと言える。

もっともその現状批判派にも，微調整論からラジカルな建前優先になる一気
呵成型改革論まであるが，焦点は有罪率が極めて高く，それは取りも直さず公
判が形骸化しているものという認識を根拠としている。しかし，当事者主義も
アメリカ法からのそのままの継受法とは言えず，我が国の刑事手続において有
罪率が極めて高いこと，すなわち無罪率が極小であるということ自体が本来悪
いはずなどない。綿密かつ適正な捜査によって起訴された上での丁寧な審理を
経た結果は，基本的に冤罪者を出すことなく，また，有罪者，特に巨悪を逃が
さないための刑事手続を踏んでいるのであるから，国民の支持こそあれ，これ
を失うことはないはずである。そこには，検察制度自体の例えば民営化などの
ラジカルな改革案ではなく，代用監獄の廃止や取調べの可視化と公訴権行使の
控制の強化など，そして弁護権行使の実質強化などへの改革案が主流と言えよ
う。しかし，これら批判はいずれも被疑者取調べの在り方に対するものと結び
ついているところ，この点は先に見たように平成28年の通常国会で成立した被
疑者の取調べの可視化，被疑者国選弁護制度の全面実施，一部司法取引制度な
どの法制化になる刑事司法改革関連法(刑事訴訟法一部改正法等)によって，捜査・
公判を取り巻く事情も相当変わって行くものと思われる。

　そこで，検察官不祥事の事態を受けての「検察再生に向けて」の提言も，今
後どのように具体的に実現していくか，その方向性を見極める必要があり，ま
た，近時の重要法改正などを十分に検討していくことが重要であるところ，以
下，次項において本論考の課題を総括しながら管見を述べることとしたい。

(29)　青柳文雄「刑事手続論」『刑事裁判と国民性〔機能編〕』(成文堂，1976年）29・33・
　　34頁の注(8)，同「新しい予審制度の検討」ジュリスト199号52頁以下で，予審制度に
　　内在する欠陥の克服となる新予審制度の提言をされている。なお，戦後の現行改正刑訴
　　法の改正に関与された横井大三（元検察官・元最高裁判事）「現行刑事訴訟法の4つの
　　改正点—二十数年後に見る」ジュリスト551号172頁は，「予審的な手続のない国は少
　　ない……予審的な手続の全くなくなった日本では，勢いそれがある程度検察官の任務と
　　されている」とした上，しかし「本来裁判官の担当すべき予審の任務を検察官に行わせ
　　ようとしてもそれは無理であると思います。特に公訴権濫用問題を効果的に処理するため
　　には，スクリーニングの役割を持つ予審があった方がよいのではないでしょうか。そのよ
　　うな予審的手続がないところに現在の日本の検察官の苦悩があるわけです」とされる。
(30)　團藤重光ほか座談会「刑事訴訟法の制定過程」ジュリスト551号30頁以下参照。

118　第1章　刑事司法における検察官の役割

(31)　**日糖事件**とは，大手製糖会社日糖㈱が事業不振打開のために国家の保護を受けるべ
く，明治39年（1906年）の帝国議会での原料輸入砂糖戻税法改正案の成立と，翌年の
帝国議会での砂糖官営法成立のために同社の重役7名が政友会，憲政本党等の代議士21
名を買収した贈収賄事件で，全員有罪となり検察史上記念碑的事件とされている。我妻
栄・団藤重光ら編『日本政治裁判史録〔明治・後〕』（第一法規出版，1969年）486頁以下
〔雨宮昭一〕参照。小貫芳信「日糖事件」研修750号47頁以下参照。**大逆事件**とは，明治
43年（1910年）発覚の天皇暗殺未遂事件であるが，26名の被告人が死刑等の有罪判決と
なる当時世間を震撼させた著名事件である。前掲『日本政治裁判史録〔明治・後〕』544
頁以下〔松尾浩也〕参照。

　　　帝人事件とは，台湾銀行の頭取，理事ら幹部が，担保流れで所有し日本銀行へ自行の
債務担保として差し入れていた帝国人絹㈱の22万株式を，政財界の有力者が介在して
政官財界の有力者へ安く売却したとする一大背任事件で，検察が独自捜査で摘発した事
件であった。しかし，昭和12年（1937年）12月の判決では，正常な商取引であり「空中
楼閣事件」とされて被告人16名全員が無罪とされた。検察主張の「得べかりし利益の
喪失」の有無を巡っての解釈・認定の相違であって，予審でも予審判事の前で被告人は
自白し，3人の株式取引に関する専門の鑑定人も得べかりし利益の喪失ありとの鑑定結
果を示していたことから，公判に付するとの予審決定がなされた。ところが，その後の
公判では，被告人が全員否認し，鑑定人も鑑定結果を否定的に変更したため，通常の商
取引と断定されたもので，冤罪事件とは異なるものである。我妻栄ほか編『日本裁判史
録〔昭和・後〕』52頁〔大島太郎〕参照。小貫芳信「帝人事件＝『恰も水中に月影を掬せ
んとする類』」研修752号33頁以下参照。

(32)　亀山継夫「刑事司法システムの再構築に向けて―主として検察の立場から見た『新
刑訴の回顧と展望』―」『松尾浩也先生古稀祝賀論文集下巻』（有斐閣，1998年―以下「亀
山①論文」と言う。）22頁。なお，亀山継夫「検察の機能」石原一彦ほか編『現代刑罰
法体系5刑事手続1』（日本評論社，1983年―以下「亀山②論文」と言う。）35頁。

(33)　前掲亀山②論文36頁。

(34)　井戸田侃『刑事訴訟理論と実務の交錯』（有斐閣，2004年）23頁。

(35)　岡部泰昌「検察官の客観義務」金沢法学11巻2号～15巻1＝2号。本文中の①は，
11巻2号7・9・10頁。②は，13巻1号67頁。なお，そこで引用の「柏木教授の見解」は，
柏木千秋『刑事訴訟法』（有斐閣，1970年）127頁。③は，13巻1号76・89・90・93・
121頁。④は，13巻2号87頁。

(36)　横山晃一郎「刑事法学の動き　岡部泰昌『検察官の客観義務』」法律時報43巻4号
132頁以下では，「段階的に派生すると思われる諸義務についていえば，その段階的な諸
義務相互の関係が必ずしも明確でなく，ために果たして裁判所が，このような義務違反
に適切に対処しうるか，という疑問なしとしない」として，他の批判者の「岡部論文が，
なぜ，検察制度に対する内在的批判の立場に赴かざるをえなかったかといえば，それは
彼の論文に，戦前，戦後の国家権力の断絶と連続の分析，検察制度の歴史的分析の視点
が欠落しているからだ。岡部論文の主要テーマである公訴権濫用問題とは，検察官の『恣
意』をめぐる問題でなく，公訴権が高度の刑事政策目的に沿って，法則的に運用されて

いる，という事態なのである」との批判に同調して紹介されている。

(37)　平野龍一・前掲注(1)書『刑事訴訟法』83頁以下。なお，高田卓爾「刑事訴訟の動向」
　　『現代法5　三ケ月章編・現代の裁判』（岩波書店，1965年）99頁は，現行刑訴法の捜査
　　の基本的な構造が糺問手続であることをむしろ積極的に肯定される。

(38)　川崎英明「井戸田侃著『刑事手続構造論の展開』」法律時報54巻11号142・143頁。
　　なお，井戸田説を支持するのは鈴木茂嗣「弾劾的捜査観か糺問的捜査観か」判例タイム
　　ズ414号4・5頁。

(39)　田宮裕『捜査の構造』（有斐閣，1971年）3頁以下の「はしがき」。

(40)　佐藤欣子『取引の社会』（中央公論社，1982年）31頁参照。

(41)　田宮裕「刑事手続きをめぐる理論と現実」法学教室170号10頁以下。

(42)　モデル論については，鈴木茂嗣『刑事訴訟法の基本構造』（成文堂，1979年）120
　　頁以下参照，鴨良弼「刑事訴訟と方法論—とくにH・パッカーの方法論について—」研
　　修368号16頁以下参照，田宮裕・前掲注(22)書「刑事訴訟におけるモデル論」内藤謙先
　　生古稀祝賀『刑事法学の現代的状況』（有斐閣，1994年）355頁以下参照，田口守一『刑
　　事訴訟の目的』（成文堂，2007年）195頁以下参照。

(43)　平野・前掲注(37)書83頁。

(44)　田宮・前掲注(42)書377～379頁。

(45)　白取祐司「モデル論と精密司法論」村井敏邦ほか編『刑事司法改革と刑事訴訟法上巻』
　　（日本評論社，2007年）158頁以下。

(46)　鴨・前掲注(42)書21～23頁以下。同教授はパッカーの提言にある根本的な問題点，「犯
　　罪抑止モデル」の理解の在り方について疑問を呈されて「刑法の適用・実現という理念，
　　社会秩序の安定という公共的な理念は，それ自体，訴訟制度の基本理念であり，訴訟は
　　この目標のもとに，運用されることはいずれの国の法制でも肯定される。この目標のも
　　とに展開する訴訟形態を危険要因のもっとも濃厚なモデルとして短絡的に把えることに
　　は，その方法論のありかたに疑問がある」として問題点を的確に指摘される。そして，
　　要は，理念の実現過程における「手続の抑制的機能をはなはだしく軽視する『糺問型の
　　訴訟』と手続の抑制機能を重くみる『適正手続のモデル』とを対立的に把えていく方法
　　論であるならば，一応，納得のいく方法論であろう」とされる。

(47)　松尾浩也『刑事訴訟の理論』（有斐閣，2012年）318頁。なお，初出は同「刑事訴
　　訟の日本的特色—いわゆるモデル論とも関連して」法曹時報46巻7号24頁以下。

(48)　青柳文雄「日本人と和合の心情」法曹時報30巻6号1頁〔『刑事裁判と国民性・総
　　括篇』有斐閣，1989年所収〕。同「新刑訴の連続性と非連続性」法曹時報31巻5号1頁。
　　なお，青柳博士が提唱される国民性論を「正鵠を射ているものとして全面的な賛意を表
　　する」とされる検察実務家として，土本武司『刑事訴訟法要義』（有斐閣，1990年）96頁
　　以下参照。

(49)　田宮・前掲注(42)書371～373頁。

(50)　土本武司「刑事訴訟雑感—国民性の視点から—」高田卓爾博士古稀祝賀『刑事訴訟
　　の現代的動向』（三省堂，1991年）43頁以下。また，土本・前掲注(48)書96頁以下。

(51)　松尾浩也『刑事法学の地平』（有斐閣，2006年）188頁。同『刑事訴訟法上〔新版〕』

120 第1章 刑事司法における検察官の役割

（弘文堂，1999 年）16・137・150・168 頁。同『刑事訴訟法講演集』（有斐閣，2004 年）284・306・377 頁。

(52) 松尾浩也『刑事訴訟の理論』（有斐閣，2012 年）298 頁。椎橋隆幸「裁判員制度が克服すべき問題点」廣瀬健二・多田辰也編『田宮裕博士追悼論集下巻』（信山社，2003 年）124 頁は「精密司法は殆ど全ての刑事裁判関係者のニーズに応じて形成されたのである……公判での被告人側の徹底的な争い（これは当事者としては当然であるが）に耐えて公判を維持するために検察官は自らにもまた警察にも綿密・周到な捜査とその調書化を求め，また，有罪の高度の見込みのある事件に限定して起訴することになった。裁判官は上訴審における審査に耐えうるように公判廷での証言に加えて証拠物，証拠資料を精査した上で慎重に判決を書くのである。こうした実務が起訴人員を少なくし，また，誤判の可能性を小さくしてきたことは確かであろう」とされている。

(53) 井上正仁「刑事裁判に対する提言〔講演〕」司法研修所論集 85 号 93 頁以下。なお，石井一正「わが国刑事訴訟法の特色とその功罪」司法研修所論集—創立四十周年記念特集号— 79 号 304 頁以下参照。

(54) 田宮・前掲注(41)書 19 頁。田宮・前掲注(42)書 366 頁。

(55) 松尾浩也教授の見解として，本文中の①は，同『刑事訴訟法上〔新版〕』（弘文堂，1999 年）168 頁。②は，同「刑事訴訟の課題」ジュリスト刑事訴訟法の争点〔第三版〕(2002 年) 7 頁。③は，同「刑事裁判の経年変化」『平野龍一先生古稀祝賀論文集下巻』（有斐閣，1991 年）389 頁以下（『刑事訴訟の理論』有斐閣，2012 年所収）。④は，同『刑事訴訟法講演集』（有斐閣，2004 年）284 頁以下。なお，田口守一『刑事訴訟の目的』（成文堂，2007 年）106 頁以下参照。⑤は，松尾浩也「日本における刑事手続の過去，現在，そして未来」刑法雑誌 49 巻 2 = 3 合併号（『刑事訴訟の理論』有斐閣，2012 年所収，431 頁）。

(56) 白取・前掲注(45)書 177 頁以下。ほかに小田中聰樹『現代司法と刑事訴訟の改革課題』（日本評論社，1995 年）200 頁以下参照，福井厚「いわゆるモデル論の意義」『刑事訴訟法の争点』（有斐閣，1979 年）21 頁参照。

(57) 福島至・記「日本刑法学会ワークショップ—精密司法の意義と限界—での小田中聰樹教授発言」刑法雑誌 44 巻 2 号 261・262 頁。

(58) 福島至・記「日本刑法学会ワークショップ—精密司法の意義と限界—での田口守一教授発言」刑法雑誌 44 巻 2 号 263 頁。なお，同旨見解は，田口教授の『刑事訴訟の目的』（成文堂，2007 年）105 頁以下に詳しい。

(59) 前掲亀山①論文 6〜9 頁。なお，古田佑紀（元検察官・元最高裁判事）は，「刑事手続の将来」論究ジュリスト 2015 年冬季特集 1 の 104 頁において，「取調べ及び供述調書に過度に依存した捜査」の点について，実際の取調べを徹底する方向に向かったのは，「それには理由があったはずであり，その理由を十分分析せずに対策を議論することは単なる対処療法にとどまり，場合によっては犯罪摘発機能を不当に弱め，あるいは事案の実態に即した処理を困難にするなど，適切な刑事司法の運営を妨げる結果になるおそれがある」と指摘された上，その理由のひとつとして「取調べに代わる効果的な真相解明手段が用意されていなかったこと」などを上げて，「司法取引制度の導入等はそのような問題に対応するための現実的な方策であるといえよう」とされる。

IV 検察官の地位・役割 　121

(60) 田口・前掲注(58)書『刑事訴訟の目的』113 頁。なお，田口教授は，宇川春彦検事も，「司法取引を考える (17)」判例時報 1627 号 36 頁以下において「我が国における実体的真実主義というのは，事実認定をするにあたって，裁判官がどこまで細かいことを問題としなければ気がすまないかという程度の問題のような気がしてならない」と指摘していることは，精密司法への疑問を提起されているものといえようとされている。

(61) 川崎英明「検察官論の課題―戦後の検察と刑事司法―」高田卓爾博士古稀祝賀『刑事訴訟法の現代的動向』（三省堂，1991 年）4 頁以下（同『現代検察官論』日本評論社，1997 年所収）。なお，私人訴追説として，鯰越溢弘「私人訴追主義と国家訴追主義」九州大学法政研究 48 巻 1 号 33 頁以下（同『刑事訴追理念の研究』成文堂，2005 年所収），水谷規男「フランスの私訴制度の現代的展開と訴追理念の変容」一橋論叢 103 巻 1 号 100 頁以下参照。

(62) 小田中聰樹「刑訴改革議論の基礎的視点―『精密司法』論の検討を手掛りとして―」『平野龍一先生古稀祝賀論文集〔下巻〕』（有斐閣，1991 年）250 頁。

(63) 小田中聰樹「刑事手続改革の課題」『内藤謙先生古稀祝賀・刑事法学の現代的状況』（有斐閣，1994 年）394 頁以下。

(64) 小山雅亀「アメリカ合衆国の予備審問―最近のカリフォルニア州の動きを中心に―」阪大法学 118・119 号 147 頁参照。

(65) 田宮前掲注(2)書『刑事訴訟法の基礎知識』42 頁。

(66) 鈴木茂嗣「弾劾的捜査か糾問的捜査か」判例タイムズ 414 号「西東問話」4 頁。

(67) 團藤重光『刑事訴訟法綱要』（弘文堂書房，1943 年）604 頁―前段指摘部分。同『新刑事訴訟法綱要〔七訂版〕』（前掲注(3)書）318 頁―後段部分。

(68) 平野龍一「刑事訴訟の促進の 2 つの方法」ジュリスト 227 号 8 頁。

(69) 平野龍一「現行刑事訴訟法の診断」『団藤重光博士古稀祝賀論文集第四巻』（有斐閣，1985 年）407 頁。

(70) 後藤昭「平野刑訴理論の今日的意義」ジュリスト 1281 号 62 頁。なお，渡辺咲子「現行刑事訴訟法制定時における公訴提起に必要な嫌疑の程度」廣瀬健二・多田辰也編『田宮裕博士追悼論集・上巻』（信山社，2001 年）57 頁以下では，現行刑事訴訟法制定過程では GHQ が予審の廃止を絶対的指針とし，記録を一べつした程度で嫌疑のない起訴であることが判明するような起訴があることを前提としての法改正を提案したが，日本側は法曹三者一致して，ほぼ 100％に近い有罪率を得る厳格な起訴を行う実務を前提にした改正案を主張し，結局，GHQ もこれに異を唱えることなく，これに一応の理解を示して，緩やかな起訴をする提案を撤回するに至った経緯を述べている。また，松尾浩也「刑事訴訟法 50 年―総括の試み〔1999 年〕」『刑事法学の地平』（有斐閣，2006 年）121 頁では，「起訴基準を少しずつ引き下げ，無罪判決の若干の増加を覚悟すれば，事態は動くはずである。その方向に踏み出す決断をするかどうかが，二一世紀に向けての大局的な課題だと言えよう」とされる。

(71) 平野龍一「参審制の採用による『核心司法』を―刑事司法改革の動きと方向」ジュリスト 1148 号 2・3 頁。同「参審制度採用の提唱」ジュリスト 1189 号 52 頁以下では，提唱として陪審制ではなく参審制の採用の理由を述べる。

122 第1章 刑事司法における検察官の役割

(72) 田宮裕「刑事訴訟法の展開と英米法の影響」ジュリスト 551 号 158 頁，鈴木義男・谷川久・時国康夫・田宮裕・長島安治・織部政男「日本法と英米法の三十年—座談会〔実務と英米法〕」ジュリスト 600 号記念特集　田宮発言，324 頁。

(73) 鈴木義男・前掲注(72)書「実務と英米法」ジュリスト 600 号記念特集，324 頁。

(74) 河上和雄「検察実務と英米法」ジュリスト 600 号 340 頁以下。

(75) ダニエル・H・フット「日米比較刑事司法の講義を振り返って」ジュリスト 1148 号 165 頁以下。

(76) B. J. ジョージ「外国人から見た日本の刑事訴訟法」（佐伯仁志訳）ジュリスト 1148 号 174 頁。

(77) ジョーゼフ・ホフマン「『真実』と日本の刑事訴訟法」（長沼範良訳）ジュリスト 1148 号 178 頁。ほかに，アメリカでは，有罪無罪を決める審理陪審（小陪審）の問題性が指摘されるほか，起訴・不起訴を決める大陪審（非公開制）の不起訴決定に大きな疑問が呈されている。

(78) デイビッド・T・ジョンソン『アメリカ人からみた日本の検察制度〔日米の比較考察〕』（大久保光也訳）（シュプリンガー・フェアラーク東京，2004 年）15・25・33 頁以下。なお，既存の刑事司法に対し，今痛烈な反省を迫られているのはアメリカであると分析されるのは松尾浩也教授である。研修 800 号 2 月号 7 頁では「1992 年にニューヨークの弁護士ハリー・シェックらが立ち上げた The Innocence Project は，DNA 検査の進歩などを有効な手段として，受刑者の無実を次々に立証し『雪冤』された受刑者は，死刑囚であった者を含めて 321 名に及んでいる。このような危機的事態に直面してみると，アメリカが『刑事裁判』という困難な業務を地方分権に委ねていたことにも疑問を生じないでもない」とされる。

(79) http://www.moj.go.jp/content/000072957.pdf

(80) 大澤裕・岡田薫・田中敏夫・田中康郎・三井誠・渡邉一弘【座談会】「検察改革と新しい刑事司法制度の展望」ジュリスト 1429 号 8～51 頁。

(81) 松尾浩也「検討会議提言を読んで」ジュリスト 1429 号 52～58 頁。

(82) 田口守一「新しい捜査・公判の在り方」ジュリスト 1429 号 66～71 頁。

(83) 佐々木史朗「刑事裁判の当面する課題—検察官よ，法廷にかえれ」判例タイムズ 150 号 175 頁以下，伊達秋雄「検察官公判専従論」判例タイムズ 148 号 1 頁。なお，谷口正孝「裁判官からみた検察官」ジュリスト 265 号 107 頁参照。

(84) 出射義夫「検察の実践的説得機能」ジュリスト 223 号 10～15 頁（『検察・裁判・弁護』有斐閣，1973 年所収，48 頁）。

(85) 出射義夫「検察機能論について—佐々木判事に答える—」ジュリスト 288 号 38～41 頁。同前掲『検察・裁判・弁護』所収，87 頁以下。同旨には平田胤明「これからの検察官像」法学セミナー 85 号 72～76 頁参照。平田胤明「新しい検察官の方向〔その二〕」法律のひろば 17 巻 9 号 9 頁以下参照。

(86) 稲川龍雄「新しい検察官の方向〔その一〕」法律のひろば 17 巻 9 号 7・8 頁。

(87) 藤永幸治「戦後検察制度の形成と今後の検察像」刑法雑誌 36 巻 1 号 3・4 頁。なお，幸浦事件，仁保事件については，事件・犯罪研究会編『事件犯罪大辞典』（東京法経学

院出版，2002 年）287・638 頁参照。仁保事件につき，三井誠ほか編『刑事法辞典』（信
山社，2003 年）600 頁〔水谷規男〕参照。

(88)　三井誠教授は，戦後の検察における改革議論・活動等を法務検察の機関誌『研修』
誌を分析して紹介されている。三井誠「戦後の検察―『研修』誌を素材として―」ジュ
リスト 700 号 214 頁以下参照。

(89)　増井清彦「検察の理念と検察官の心構え」林屋礼二ほか編『法曹養成実務入門講座 2
事実認定・渉外事件』（大学図書，2005 年）292 頁以下。

(90)　最高検察庁検察改革推進室「『検察の理念』の策定について」研修 761 号 3〜7 頁。
　＊　この平成 23 年 9 月 30 日検事総長通知「検察の理念」第 10 項の他機関との連携につ
いては，吉開多一「検察における刑事政策的配慮について」研修 819 号 9 頁もこれを評
価するとともに，更にそれでも「刑事司法システムの限界を認識して，少年保護システム，
福祉システム，医療システムといった他のシステムとの連携・協議を探っていくことが，
刑事政策的配慮の実践として必要になる」と説いている。また，最高検察庁は，検察改
革の一環として，平成 24 年 6 月，刑事政策に関する専門的知見の集積，活用等を目的と
して刑事政策専門委員会を，また，平成 28 年 6 月 1 日には具体的な刑事政策に関わる諸
課題の検討を目的として刑事政策推進室を設置してこれらの推進に取り組んでいる（稲
川龍也「検察における再犯防止・社会復帰支援の取組」罪と罰 53 巻 4 号 5 頁以下参照）。
　なお，刑事司法をシステム的に捉えるとき，検察官が担任すべき役割がひとり過重で
あってはならないところ，田宮裕『日本の刑事訴追』（有斐閣，1998 年）367 頁では，「政
策的要請ではあるが」とした上で，捜査機関が権限と負担が独占的かつ過大にすぎ，そ
のもたらす結果が功罪ともに捜査が一手に引き受けることになることへの反省が必要で
あるとして，「功罪はそれぞれ権限を分かち合った多元的な担い手の間で分担し合うの
が，まさに当事者主義の知恵だったのではなかろうか。こうして被疑者＝弁護人の活動
の余地を認め，批判活動というかたちで応分の責任を負担してもらうのが合理的という
ものであろう」と指摘されている。

(91)　亀山継夫「刑事司法システムの再構築に向けて」『松尾浩也先生古稀祝賀論文集下巻』
（有斐閣，1998 年）5〜12 頁。

(92)　法務省 HP ―法制審議会第 173 回会議―平成 26 年 9 月 18 日開催議事概要―新時代
の刑事司法制度特別部会長から，同部会決定の諮問第 92 号「新たな刑事司法制度の構
築についての調査審議の結果【案】」に関する審議結果等の報告がなされた。同法案に
ついては，ジュリスト増刊『論究ジュリスト 2015 年冬号―特集 1』4 頁以下，「〔座談会〕
新たな刑事司法制度』の構築に向けて―法制審議会答申の検討」など特集論文。また，
取調べの録音・録画制度について，川出敏裕「被疑者取調べの録音・録画制度―法制審
議会答申に至る経緯―」刑事法ジャーナル 42 号 4 頁以下ほか特集論文。また，上田信
太郎「被疑者取調べの可視化について」研修 768 号 3 頁以下の法務省「取りまとめ」結
果の紹介，取調べ可視化の法的性質等参照。なお，同法案化要綱に関しての批判的検討
として，川崎英明・三島聡編著『刑事司法改革とは何か』（現代人文社，2014 年）参照。
また，平成 28 年 5 月 24 日に成立した刑訴法一部改正法の一部修正等については，『刑事
弁護』日弁連刑事弁護センターニュース 64 号（2015 年 10 月 1 日）にドイツにおける司

法取引制度の調査要旨とともに紹介されている。

(93) 司法研修所編『裁判員制度の下における大型否認事件の審理の在り方』（法曹会，2008年）77頁，本書第4章（初出「『取調べの可視化』の限界について」『法務研究』6号17頁以下）。なお，船山泰範編『刑事法入門』（弘文堂，2014年）「第七章　どうしたら真相解明ができるか」（加藤康榮）101頁以下参照。

(94) 第3章（初出「検察官の適正な公訴権行使と司法取引」『法務研究』8号19頁以下）。なお，太田茂「捜査・公判協力型・合意制度の意義と課題」刑事法ジャーナル43号14頁以下参照。川出敏裕「協議・合意制度および刑事免責制度」ジュリスト増刊『論究ジュリスト2015年冬号―特集1』65頁以下参照。

(95) 緑大輔「日本における近時の『司法取引』の議論をめぐって」刑法雑誌54巻1号143・144頁。なお，同131頁は「いわゆる暗黙裡の『取引』をめぐる問題は，『取引的』な制度の導入の可否の問題というよりは，むしろ基本的に被疑者取調べや被疑者弁護人の活動のあり方，身体拘束制度の在り方，訴追裁量権，量刑理論といった諸問題に還元されるのではないか」とする。

(96) 日本刑法学会第83回大会（2005年）においては，「刑事訴追論の今日的課題」を特集している。刑法雑誌45巻3号425頁以下参照。川崎英明「共同研究の趣旨」，大久保隆志「刑事訴追の実務と刑事訴追論」，岡慎一「刑事訴追過程と刑事弁護」，新屋達之「刑事訴追と国民」，福島至「刑事訴追論の展望」各参照。また，川出敏裕「捜査・公判協力による刑の減免制度」『曽根威彦先生・田口守一先生古稀祝賀論文集〔下巻〕』（成文堂，2014年）411頁以下参照。なお，玉井克哉教授は，平成27年通常国会で成立した不正競争防止法の改正法では未遂犯や国外犯処罰規定が新設されたことに伴い，同法犯罪も今回の刑訴法で新設する司法取引の「特定犯罪」に加えることを提言する（平成27年9月3日付け『日本経済新聞』朝刊「経済教室」での主張）。

V　管見の整序

1　刑事司法の理念——その究極に在るもの

1　刑事司法の核としての実体的真実主義
（1）　刑事司法の指導理念の捉え方

先に触れたダニエル・フット（ワシントン大学）教授が指摘するように，アメリカと日本の刑事司法の重要な相違点は「刑事司法制度全体が基本的にどういうことを志向し，究極の目標としているか」である[97]。我が国の検察官など実務が捉えてきたのは，まず，「無辜の者を誤って罰してはならない」ということである。その上で，「有罪者（殊に巨悪）をみすみす見逃してもならない」とい

うことである。つまり，無罪の者をむざむざ法廷に引き出して晒し者にしては
ならず，また，有罪の者は刑事政策にも配意して起訴すべきものは起訴すべき
ということである。それは，実体的真実主義を座標軸に置くことが前提である
が，神のみが知る絶対的真実主義ではなく，実体的真実を解明することである。
それは被疑者の人権を保障した適正手続の下における厳格な証拠に基づく，刑
事訴訟上の真実でもって確認するものである。ここで，実体的真実主義とは，「そ
の手続上のルールに従った上で，限りなく歴史的真実に肉薄するものとして求め
る姿」のことである。團藤重光博士は，「事実は客観的なものであるはずであるが，
絶対的な真実はいわば神の目から見た場合のことであって，人間の認識能力が
相対的なものである以上，訴訟における真実は性質上やはり相対的なものであ
り，その意味では事実の認定は，認識ないしは発見ではなく，むしろ創造的な
ものだというべきである。だからこそ，裁判官は謙虚でなければならないので
ある。裁判における事実の認定は，神から見た真実に可及的に接近することが
要請されるが（実体的真実主義），実際には裁判官をはじめすべての訴訟関係人
の努力によるべきであり，結局，これらすべての者の主体的な活動にかかって
いる」こと，「真の『事実』というものは，訴訟の世界を超絶したものである。
訴訟的にみるかぎり，『公訴事実』は，いわば仮説的なものである」こと，「確
定判決において認定された『犯罪事実』でさえも，それは，『真実とみなされる』
だけのことであって，再審の可能性が否定されないばかりでなく，再審になら
ない場合であっても，それが真に間違いのない本当の『事実』であるかどうか
は，まさに神のみぞ知るものである」こと，その実体的真実主義を達成するた
めには，「当事者の攻撃・防御を前提としてはじめて真実の発見が可能となる
のであり，当事者主義は真実発見の手段として重要である」こと，検察の任務
に関連して「実体的真実主義は，無実の者を罰することが絶対にないようにす
ることを，最小限度のこととして何よりも先ず要請するのである。実体的真実
主義を『必罰主義』であるかのように説く論者があるが─糺問主義の手続のも
とでは別論として─これは誤りだというべきである。検察官は，いかなる場合
にも，このことを忘れてはならない」ことなどを説かれる[98]。我が国では，古
くからイギリスの法諺「一人の冤罪者あらんよりは十人の逃罪者あらしめよ」

126　第1章　刑事司法における検察官の役割

(Better ten guilty escape than one innocent suff er.[99]) を自らのものとして目標
にしている。しかし，神ならぬ人間が行う手続である以上，最大限の尽力があ
っても制度的には誤りが皆無ではなく，「誤りはあり得る」ことを前提にして
いるものというほかはない。我々は，この制度的冷厳な限界は受容しなければ
ならない。その上で，「最大限の誠実懸命な実体的真実の追及」である。それ
が冤罪者を出すことを極小に抑える術である。

　そもそも刑事訴訟の当事者の一方の被告人側は，裁判の結果いかんにより自
己の重要な法益（自由・名誉・財産等の法益）を奪われるか否かの岐路に立たさ
れている。真犯人が有罪と認定されて適正な刑罰が科せられるのは当然である
が，それが冤罪なのに誤って有罪となれば直接的に法益が侵害される立場にあ
る。その意味で真の「訴訟当事者」は，被告人側がその立場に位置づけられる
だけである。もう一方の「訴訟当事者」と言われる検察官は，その実質は擬似
的当事者となる。この両者の位置づけには，説得力を有するものがあると言わ
ざるを得ない。してみれば，当事者主義と標榜される中での検察官の地位は，
実は一種のフィクションに帰することとなる。したがって，検察官は当事者と
して効率よく処罰にだけ専念すればよいということとはならず，「公益を代表
して，犯罪の被害者に代わって刑罰権行使に関与し加害者を弾劾するという立
場」にあるのである。また，検察官は被告人に有利な証拠も収集して，客観的
な活動としての捜査・公判の職務の遂行でなければならず，弾劾の職務を遂行
する指導理念となる「事案の真相を解明する」という役割を全うしなければな
らない。そして，この真相解明の目標は，被告人側にとっても必然的に共有す
るものであり，その利害は共通するものとなるはずである。結局，訴訟活動を
あたかも決闘なりスポーツなりの如く見てはならないのであり，このことは誰
もが認めざるを得ないこととなろう。團藤博士が述べられる「当事者主義は真
実発見の手段として重要である」との真髄は，これらの道理を前提とするもの
と言えよう。

（2）　刑事司法の現状分析―①学者らの見方
　現状批判派の中には，実務における取調べ過程を，強圧な取調べによって虚

偽自白を導く，いわば「冤罪者を生み出す危ないシステム」と捉えて，代用監獄の廃止と取調べ可視化による是正こそ至高とする見解がある。

　それは，捜査側を意図的にまで極論はしないとしても，職務熱心のあまりの「冤罪者を生み出しかねない危なっかしい権力機関」の程度に決めつけているものと思われる。これは，アメリカ法の（純粋）当事者主義が，我が国でも刑事司法の公理であるとして，これをア・プリオリに設定した上，この理念は検察捜査でも検察官と被疑者は対等当事者，すなわち弾劾的捜査であるべきとし，しかし「現状は糺問的捜査にある」とする平野龍一博士の提唱になる捜査観の高じた見方となる。同博士のこの見解は，当時から「公判中心主義」を強調する点では他の現状批判派の弁護士側や学者からは強く支持された。ところが，検察官に「証拠が十分でなく有罪の確信が持てない事件まで起訴せよ」とする点では，実務がこれを受け入れられないとしたのはもちろん，被疑者の人権を擁護する現状批判派の立場からも支持する者は少なかったものである。

　平野博士の見解は，我が国の検察官がアメリカのそれと同様広い起訴裁量権を有する法制度自体は認めつつ，「ラフな基準で，先ずはもっとおおらかに起訴するべきである」とするものであるが，そのような起訴こそ，公訴権濫用論者の攻撃の的となる公訴権行使の行為となるはずであり，疑問である。構え慎重過多の不起訴処分ならば，検察審査会の「起訴相当」の議決により控制するのが筋ではないか（平成16年検審法改正により，再度の「起訴議決」に起訴強制（拘束力）の効果が付与された。）。また，同博士は，数値目標を「3％程度まで引き上げる」とも言われているが，そのような腰だめの数値で国民が納得するような状況にはないと思われる。

　この点，田口守一教授は，「平野博士がいわれたような3％あるいは現在の無罪率を前提とした2％程度への増加を想定することが現実的といえようか」としてこの主張に疑問を呈しつつ，「いわゆる弾劾的捜査観の理論を純粋に貫くことは困難であるが，大局的にはこの方向に進むこととなろう」とも予測する。しかし，また「無罪率の増加がこの程度であれば，起訴基準の引下げの程度も，これに対応した程度にとどまることとなろう」とし，「しかし，わが国の起訴前身柄拘束期間は，諸外国と比べて短い。……今後，取り調べの機能の

128 第1章 刑事司法における検察官の役割

低下が避けられないとすれば、以前のような綿密な事案解明が困難となることも考慮する必要があろう。ただし、イギリスの起訴基準のような『51％基準』を参考にすることはできない」とされる[100]。

こうして、この平野理論は実務でも学説上でも核心的議論とはならず、むしろ問題の視点は検察官において、①犯人性には確信を抱いているが、証拠上有罪判決を獲得することの100％の確信が持てない場合や、②過失犯罪について、その評価に争いがある場合などにおいて、慎重にすぎる公訴権の行使の傾向にあるという運用実態にこそ議論の対象が向けられていることにある。また、従来の綿密な捜査が高じて、取調べが理詰めにすぎたり、重箱の隅を楊枝でほじくるような取調べに堕するなど、かえってコンテンツが真実から離れてしまうような捜査であってもならない。いわばマシュマロのような柔らかい事実の再現こそ実相を抉るとの視点も出ている。

「精密司法」と指摘される松尾浩也教授も、「綿密な捜査＝慎重な起訴」という長年にわたるやり方について、「法技術的にある程度の修正を加えることは可能であろう。起訴基準を少しずつ下げ、無罪判決の若干の増加を覚悟すれば、事態は動くはずである。その方向に踏み出す決断をするかどうかが、二一世紀に向けての大局的な課題だと言えよう」とされ、そして検察審査会法の起訴強制制度への改正に事態を動かす可能性があることも指摘されていた[101]。

（3）　刑事司法の現状分析―②裁判官の見方

従来からの検察官の公訴権行使の現状に関しては、裁判所側もこれを諒として審理を続けてきた刑事司法のこれまでの裁判過程も見逃せないであろう。

例えば、「日本の刑事司法の特色」について、「裁判の立場から」として、中山善房裁判官は次のような分析をされている[102]。すなわち、①検察官が捜査に深く関与して十分な証拠固めをした上で確信のある起訴をしていること、②検察官の訴追裁量権が明文化されて積極的に運用されていること、③身柄拘束中の被疑者に対する取調べが手続の適正と抵触しない限度で最大限に行われていること、④検察官の権限・活動の質量と弁護側のそれを比較すると、我が国における当事者主義は「傾斜的・擬似的」なものであることなどを分析される。

また，起訴後の裁判手続に関しては，⑤捜査段階で作成された供述調書は，争いのない事件では同意書面として，争いのある事件でも供述の不能・矛盾を理由として，いずれも証拠として多量に採用されていること，⑥多数回の開廷を要する複雑困難な事件においては，開廷間隔が長く，適正・迅速な審理が行われていないこと，⑦公判請求事件についての有罪率が著しく高いことなどを指摘されている（なお，その他特色として国民参加がないことを挙げている点では，我が国も平成 21 年 5 月以降，裁判員裁判が施行されている—筆者）。また，①ないし④の実体を巡って，これを「検察官司法」と称して批判する者もいることについては，「わが国の当事者主義が形式的なものにすぎず，当事者の一方である検察官の組織・権限が強大であることを特徴的に表現しようとしたところにある」とした上，大陪審や予審制度，あるいは不起訴処分に裁判所の同意を要する制度などを採用していない制度下にあって，我が国の検察官の権限は大きいが，刑事司法における裁判所と検察官との役割分担という見地に立てば，予審制度を別として，検察官の権限行使により終始するのは，結局，起訴された場合に執行猶予となる可能性のある事件のうち，検察官が起訴猶予処分をする事件があるくらいであるとして，「わが国の検察官は，諸外国の場合と比較してきわめて重要な役割を分担しているということができるが，わが刑事司法の中においては，裁判所との関係，さらに警察等で，それぞれ応分の役割を分担して，刑事司法全体の円滑な運用に寄与している」とされる。更に有罪率が極めて高いことも「最大の理由は，検察官が有罪の立証に確信をもてない事件を起訴しないためであるが，この検察官の役割は，積極的に評価してよい」とされる。そして，重大事件では有罪立証の確信がなくても相当の嫌疑があれば起訴して裁判所の判断を求めるべきとの意見に対しても，「刑事被告人の立場に伴う法律上・事実上の不利益を考慮すると，にわかに賛成しがたいものがある」とされる。その理由として，現行法の建前が刑法の謙抑主義の理念にも合致すること，予審制度等では嫌疑不十分の被疑者を早期に解放する役割を裁判所が分担する制度であるが，現行法ではこれを廃止して起訴状一本主義を採用した以上，この役割はやはり検察官に委ねるほかないとされる。ただ，「法律問題に未解決の点があることを実質的な理由として起訴猶予処分をする傾向がある

とすれば，これは疑問であって，事実関係の立証の確信があるかぎり，法律判断はやはり裁判所に委ねるべきものである」とされている。

（4）　刑事司法の現状分析—③弁護士の見方

ところで，現状批判派になる「弁護の立場から」ではどうか。

例えば，田邨正義弁護士は検察官の活動等について，次のような見解を示される[103]。有罪率が高い点については，「検察官の誤った起訴がきわめて少なかった結果であり，起訴便宜主義の積極面であるとともに，その運用にあたる検察の優秀さを示すものと評価することは，もとより可能であろう」とされた上，起訴に対する我が国社会の受け止め方として，「起訴され刑事被告人となったというだけで，その人物の社会的評価は往々にして著しい低下を免れないうえ，公判において罪責を争うこと自体，当事者に多大の負担をもたらすことを顧慮すると，公訴権行使について検察官が謙抑的であることは，望まれこそすれ，なんら非難されるべきではない」と評される。この見解からすれば，平野博士が主張される「ラフな起訴」論は支持できないはずである。しかし，身柄拘束中の被疑者取調べに関する捜査官の強大な権限の付与が自白獲得の手段となっていること，自白調書が確実に採用されて捜査資料と公判資料との基本的共通性化の実体にあること，裁判官と検察官の人事交流が事実認定の共通的思考を抱かせることなどを指摘した上，高い有罪率自体の相乗作用を説いて「公訴維持の見通しの確実な事件しか起訴しないという検察の方針のもとにおける極度に高い有罪率は，検察の捜査が実際上予審的機能を果たしていることを意味すると同時に，検察の予審的機能が無視しえない現実として定着をみたことが，高い有罪率を構造的に再生産しているということもできる」との見解も披瀝される。ただ，この予審的機能のどこが不都合なのかの説明はない。そして，これらの指摘は，続く弁護人の活動上の制約として，弁護人が公判段階でも検察官と武器対等でないとか，否認のままでの保釈率の低さとか，裁判所が実体的真実主義への傾斜から弁護人の活動を阻害するような後見的機能を発揮しすぎるとかの指摘があることは，それは刑事弁護人一般の日ごろの刑事弁護敬遠による実力涵養不足の裏返しとも見える議論のようにも思われる。なお，同弁護

士は裁判の審理方法の改善も提言される。すなわち，現行法体系においても「被告人が有罪を自認している事件については初期の段階で，また罪体に争いある事件については裁判官が有罪の心証を得た段階で，いずれも量刑に関する審理に入る旨を宣言し，当事者に量刑資料の提出を促したうえ，必要に応じ調査官等の補助者に量刑事情についての調査を命じ，調査終了後当事者に反論，反証の機会を与え，審理を終結するというやり方」も，工夫次第で可能とされる。

　この審理方法の改善ならば，法曹三者の協議によって実務の「運用」でかなり実現できるものであり，この点は確かに積極的に推進すべきものと言えよう。

（5）　刑事司法の現状分析─④まとめ（有機的システム体における役割分担の見方）

　結局，実体的真実解明の指導理念は，法廷で全てが訴訟法上の真実として衣替えして果たされるものではないこと，それは刑事司法を有機的システム体と捉え，公判に先行する捜査段階における真相解明の役割，その独自の位置づけも考察することで果たされるものであることが導き出される。

　それは公訴権行使の担い手である検察官が，その権限を誠実に実現するために必要な追究課題，すなわち実体的真実の解明を最大限果たすために，警察に続く検察捜査を先行させこれを綿密に実行し，その結果を吟味して限りなく実体的真実と重なり合う程度の訴訟法上の真実から有罪の確信に到達したときに，起訴・不起訴の振るい分け機能を完遂させるものである。そして，起訴の場合は「検察官による事実認定の結果である訴因事実」を審判の対象とさせるというのが，現在における刑事司法のシステム的理解と言えよう。そうしてみると，平野博士の先の見解は検討してきたように，今日的意義は起訴基準の再検討ということ以上の本質的変革を呼ぶものにはなり得ないと言える。したがって，なお検討すべき論点としては，そのほかの現状批判派が主張するところの「現状は依然として『糺問的』であるとして，『捜査』の実態を問題とする」点に収斂されよう。具体的には，取調べの可視化や被疑者の人権保障・適正捜査という面での透徹化が図られる方策ということになろうが，この点も，平成27年第189回通常国会で継続審査となっていた刑事訴訟法の一部改正法が第190回通常国会で成立（平成28年5月24日成立）したことで，相当な推進が図られ

ようとしているところである。

　そこで，先に見た中山裁判官の「事実関係の立証の確信があるかぎり，法律判断は裁判所に委ねるべきもの」との起訴裁量権の行使に対する見解である。それは特に過失犯になる医療過誤事件や最近の東日本大震災に起因するいわゆる福島原発事故を含めての特殊重大事故事件などにおいて，過失の評価に争いがあって十分な有罪の確信が持てないような場合である。そして，そのような場合は，検察官は事件によっては起訴して裁判所の判断に委ねるとすることは，両者の役割分担の見地，刑事司法のシステム的運用の視点などからも傾聴に値する見解と言うべきものであり，今後の検察の課題とすべきではないかということである。この点は，検察官は基本的には従来の確信基準に従い，しかし，より民意を反映させての処分をなし，不起訴処分に対しては検察審査会の審査に委ねるという国民の司法参加との役割分担を重視するというのが時代の流れに沿った解決の方向性のように思われる。

2　検察官制度の在り方論

（1）　検察官制度の各種形態案の提起

　ここで，そもそも我が国の検察官制度自体いかに在るべきかについて，その是正案や運用の改善案を吟味し直しておくこととする。

　そこで，ラジカル案から微調整案までおよそ考えられる改革案をできるだけ多く挙げてみることとする。まず，第一に，従来の検察官制度を廃止する大きな改革案として，かつてのイギリス型の私人訴追制度に徹する案（①案）や，現在の検察官制度を民営化ないし一部民間委託（弁護士の公訴追行制度等）する案（②案）が考えられる。また，第二に，検察官制度は残しつつ，効果的な起訴のスクリーニングを行うとの観点から，訴追者に被害者を加えるフランス型予審制度を採用する案（③案），予備審問ないし新しい予審制度を加えたり，起訴法定主義として不起訴処分には裁判所の同意を要する制度とするなどの案（④案），アメリカ法に倣って，訴追権を軽罪に限り検察官独自に認めるが，重罪は大陪審が決定する案（⑤案），第三に，現行制度の充実，強化を図る案であり，それは検察官（特に検事正）の公選制ないし任期制の導入や，取調べに

対してその可視化と弁護人の立会いを制度化する案（⑥案）や，現行制度の起訴基準等運用を再点検して，捜査・公訴の一層の改善・透徹化を図る案（⑦案）などの各案が考えられる。

まず，比較法的に主要国の訴追制度ないし検察官制度の概要を確認しておく。

1）　イギリス型は，民衆訴訟の歴史から大陪審（起訴陪審）の制度を採り，一般的に私人訴追と警察官訴追（これも私人訴追の一種と見る。）による私人訴追型が原則であった。このため，伝統的に警察と検察との未分化時代が長く，通貨偽造その他の国家的重大事件についてのみ国家機関としての訴追官が起訴手続をするものであったが，その必要性の高まりから公訴官起訴の範囲も拡大され，徐々に検事を増加させていったが，ついに1985年に至って訴追機関として「検察官庁」を制度として独立発足させるに至っている。我が国では，イギリスのこの訴追機関設置以前の伝統的訴追方法が起訴後の手続においてフェアとして，このイギリス型の検察制度にすべきとの見解も一時あったとされる。しかし，「起訴の不均衡，警察的刑事司法に堕する危険性がある」との指摘が重大で，現にイギリス自体，この弊害を克服すべきとする考えからかと思われるが，古くからあった大陪審制度も廃止し，公訴官起訴の拡大を重ね，ついに検察官庁として制度化するに至っていることは注目すべきことと言えよう。

2）　次に，アメリカ型である。ここではイギリスと同じコモン・ローの判例法主義を採るが，各州それぞれの型となっている。フランス型にごく近い州もあれば，イギリス型を基礎としながらフランス型の公訴官を置く州も多いとされる。検察官は予審制度を持たないのに捜査の強制処分権限がなく，警察捜査の法律的アドバイザーの役割を果たすものとされている。ただ，大都市（ニューヨーク，シカゴ等）でのアトーニー・オフィス（我が国の検察庁に当たる機関である。）では，政治的事件や複雑な経済事件等の重要事件の捜査について，市の警察官を借りたり，専従調査員を雇ったりして，直接捜査に乗り出し，強制処分が必要な場合は大陪審を予審制度代わりに活用して実施する実情にあるとされている。また，地方分権の思想から地方検事は公選制による州が多い。

3）　そして，大陸法系になるフランス型は，13世紀ころから国王の代理人が訴訟に関与したことが検察制度の始まりで，フランス革命後これが訴追機関と

134 第1章 刑事司法における検察官の役割

して確立されたとされる。またそれは，三権分立主義の所産としての検察官制度であり，裁判と訴追を分離することによってむしろ裁判の専断を絶ったという歴史的経緯にある。ただ，証拠収集には強制処分も必要なので，この権限は裁判官に与え，弾劾という公訴権限は検察官に責任を負わせつつ，現行犯以外は捜査の強制処分を与えないという，予審制度を維持している。これがドイツ等の大陸諸国に継受され，我が国の治罪法でもそのままの形でこの制度を継受したという歴史になる[(104)]。

4) 最後に，我が国が戦前に範としたドイツ刑訴法は，予審制度により，検察官の公訴権行使も起訴法定主義であったが，1968年に起訴便宜主義を導入し，1974年刑訴法の改正に際して，予審制度も廃止した。そして，検察官の強制権限を強化した（被疑者の強制的取調べ権，証人・鑑定人の強制喚問権と供述・鑑定義務の承認）。起訴強制手続の対象を縮小し，遵守事項付きの起訴猶予制を創設した。ただし，検察官による被疑者取調べに対する弁護人立会権を保障し，その供述調書の公判への顕出を制限することで弁護権の保障にも一定の配慮をした[(105)]。

（2） 検察官制度の改革・運用改善案の検討

1) そこで，先ほどの検察官制度の改革案あるいはその運用案を検討してみることとする。

現状批判派は，我が国の検察官制度について，現状は「検察官司法」となっていて本来の公判中心主義が形骸化しているとか，強圧捜査で被疑者に対する人権保障が蔑ろにされているなどとの主張であったが，このような批判点をも考慮しながら，検討結果をまとめたい。

ⅰ） まず，そもそも刑事司法は弾劾による訴訟形式によって行われるものであるから，必然的に訴追者─原告がいなければならないところ，先の第一の①，②案は，現行検察官制度をいったん廃止する案である。すなわち，制度自体を私人・被害者訴追に変えるか，あるいは制度の骨格自体は残しつつ，これをがらりと民営化するとの案である。①案は，これは長く民衆訴追の歴史を有してきたイギリス型が参考になる。しかし，我が国では私人訴追については，

治罪法時代において既に私人（民事原告人）の起訴が認められていたが（同法第110条），明治刑訴法で廃止された経緯がある。そして，イギリス型も先に見たように問題点が多く，検察官制度に移行している。また，文明国家にあっては刑罰権の行使は単なる復讐心や公憤を満たすためのものではない。これを被害者や一般民衆に任せるとなると，冷静さや合理性を欠く判断，あるいは恣意的判断に流れるおそれがある。この刑罰権行使のための訴追要否の判断は，優れて客観性を満たす必要があり，また一定の方針を持って画一的に行う必要のあるものである。この要請に応えるために，現行法のようにこれを国家機関としての検察制度を設けて行っているのが世界的傾向である[106]。しかし，②案は民営化論である。現にこれを主張する論者がいないとしても，イディアル（ideal）の問題として，この際検討しておく意義はあろうかと思われる。この点，堀田力弁護士（元検察官）の論考「法務省の民営化」が参考となろう[107]。そこでは，「検察の捜査指揮や公判立会いを弁護士に委ねることが考えられる」との鋭い考察をされている。これを要するに，立法，司法及び行政のサービスは，全て公共財であるが，これを民間が行わずに税金を使って公務員が行う根拠は，公共のサービスは市場取引の原理では提供できないからであるとする，財政学上からの理由とする。そして，司法，自治，警察，消防等を例に上げれば，これらは全市民がその利益を享受すべきものであって，そのサービスは共同で消費されるものである。したがって，私的財のように特定の消費者にその利用を独占させることは困難であり，市場取引には馴染まない。しかしながら，司法においても民事裁判ならば財政学上からは公共財でないと思われるが，先進国は全て判決に公定力や執行力があることなどから政策上司法を公共財としている。理論的には市場原理を導入することも，経済的には可能であるが，政策的に採用できないというものであるとする。また，法務省の検察，矯正，入国管理局など権力を行使する権限を付与された機関にあっては，民間委託は妥当しないのではないかという問題がある。しかし，アメリカでは公共財である警察が，犯人を捕らえて治安を維持するという共同消費者に対する公共サービスの提供が不十分なため，被害者が市場原理により犯人探しを民間機関に依頼している実情にある。ただ，日本の私立探偵と同様，逮捕等の強制権限は与えられ

ていない。この逮捕や強制収容のような権力の行使については，銃器使用を伴うこともあって強制権限の行使に関わる部分は政策目的上，あるいは人権尊重という高度の倫理性と訓練の必要性などから，民間委託は適切でないと考えられる。このように分析していけば，検察等の業務の中でも，絶対に公務員が行わなければならない部分は理論的には，強制的に武力を用いる部分だけとなる。こうして，前述したように，検察の捜査指揮や公判立会いを弁護士に委ねることは可能で，それはこのような業務は，武力を背景とする行使そのものではないからであるとする。そして，「現にイギリスは，数年前までそのシステムで検察権を適用していた。効率性に問題があってイギリスは専門的検察官の制度をつくったが，日本の検察官も，効率の悪い仕事をしていたり人権上の問題が続くと，民間委託を考えることが理論的には可能」とされる。なお，実際に法務省では刑務所業務の一部や登記事務の一部については民間委託をしているところである。

　確かに，現行法でも，付審判制度（準起訴手続—刑訴法第262条〜第270条）があり，裁判所の付審判決定に起訴擬制効果を付与して，以後は裁判所が指定する弁護士が検察官役を務めて公判追行する制度となっている。また，検察審査会法における改正の二度目の「起訴議決」に起訴強制の効果を付与して，以後の公判追行は付審判制度同様，指定弁護士が行うこととなっている（検審法第41条の6・第41条の9以下等）。これらの制度は，まさに刑事手続の訴追権に一部予審性，あるいは被害者・民衆訴追性を加え，また，公判追行を弁護士に民間委託（弁護士公訴追行制度）するという民営化理論を採用しているとも言えよう。そして，そもそも民事だけでなく刑事の「裁判」も，裁判員なり陪審員が参加すること自体，その性格は民衆裁判，民間委託なりの民営化であり，そのことは検察審査会の検察審査員の審議（議決）も同様と言えよう。もっとも，先に触れた日米比較論における「アメリカの刑事手続法は，根底に国民の『自らの統治機構に対する歴史に根差した深い不信感を共有している』ことに由来しているものである」とのジョーゼフ・ホフマン（インディアナ大学）教授の分析が正鵠を射ているものと思われる[108]。しかし，我が国民には隣人の裁きではなく，国家の制度設計になる刑事司法の担い手に共通のメンタリティーを抱いて，

基本的にその手続に委ねるという法文化・精神土壌があり，アメリカ法手続を単純には導入できない根源的違いがあることは認識しなければならないと言える[109]。

　ところが，イギリス自体が今や検察官制度の移行へ向かっており，一口に民営化論と言っても検察の捜査はアメリカと同列には扱えないし，公訴権の行使もその裁量権を封じて，かつ起訴法定主義を前提にでもしなければ，かつての国鉄などの民営化はもとより，刑務所等の民営化（一部民間委託）論とも同日の談とはならないであろう（昭和62年の国鉄の民営化においても，鉄道公安職員の職務に関する法律は廃止されて，鉄道施設の警戒警備等の業務は一般警察事務へ編入されている。）。更に起訴法定主義であっても，嫌疑不十分の事件は起訴すべきでないこととなるから，そのような判断は訓練のない一般人が容易にできるものではない。被害者・告発人が捜査機関へ訴追を求め，また，一定の犯罪を親告罪として訴訟条件とする現行刑訴法が相当な訴訟構造と言えよう。また，この起訴法定主義については，これを古くから採用しているドイツが既に多くの例外を設けて，むしろ段階的に起訴便宜主義に近づけていて，今や参考にし難い。

　ここで見逃せないのは，①案では捜査を被害者・告発人が自らまたは探偵に依頼して実施するか警察に依頼するほかないし，②案の場合も警察に依頼することとなろう。しかし現実には結局，警察が行政警察の権限のほか捜査（司法警察）の任務を全面的・独占的に担うこととなり，それでは外したはずの検察官の役割まで警察が現実に担うようになり，それこそ「刑事手続の警察化」となり，私人・被害者・民間事業者及び警察等の客観的チェック作用，控制が効かない状態を招くことは必定である。したがって，これらの事情にも照らせば，この①②の改革案は，我が国では採用の現実性は殆どないと言えよう。ただ，現行制度の運用に対し，その理念を掣肘的に反映させるとの観点からは意義があり，丁寧にその制度における是非を検討しておくべきものとは言えよう。

　ⅱ）　そこで，次に検討すべきは，第二の起訴のスクリーニングの観点からの③ないし⑤の案である。

　③案のフランス型予審制度は，我が国では戦前に長らく実践済みであるが，先に詳しく検討してきたように問題点が多い上，戦後これを廃止して現行の検

138　第1章　刑事司法における検察官の役割

察官制度へ移行した経緯もあることと，現在の裁判所側からも，裁判に徹すべきとして裁判所が予審として関与することに積極的ではないと思われること，フランスでも近時予審の問題点が浮き彫りになっていることなどから，むしろこれも先に詳しく見たように，④案での青柳教授らが提唱される特定事件に限っての新しい予審制度ないし予備審問こそ制度としては学理的に見て検討の余地がないわけではない。そして，⑤案のアメリカ型は，大陪審制度自体が我が国に馴染まない制度と言われる。そこでは実体法上，軽罪と重罪を区別して刑事手続上その扱いに差異を設けていることの是非論もある。つまりアメリカの法体系は基本的にコモン・ローの判例法主義であって「犯罪構成要件」の規定の仕方も違う。これは我が国の法体系と根本的に異質なものであり，我が刑事手続全体の改革と連動する改革案の実現化は極めて難しいものと言えよう[110]。

　iii）　最後に，第三の現行制度の充実・強化を図る案である。

　その⑥の案の検察官（特に検事正）の公選制ないし任期制の導入案は，戦後改革案のアメリカ法導入案のひとつであったが，民意の反映と言っても国会議員の選挙とは違って，検察官は一党一派に偏することのない中立性が強く要請されること，大陪審に代わる検察審査会法の制定とその後の起訴強制制度への改正があること，検察官（特に検事正）公選制や任期制を採るアメリカでも先に触れたようにその問題点が指摘されていること（デイビッド・T・ジョンソン（ハワイ大学アノア校）准教授は，「アメリカでは，検事正が公選制のため選挙民の犯罪者に厳しい処罰を求める目を意識せざるを得ず，その選挙民の目は『絶対的な善』であり，検察官をますます懲罰強化の方向へ押しやっている」として，その問題点を指摘している―注(78) 34頁），我が国の現状批判派からも，検察官公選制や任期制の主張までは見られないことなどからして，我が国には馴染まない制度と言えよう。また，取調べの弁護人立会制等の改正案は，現在のドイツ型に類似するが真相解明の方途の実質変更を伴い，アレインメント制度や自己負罪型司法取引まで視野に入れた根幹的問題の採否とも連動することから，検討を要する点である。少なくとも，取調べの録音・録画と司法取引の一部は，一定の範囲で法制化されるに至っている。しかし，弁護人の立会いについてはなお十分な検討が必要であろう。また，弁護人にとっても現実には相当の負担となる

などの問題点を抱えている論点でもある。

2)　こうして，残るは⑦の案，すなわち検察官制度自体はこれまでの公訴権行使が公平，統一的で効率的に運用されてきた実績から，これを維持することをもって妥当とするものである。

　i)　もっとも，⑦の案は最も現実的であるが，そこに制度疲労がないのか。「綿密な捜査と慎重な起訴」の運用の見直しなど制度の根本的在り方を，検察官と被告人・弁護人の両当事者はもとより被害者も加わって，かつ裁判所の視点からも，また，検察再生に向けても更に吟味を要する重要な検討論点となる。いつの世でも国民の信頼，支持のない組織や制度が発展した例は見られない。封建制の江戸時代にあっても，民意を無視した藩政が成功した例はなく，一揆まで発展した例も多いものである。現代検察の制度設計の吟味とその運用にあっても，私人訴追，民営化，検察官（検事正）公選制等を採らないとしても，常々民意の反映には十分留意すべきであることはもちろんである。この点，新たに導入した起訴強制制度による検察官の不起訴処分の当否判断の拘束力を持つチェック機能の付与は，一部民衆訴追の権能を付与した制度設計と言えるものであり，被疑者に対する抗弁・弁明権の手続的保障等問題点の改善を経ながら制度的に成熟していくことを当面は見守っていくことが必要であろうかと思われる。

　ii)　ところで，現行検察官制度を維持するとしても，刑事司法を有機的システム的に運用することでの改革点は多い。例えば，廃止した予審制度の代わりに旧刑訴法の如く検察官が起訴時に一件記録・証拠を全て裁判所へ送り，裁判所はその後裁判員も入れて公判中心主義で審理することで，検察官の証拠開示を巡る被告人・弁護人側間での相互不信に基づく不毛・非生産的な応酬を回避し，これを全面的に公平中立な裁判所の判断に委ねるという一部旧刑訴法回帰論も考えられなくはないであろう。亀山教授は，この点，現代化した手続としての旧刑訴への回帰が最も効果的であるとされ，また，現行法制度を基礎とした手直しならば，公判の活性化として，アレインメント，司法取引等の制度導入や「ラフな捜査・ラフな起訴」の実現性，あるいは検察審査会の「起訴議決」の起訴強制効力の付与や大陪審的なものへの改編など慧眼になる重要な提案をされておられたが[111]，今やその提言のいくつかは既に見てきたように実

140 第1章 刑事司法における検察官の役割

現しているところである。

② 管見のまとめ

1 本論考の課題の確認

(1) 検察官制度の在り方，将来像等を求めて

本論考での課題は，我が国の現行の検察官制度の刑事司法における位置づけ，役割の在り方論を追究し，更には現在の運用上の問題点を分析した上，また，四半世紀先を見越した未来志向の検察官像を描くことであった。

そのために，これまでの刑事司法の制度とその改革の歴史，運用実態を先達の研究結果を辿りながら確かめてきた。それは，ある時期での私の検察官としての実体験と志向とが重なる部分も多く，相当踏み込んで分析できた点もあれば，研究者の特に現状批判派からの要請に対しては，その理念上の乖離と克服の困難さも確認せざるを得ないところであった。実際の運用は，あたかも「百メートルは常に九秒台で走るべし」とするに等しいような奇麗ごとばかりではいかないのが現実なのである。また，神ならぬ普通の人間が担い手となる現実に，敢えて目をそらすかのような現状批判派の求めを，それでも実務では現状の厳しさの中でできるだけこの求めに応ずるよう誠実にその職務をこなしているものと言えよう。しかし，検察の再生を図るためには，もとより我が国の現行検察官制度自体も決して手つかずの不動のもの，アンタッチャブルないしサンクチュアリとするものであってもならない。結果的に制度自体を残す結論に到達するにしても，その見直し論から始めていくつかの改革案を検討すること自体に意義があると考えるものである。すなわち，本論考では現行制度を存続することが有為か否か，その制度の存否自体を一から見直し，結果として検察再生のためにも現行制度が有用との確証が得られるかどうかについて，歴史からと諸外国の制度に比較法的に学ぶとの視点から，大陪審（重罪の起訴陪審），予審，予備審問等の抜本的制度改革案を詳しく検討してきた。その結果，我が国の現行検察官制度自体を改廃するには，実体法を含め刑事司法全体に関わることであり，また，現行制度に匹敵する妥当な制度も選択し難いことから，基

本的な現行検察官制度は維持すべきとの結論に達したところである。

（2）　現行の検察官制度，公訴権行使運用上の問題点とその検討

1)　ここで，更に亀山教授の検察の在り方論を先の論考から見てみるに[(112)]，公判審理の形骸化の現状は「確かに健康的なものとは言い難い」として，その原因は検察の在り方が不明確，すなわち，捜査・処理の過程に根本的な問題があるように思われるとされる。

それは，新刑訴法体系上の検察官は「捜査全般について最終的責任を持つという意味では捜査機関ではなくなり，むしろ，公訴追行官ないし適正な法の実現について職責を有する公益の代表者たることが予期されているといってよい」が，現状は旧刑訴的運用でかえって成功しているものの，検察の在り方とすれば種々のひずみを生むことになったと分析される。捜査は第一次捜査機関である警察が最終責任を負うべきであるから，公訴維持に必要な補充捜査に警察が従わなければ「警察突き放し論」が生きてきて，検察官が警察捜査のチェックを行う両者の緊張関係が生じ，そこに適正捜査の担保機能が発揮できるはずである。しかし，現状は検察官が警察と同様の捜査機関として活動し，検察と警察とが同一目的で協力・協同する関係のみが前面に出て，緊張関係が希薄になることの問題点を残している，と分析されている点である。

この点は，我が国の検察官制度は，比較法的にも日本的特色を有する精巧なメカニズムとなっている。それは，検察官は，起訴裁量権限を有し，自らまたは警察を指揮して捜査を行って，その有罪の確信がある場合において刑事政策的に起訴に値する事件だけを厳選して起訴するという，「実質捜査する公訴官」である。出射教授が説かれるように，検察官の捜査権限は警察とともに有し，その捜査の二重性は検察官が自ら「有罪の確信」を持てるかどうかのラインに到達するための，すなわち公訴官として実体的真実，真犯人を違わない事実に迫る「検察官の事実認定」を誠実に責任を持ってなすための必要的な捜査であること，そして，起訴・不起訴の判断に実質的な裁判機能である「振るい分け機能」があることは，公訴官に要求される「検察的濾過作用」を果たすための責務と解すべきであり，弾劾機関としてむしろそれこそ在るべき制度の姿と言うべきな

142　第1章　刑事司法における検察官の役割

のである。

2)　管見としても，この現行の定着した検察官制度の実態を前提に，その是非論を検討するとき，検察官制度の民営化論や，廃止して私人訴追に絞るとか大陪審（起訴陪審），あるいは予備審問や新しい予審制度の導入など検察官制度自体の存続の是非に及ぶ議論は，現行制度の利点を凌駕する代替案とはなり得ないものと考える。現に，少なくとも①ないし⑤の案は，今やひとつの案にとどまる少数論となっていると言ってよいであろう。ただ，これら少数説も検察官制度の在り方論に刺激を与え，その是非論を呼び起こすことで，運用における改善点を浮き彫りにさせ，これを検討させる契機となる効用は見逃せないであろう。

　残るは，⑥と⑦の案である。この点は，従来から，平野龍一博士ら純粋当事者主義の徹底と弾劾的捜査観の推進を説かれる学者も，現在の検察官制度自体の改廃を主張するものではなかった。そればかりか，同博士も現行の検察官に従来通り起訴裁量権を付与しつつ，現在の検察官が良かれと考えてのことではあるが，むしろ「あまりにも良心的で自己を裁判官と同じような終局的な判断者」だと考えての，誠実に職務に専念しているその運用実態それこそが問題であると指摘されるのである。すなわち，現行の検察官の制度を前提にした上で，現在の精密司法になる検察官の厳密起訴の運用こそ，訴訟特に捜査を「糾問化」している大きな原因があるとされるのであった。この見解は制度の運用の改善論としては，制度自体の根本理念に関わる根源的な見方ではある。しかし，比較的ラジカルな主張をされる田宮裕博士にあっては，「いかなる刑事手続きであっても，事件を選り分ける，起訴をスクリーンする何らかの制度が必要である」こと，そして「日本の刑事司法の効率のよさは，誰が何と言おうと現在の検察制度の帰結であり予審などと比べて，検察による方が手続きをスマートにシェイプ・アップできている」として，検察官の役割の重要性を積極評価されていた[113]。また，横山晃一郎教授は，検事の役割について，「起訴，不起訴の振り分け，その処分の妥当性確保が，国家財政上の要請，司法（検察）の課題とすれば，検事は自ら事件に深くコミットせざるをえぬ。なぜなら，警察捜査の慎重な吟味検討，事件の実体，犯人の情状についての十分な心証形成だけが

起訴不起訴の振り分けに確信を附与するからである」とされる[114]。これが，実務・学説の大勢的考え方となって定着し，現状批判派からも，例えば小田中教授もあっさり起訴による無罪増加は容認しないことを前提にして，その回避を捜査技術の向上や準起訴手続の改善などに求めるなど[115]，実際はその「運用面」において改善を唱えていたものであった。このことは，検察官の起訴裁量権の適正な行使に関し，検察審査会における起訴強制制度の導入もなされており（平成16年検審法改正），先の驚愕の検察不祥事があっても基本的には変わらず，ただ，それは取調べの全面可視化への要請を一層高潮化へと導く契機となってはいったが，それも遂にその一定範囲での法制化へと結実したところである。

　しかし，裁判所側からも，起訴の在り方と取調べの任意性の立証上の問題点が指摘され，弁護人や現状批判派からも，取調べ可視化，代用監獄廃止，取調べへの弁護人立会いの必要性，接見交通と接見指定の妥当性等々，運用上の問題点の指摘にも傾聴すべきものがあったことも事実であると言わなければならない。ところが，最近，弁護士会による自主的な「当番弁護士」の実施や一連の接見国家賠償請求裁判を通じての接見指定の充実・拡充化，「被疑者国選弁護人」の制度の拡充があり，検察審査会の「起訴議決」による起訴強制の制度化の後，取調べ可視化制度等の法制化など大きな改革が進められてきた。また，被害者参加制度や裁判員制度の導入などもあって，現状批判派が主張する公判中心主義化も進んでいると言ってよい。こうした刑事司法の改革が着々と進展する状況下で，検察不祥事を契機として，いわばこれを奇貨居くべしとばかりに，湯が濁っていると断じて一挙に「盥の湯を赤子と一緒に流す」が如き結果を招来させる改革案では，国家百年の礎を創造する議論としてはもとより適切とは言い難い。

3）　ところが，亀山教授が指摘される以下の検察官の公訴権行使の問題点はまことに重要と考える。すなわち，①現場の裁判官から，無罪をおそれる余り，常識的には当然起訴してよいような事件を不起訴にし，あるいは不自然に縮小した訴因で起訴する等のケースが目立つとの指摘があることも検察官の委縮した事件処理（公訴権行使）の問題点であり，それは被害者の立場を無視するこ

とにも繋がることであること，更に，②過度の無罪回避性向は，社会的関心事に裁判所の公的判断が示される機会を失わせる結果を招くことも無視できないこと，そして，③このような理由での不起訴状態は，その一方で裁判機能の弱体化を招き，公判の不活発傾向に拍車をかける結果となることなどを挙げ，したがって，「有罪・無罪にかかわらず裁判所の判断を求めるという形での公訴提起があってよいと思われるし，公判の活性化にも大いに資することとなろう」とされる点である[(116)]。

　この見解はまことに鋭い指摘であり，国民の理解を求めた上でのこれからの検察の方向性を的確に示されているものと思われる。そこで以下，管見のまとめに入りたい。

2　検察官制度の再確認とその適切な運用について

（1）　現行検察官制度維持の相当性

1)　検察再生のためにも，現行の検察官制度自体は維持するのが相当と考える。

　この結論に対しては，大方の賛同が得られよう。現状批判派の理由も，先に見たように多くは検察官制度自体の是非論ではなく，その運用上の問題を指摘するものであり，制度自体の民営化や私人訴追化までは求めていない。弁護士公訴追行制も，付審判制度（準起訴手続）と起訴強制における検察官役の指定弁護士による公訴追行だけが現行法の制度設計となっていて，これが特に議論になっているわけでもない。そして，裁判所も司法権が独立して不告不理の原則に徹し，訴追された事件と強制捜査の令状発付に関する裁判（判断）に専念する刑事司法システム上での役割分担を諒とし，新たに予審制度や予備審問の制度化も望んでいないと見られる。付審判制度（準起訴手続）は，裁判官が公判に付すべきか否かをチェックするある種予審判事的な役割を担うが，飽くまでも公務員の職権乱用等罪に限っての例外的な制度として受容している。してみると結局，制度自体の改廃は後述の提言の一部改正点のほかは考察の射程外に置いてよいと考える。

2)　そこで，その「運用」の問題点の核心である。それは，「検察のあまりの厳格な捜査と起訴にあって，これが『取調べ＝調書尊重主義』の運用，そして

いわゆる『調書裁判』への流れとなり，戦後のアメリカの刑事手続法に倣った純粋当事者主義・公判中心主義が形骸化することに作用している」との理由に収斂されるものと言える。「綿密な捜査と慎重な起訴」の現状を糺問的捜査観であるとし，これを弾劾的捜査観に従い「ラフな捜査と起訴」で早々に裁判に持ち込む運用に切り換えるべきとする平野博士の独自の見解は受け入れられなかった。しかし，捜査でも公判でも調書尊重主義となっていて公判での裁判が形骸化されていると言っても，その実態はどうなのかである。

　実は現在も全事件の起訴率が三十数％にとどまると言っても，不起訴処分件数には微罪処分件数も分母に加えての数値である（起訴猶予が60％足らずであって，そのうち微罪処分は10％前後を占める。）。また，起訴の内訳も，80％前後は略式命令請求事件（自白事件）であり，公判請求された事件でも即決裁判手続事件（自白事件）はもとより，90％以上は争わない事件であって，それが公判に至って否認に転ずる件数を含めても，実質争わない自白事件が大部分である。毎年通常第一審における終局処理人員が地方裁判所と簡易裁判所合わせて7万人足らずで推移しているところ，公判請求事件中で公訴事実の「核心部分が争われる事件」の割合としては，結局7，8％台で例年推移しており，ここまで絞り込んだ上での真に争う事件での実質的無罪率は2.5％前後で推移している[117]。

　また，裁判員制度の導入に当たり，争いのある事件が最も国民参加の法廷での審理としては相応しいものと目されていたところ，これまでも争いのある事件こそが実質は公判中心主義の対象となってきており，それはアメリカでの陪審が行う事件と割合的には大差ないものとなっていると言えよう。そして，「調書裁判」と言っても，争いのない事件では，調書が同意されるためその調書の信用性の程度で裁判が決せられ，それは審理の必然的な流れであったと言えよう。ところが，争いある事件では，証人や被告人が法廷では真実を語ることを避ける傾向があるため，結局，調書が伝聞証拠の例外規定（証人は，刑訴法第321条1項2号の書面が多い。被告人の自白調書は，第322条1項になる。）によって証拠として採用され，それに信用性が認められるというのがこれまでの裁判の実際の審理事情であった。裁判員裁判でも，争いのない事件では調書が同意され

るのは，証拠法が従前通りである以上当然である。このため，国民の司法参加の意義が半減されるとして，争いのない事件でも重要参考人はわざわざ証人として裁判員出席の法廷に召喚して直接証人尋問を行い（調書と相反する証言でない限り，いわゆる2号書面の提出はない。），被告人質問でも自白調書は法廷での供述と重要な点で相反する供述部分だけ採用するという方式を採る傾向にある。いわば直接主義の活用と言ってもよいであろう[118]。ただ，これらの審理方式において，争いのない事件（当該証人の捜査段階での供述調書は，刑訴法第326条の同意書面となっている。被告人の調書も同様の扱いとなる。）でも，敢えて証人として喚問することには問題なしとしない。形を整えるにことに急ぐが余り，「刑事司法全体の効率化」の迅速裁判の要請からは，かえって外れることにもなりかねない。刑訴規則第198条の2も，争いのない事実の証拠調べについて，刑訴法第326条の同意書面，第327条の合意書面の活用を検討するなどして，当該事実及び証拠の内容及び性質に応じた適切な証拠調べが行われるよう努めることを求めている。また，自白して争わない事件で立証責任を負う検察官の取調べ申請の被告人供述調書（刑訴法第322条1項の要件充足）もその取調べ前に被告人質問を先行する審理方式を採り始めている。このように，裁判員裁判での審理方式は，いまだ試行錯誤の過程にあるように思われる[119]。

3) こうして見るとき，裁判員制度の導入を契機として，争いのある事件とそうでない事件とを区別して（争いのない事件は，従来の略式命令請求，即決裁判手続のセレクトの活用となる。），争いのある事件だけを純粋当事者主義ないし直接主義・公判中心主義に徹すれば，それこそ平野博士らの主張される「核心司法」となって[120]，従来の「綿密な捜査と慎重な起訴」の中核的運用自体を変えなくてもよいものと思われる。裁判員制度の施行後も，我が国の特徴である高い有罪率には変化がなかったが，この事実は従来からの刑事司法の運用が適切になされていることを裏付けているものと言えよう。それに，「ラフな捜査と起訴」で嫌疑が十分でない事件まで起訴するとすれば，あたら無罪になるような被告人を法廷に晒して人権侵害をきたすおそれが回避できないことは先に見てきた通りである。また，我が国では，アレインメント制度は，おそらく刑事訴訟法の全体構造に照らして，制度化は困難であろう。刑訴法第1条が標榜

する実体的真実主義に照らしても採り難い。アメリカの場合は陪審限りである
が，我が国では伝統的にこの実体的真実主義を重んじて三審制度，更には再審
制度（判例上は，殆ど四審的運用となっている。）までをも採用しており，被告人の
有罪答弁だけで証拠調べもしないで有罪とするアレインメント制度を設けるこ
とは現実的でない。確かに，公判中心主義のため担任者に余力を与えることと
なり，憲法的にも，また，理論的・政策的にも可能ではあろう。しかし，即決
裁判手続といえども裁判で否認に転じて正式裁判へ移行することを認める以
上，証拠調べの手続は通常通りである。そうである以上，その場合に備えて全
事件に対して証拠収集の捜査を徹底しておく必要がある。起訴後の証拠収集で
は後追いで遅きに失し，到底核心的な捜査とはなり難い。まさに，イギリスの
諺からの「鉄は熱いうちに鍛えよ」の教えが浸透されるべきである。したがっ
て，起訴前の捜査に限っては基本的には従来通りとならざるを得ないように思わ
れる。そして，検察官が公訴官であるが故に，これまで通り実質的に捜査に深
く関与することが必要である。捜査に実力が発揮できる検察官こそが適正な公
訴の要否判断ができ，公判でも適切な公訴追行ができるというのが実際である。
つまり，捜査の実力が十分でない検察官は，公判でもその活動が十分できない
傾向にある。私の検察官時代の体験でも，特に重大事件の警察捜査には犯罪発
生時から（たとい真夜中の事件発生時からでも。）深くコミットして，犯罪現場
へ自ら臨場して死体解剖まで立ち会い，警察の捜査会議にも適宜オブザーバー
的に出席した上，捜査の指導をすることで，執行した捜査手続の適否の相談ま
で警察活動の現場でその機会に行ってきており，早期に適正捜査のレールに乗
せることもしてきたものである。検察と警察の関係も，捜査現場での実際の活
動で決まるものである[121]。その体験を通じて，捜査の実際を知り実力を蓄積す
ることにより，より適切な起訴・不起訴の公訴要否判断ができ，また，公判で
も適切な訴訟追行ができるものである。捜査が初動捜査の稚拙，緩慢ないしは
杜撰な遂行によって徹底していないような事件は，その後の公判では争われて
裁判審理を難航させるものである。この公訴要否判断を適切に行うためには，
書面審査では捜査の過不足とその奥にある真実を理解するのにも限界があり，
誤りを犯す危険がある。旧法時代までの予審判事も，自らの捜査，被疑者・参

148　第1章　刑事司法における検察官の役割

考人の取調べを重ねることで証拠判断の実力（洞察力）を養ったという[122]。捜査における実力の涵養が不足していれば，警察からの事件の事前相談でも的確な指揮指導ができず，枝葉の事実に拘泥した指示，抽象的あるいは的外れな指示に終始する「頼りない検察官」になってしまう。それでは，警察は的確な補充捜査はできないし，検察官に対する深い信頼関係を築くこともできない。警察は実力のある熱心な検察官の指示には，それが場合によっては不起訴に至らしめる証拠収集でも，指示通り実施するものである。私も検察官時代，事件現場へ自ら足を運ぶことから，事件発生が真夜中でも警察は私の官舎に警察車両で迎えに来て，警察と同じリアルタイムで阿鼻叫喚，血の海の殺人事件の現場での死体見分をすることも何度かあったものであるが，それによって自らの実力を涵養し，警察の信頼も得てきたという自負があった。現場は「制度ではなく，人が運用する」のである。しかし，事件にのめり込みすぎたり，メンツにこだわったり，あるいは功名心から勢いの赴くままに起訴してしまうようなことがあってもいけない。「引き返す勇気」も持たなければならない。それは検察組織の理念として，確かに全検察官が共有すべきことである。ある殺人事件で，逮捕勾留までして捜査したが，有罪の決定的証拠が収集できずかえってその阻害となる疑問の証拠もあって，誤認逮捕を認めて「引き返す勇気」で釈放し，不起訴処分にした事件があったが，その事件ではその十数年後に真犯人が判明してこれが逮捕起訴に至り，有罪となった。そのような最近の実例も体験上現に存在するのである（なお，検察内部では，最近この事件を「引き返す勇気」のひとつの例となる教材として全職員に指導している。）。検察官の「実質捜査する公訴官」として，その職務はまことに厳しい。新人医師が脚光を浴びる心臓移植の手術ばかりに目を向けるより，まずは地道に研鑽に努め，将来は一町医者として真摯に患者に接することにこそ真の生きがいを求める，その姿こそ大方の検察官にも当てはまる姿と言えよう。

　この「実質捜査する公訴官」としての検察官の在り方については，近時，取調べの可視化，一部司法取引等重要な新しい制度導入の刑事訴訟法一部改正法が成立を見ていることから，この改正法を具体的に検討するときに更に分析することとする。

（2） 起訴基準の理念の見直し―その運用の在り方

1)　証拠上嫌疑が相当ある以上，従来の厳格慎重の起訴基準ならば不起訴としてきた事例でも，裁判において適正な判断を得ることとして，起訴に踏みきる積極的な公訴権行使の例は認めるべきであろう[123]。

　例えば，世間の耳目を集めた国民の関心の大きな，そして被害者感情も強いような列車事故，医療事故，危険運転致死傷事件や特殊重大過失事件，特異な特別法違反事件等である。この点は，検察審査会の起訴強制制度も設けたのであるから，運用の改善として重要な事項と言える。また，以前からいわゆる「基準検察」（機械的マニュアル運用）に堕するなとされるが，一方で検察は捜査・立証に資する各種事件処理例を項目別に分類しデータベース化して組織的に適正な処理ができるノウハウを蓄えるべきである。その中で，検察官のこれまで築きあげてきた重要な起訴便宜（起訴裁量権）主義の適切な行使に任ずるべきである。機械的な血の通わない事務的，官僚的とかいうような事件処理はもとより許されない。かつて，嫁の姑との口論から１歳余の赤ん坊を発作的に抱いて１月の厳寒の裏山入った末にこれを捨て，一夜自殺すべく山を彷徨ったところでその赤ん坊を捨てた父親が翌日，殺人未遂（赤ん坊は奇跡的に一命をとりとめた。）で逮捕・勾留されたという，その地方では大きく報道された事件の処理の例である。結局，起訴猶予処分にした。夫婦が仲良く末永く子を大事に育てることで，刑務所においてではなく，そのまま勤務を続けて「自己の犯した罪を一生十字架として背負っていくべし」とし，更に毎年，私（事件の主任検察官）と年賀状のやり取りによって子供の成長過程を報告するとの約束を取り付けて釈放した。当時の上司も驚きながらも納得して決裁された。年賀状は私も彼も既に重職も終えた今にしてなお毎年欠かさず続いている。このような大岡裁き的な裁量権の行使には，あるいは賛意を示さない向きもあろうかと思う。しかし，検察官の究極に在る職責を問いかける一例として挙げておきたい。

　もっとも，検察官の公訴権行使における裁量権の適切な判断としては，最近は検察も刑事政策的観点から不起訴処分にする場合も，積極的に福祉施設との連携を取るなどして，従来にも増してきめの細かい運用を組織的に行うようになっているが，この点は次に更に見ていくこととする。

150　　第1章　刑事司法における検察官の役割

2）　公訴権の適正行使に関しては，システム的思考における役割分担，刑事政策等の視点からの運用が重要である。

　先のⅢの③「検察再生とその在るべき将来像」の項で検討した平成23年9月最高検察庁制定に係る検察の基本規程「検察の理念」では，各機関との担任事務の分担として，「警察その他の捜査機関のほか，矯正，保護その他の関係機関とも連携し，犯罪の防止や罪を犯した者の更生等の刑事政策の目的に寄与する」（第8項）との刑事司法のシステム的視点からの裁判官や弁護人等訴訟当事者，その他関係機関との役割分担を確認していた（第2項）[124]。検察官の役割は広く，公訴権の裁量的行使というのも，この刑事政策的観点からの深い配慮が求められているものであって，平成25年6月には，刑の一部執行猶予制度も導入している（刑法等の一部を改正する法律—同年法49号，及び薬物使用等の罪を犯した者に対する刑の一部の執行猶予に関する法律—同年法50号。平成28年6月1日施行となっている。）。大きな刑事政策的刑事司法推進の一環である。その法改正では，一定要件（前に禁錮以上の刑に処せられたことがない者や禁錮以上の刑の執行終了日から5年以内に禁錮以上の刑に処せられたことがない者等）に当たる者に対して，裁判所が，3年以下の懲役または禁錮を言い渡す場合に，「犯情の軽重及びその犯人の境遇その他の情状を考慮して，再び犯罪をすることを防ぐために必要であり，かつ，相当であると認められるときは，1年以上5年以下の期間，その刑の一部の執行を猶予することができる」こと（改正の刑法第27条の2第1項），同項の場合においては「猶予の期間中保護観察に付すことができる」こと（第27条の3第1項），そして，薬物使用等の罪を犯した者に対しては，「過去5年以内に禁錮以上の刑に処せられたことがあっても，その刑の一部の執行を猶予することができ，その猶予の期間中，必要的に保護観察に付される」こと（前記薬物使用者等一部執行猶予法第3条）と規定して，再犯防止のために刑の一部執行猶予を言い渡すことの必要性と相当性が要求されることを示している。同条項は，対象者の刑事責任の償いについて，施設内・社会内の処遇相互で適切な連携を行って再犯防止と改善更生を図るのが制度趣旨となる。また，刑事政策と福祉政策の交錯としての観点からの検討，刑務所出所者，障害者等社会的排除者の職業訓練などソーシャル・ファームとの連携，保護観察モデル

の根本的見直しなど再犯防止・社会復帰支援，社会福祉との連携，あるいは被害者の保護支援など検察官の中核的役割のほかになすべき役割は多い。検察官は起訴・不起訴処分の際に対象者を適切に選定する必要があるが，これは事件の捜査自体が通り一遍のものでなく事件の真実の解明の中で被疑者の全人格に関わる背景事情を把握することが前提となり，深まりのある総合的配慮の行き届く検察官像が求められている。検察官の公訴権行使の権限の範囲は広くて深い。この一部執行猶予の新たな制度も研修を重ねるなどして，これからの進むべき検察再生の前途に必然的に光明を見出す制度と位置づけるべきである。このため，検察は組織を挙げて一層の効率的な運用の実を果たすべきものと考える[125]。

このように，検察官の役割は刑事司法システムの各担い手の役割分担との関係において考えるべきものと言える。

3　新たな重要制度導入への対応

（1）　検察制度の維持と刑事司法改革関連法

現行の検察官制度を維持するとしても，直接の訴訟当事者の裁判官，弁護人らの本来的役割分担と連携のほか，既に平成16年法改正による裁判員制度とこれに伴う公判前整理手続制度，検察審査会の起訴強制制度，更には被疑者の国選弁護制度の拡充など諸改革が成っていることから，刑事手続のシステム的検討が必要である。

1）　裁判員制度は，平成21年5月から実施されてその改善点も検討されているが，ほぼ定着化しつつある。この制度では，これまでのいわゆる「精密司法」からの変容がありそうである。しかし，裁判員裁判の対象事件は重罪事件であり，証拠法や訴訟法の構造自体には変更がないことから，旬における捜査自体の緻密性は維持せざるを得ないものと思われる。いわゆる2号書面が法廷において採用される場面は一層限られるとしても，法廷での説得力のある核心的な尋問のためには，捜査自体は結局詳細なものであることが欠かせないというのが実際である。自白事件でも，裏付け捜査の省力化には限界がある（即決裁判手続に同意しても，被告人がこれを撤回することが許されていることから，その公訴

取消し後の再起訴制限の緩和規定を設ける法改正を行ったものであるが，結局初動捜査からの十分な有罪立証の証拠収集は欠かせないものである。）。したがって，訴追自体に対する影響も限定的となろう。すなわち，例えば覚せい剤密輸事件のいわゆる運び屋に係る違法薬物の認識の認定に関しては，裁判員裁判では従来の証拠関係では裁判員への有罪認定への説得が成功せず無罪事件が多くなっている傾向がある。このことから捜査の緻密化に拍車を掛けるものの，それでも証拠収集や公判の立証方法には事件の性格上限度があって，起訴基準をより慎重・厳格化することが考えられる。一方，性犯罪などについては，従来にも増して厳罰化の傾向もあり，また，親告罪から外す法改正が検討されているが，それが実現すれば必然的に起訴が多くなることが考えられる。また，検察審査会における起訴強制事件の有罪判決が多くなってきた場合にも，起訴基準の緩和が考えられようか。しかし，このような相関関係が考えられるとしても，おそらく検察の起訴基準の基本型自体は変更がないであろう。ただ，従来の起訴基準は，いわば証拠上の「嫌疑の程度」100レベルが有罪の十分レベルとして，仮に70レベルをもって「合理的な疑いを差し挟ませない」程度の最低限度の有罪レベルとするならば（このレベル以上が検察官にとっての「有罪の確信」レベル），従来は証拠価値の逓減や否認に転ずる可能性を考慮して，つまり，裁判の過程で，証拠上有罪レベルの70を下回るおそれが出てくることを懸念して，いわゆる「念のための捜査」を事件が旬のうちに（時機に遅れた証拠収集は極めて難しい。），少なくとも80レベル程度まで「立証の余裕（幅）」を持たせて多めの捜査（裏付け捜査等）を実施しておくというのが捜査現場の実際である。当初の捜査において，70レベル程度の核心捜査の範囲では省力化の工夫は可能とも言えようが，「念のための捜査」はアレインメント制度など何らかの制度的保障がない限り，省力化し難いものと思われる。

　また，裁判員裁判でも「調書裁判」の復活が問題となった。「核心司法」論からして，裁判員裁判こそ公判中心主義化の核になるべきものとして，法廷で全て直接証人や被告人を質問して裁判員自ら心証を得るとの手法への動きである。しかし，純粋当事者主義ならば法廷での攻撃防御は当事者に委ねるという大原則がある。したがって，いかに裁判員裁判の対象事件でも，同意・合意書

面制度の意義には被害者・目撃者らが法廷に赴くという重い協力が省けるという当事者の意図が込められている。それは，法廷外で示談が成っての被害者の宥恕になる修復的司法の観点からも，実質的に当事者間では宥恕され紛争が解決していると言える。このことをどう考えるかである。それでも，同意書面の当該供述者を敢えて証人として公判に召喚して取り調べるというのは「新たな職権主義」とも言えよう。

　そこで，争いのある事件は，公判前整理手続の段階からこれに裁判員を出席させれば，裁判官ら訴訟当事者と同じ密度の情報量で法廷に臨むことができることから，本来はこの出席も必要と言うべきではないかという問題点が残る。しかし，裁判員の負担を軽減させる必要から，現行法では公判前整理手続への裁判員の出席は求めず，公判前整理手続終了後に裁判員の選任をしているため，裁判員の負担加重となる法改正は現実的でない。ともあれ，争点の多い複雑重大事件では，公判前整理手続だけで平均7カ月を要し，これが1年を超える事件も少なくないが（そのような事件では，総じて従来の裁判と審理期間的には変わらない現象が生じている。），迅速な整理手続を行うべき大きな問題点と言えよう。管見では，これら問題点は，従来の審理方法には長年の知恵で積み重ねてきた刑事司法の運用上のそれなりの必然性があったものであり，性急な改革が肝心の真相解明を疎かにするものとなってはならず，これら批判点には十分配意してよく吟味し，在るべきより効果的な真相解明の方途を探りながら，改善の歩を進めて行くとの配慮が必要なことと思われる（裁判員裁判での最長期の審理は3年348日間の例があったが，平成27年6月の改正裁判員法（同年法37号）によって，審理が著しく長期にわたる事件については裁判員裁判の対象から徐外できることとなった―同法第3条の2として追加。）。

2)　次に，検察審査会法の一部改正になる新設の起訴強制制度の問題点である。

　これまでの起訴強制事件は，福知山列車脱線事故や民主党元代表の政治資金規正法違反事件等殆どの事件が，検察官が「嫌疑不十分」として不起訴処分とした事件であり，起訴猶予処分の事件は1件にとどまる。そして，「嫌疑不十分」として不起訴処分とした事件に対する起訴強制事件は，これまで長野県松本市の柔道指導上の事故事件（業務上過失傷害事件として起訴となり，長野地裁は平成

26 年 4 月 30 日有罪判決を言い渡し，検察官役の指定弁護士は控訴することなく判決確定）以外は一，二審無罪で更に上告事件もあり，被疑者の受けたダメージは相当大きいものがあったと言える。そこでの問題点としては，検察官の公訴権行使の起訴基準が確信基準である以上，その当否の判断基準も基本的には同じ基準でなければならないはずである（判断の基準─物差し─が違うのであれば，両者の判断はかみ合うはずもなく単なる見解の相違になってしまう。）。ところが，検察審査会の審査の実際の起訴基準は「国民目線」という余りにも基準が確かでないレベルで，どうやらイギリスの「51％基準」で行っていると思われる点である。このため，起訴強制の対象事件は「起訴猶予」処分の事件に限ることとし，「嫌疑不十分」での不起訴処分事件を外すとの改正意見や，審査補助員（補助弁護士）制度の選任や活動の不透明な点，指定弁護士の補充捜査のための強制捜査の具体的規定が不明確な点などに対する制度設計への改善意見もある。

　そこで，管見になるが，これらの問題点の改善点はいずれも重要であるが，むしろ，進んでひとつは，二度目の起訴議決でも直ちに起訴強制とはせずに，これを従来の付審判制度（準起訴手続）の事件に組み入れるとの法改正をする案も考えられる。つまり，刑訴法第 262 条以下に規定する付審判請求の対象事件に，この検察審査会の起訴強制事件を含ませ，更に裁判所の審理及び裁判に委ねることで，被疑者をいたずらに法廷に晒すことにセーブをかけるという，被疑者の人権に配慮した重厚な制度とするものである。これはフランスが維持している一種予審制度にも似た制度になろうか。しかし，一方で，裁判員制度や被害者参加制度を導入し，また，検察官の公訴権行使にも国民が十分監視することの徹底化として起訴強制制度を導入した国民の司法参加という大きな方向性からして，むしろ現行付審判制度こそ廃止して，検察官が不起訴処分にした全事件を検察審査会の審理議決にかからせる考え方があろう（検察審査会法は，そもそも付審判請求事件においても裁判所が請求棄却の裁判をした不起訴事件に対しては，検察審査会の審査の対象事件からも除外はしていない法構造を採っていると解される。それは，同一不起訴事件が付審判裁判の係属裁判所と検察審査会とに併存することを前提に，先に起訴した場合の起訴通知義務を互いに規定する刑訴法第 267 条の 2，検審法第 41 条の 12 から言える。）。管見としては，付審判制度と起訴強制

制度の両理念・制度の分裂は問題であるから，現行の起訴強制の議決に関して，「民意の独善」が陥る感情的な魔女裁判との批判を受けないための方策として，審査の可視化・透明性を高め，審査においてその対象となった被疑者にも弁解の機会を与え，かつ弁護人を付すること（身柄不拘束での国選弁護人特例制度の新設も含め。）などの法改正をとるならば，後者の考え方が相当ではないかと考えている。ただ，「公訴権が国民に由来するとしても，それが権力の行使である以上，必要最小限度に制限され，かつ，それに対する統制手段が設けられなければならない。そう考えると，実は不当起訴に対する統制というリベラリズム型の国民参加こそがむしろ重要であり，訴追強度を強化する方向での参加を導入することは，基本的には慎重さが求められる」とする考え方もあり[126]，また，そもそも被害者や一般国民は徹底した真相解明や被告人の全人格的情状などを解明して厳罰を求める傾向があるとの問題点の指摘も見られる。これらは，従来余り検討されてきた論点でもないので，なお議論を深める必要があろう。

（2）　新制度導入に対する対応の基本

次に，被疑者取調べ可視化対象の拡大や自己負罪型取引，刑の減免制度，あるいは更にはアレインメント制度までを視野にした検討を行いたい。

先に近時の被疑者取調べの録音・録画制度，捜査・公判協力型協議・合意制度及び刑事免責制度等の導入に対する捜査・公判への影響の検討は概括的に試みたので，これに関連して「将来の検討課題」となった点について，若干の管見を述べたい。

本論考では，平野博士の「ラフな捜査と起訴」論を，これが実務はもちろん学説上でも余り支持を得ていなかったにもかかわらずかなり詳しく紹介し，また，その採り得ない経過も述べてきた。その平野理論は，徹底したアメリカ法の純粋当事者主義になる公判中心主義への変革論であるが，それが戦後の刑事司法制度改革の本旨であったとするものであった。しかし，我が国の歴史に学べば，法文化に根差す独自の「精密司法」こそ国民から支持を得たもので，明治時代も無罪が多くなると国民の批判の声が大きくなり，検察官が捜査を徹底し起訴裁量権を明らかにして，刑事政策面にも配意した上での起訴・不起訴の

156　第1章　刑事司法における検察官の役割

処分を行ってきた。こうして，起訴事件も綿密な捜査に裏打ちされた証拠に基づき更に丁寧な公判での立証を追行することにより，高い有罪率を維持するという，今日の「綿密な捜査＝慎重な起訴」による精密司法を築いてきたものであった。その前提のひとつとして，これは多くの学者・実務家も紹介してきたように，彼我の立法（構成要件）の違いがあることである。平野博士も，既に昭和24年に著した「当事者訴訟の刑法に及ぼす影響」の論考で，我が国もアメリカと同様に検察官の立証を容易にするための手段として，「新刑事訴訟法の制定によって，訴訟法は一躍英米法化し，当事者主義化した。それにもかかわらず実体刑法は従来の大陸型を維持していて差支えないものであろうか」として，その主張の前提としてのアメリカの法条を紹介されていた[127]。すなわち，「（アメリカ法における）当事者主義の訴訟は被告人を自己の利益を主張して戦う独立の訴訟主体として取り扱う。したがって自己に不利益な事項については黙秘権が認められ，これに自白を期待することは許されていない。したがって犯人の内心の状態の立証は困難となる。この困難を避けるため，犯罪の構成要件は立証の容易な客観的要素のみによって構成されるに至っている」こと，したがって，「その犯罪類型が大陸法と異なって客観的な構造を持っていることは否定できない」こと，ニューヨーク刑法を例にすれば，「目的犯という主観的要素の違いも立証の難易を考えて，1級・2級・3級と分けられることが多い。1級又は2級では特別の主観的要素が要求される。例えば1級の放火では艦船の中に人が現在することの認識が必要であり，1級の暴行では殺人の意思，2級の暴行では傷害の意思が必要である。それ以外は3級の罪と規定する。この主観的要素の証明ができれば上級の罪として処罰し，証明できなければ下級の罪とする」こと，その他禁制品の所持罪では早くからその主張の前提として，故意も過失も不要の絶対的禁止条項としたり，贓物罪（現・盗品等譲り受け等罪）の知情も「近接所持」の事実上の推定規定を置いたりしていること，我が国でも「未必の故意」理論のような精緻な概念があるがそれは「裁判官の認定」の職権主義的な訴訟構造の影響と見る，ことなどである。

　このような構成要件の違いが，我が国においては綿密な被疑者取調べが必要な理由のひとつであるから，今後は取調べ以外の供述証拠の収集方法を採る上

でも，構成要件上での区別された立証方法を考えるべきであろう。しかし，その刑法実体法の改正は遠く，また，我が国では捜査機関が採るべき捜査方法に対しても潔癖なまでに「高度の適正さ」を求める法文化があり，とかくアンフェアに見られがちな司法取引，おとり捜査あるいは別件逮捕等については，今後もその適用範囲や遂行の謙抑的運用が要請され続くものと思われる。

この点は，Ⅲの③「検察再生とその在るべき将来像」の項で触れた「検察の在り方検討会議」の提言でも，取調べや供述証拠に過度に依存した捜査・公判から脱却するための抜本的・構造的な改革として，追求的な取調べによらずに供述や客観的証拠を収集できる仕組み，すなわち，実体法の見直し，客観的な証拠により広範に収集する仕組み，先端科学や心理学等の知見も活用した捜査の「現代化」などを早急に整備すべきことを指摘している。

4 本論考の課題で指摘した７点の確認事項の整序

（１） 確認事項①～⑦点の検討

本論考Ⅱで指摘した確認事項は，検察官及びその組織に対する現状と在り方についてのものである。まず，①の裁判員制度や検察審査会法改正による起訴強制制度の導入に始まり，そして被疑者取調べの録音・録画制度，一部司法取引制度の導入等の抜本的な法改正に対する検察の今後の組織的対応がどうであるかである。これまでの取調べによる供述証拠の収集という取調べ依存方式が大きく変わり，また，供述証拠収集の多様化のひとつとして司法取引制度が一部導入されたことに対する検察の共通認識の醸成が重要である。

そして，裁判員制度導入に伴う捜査と立証方法の改革の一層の推進と，これに関連して，②③の精密司法からの変容の遂げ方である。起訴基準の変容はあるのか。「丁寧綿密な事件処分」が公平に誤りなく実施され，公益の代表者として，起訴裁量権の行使が適正に行われているかである。これは，公訴権行使の「運用基本」に関わる事項であり，従来通りこの基本は揺るがせにするべきではないと言える。しかし，確かに「ラフな捜査・起訴」論は基本的に採り得るものではないとしても，事件処理が公平かつ誤りなく行われるべきとの要請を意識するが余り，「慎重に過ぎる公訴権の行使」となって，かえって国民の

期待に沿っていないという点がないか，との点は真摯に検討すべき時代を迎えているものと思われる。すなわち，刑事手続をシステム的に捉えれば，適切な役割分担をしてそれぞれに委ねるべきは委ねて一体的に適正な遂行を機能的に行うべきである。してみると，最終判断者が裁判所の役割である以上，起訴・不起訴のセレクトを弾力的にして，その判断を裁判所に委ねるべき事件を検察官限りとしてしまうことのないよう，適宜果断に裁判所（不起訴処分であれば検察審査会）の判断に委ねて，「起訴すべき事件は起訴する」として，従来の確信基準の理念の見直しについて，今や検討に着手する時期にきているように思われる。その結果，基本型は不動のものとするにしても，特殊重大事故等一定の事件に限っての基準変更とか，あるいは検察審査会による当初の「起訴相当」議決に対しては，なるべく起訴の方向で再捜査をして再度の起訴議決（起訴強制議決）を待つまでもなく，検察官によって起訴するというような限定的な確信基準の見直しなど，微調整の運用変更から実施するなどの方策もあり得ようかと思われる。その結果，無罪が増加し国民から従来の「慎重起訴」を望む声が多くなってきたならば再修正を考えるというような弾力的姿勢こそが，これからの「民意の時代」への対応の在り方と言えるのではなかろうか。また，裁判員裁判などを中心に立証を簡にして要を得たものとするための核心司法を推進する一方，いわばその捜査公判の環境整備的意味も含めディヴァージョンで不起訴にする事件の適正な範囲も見極め，自白事件等争いのない事件における公判追行に要する負担の軽減化，更には法制化された司法取引のほか起訴裁量権を基にしての実質的な司法取引（秘められたる司法取引）でもってその捜査自体の軽減化（この点は，後に更に検討する。）に組織的に取り組んでその基準を定め，本格的な推進を図る段階にきているものと思われる。

　そのほか，具体的な課題として，④の情報等のデータベース化，⑤の刑事統計等を駆使しての犯罪情勢の分析から，刑事政策的処理を行うことについては，工夫を凝らしての一層の実のある展開の余地があるのではないかということである。また，⑥の検察官・検察事務官に対する研修は，法務省法務総合研究所を中心に相当の実績を上げているものと思われるが，それは「適材適所の人事」とも連携した，弛まぬ人材養成こそ「検察百年の計」形成の要諦との観点で適

正に継続していかなければならず、以て「検察の意識」の共有化を透徹させていかなければならない。そして、最後は⑦の点である。つまり、最高検察庁では、適宜法務省の刑事局などと協働して、常々四半世紀先を見越した各種関連法規の改正を含めて「検察の在るべき像」の検討をなし、これを全国の検察官に浸透させているかについてである。これまではこれが上滑りの時代もあったかも知れない。しかし今は、検察改革を目指して最高検に専門委員会（科学捜査対策の法科学専門委員会、金融経済犯罪対策の金融証券専門委員会、犯罪の国際化対策の国際分野専門委員会）が設置され、それぞれの最新の知見や事例を整理し検討した結果や情報等を全国検察庁に提供し、これが共有できる体制を整えるようになっている。このように、検察不祥事以来、検察再生に向けて議論澎湃として起きているこの機を逃さず、検察の進むべき方向性を確固たるものとして、熟慮断行しなければならないものと言えよう。

　　＊　平成13年6月内閣に提出された「司法制度改革審議会意見書」でも、検察官制度の改革案が示されている。そこでは、検察官制度自体は現体制で存続することを前提に、第一に、検察の厳正・公平性に対する国民の信頼を確保する観点からの検察官に求められる資質・能力の向上等の方策として、①検事を一定期間、一般国民の意識・感覚を学ぶことができる場所での執務等人事・教育制度の抜本的見直し、②幹部を含む検察官が犯罪被害者の心情や警察等の第一次捜査機関の活動等に対する理解を深めるための具体的方策、③従来の部内研修を充実強化するほか、専門的知識・経験を修得・向上させる適切な研修制度等、国民参加制度の実効的実施を支え得るよう、立証活動等の能力の向上を図るための適切な制度等の導入を提案する。第二には、検察庁運営への国民参加への対応として、検察審査会が検察事務の改善に関し検事正に対して行う建議・勧告の制度を充実・実質化することを含め、検察庁の運営について、国民の声を聴取し反映させることが可能となるような仕組みを導入すべきであることも提案している（なお、佐藤幸治・竹下守夫・井上正仁『司法制度改革』（有斐閣、2002年）327頁参照）。

（2）　検察再生に向けての検事総長の指針

1)　検事総長は、法務検察の機関誌『研修』誌（平成27年新年号）掲載の年頭

160　第1章　刑事司法における検察官の役割

所感において，「未来志向の検察改革」と題して改革の指針を示している。ここで，これを紹介することとする[128]。

　まず，検察改革については，これは「単に不祥事のいわば後始末をし，失われた信頼を回復するというような後ろ向きの改革にとどまるものではなく，むしろ20年30年先を睨んで新しい時代の下でも有効適切に機能する検察や刑事司法を作っていくための未来志向の改革である」こと，しかし，「時代の変化にもかかわらず，変わることがないのは，検察の理念にも謳われている通り，事案の真相を解明して適正迅速に刑罰権を発動するという検察の使命」であること，「その手段である捜査公判のやり方や，それを支える組織の在り方は時代に応じて変わっていくのが当然」であり，「むしろその使命を全うするためには，これらを柔軟に変えていかなければならない」こと，更に「今回の改革は，検察が新しい時代においてもその使命を十分に果たし得るような制度や運用を生み出していこうとするものである」とする。そして，日本の刑事司法が検察主導の精密司法と言われ，極めて高い有罪率を維持し，良好な治安の確保に貢献してきた実績を回顧しつつ，社会情勢や国民の意識の変化から否認や黙秘が増え，被疑者国選弁護制度の導入等に伴い，捜査段階における弁護活動が活発化するとともに，裁判員制度の導入もあって裁判所の姿勢も変わり，「今までのように取調べと供述調書に大幅に依拠したやり方は既に限界に達している」こと，「それによって事案の真相を解明し，裁判所を説得することは，実際のところなかなか難しくなっている」ことなどとして，これまでの司法制度改革の経緯とその理由，その影響等を分析の上，今後の改革の具体的方策を示す。それは，「取調べや供述調書に大幅に依存した今までのやり方に固執していたのでは，この先，検察がその使命を果たしていくことはますます難しくなり，現場の検察官へのしわ寄せを一層大きくするおそれがある」ばかりか，「本来刑事司法において裁かれなければならない事件を訴追することができず，ひいては，国民の正義感情や良好な治安を損なう事態を招くことにもなりかねない」とし，今の「取調べや供述調書に過度に依存した従来の捜査構造を改めていくためには，外国の制度等も参考にして日本の実情に合った新しい制度を導入すべき」ことを訴え，「検察は刑事司法の最初から最後まで能動的な主体として

関わっている」から、「検察改革というのは必然的に刑事司法改革にならざるを得ず、またそうならないと真の意味における検察改革は遂げられない」ことを強調する。また、検察運用上の改革点としては、取調べの可視化をその任意性の立証責任を負う検察官において積極的に主導していくことを確認し、最後に検察が「えん罪を避けなければならないことは言うまでもないが、それと同時に警戒しなければならないのは、犯罪事象に対し検察が切り込んで訴追できなくなる」ということ、それにより「刑事司法が機能せず、法秩序が乱れれば、国民生活の安心安全を脅かし、社会経済の基盤を揺るがす事態をもたらす」ことを危惧し、検察や刑事司法の機能を強化するために、改革を進めていく必要があり、「将来にわたって、適正な手続の下に真相を解明して犯罪者を摘発処罰し、無辜を罰することのないような検察や刑事司法を作っていくための未来志向のもの」であり、そうした観点に立って、検察を挙げて「この検察改革に積極的に取り組んでいく」とする改革の基本方針が示されている。

　また、平成28年新年号の『研修』誌上での「検察に求められているもの」と題する検事総長の年頭所感では、先に述べた検察再生のための所信の趣旨を敷衍して、「検察は強くなければならない」ことが示されている[129]。それは「検察が複雑巧妙化する犯罪と戦って市民生活や社会経済の基盤である法秩序を守る役割を担っており、『強い検察』でなければそうした使命を遂げることができないから」であることを述べる。また、検察の改革では「過去の誤った傾向を改め、未来に向けて新しい検察を築こうとしているものである」こと、また、「強い検察」とは、「基本的には、真に処罰すべき事件について、それがどれほど複雑困難であり、犯罪者の側がいかに巧妙に法の網から逃れようとしても、これを摘発し、訴追し、適切な刑罰を科すことができる力のある検察を意味している」ことであることを述べた上、その一方で「『引き返す勇気』と言われるように、誤りが明らかになった時には、素直にそれを認めることも重要である」こと、「検察が事件の処理に当たり、万が一にもえん罪を生じさせることのないよう念には念を入れるべきことは言うまでもない」が、「それでもなお誤りが生じることがあり得る」ところ、「裁判制度は、もともと起訴された事件が裁判所において有罪とされない場合もあることを当然の前提としている」こと、そし

て，そうした場合，「過去の経緯や処理に関係した者の立場等にこだわって頑なな姿勢を取ることは，公正誠実あるいはフェアネスの精神に反する」こと，「検察が処理の時点の証拠関係から間違いないと考えて起訴した事件であっても，公判における弁護人の活動によって無罪とすべき事情が明らかにされ，裁判所により無罪判決が下された場合等には，刑事司法システムが正しく機能したとしてそれを肯定的に受け止めるだけの度量を持ちたい」とし，「こうした懐の深い対応こそが，真に『強い検察』にふさわしい」ものと述べている。

2)　検事総長が提示するこの検察の再生と改革に向けての真摯な姿勢と将来像の方向性は瞭然であり，管見も同じである。その後，一定事件の被疑者取調べの可視化や一部司法取引制度の導入も法制化が成ったことから，再生検察の今後の運用の在り方が注目されるところである。また，既に検察は，特捜部における独自捜査最優先の風潮を改めて，国税当局，証券取引等監視委員会，公正取引委員会，警察等関係機関との連携を一層強化することとして，そのための特捜部の組織体制の手直しも行っていることなども指摘できる。もっとも，特捜部の存在とその役割の重要性は，検察の在り方論の中でも揺るがせにできないものである。これまで「巨悪は眠らせない」として，ロッキード事件やリクルート事件等々，多くの警察が手掛けることの困難な政治家の贈収賄事件や大型経済事犯等巨悪剔抉の実績を重ねてきた特捜部である。その存在の意義と必要性及び国民の要請が十分にあると言える。検察は，この特捜部の存在と活躍については，ひるむことなく地道に持続発展させるべきものと言うべきである[130]。

　検察への課題は，この検事総長の改革指針でその方向性が明瞭に示されていると言える。過去に学びながらも，困難な問題に立ち竦むことなく，これに真摯に取り組んで克服すべく力強く前進するとの気概を持ち，粛々としかも烈々として検察改革を進め，その再生成って真に正義実現のための「強い検察」を取り戻すことを期待し，今後の活動を見守っていきたいところである。

(97)　ダニエル・H・フット・前掲注(75)書「日米比較刑事司法の講義を振り返って」165頁以下参照。

(98)　團藤重光・前掲注(28)書「刑事訴訟法における主体性の理論」ジュリスト905号49・51頁。

(99)　穂積陳重『法窓夜話』（有斐閣，1916 年）216 頁。

(100)　田口守一・前掲注(82)書「新しい捜査・公判のあり方」ジュリスト 1429 号 70 頁。また，鈴木茂嗣・前掲注(66)書「弾劾的捜査か糺問的捜査か」判例タイムズ 414 号 4 頁も，「あっさり捜査して起訴せよ」ということを批判する。

(101)　松尾浩也・前掲注(70)書の「刑事訴訟法 50 年—総括の試み（1999 年）」『刑事法学の地平』（有斐閣，2006 年）121 頁。
　　　なお，同教授は平野博士の現在の慎重な起訴運用に対する批判について，検察審査会法の起訴議決の改正はこの問題に一石を投じたかに思われたが，議決の件数は僅かで，起訴基準に影響を及ぼすには至っていないとされる（研修 800 号 7 頁）。

(102)　中山善房「日本の刑事司法の特色—裁判の立場から」『刑事手続・上』（筑摩書房，1988 年）1〜10 頁。同「刑事手続の活性化」『西原春夫先生古稀祝賀論文集第四巻』（成文堂，1998 年）17 頁。このほか，石井一正「わが国司法の特色とその功罪」司法研修所論集—創立四十周年記念特集号一九八七年——刑事編 304 頁以下では，検察官の「十分な捜査と慎重な起訴」については，「犯罪の嫌疑につき疑念の残る事件は大部分この段階でふるい落とされている」ことで，「『スクリーン制度』が被疑者を刑事手続の負担から早期に解放すると同時に裁判の効率化に資している」ことを評価する一方で，しかし「勢いのおもむくところ，手続きの適正さに対する配慮を欠き訴訟関係人ことに被疑者の人権を侵害しかねない危険性をはらんでいる」とも指摘される（322 頁）。

(103)　田邨正義「日本の刑事司法の特色—弁護の立場から」『刑事手続・上』（筑摩書房，1988 年）26〜37 頁。

(104)　出射義夫・前掲注(84)書『検察・裁判・弁護』27・28 頁参照。兼子一・竹下守夫『裁判法〔第四版〕』（有斐閣，1999 年）346 頁参照。

(105)　川崎英明『現代検察官論』（日本評論社，1997 年）53 頁参照。

(106)　兼子・竹下・前掲注(104)書 345 頁参照。

(107)　堀田力「法務省の民営化」みんけん（民事研修）455 号 3 頁以下。法務省は，民間資金等の活用による公共施設等の整備等の促進に関する法律（平成 11 年法 117 号）に基づき，刑事施設の民間資金を活用した社会資本整備（PFI）として，全国 77 カ所の刑事施設中，平成 26 年末現在美祢社会復帰促進センター（山口県美祢市）等 4 施設あり，平成 27 年夏以降更にその拡大をしてコスト低減を図り，業務内容の充実に努めている（『平成 27 年版犯罪白書』70 頁，平成 27 年 2 月 18 日付け『日本経済新聞』朝刊）。このほか，平成 22 年度から競争の導入による公共サービスの改革に関する法律（平成 18 年法 51 号）に基づき，6 矯正施設で総務・警備業務等の民間委託を行っている（同『犯罪白書』70 頁）。

(108)　ジョーゼフ・ホフマン・前掲注(77)書「『真実』と日本の刑事訴訟法」178 頁。

(109)　土本武司『刑事訴訟法要義』（有斐閣，1991 年）28 頁以下参照。なお，拙稿「裁判員制度の問題点」『桜門春秋』116 号 30 頁以下，拙稿「『裁判員制度』は今」『罪と罰』（日本刑事政策研究会）49 巻 4 号 45 頁参照。

(110)　河上和雄「検察実務と英米法」ジュリスト 600 号 343 頁参照。

(111)　亀山継夫・前掲注(91)書「刑事司法システムの再構築に向けて」『松尾浩也先生古

164　第1章　刑事司法における検察官の役割

稀祝賀論文集下巻』17頁以下。

(112)　亀山・前掲注(111)書13・14頁。

(113)　田宮・前掲注(39)書『捜査の構造』3頁，田宮・前掲注(41)書「刑事手続きをめぐ
る理論と現実」法学教室170号20頁。

(114)　横山晃一郎「司法と検察」『法学セミナー増刊現代の検察』（日本評論社，1981年）
17頁以下参照。

(115)　小田中・前掲注(62)書「刑訴改革議論の基礎的視点—『精密司法』論の検討を手掛
りとして—」『平野龍一先生古稀祝賀論文集〔下巻〕』250頁。

(116)　亀山・前掲注(91)（前掲注(111)）書15頁。なお，中山・前掲注(102)書3頁も，検察
官の起訴・不起訴の判断について「事実関係の立証の確信があるかぎり，法律判断はや
はり裁判所に委ねるべきものであろう」とされている。

(117)　ここでの分析結果は，前掲注(27)書でも示した『犯罪白書』，法曹時報66巻2号
最高裁判所事務総局刑事局の「平成24年における刑事事件の概況（上）」の統計及び亀山・
前掲注(91)書23頁による。結局，法廷で真に争われる否認事件は，地裁で7〜8％，簡
裁で3〜4％の割合で例年推移していて，実質的無罪率は2.5％前後で推移している。亀
山論文のように実証主義的な分析は，今後も『犯罪白書』等の豊富な資料から解析して
いく必要があると思われる。なお，その必要性について，青木孝之『刑事司法改革と裁
判員制度』（日本評論社，2013年）45頁参照。

(118)　稗田雅洋「裁判員が参加する裁判の実情と課題」刑事法ジャーナル32号50頁以下，
齊藤啓昭「公判中心主義からみた裁判員裁判の運用」刑事法ジャーナル36号44頁以下
参照。

(119)　清野憲一「『被告人質問先行』に関する一考察」判例時報2252号3頁以下。裁判員
裁判では，自白事件・否認事件を問わず，検察官が証拠調べ請求をした被告人の捜査段
階の供述調書は，弁護人が同意しても，その採用を留保した上で，まず被告人質問を行い，
被告人が捜査段階の供述を変遷させた場合であっても，刑訴法第322条に基づいて被告
人の供述調書が取り調べられるのは，それが公訴事実または重要な情状事実の立証に必
要となる例外的な場合に限るという取扱いが定着しつつあり，このような審理方法は，
本来，刑事訴訟法等の規定にも，更には現行刑訴法が採用している当事者主義構造にも沿
わないものであることを説き，検察官は裁判員裁判の特性を考慮してこれに応じているが，
裁判所はこの方式を裁判員裁判以外の一般事件にまで要求する傾向があり，これは当事者
主義の下で立証責任を負う検察官の立証活動を阻害するものであることを強調している。
これに関連して，辻昌文「判例紹介」研修807号69頁以下では，福岡高判平27.3.25が，
原審が検察官の取調べ請求に係る被告人の覚せい剤自己使用の自白調書を採用せず，検察
官の異議申立ても棄却した上，しかし法廷での被告人質問の結果は否認供述であったこと
から，他の証拠により結局覚せい剤自己使用罪で有罪判決をし，「罪となるべき事実」では，
覚せい剤の使用方法と日時・場所を全く特定しないままで事実を認定したことが，理由
不備として破棄自判（有罪）したという裁判例を紹介している。
　　　筆者も前記清野見解を支持するものであるが，更に運用の改善策として「核心司法」
と捜査経済上から，被疑者の取調べ結果（供述）の調書化は警察官調書にとどめ，検察

官自らの取調べ結果（供述）は書面化しないで，その「録音・録画」にとどめ，それも
自白事件にあっては最後の取調べで全事件の自白の内容になるいわばダイジェスト版の
「録音・録画」をもって刑訴法第322条1項書面の証拠能力と同視する運用を認めるこ
とによって，揶揄される「調書裁判」から「公判中心裁判」へ実質転換を図る方策を提
案するところである。

　　なお，平成27年6月開催の裁判所の全国長官・所長会同では寺田逸郎最高裁長官が「長
官あいさつ」において，刑事手続に関し「今一度，事案に応じた争点及び証拠の整理を
経て，公判で心証が得られる証拠調べ，過不足なく行うという刑事裁判本来の姿を確認
する必要がある」ことと，「その上で，具体的な事案に基づく実証的な検討を重ね，その
結果を実務へ還元することを繰り返していくという地道な取組を，裁判所全体で，さら
には法曹三者間で，続けていかなければならない」ことを述べている（『法曹』778号30頁）。

(120)　「核心司法」については，平野・前掲注(71)書「参審制の採用による『核心司法』
を―刑事司法改革の動きと方向」ジュリスト1148号2頁参照。ほかに佐藤文哉「裁判員
裁判にふさわしい証拠調べと合議について」ジュリスト1110号9頁以下参照。田口・前掲
注(82)書「新しい捜査・公判のあり方」ジュリスト1429号70頁参照。

(121)　本書第5章（初出『『検察と警察の関係』について―『刑事手続の警察化論』と検察
官の役割―』日本法學75巻4号78頁）。

(122)　小貫芳信「戦前の予審の実情」研修748号37頁参照。

(123)　公判中心主義の実現に向けるとの視点から，起訴基準の見直しを論ずるのは，石田
倫識「捜査改革と起訴基準」法律時報85巻8号36頁以下である。また，平成23年3月
11日発生の東日本大震災における福島第一原子力発電所事故（福島原発事故）の様な特
殊重大過失事故事件の場合は，検察は公訴権の行使を弾力的に運用して裁判所の判断に
委ねることが考えられるが，この点につき，古川元晴（元検察官）・船山泰範（日本大
学教授）『福島原発，裁かれないでいいのか』（朝日新聞出版，2015年）118・172頁参
照（福島原発事故は，東京第五検察審査会が平成27年7月17日再度の「起訴議決」を
なし，翌年2月29日に強制起訴に至っている。）。

　　更に，公正取引委員会の告発（独占禁止法―私的独占の禁止及び公正取引の確保に関
する法律第74条），国税局長または税務署長の告発（国税犯則取締法第17条），証券取
引等監視委員会の告発（金融商品取引法第226条1項）に係る犯罪等いわゆる「経済的
正義の実現」を目的とする取締り分野では，検察と当該行政機関との間で「告発問題協
議会」を設置するなどして告発の基準・受理や起訴相当基準を事件ごとに検討している
が，なお当該行政機関からすれば検察の対応姿勢とに齟齬感を抱いている向きもあるよ
うであるので，検察としてもこの分野での従来の告発受理・起訴基準の見直し等検討の
余地もあろう（神垣清水『競争政策概論』（立花書房，2012年）402頁以下参照。著者の
神垣現弁護士は元検察官・公正取引委員会委員を務めた経験からの意見を同著書で述べて
いる。）。ほかに，告発が訴訟条件でない金商法第226条の「告発の見送り」に関する問
題点につき，須藤純正「エンフォースメント」柳明昌編著『金融商品取引法の新潮流』（法
政大学出版局，2016年）201頁以下参照。

　　なお，大規模事故等では刑事司法の限界が見られることから，事故調査機関による調

166　　第 1 章　刑事司法における検察官の役割

査制度の必要性を説くのは，川出敏裕「刑事司法の役割と限界―大規模事故・医療事故
を中心」井上正仁・酒巻匡編『刑事訴訟法の争点』（有斐閣，2013 年）20 頁以下である。

(124)　「検察の理念」は前掲注(90)書参照。

(125)　『〔平成 27 年版〕犯罪白書』90 頁。伊藤栄二「刑の一部の執行猶予制度の導入と検
察の課題」『川端先生古稀記念論文集〔上巻〕』（成文堂，2014 年）897 頁以下参照。古
江久枝「再犯防止等の刑事政策の目的に向けた検察の取組」法律のひろば 11 号 42 頁以
下参照。日笠和彦「再犯防止に係る施設内処遇の現状と課題」同 36 頁以下参照。なお，
私も傍聴したが平成 25 年 3 月には法務省で「公開シンポジューム～刑事政策の新しい風」
が開催され，検事総長以下法務検察の幹部も出席して議論されてその内容は『罪と罰』(50
巻 3 号―通巻 199 号）に掲載されている。更に，『罪と罰』（52 巻 2 号）にはソーシャル・
ファームの特集論文（灰谷茂等）が掲載されている。ほかに，太田達也『刑の一部執行
猶予―犯罪者の改善更生と再犯防止』（慶應義塾大学出版会，2014 年）が，この制度導
入の背景や問題点の分析において詳しい。＊刑の一部執行猶予制度の平成 28 年 6 月 1 日
施行後における判決等の分析は，曾木徹也「刑の執行猶予制度の施行について」『罪と罰』
（53 巻 4 号）21 頁以下参照。なお，最高検察庁は，平成 28 年 6 月から「刑事政策推進室」
を設けて，刑事政策に関する各種課題について総合的に検討する活動を始めている。

(126)　新屋達之「刑事訴追と国民」刑法雑誌 45 巻 3 号 456 頁。同「本格始動した検察審査
会」法律時報 82 巻 11 号 1 頁以下。川崎英明「検察審査会の審査対象と若干の論点」『村
井敏邦先生古稀記念論文集―人権の刑事法学』（日本評論社，2011 年）441 頁以下では，「検
察審査会の起訴強制制度は実質的には（不起訴処分の是正という形で補充的に）検察審
査会という市民の代表者に訴追決定権を付与した一種の公衆訴追制度とみることができ
る」，「市民には，無罪推定原則から導出される権利として，濫りに国家に訴追されない
権利を観念することができ，それはいわれなき起訴（不当起訴）を排除する権利として
の妨訴抗弁権として機能するから……不起訴処分の不利益変更の制度にふさわしい防御
権保障が不可欠となる。」とする。ほかに，検察審査会の起訴議決の改正点の問題点等
につき，本書第 3 章（初出・拙稿「検察官の適正な公訴権行使と司法取引」日本大学法科
大学院『法務研究』第 8 号 26 頁）。同『ケース刑事訴訟法』（法学書院，2013 年）112・
121・122 頁。『週刊朝日』（2012 年 10 月 15 日号）130 頁は，民主党元代表に対する政治
資金規正法違反事件の「起訴強制事件」の控訴について，「強大な権力を有する検察を
チェックする，という検察制度の趣旨は正しい。しかし，……その運用がポピュリズム
に染まった時，歯止めは誰がかけるのか」，「ここで『無罪』を勝ちとった被告に『控訴』，
はては『上告』まで裁判を受けさせるのは，つまり世論に狙われた人間は逃れられない
―ということにほかならない。そこに流れているのは『推定有罪』の論理である」と批
判する。

＊　日本弁護士連合会は，平成 28 年 9 月 15 日付けで「検察審査会制度の運用改善及び制
度改革を求める意見書」を発表し，これを法務省及び最高裁判所へ提出している。同意
見書の要旨は，①運用改善点として，被疑者が求めた場合には，必ず意見陳述ができる
ようにし，その方法は口頭だけなく書面による陳述の利用ができるようにすることや，
検察審査会の開催日時等一定の事項については，積極的に行政情報として国民に開示す

V　管見の整序　　167

ることなどを，また，②制度改革点として，審査の申立てがなされたときは，被疑者に
その旨通知する制度を新設するとともに，被疑者に対し，口頭または書面による意見陳
述権や弁護人選任権を保障することなどとなっている（日弁連ホームページ）。

　なお，「司法への国民参加」ということについては，裁判員・検察審査員・参加被害
者側の国民と，被疑者・被告人側の国民の「国民二分化」の問題，「民意の独善」とい
う問題が指摘されていることである。この点，平野龍一「参審制度採用の提唱」ジュリ
スト1189号52頁以下では，英米で陪審制度が続くのも，それは「いわば歴史の重みで，
現在でもなお国民を代表するものであり，その陪審が決めたことは『しかたがない』と
して受け入れる，信仰に近い観念がひろく国民に行き渡っている。陪審の判断は合理的
であるから信頼されるのではなく，『陪審』の判断であるから諦められるのである。陪
審の判断に理由をつけることが要求されず，陪審の判決には事実誤認の上訴が認められ
ないのも，そのためである」，「陪審は一度票決を下すと，解散して存在しなくなる。当
事者が文句を言おうとしても，その相手はいない。『陪審は国民を国家から保護するた
めに存在するのではなく，国家を国民から保護するために存在するのだ』といわれるの
も，このような事情を背景とするものである」とされる。更に，英米の陪審を支える国
民性の違いについて，我が国の国民は「国の資料にたより，これについていつまでも（お
上のなさることは完璧でなければならないという前提で）『文句をつける』，わが国の司
法文化とはかなり違っているのである」とされる。

　そこで以下は管見にわたるが，導入した裁判員制度や起訴強制制度も，裁判所や検察
官が国民を刑事司法の役割分担者として位置づけるのはよいが，それが高じて己の「肩
の荷を下ろす」ための「逃げ場」ないし「踊り場」という便宜的な制度として定着させ
てはならないし，国民も司法参加の歴史がなく（陪審制度はあったが，お仕着せの制度
で失敗して停止中），ましてその判断が信仰的にまで絶対という司法文化にはなく，むし
ろ隣人の裁きを受けるのを潔しとしない司法文化の我が国にあっては，素人が手術のメ
スを握る危険・重大性を十分覚悟して「民意の独善」に陥らないようよほどしっかり自
覚しないとこれら制度は将来破綻をきたす危険を孕んでいることも危惧される。

(127)　平野龍一「当事者訴訟の刑法に及ぼす影響」『裁判と上訴〔刑事法研究第五巻〕』（有
　　斐閣，2005年）43頁以下。初出―法律時報21巻11号所収。ほかに，同「当事者訴訟
　　の刑法に及ぼす影響」法律時報21巻11号も参照。同「刑法の客観化―刑法と刑事訴訟
　　法との連関」警察研究20巻3・4号。
(128)　大野恒太郎「未来志向の改革」研修799号2頁以下。
(129)　大野恒太郎「検察に求められているもの」研修811号2頁以下。
(130)　箕輪幸人（元放送記者・現テレビ新広島社長）「時事評論―ロッキード事件から40
　　年」研修819号48頁は，「ロッキード事件で東京地検特捜部の名は高まった。その一方で，
　　この事件の成功体験がその後の無理な捜査へのきっかけになったと批判的な声も耳にす
　　る。取り調べ中に暴力をふるったり，証拠物を改ざんしたりしたことは，確かに，許さ
　　れることではない。しかし，そうした不祥事があったからといって，社会が解明を望む
　　ものに対して，臆病になって欲しくはない。難しい事件であっても，あらゆる法令を駆
　　使して，社会正義の実現に立ち向かうのが検察の役割だと考えるからだ。……（平成28

年6月3日公布の刑訴法一部改正で）捜査機関が使える武器は整備された。使い勝手の良し悪しはあるのだろうが，せっかくの武器が錆びるようでは意味がない。社会悪の摘発にどんどん使ってほしい。正直者が馬鹿をみるような社会を作らないこと，国民はそれを願っている」と評している。

Ⅵ　総　括

　本論考の目的は，刑事司法がシステム的に把握され，それぞれの部署の担任者が役割分担をしながら，協働してひとつの刑罰権を適正に行使する過程を多面的に分析することにあった。そして，その刑事司法システム上において核心的役割を担任する検察官の在るべき姿を求め，それが多様化する刑罰権の実現過程の中で適切に行使され，社会秩序の回復と維持にも貢献することの確認にあった。こうして，ひいては刑事司法全体の在るべき姿の課題の整理に迫ることを期したものである。先達の研究成果を辿り，歩んできた歴史から学び，比較法的にも課題解析のヒントを求め，歴史の重み（法制史的分析）と，将来を見据えた現状を分析し（現行法制の解析），かつ，その成果が社会でどのように活用されているかとの活用実態を見ながら（法社会学的分析），ささやかな体験も交えて，刑事司法の一端ではあるが，核心的役割を担う検察官の地位・役割を，システム的に的確に捉えるべく，また，その将来像としても相当に先を見越した在るべき姿を描きつつ，現に進むべき検察再生を見ることとしてきた。

　このシステム的思考は，企業の巨大システムと対比しても確認できる。例えば，我が国の鉄道事業は，「一定のルールの下に運営される，きわめて複雑で大規模なシステム」であり，安全運転でかつ定時運行である歴史を誇っている。これは世界に冠たるシステム文化と言えるもので，その運行に関与する各担任者が，その役割を尽くし各担任者間の連携協働を怠らないことで，安全運転でしかも「1分違わず」の定時運行が行われている。しかし，これには実は乗客（国民）がこれを支持し，ホームでの整然たる乗降，秩序ある乗車などの協力があってこそのことである。国民は江戸時代から時鐘，梵鐘で時間の感覚を身に付けていたこと，あるいは参勤交代では緻密な旅程ダイヤが組まれていたことな

ど長年にわたる国民の生活文化が下地になっていたというバックグラウンドがあったことも指摘される。定時運転は「その複雑なシステムが外部環境への適応を果たそうとする中で，外部との微妙なバランスを保ちながら成立する」ものであること，そして，「正確なダイヤを維持してゆこうとすることは，日本の鉄道の原点であり，それが守られてきたことが，国鉄からの民営分割化を可能ならしめた基盤のひとつであるといってよい」とまで評されている。刑事司法もまさにこの鉄道事業の運行と同様と言えよう。また，刑事司法の有罪率が高いことでは列車の「定時運行」において新幹線95％，在来線87％が定刻に発車しているという事実（JR東日本1999年度の調査結果）と対比するとき，刑事司法──綿密な捜査と慎重な起訴を経る精密司法との奇妙なまでの符合状況が興味を呼ぶ。また，我が国の定刻遅れは「1分未満」が基準であるが，ヨーロッパのそれは15分以上を以て「定刻遅れ」とカウントし，10分，20分の遅れは常態化しており，アメリカでは1，2時間の遅れは当たり前というのが実情と言われている。これは，彼我の刑事司法の無罪率の思想対比とも奇妙に符合するように思われる。しかも，我が国の定時運行も，明治年間では遅れることしきりで，それが定時運行化したのは鉄道マンの一大努力があったことによるもので，それによって大正の中期ころから「鉄道は安全で定時運行」ということが，我が国の世界に冠たる「鉄道文化」とまでなって定着し，今日に至っているものであるという[131]。これも我が国の刑事司法における高い有罪率が明治の後半から検事が捜査に深くコミットすることで獲得するに至った歴史とも符合するところである。「精密司法」と「安全運転で定時運行」，それはいずれも我が国の国民性に支えられながら形成されてきたものであって，決して偶然の一致の成せることではないと言えよう。

　ところで，明治以降の刑事手続は，フランスやドイツの大陸法系に倣う訴訟構造で運営されていた。司法権の独立は憲法上確立しておらず，判検事はともに司法省の監督下になる司法官として，弾劾役は検事が担い，裁判所においては，起訴された事件を公判に付するか否かの判断は予審判事が担い，そして公判審理を公判判事が担当するというように役割を分担していた。江戸時代の糺問的裁判から弾劾的裁判へと近代化されたが，予審制度が続き，それも検事の

170　第1章　刑事司法における検察官の役割

警察官を補助役としてこれを指揮した捜査が実態上は核となり，予審判事の捜査権限は形骸化し，その実態は検事へ移り，予審制度の廃止論が唱えられていた。しかし，結局は太平洋戦争が終結に至るまで予審制度は続いた。その一方で，検事の起訴便宜主義は明治時代後半からは慣行化していたが，その明文化は大正刑訴法においてなされた。また，検事は捜査に実質的に関与して，実体的真実主義での捜査を徹底し，起訴の基準を厳格化して有罪率を高めることでその役割を確実なものとした。ところが，戦後は占領軍 GHQ の指示により，アメリカ刑事手続法の英米法の決闘裁判の歴史を背景とする「純粋当事者主義」などその核心部分が導入された。それも大陸法の旧法からの訴訟法にピンポイント的に，かつ接ぎ木的に導入されたものであった。ところが，我が国はその解釈を柔軟にして，徐々に受容しながら，日本的刑訴法として独特の刑事手続を定着させていった。この日本の国民性と法文化は，実体的真実主義の指導理念の下，精密司法を求め，これが世界にも類例のない有罪率を続けることとなった。そこでの検察官の公訴権の行使は，これを見極めるために自ら捜査へコミットして得られる有罪の確信に基づくものであった。その起訴・不起訴の振るい分け機能の厳格さによって，高度の有罪率を維持してきた。しかし，平野博士がこれでは「治安維持の責任を果たしていない」などと批判し，また，それでは捜査段階で実質黒白が決してしまい，肝心の公判中心主義であるべき裁判の場が，単に捜査の「結果の確認」の場にすぎない儀式的なものと化してしまうからとして，いっそ「ラフな捜査・起訴」によるべしと主張された。しかし，実務も学説もこの点では動かなかった。

　松尾教授は，これをガラパゴス状況とかねて評してそれからの脱却を唱えていたが，それを一変させることは誰にもできず，高い有罪率は裁判員制度の施行後も変化しなかったことは顕著な事実であるとされた上，「検察審査会法における起訴議決制度の導入は，この問題に一石を投じたと思われたが，議決の件数は僅かで，起訴基準に影響を及ぼすに至っていない。生じたのは，ガラパゴス的状況に対する『反省』とでも言うべきであったろう」とされる[132]。そうしたガラパゴス状況の中で，見方によれば検察官の「正義を気負うがあまり」と言える傲慢さからか，あるいは制度疲労を伴ってのものか検察不祥事も起きたが，

これは厳しく見ればいずれ起こるべくして起きたもので，そこには大きな問題点を検察は抱えているのではないか，との根幹的議論を進める必要に迫られてきたのであった。

現行の検察官制度は有用であり，この制度を維持するに問題はなく，その運用も「実質捜査する公訴官」で続けるべきではある。ただ，起訴・不起訴の公訴要否判断に際しては，もっと裁判に委ねるべき事件の範囲を広げ，起訴することに余り躊躇をしないことが求められよう。また，裁判員制度の導入と検察審査会の起訴強制制度の導入等国民の司法参加の大きな変革がある。起訴強制制度では，直ちに起訴強制の効果を付与せず，これが事件は更に現行の付審判手続で裁判所がその起訴の可否を決定するように法改正するのが妥当か，それとも国民の司法参加の流れで起訴強制の改正にまで踏み込んだ以上，むしろ，付審判制度こそ廃止して検察審査会の審議に全ての不起訴事件の処分の適否の審査を委ねるべきであるとするのが妥当かである。管見では後者の案を支持しつつ，なお更なる議論をして解決すべき論点であることを指摘したものである。ただ，そうであるならば検察官の起訴した事件の起訴審査も検察審査会に委ねるべきかという実質予審制度的な，そして一部大陪審（起訴陪審）的な役割まで付与する改革案まで発展していくことにもなろう。起訴・不起訴を決定する過程で完全な形での民意を導入するシステムは，検察官制度の大改革になるもので，国民主権の建前からは思索的で魅力的ではある。しかし，国民には裁判員制度と同じく過剰なまでの負担を強いることとなり，国家を基本的には信頼する今の民意がそこまでの改革・強化を要求しているとも思えないものである[133]。

また，精密司法の中で取調べとその供述調書に過度に依存した供述証拠の収集方法から，その手段の多様化などの要請に応えて，被疑者取調べの可視化（録音・録画）制度の導入，一部司法取引制度の導入などが法制化されるに至っており，核心司法の観点から，従来争う事件に公判審理を集中させるために，かねて検察官の起訴裁量権の適正な行使による「秘められたる司法取引」を積極的に活用して，事件捜査・公判の分野において証拠法上の労力の軽減化ができるような運用をも提言してきたが，これには賛否両論あり得るところであった。ところが，導入されたこの捜査・公判協力型協議・合意制度及び刑事免責制度

172　第1章　刑事司法における検察官の役割

における司法取引は，検察官が一定の財政経済関係犯罪や薬物銃器犯罪に関わる他人の犯罪事実を明らかにする真実供述，その他の行為をすることの協力者に，これと引き換えに当該協力者の刑事事件を不起訴処分，求刑等で有利な取扱いを協力者の弁護人の協議過程の立会いと同意を必要的として合意する制度の導入であり，その実施状況に従うべきこととなった。これは，刑事司法を全体的に捉えた適切な改革と言えるが，この法案成立後の具体的実施は謙抑的に行うことを基本としつつも，必要に応じて果断に実施することも躊躇すべきではないであろう。特に犯罪が国際化し，組織的に巧妙かつ最新の科学をも悪用しての犯罪が多くなってきており，捜査機関もそれに対応した発展的手段を講じていくべきである。警察では，通信傍受法の対象犯罪の拡大等の改正法の成立を見たほか，従来の尾行（監視捜査）の補助手段として，対象者が携帯する携帯電話やスマートフォンの発する電波をキャッチして位置情報を得る方法は強制捜査として，あるいはGPS（全地球測位システムの略称）端末を対象者の使用車両等に取り付けて同様の情報を得る方法は任意捜査として行うなど捜査手法を進展させている。しかし，後者に関してはその取り付け方法が相当でない場合（例えば，他人の敷地内に侵入して駐車中の対象者車両に取り付ける行為等）などは令状によるべきものとして任意捜査では違法とする裁判例もあることから，検察官の違法収集証拠の排除法則に留意した公訴権行使の役割も一層強まるものと思われる。ただ，プライヴァシー侵害に関わる新しい捜査方法であり，今後その推移を見て法整備を考える必要にもなってこよう[134]。

(131)　鉄道の歴史，運行等に関する記述については，三戸祐子『定時発車』（新潮文庫，2005年）14頁以下参照。なお，そこでは，JR東日本初代社長の住田正二『鉄路（レール）に夢をのせて』（東洋経済新報社，1992年）が語る「民営分割化と正確ダイヤの維持」の言葉が引用されている。
(132)　松尾浩也「『研修』800号に寄せて」研修800号7頁。
(133)　亀山継夫・前掲注(91)書17頁以下では，裁判員制度の導入や検察審査会の起訴強制制度の改正前の時代にあって，公判中心主義を徹底する立法論としては，陪審制度の復活こそ最も効果的とされつつ，「財政的負担，陪審員・証人予定者等関係者に生じることが予想される甚大な社会的・経済的・精神的負担，予想される事実認定のぶれ」があることにもかかわらず，「陪審を採用すべきであるという強い世論が形成され，かつ，相当程度思い切った報道の自由の制限が是認されるのでなければ，この方向でのシステ

Ⅵ　総括　　173

ム再編成は困難であろう」と指摘されていた。また，検察審査会の改編・強化に関しては，捜査官的感覚よりも，むしろ公益の代表者的感覚で無罪＝起訴に対する批判につながる傾向を打破するためにも，起訴相当の議決に法的拘束力を持たせるほか，「検察官から検察審査会に意見を問い，さらには証拠調べを請求することができるようにする等検察審査会のしくみ自体をいわば大陪審的なものに改編することが有効であると思う」とされていた。

（134）　大阪地裁では，同じ共犯者に係る常習的組織的広域窃盗事件で審理が分離されたが，弁護人は警察の尾行（監視捜査）の補助手段として公道や公衆が自由に出入りできる場所，そして他人の敷地等での対象駐車車両に密かに GPS 端末を取り付ける捜査手法が違法との主張をしたのに対し，係属部によって判断が分かれた。第 9 刑事部は平成 27 年 1 月 27 日，これを任意捜査として適法と判断し，有罪判決をした。ところが，第 7 刑事部は同年 6 月 5 日，他人の敷地等に立ち入っての端末取付けの態様が含まれていることから，これを強制捜査に拠るべき行為として無令状で行った捜査手法を全部違法とする決定をなし，それによって得られた関連・派生証拠を採用しなかったが，他の証拠で判決では有罪を言い渡した。しかし，その違法判決に対する控訴審の大阪高裁平成 28 年 3 月 2 日判決は本件は GPS 捜査につき「違法とする余地がないわけではないが，重大な違法があるとは解されず，弁護人が主張するように，これが強制処分法定主義に違反し令状の有無を問わず適法に実施し得ないものと解することも到底できない」としてその証拠能力を認め控訴棄却とした。（なお，本件は被告人が上告しており，最高裁小法廷は GPS 捜査では以下のように裁判例が分かれているため，解釈統一のため平成 28 年 10 月 5 日に大法廷回付としている。）。

また，名古屋地裁では，平成 27 年 12 月 24 日判決で，窃盗事件における捜査手法として，被告人の乗用車に令状なくして GPS 端末を装着して位置検索を前後 1653 回にわたって実行した捜査活動は，「任意捜査として許される尾行とは質的に異なって違法だが，事件当時は司法判断がなかった点を考慮して，重大な違法ではないからこれによって得た証拠資料の証拠能力は認める」と判断して有罪とした。その控訴審の名古屋高判平成 28 年 6 月 29 日判決も，この一審判決を支持し被告人控訴を棄却したが，プライバシー侵害の危険性が高まっているとして，「新たな立法的措置も検討されるべき」としている。

更に，広島地裁福山支部の平成 28 年 2 月 16 日判決は，GPS 装着の場所が公道，商業施設等であって被告人や共犯者等の限定された人物のみが利用可能な場所ではないから適法と判断し，その控訴審の広島高裁同年 7 月 21 日判決もこれを支持し，被告人の控訴を棄却としたが，GPS 捜査自体については，「従来，目で対象車両を探索していた捜査員の行動確認能力を大きく補完するものといえる。しかし，その点を除けば，この捜査の基本的性格は，現場での尾行や張り込みによる行動観察，それに伴う採証活動等であり，発信機の利用は，捜査員が対象車両を探索する範囲を絞るための効率的手段にすぎない。今後，測位精度が向上しピンポイントで現在位置を把握できるようになったとしても，その捜査の基本的性格は異ならない」と判示している。

GPS 捜査に関しては，太田茂「GPS 捜査による位置情報の取得について」刑事法ジャーナル 48 号 62 頁以下では，前述で紹介した最近の裁判例を挙げながら，その形態とし

174　第 1 章　刑事司法における検察官の役割

て尾行補助手段型と遠隔・継続的監視型とに分類し，前者の捜査形態では本来的に任意
捜査の範ちゅうであることを詳論した上，問題の本質について「GPS 捜査の必要性等を
前提とした上で，それが捜査官により濫用され，被疑者のプライバシー等の過度の制約・
侵害に及ぶ危険が現実化することを，どのようにして防止ないし抑止していくべきか，
ということである。そのためには，利用の要件や用法，事後措置を含む手続等について，
捜査機関内部におけるものを含む規律の在り方が十分に検討されなければなるまい。そ
の際には，既存の検証許可状を得て捜査を実行すべき場合の有無や新規立法の要否につ
いても検討の対象とされるべきであろうし，仮に我が国でも遠隔・継続的監視型の GPS
捜査をも活用する方向を目指すのであれば，それらについての一層深められた検討が必
要となろう」との的確な分析がなされている。なお，前記刑事法ジャーナル 48 号では「捜
査における位置情報の取得」に関する論考を特集しており，中谷雄二郎「位置情報捜査
に対する法的規律」48 頁以下のほか，アメリカ法を踏まえて（柳川重規— 30 頁以下），
ドイツ法を踏まえて（滝沢誠— 41 頁以下）なども有益である。
＊　城祐一郎「GPS 端末による尾行捜査の適法性—平成 28 年 3 月 2 日大阪高裁判決，同
年 6 月 29 日名古屋高裁判決及び同年 7 月 21 日広島高裁判決の検討を通じて—」（明治大学
法科大学院論集 18 号 77 頁以下）は，GPS 端末による追尾補助手段としての捜査について，
端末器具の精緻性も含めて被処分者の重要な法益（プライバシー等）侵害の危険性を具
体的に分析する。その結果，これが端末を装着した車両の位置情報にとどまる「追尾補完」
だけであって，それ以上の情報（例えば，写真・ビデオや目視で得られる運転者の特定
や同乗者の有無特定等の情報）が得られる類型のものではないことを指摘した上，した
がって，その捜査手段が相当性（捜査の必要性・緊急性そして具体的な相当性）の範囲
で実行されている限り，任意捜査として適法であると位置づける。しかし GPS 端末を他
人の敷地に侵入して装着するなどの手段を採った場合は，手段の相当性を欠くものとし
て任意捜査の限界を超える違法なものとされる場合があることなどを，アメリカの
United States v. Jones 事件に関して，令状によらない当該 GPS 捜査が違法であるとした
連邦最高裁 2012 年 1 月 23 日判決のほか，我が国の最近の GPS 端末捜査の事件について
の適法例・違法例の各裁判例を分析するなどして，この種捜査の問題点をよく整理して
論じている。。

　以上の GPS 捜査の適法性に関して法律関係を整理すれば，捜査官の尾行の補完手段と
する限りではその手段自体が刑訴法第 197 条 1 項ただし書きの強制処分法定主義の対象
となる「強制手段」ではなく，したがって検証等の令状は要せず，「任意捜査」として
可能であり，その必要性，緊急性そして具体的手段としての相当性の要件が満たされて
いれば問題はないと言うべきである。そして，その端末装着の方法が明らかに立ち入り
が禁止されている私有地等への侵入であるなどすれば，任意捜査の手段の相当性を欠き
違法と解される余地があると理解する，との整理が相当ではないかと考えられよう。

第2章
起訴基準見直し論に対する一考察

I　はじめに

　我が国の刑事司法は，戦後予審制度が廃止されてアメリカ法の当事者主義による公判中心主義が導入されたが，運用実態は検察官が捜査を徹底し起訴を厳選することで始まる「精密司法」であり，100％近い有罪率を維持してきた。この運用に対し，学界から平野龍一博士が「捜査は糾問的でなく，これを弾劾的捜査観で抑制し，緩やかな基準で速やかに起訴し，公判中心主義を徹底するべし」との主張がなされた。しかし，多数説も弾劾的捜査観にはゲットしながらも，実務の「綿密捜査・慎重起訴」の運用はむしろ支持し，「精密司法」の現状が維持されてきた。

　ところが，21世紀に入り被害者参加を皮切りに国民の司法参加が潮流となった。特に裁判員制度は，「国民が司法執行の主体」との建前論に始まり，結局，司法に対する国民の「理解増進と信頼向上」に資することとして（裁判員法第1条），制度設計の趣旨を変えながら導入され，5年間の周知準備期間を経て平成21年5月から実施された。更には，検察審査会法の起訴強制制度への改正もなされたが，これら制度の定着に向け担い手の奮闘は続いている。しかし，折から足利事件等の再審冤罪事件や取調べの問題事件が相次ぎ，被疑者取調べの可視化（録音・録画）が具体的に検討され始めた。そして，その可視化の試行も始められている過程で，今度は検察官の重大な職務上の不祥事が起きたことから，「検察再生に向けて」の検討に入り，法制審議会特別部会も「被疑者の取調べ及びその供述調書に過度に依存した捜査・公判の在り方」の審議に入った。その結果，取調べ可視化や一部司法取引等新たな制度導入になる法改正案が同27年

176　第2章　起訴基準見直し論に対する一考察

通常国会に提出され，衆議院では一部修正の上可決されたが参議院においていったん継続審査となったものの，翌28年通常国会の5月24日成立するに至っている。他方，従来の運用である「綿密捜査・慎重起訴」の現状に対しても，田宮裕博士らの「慎重な起訴基準を維持しつつ，当事者によるチェックを推進する」との改革案では不十分として，先の平野博士の主張を支持する議論が再浮上してきた[1]。

　そこで本論考では，元検察官の立場から従来からの起訴基準見直し論を再考することとした[2]。その視点としては，①検察官が戦後廃止された予審判事の役割も一部担い，公訴権を原則独占して遂行するに至った経緯とそのチェック状況を概観した上で，②導入された裁判員制度や検察審査会の起訴強制制度の意義，その運用状況，問題点と改善点を分析し，次に，③これら制度が検察官の起訴基準の見直し論と連動する構造を考察する。そして，④起訴に必要な犯罪の「嫌疑の程度」に関し，主要な判例・学説を分析して，戦前からの起訴基準である「有罪の確信」（確信基準）を堅持するのか，それともより緩やかな基準へと見直すのかという根本問題を検討し，また，これに関連して，⑤検察官の起訴裁量権に基づく事件処理（略式命令請求等起訴の種別）のセレクト基準の問題にも言及することとした。

　こうして管見としては，検察官の公訴権行使の在り方として起訴基準は基本的には従来の確信基準を維持するべきものと考える。しかし，民意反映と公判活性化へとの視座から，一定の事件については確信基準の「柔軟弾力的」な運用化を図り，その基本ガイドラインの策定へと展開することを提言するものである。

　なお，刑訴法第248条の起訴猶予の基準とその運用や関連する問題自体の検討は，別の機会に譲ることとした。

Ⅱ　検察官の公訴権行使の在り方

1　戦前の予審制度の廃止から戦後の新しい検察官制度へ

（1）　予審制度における検事と予審判事の役割分担の意義

　戦前の刑事司法では，当初は起訴法定主義と解されて検察官（検事）が緩やかな捜査結果を踏まえて公訴を提起し，予審判事が，嫌疑が十分でない被疑者を早期に見極めて釈放する役割を担任していた。その意味では，アメリカ法の予備審問にも類似し，既にして手続構造上は「公判（法廷）中心主義」を志向していたと言えよう。

　我が国の検察官はフランス法に倣った明治の治罪法時代では自ら捜査することは殆どなかったが（欧米の検察官は，今も殆ど直接の捜査や被疑者取調べなどはしない。），改正法になるいわゆる明治刑訴法（明治23年公布）以後，検察官が被疑者取調べをしないで起訴することはないという世界無比の慣行が生まれた。それは当時，無罪率が予審免訴を含めて約50％の高率で国民の批判を受けたことからであった。そこで，検事が明治30年（1897年）ころから，捜査・起訴の運用に関し，自ら事前に取調べをする「実質捜査する弾劾機関（公訴官）」へ，しかも「綿密捜査・慎重起訴」へと変え，それは必然的に起訴便宜主義（大正11年公布の大正刑訴法で明文化）への流れともなった。その結果，大正5年（1916年）の統計では予審免訴7％，公判無罪2.5％まで激減させる実績を示し[3]，以後検察官の公訴権行使は100％近い有罪率となる「綿密捜査・慎重起訴」との起訴基準を定着させるに至った。これは，我が国の刑事司法の基本柱が実体的真実主義である以上，必然的な流れであった。

（2）　戦後の改正現行刑事訴訟法の制定過程と検察官の権限

　現行法は戦後，GHQ（連合国軍総司令部）の指示・指導の下，予審制度は廃止したが，その後もGHQからは勾留中の被告人が裁判官に対して，事件を公判に付する嫌疑があるかどうかの決定を求める予備審問制度の導入が示唆されたり，学界の一部からも更なる新しい予審制度の提言があったり[4]，あるいは

178 第2章 起訴基準見直し論に対する一考察

この戦後の改正現行法の立案に関与した法務当局者から，予審有用論が出たりもした[5]。しかし，ストレートな予審復活論には接しない。それは，捜査に関し，警察が第一次捜査機関として独立した地位・役割を果たして事件処分を裁判所へ繋ぐに当たって，予審判事の代わりに検察官をその媒介者として介在させることが，有用なシステムとして十分機能してきたからであると言えよう。検察官の機能に関する改革は，裁判所から分離独立し，予審制度廃止に伴いその強制捜査権限を検察官等の捜査機関に移管した上，その代替措置として令状主義を憲法，改正現行法に規定し，また，検察官には国家訴追主義としての公訴権の原則独占と起訴便宜主義が維持される一方で，当事者主義も導入された。また，GHQ は検察官の公訴権行使を，アメリカ法流に捜査記録を読んだだけで嫌疑のない起訴かどうかが判明する程度の「緩やかな起訴基準」を前提に捉えるが，日本側は法曹三者とも，検察官が起訴するには嫌疑の程度が 100％近く有罪と確信するものでなければならないとする戦前からの実務での確信基準を撤回しなかった。このため，GHQ も結局これを諒としたが，捜査の勾留期間は予審制度での「2か月間」（更新あり）とすることを認めず[6]，新しい捜査の勾留期間は延長を含め原則最大 20 日間に短縮された。しかし，この短い勾留期間の中でも検察官は国民の要請に従い，「綿密捜査・慎重起訴（確信基準）」の基本を貫いてきた。ただ，検察官への権限集中型になる役割分担の在り方については，極めて重要な論点を提供することとなった。すなわち，司法手続の出発点となる重要な公訴提起行為が裁量行為であることから，可能性としては起訴・不起訴判断の誤り，高じての公訴権濫用，違法な捜査手続等の危険のほか，被疑者等事件関係者に対し人権蹂躙を招く危険をも孕むダイナミックな制度設計であるとの指摘になる。

確かに，検察官の公訴権行使は独占的であるだけに，その救済手段，控制・チェック機能の吟味は重要である。

2　検察官の公訴権行使に対する控制・チェック機能

そこで，検察官の捜査権限は刑事司法システム上補充的な範囲で認め，公訴官に原則徹しさせて起訴基準を従来よりも緩和した運用へと変革を遂げさせる

ことにより，必然的に公判（法廷）中心主義へ導出させるとの案が生まれる。

　ところが，検察官は廃止された予審判事に代わってその起訴・不起訴処分の適否のチェックという重い役割を「自己チェック」で担ってきた。それは，検察官は独任官庁ながら内部での有効な決裁制度のほか，重要事件では上級庁まで協議をし，最後は「検察官同一体の原則」で整理統一を図るという組織構造から，誤りは組織的に是正してきた。そして，起訴された事件は裁判所が「精密司法」で，収集された証拠が適正手続を履践しての誤りのないものかどうかを，検察官と弁護人間の本証と反証の攻撃防御の中で精査して，事案の真相を解明し冤罪を防ぎながら適正な科刑に至るというものであった。一方，不起訴処分に対しては，民意反映の制度として，検察審査会法による審査員（選挙権を有する国民から抽選で選任）の審査のほか，公務員の職権濫用等罪については裁判所が直接チェックする付審判制度（準起訴手続―刑訴法第262条以下）によって，その機能の役割分担をしてきた。しかし，予審判事の機能的役割を検察官にだけに集中的に負わせることから，この検察官による捜査の主宰と起訴・不起訴の処分を巡っては，予審的機能を有する公判前の「前捌き的システム」の構築など，その裁判官的機能の抑制・分散化，あるいはその他の実質的控制方策等新たな具体的制度設計の議論も呼ぶが，ともかくもそのような思索をすること自体に，現代的意義があろうかと思われる。

　そこで，今や国民の司法参加と，それによる「公判の活性化」という大きな時代の潮流にあって，予審制度再来による裁判所からのチェックではなく，「民意」の関与・反映こそ重要であるとの「現代的視座」の確認である。

3　裁判員制度の導入及び検察審査会法の起訴強制制度への改正の意義と問題点

（1）　検察官の公訴権行使に対する「民意」からの控制・チェック

　起訴された重罪事件の「裁判」に国民が裁判官と同等の権限で参加する裁判員制度が導入された。また，不起訴事件に対しても，検察審査会法で是正勧告の議決でチェックしてきた参加国民に「起訴強制」権限まで改正付与し，検察官の公訴権行使に対するチェック機能を強化し，一部民衆訴追に途を付け，あるいはアメリカ法の大陪審的制度志向かと思われるような変容を図った。

180　第2章　起訴基準見直し論に対する一考察

こうして生まれた「国民による刑事司法チェック」というパラダイムシフトをどう受容していくかである。実務では，従来の公訴権行使の運用を基本としつつ，適宜改善を重ねて新制度の定着化に努め，新たな制度改正の要請が生まれればこれに対応するということであろう。しかし，司法参加の「主体国民」（裁判員，検察審査員，更に「被害者参加」の被害者）と「客体国民」（犯罪者）との「国民の二分化」，「ペナル・ポピュリズム」の問題，「訴追抑制の要請との関係」等の問題点の指摘も考慮し[7]，また，起訴強制制度も，その実施以降件数が少なく無罪判決も多いが，引き続き検討課題としていく必要があろう。

（2）　裁判員制度の導入経緯と問題点

この制度改革の真の契機となった事由は，必ずしも分明ではない[8]。アメリカや経済界からの日本の民事裁判の迅速化要請の声は耳にした。ところが，刑事裁判では再審無罪等の個別問題点の検討などはあったものの，その審理迅速化の要請や誤判が多発するなどの事実もなく，陪審制の復活等制度改革の動きなども殆ど見られなかった。むしろ，訴訟当事者の協働による「精密司法」の運用実態が積極評価の中で定着し，世界に冠たる事件の検挙率，治安の良さや有罪率を誇り，法曹，学界や当の国民もこの大改革には戸惑いを示す者が多かったというのが実情であった[9]。

裁判員制度では，否認して争う事件こそ公判（法廷）審理に一層意義が見出されるが（自白事件を含めて対象重罪事件は，年間全事件の約3％の2000件台で推移），否認して争う事件は，従来からアメリカの陪審事件と割合的には大差がない。すなわち，アメリカでは，全処理事件の95％はアレインメント（有罪答弁）で証拠調べなくして有罪とされ，そのための司法取引が定着し，陪審を選択するのは，陪審員の無罪審判に一縷の望みをかけ，敏腕弁護士を擁して争う重罪被告人であることが多い傾向にあることはよく指摘されているところである[10]。

ところが，我が国では自白事件の場合，供述調書が同意されてその供述の信用性の程度で裁判が決せられる。そして，否認事件の「争う法廷」では，証人や被告人が真実を語ることを避ける傾向があるため，結局，捜査段階での供述調書が伝聞証拠の例外規定によって証拠として採用され（証人は刑訴法第321条1

項2号の書面が多い。また，被告人の自白調書は第322条1項書面になる。），それに信用性が認められるというのがこれまでの審理の実情であった。そのため「調書裁判」とまで言われるが，裁判員制度を導入したからと言って，争いのない自白事件では調書が同意されるのは証拠法が従前通りである以上当然である（証人の捜査段階での供述調書は刑訴法第326条の同意書面であり，被告人の供述調書も同様の扱いとなる。）。

　結局，裁判員制度は，「事実認定は素人でもできる」との見識で導入されたが，やはり証拠の合理的な評価，特に間接事実から合理的な推認ができるためには，一定の修習と経験の積み重ねになる裁判のプロこそがよくなし得る難しい作業であることが否めないのではないか，という基本的な問題的はさておくとしても，裁判員のリテラシー，判断の不安定さ等問題点も抱えており，種々の見直し点の指摘もある。また，制度が国民の多大な労力，膨大なコストと資源投資（制度運用のために投ぜられている国家予算等）で運用されている点での「費用対効果」の観点からの指摘もあり，積極的に改善に向けて対応すべきものと考える[11][12]。

（3）　検察審査会法の起訴強制制度への改正法の問題点

　今関源成教授は，広い裁量権を有する検察官の権限行使の適正を監視する必要性は認めながらも，検察審査会（検審）がその議決の法的拘束力の付与によって，対検察の監視機関から「被疑者の起訴を直接決定する権力機関」に変質したことから，検察が不起訴とした被疑者の「訴追されない利益」を直接侵害する権能を手に入れたこと等を指摘する。このため，検審は権力機関として，その制度の正統性及び決定手続の透明性，公正さ，決定内容の妥当性等を問われざるを得ず，その人権保障の姿勢が問われること，更に，このような起訴強制手続の公開性，透明性，公正さの欠如に対する批判も，検審が権力化すれば当然先鋭化し，検審は匿名の告発者が検察不起訴の場合に政治家の政治生命を絶つことを目的として政治的に利用することも可能な制度となったとの批判を展開されている[13]。

　検察審査会の役割が「公訴権の実行に関し民意を反映させその適正を図るた

め」（検審法第1条）としている限りで，検察官の公訴権行使の控制・チェック機能がその制度目的となるが，起訴強制制度となった以上は，本来の制度趣旨を超えて自ら訴追権限を行使する一部民衆訴追ないし米大陪審の起訴陪審的な機能へと存在意義を変えた。戦後 GHQ の指導で制定された同法の改正の意義は重要であるが，司法は，憲法上統治機構の一角を占め，その専門性から独立性が保障される法原理部門である。起訴強制制度は司法に直結する訴追方法に関し，裁判員制度同様，民主主義原理からの「民意」をもって被告人の生殺与奪の権を握ることとなった。してみれば，事件の審理過程をブラックボックス化させてはならない。判決書や審査議決書における判断と審査国民の匿名性は，司法への「理解増進，信頼向上」と「民意反映」とする制度目的と，それが重大な影響を及ぼす判断・審査結果との間に許容できないギャップを生じさせかねない。その判断・審査過程の透明性を確保した制度でなければ，国民の広範な持続的支持は望めないだろう。

　時代の要請が刑事司法への「国民参加」であるならば，検察官の起訴処分に対しても起訴陪審ないしは検察審査員に「起訴審査」権限も与え，これに法的拘束力を付与するとの案も―私は支持しないが―，現実味を帯びてこよう。それは予審判事の役割をも付与するものであるが，そこまでいけば，アメリカ法の大陪審制度そのものの導入論にまで発展し，国民による検察官の公訴権行使に対する究極の控制・チェック制度となっていこう[14]。

4　小　括

　如上のように，我が国の検察官の公訴権行使は，予審判事との役割分担の時代を経て，これが廃止された以後は一層慎重に行使することで「精密司法」をもたらし，高い有罪率を維持するのが運用実態であることを概観してきたが，時代は今や「国民の司法参加」にある。ところが，裁判員制度の導入や検察審査会法の起訴強制制度への改正については，種々の問題点の指摘もある。このため，訴訟関係者には各制度設計の趣旨・目的を理解し，種々の問題点を改善しながら，その定着に向けて努力することが期待される。また，検察官の公訴権行使に対しては，至大な民意に応えるための起訴基準の見直しを検討し，更

III　起訴基準見直しへの展開　　183

にはこれに必然的に関連する捜査の在り方，その方向性を再確認する必要があることである。

III　起訴基準見直しへの展開

1　起訴するために必要な「嫌疑の程度」の基準

（1）　起訴するための嫌疑の程度が「有罪の確信」であることの意義

捜査から判決に至る刑事手続上，犯罪の「嫌疑の存在」自体は逮捕時（刑訴法第199条1項）や勾留時（同法第207条1項・第60条1項）においては，「相当の理由（嫌疑）の存在」をその要件として規定しているが，起訴時ではそのような明文規定を欠く。このため，起訴時における「嫌疑の存在」は実体法上の要件ではあるが，訴訟手続法上は理論的に訴訟条件とはならず，したがって，その確信に達していない起訴（公訴権行使）でも，訴訟係属は適法に生じるとするのが従来からの通説とされてきた[15]。

ところが，嫌疑の存在の理論的な要否論争はともかく，現実の起訴基準は，戦前から嫌疑の程度を「有罪の確信」に達することに置くところの確信基準にある（ただ，刑事政策の観点から，犯罪の嫌疑は十分であっても，起訴便宜主義に基づいて起訴猶予処分とする事件は別論である。）。

検察官は，刑訴法第1条が標榜する実体的真実主義，そして同法第248条が規定する起訴便宜主義の下で，起訴基準は従来の予審判事の役割も果たすべく，当然有罪判決が得られる程度の嫌疑を有するものであることを求める。したがって，有罪の確信が持てないのに起訴すれば，検察官の行為規範になる誠実な公訴権行使義務を壟断する行為となる。「有罪の確信」とは，証拠を質量両面から客観的に総合判断して，有罪判決の「高度の蓋然性」があるとの確信的心証の形成心理をいうものと解される。有罪無罪の可能性が半々とか，被告人の反証の不十分さを期待しての有罪見込みなどであってはならない。戦前の予審時代の当初は，前述したように検事は役割分担によって，ある程度の「嫌疑」の見極めでもって起訴を行っていたが，それでは無罪が多く，国民の批判に晒されたがために，自らも取り調べて「綿密捜査」と「慎重起訴」で運用するよう

になり，その結果有罪率が格段に高くなってこれが国民の強い支持を得，その運用が定着して行ったという歴史的事実がある。起訴基準の嫌疑の程度を，「有罪の確信」になる高度の蓋然性にまで高めたものであった。

ドイツ刑事訴訟法では，近時は起訴便宜主義的に手続打ち切りの処分による範囲も増えてはいるが，伝統的に起訴法定主義の原則を維持している。検察官は十分な事実上の根拠が存する限り，訴追可能な全ての犯罪行為に関して捜査を開始する義務があること（第152条2項），捜査により十分な根拠が備わったときは，公訴を提起しなければならないことを規定して（第172条1項），公訴提起に十分な理由がある限りは起訴が義務付けられている。一方，被疑者の行為が犯罪を構成しない場合や，証拠が不十分である場合は，検察官は手続を打ち切らなければならない（第172条2項。なお，起訴便宜主義的理由により手続を打ち切ることもできることは第153条以下）[16]。ドイツでは，今や起訴便宜主義的な手続打ち切りの運用が活発に行われており，このことにかんがみれば，起訴が同法の厳格な実体的真実主義の理念下での捜査義務を前提にする判断である以上，「嫌疑（証拠）十分」との判断（それは，当然有罪の高度の蓋然性の判断となろう。）ができない限りは起訴しないこととなろう。そこで，我が国でも起訴基準を明文化するとすれば，起訴便宜主義下であっても，結局はドイツ法とほぼ同内容の規定になり，それは確信基準での判断となろうかと思われる。

また，英米法の刑事司法での有罪基準は「合理的な疑いを超える証明」に求め，その起訴基準は「起訴するに足りる充分な証拠」（有罪判決の現実的な見込み―無罪よりも有罪とする可能性が高い。）の有無を判断基準にしているとされる。その民事訴訟法では「証拠の優越」（蓋然性の程度が50％を超える程度）で足りるとされている[17]。

（2） 起訴基準に関する裁判例・判例概観

裁判例として，①**東京地判昭39.4.15**（判時371・5）は，強姦致傷事件で無罪判決を受けた被告人提訴の国家賠償請求事件において，検察官の公訴が違法かどうかの判断基準を「起訴時に，公訴事実が犯罪の嫌疑十分で有罪の可能性の存否，すなわち犯罪の嫌疑が十分で有罪の判決を期待しうる合理的な根拠があ

ったかどうかによるべきである」としている。判決は，実体上の犯罪の嫌疑の存在については「起訴時と判決時において証拠の量と質において差異があるのが通常であり，かつ有罪判決と起訴の各段階においてそれぞれ要求される心証の程度には差があると考えられるから，起訴された事実について無罪判決のあった場合といえども直ちに起訴が要件を欠く違法なものであったとはいえず，起訴時に有罪判決の可能性が存じた限り当該起訴は適法である」とした上，その有罪判決の可能性とは「犯罪の嫌疑が十分で有罪の判決を期待しうる合理的な根拠のあることをいうのであって，単に犯罪事実の存在の可能性をいうのではない」とし，そこで要求される心証の程度については，「罪を犯したことを疑うに足りる『充分な理由』(刑訴法第 210 条—緊急逮捕の要件)，『相当な理由』(同法第 60 条—起訴前の勾留要件) よりも高度の犯罪の蓋然性が認められることを要するが，合理的な疑いをいれないまでの確実性は要求されない」としている。

　しかし，②**名古屋高判平 19.6.27**（判時 1977・80）は，住居侵入・窃盗事件で無罪となった被告人提訴の国家賠償請求事件においては，「現場の被告人の指紋が 3 年前のエアコン取付け工事の際に付着した可能性を排斥する合理的根拠が客観的に欠如しているのに検察官が起訴したのは違法である」として，国家賠償責任を認めている。

　最高裁判例では，③**最判昭 53.10.20**（民集 32・7・1367）は，鉄道爆破等事件で無罪となった被告人提訴の芦別国家賠償請求事件において，検察官の公訴提起は，裁判所に対して犯罪の成否，刑罰権の存否につき審判を求める意思表示であるから，「起訴時あるいは公訴追行時における検察官の心証は，その性質上，判決時における裁判官の心証と異なり，起訴時あるいは公訴追行時における各種の証拠資料を総合勘案して合理的な判断過程により有罪と認められる嫌疑があれば足りる」と判示している。また，有罪判決の程度に関し，④**最判昭 48.12.13**（裁判集刑事一 90・781，判時 725・104）は，放火事件での犯人性認定の原判決を事実誤認があるとして，破棄無罪とし「『犯罪の証明がある』とは，『高度の蓋然性』が認められる場合」を言い，それは「反対事実の存否の可能性を許さないほどの確実性を志向したうえでの『犯罪の証明は十分』であるという確信的な判断に基づくもの」とする。また，⑤**最決平 19.10.16**（判時 1988・159）は，爆発物郵送に

よる殺人未遂事件において「刑事裁判における有罪の認定に当たっては，合理的な疑いを挟む余地のない程度の立証が必要である」と判示する。

　次に，公訴権行使の適否に関する視点から，⑥**最決昭59.1.27**（**刑集38・1・136，判タ519・67**）は，宇野元代議士選挙違反事件につき，交付された金銭等が交付者との共謀の趣旨に従い受交付者から第三者に供与された疑いがあるにもかかわらず検察官が交付罪で起訴したことの可否について，「検察官は，立証の難易等諸般の事情を考慮して，被告人を交付罪のみで起訴することが許されるのであって，このような場合，裁判所としては，訴因の制約のもとにおいて，被告人（交付者）についての交付罪の成否を判断すれば足り，訴因として掲げられていない受交付者との共謀による供与罪の成否につき審理したり，検察官に対し，右供与罪の訴因の追加・変更を促したりする義務はない」と判示している。当事者主義の下で起訴裁量権を有する検察官が，証拠上「有罪の確信」が持てない訴因での起訴は避け，実体的真実の点では縮小認定になるとしても，証拠上「有罪の確信」がある訴因で起訴するという公訴権行使を認める裁判所の判断が前提となっていると解し得よう。

　そして，⑦**最決昭55.12.17**（**刑集34・6・672**）は，熊本水俣病補償請求に関連して生じたチッソ川本事件（4名に対する傷害事件）の上告審の判断である。原審が公訴権濫用として公訴棄却の判決を言い渡したのに対し，公訴権濫用論については「検察官の訴追裁量権の逸脱が公訴の提起を無効ならしめる場合がありうるが，それはたとえば公訴の提起自体が職務犯罪を構成するような極限的な場合に限られる」場合であると判示し，本件では検察官の訴追裁量権の逸脱はないとした（ただし，検察官の上告自体は刑訴法第411条のいわゆる著反正義の解釈から棄却とした。）。この公訴権濫用論は，明文の規定はないが，従来から講学上，事由によっては類型的訴訟条件と同視すべき訴訟障害事由が考えられるとして，ⓐ犯罪の嫌疑なき起訴，ⓑ違法捜査に基づく起訴，ⓒ訴追裁量権限の逸脱・濫用ないし不平等起訴─の3類型が挙げられている。およそ「有罪の確信」がないまま殊更恣意的に起訴するようなことがあれば，この公訴権濫用論の対象となり得ようが，弁護側による法廷戦術の一環としての濫用的主張が多く，この最高裁決定で本来は決着が図られたと見るべき法理と思われる[18]。

そして，この議論は「捜査・訴追を緩やかにし，あとは充実した公判審理でこそ行うべし」とする弾劾的捜査観からは本来的には繋がり難く，この公訴権濫用論は，むしろ検察官の公益の代表者性と起訴の確信基準を厳格に求める視点からの主張と言えよう[19]。

　以上通観した公訴権行使に関する裁判例・判例によれば，裁判官の有罪判決における心証は「合理的な疑いを挟まない程度」に真実であるとの確信が必要であるが，国家賠償訴訟での「起訴の適法性」については，証拠を合理的に判断して「有罪と認められる嫌疑の程度」の起訴で足りるとしたものと解してよいであろう。ただ，検察官は有罪判決を求める以上，裁判所の有罪基準に合わせた確信基準をもって起訴せざるを得ない。しかも，前記平成19年名古屋高裁判決（②判決）の見解に従えば，確信基準を緩和した起訴基準では許容されず，また，その確信が境界線上にある事例ならば，なお更起訴の慎重さが一層求められることとなろう。

（3）　有罪判決を求める起訴と確信基準との関係法理
　検察官の公訴提起は，有罪判決を求めるものであるから，裁判所の有罪判決の判断基準に従ってこれを決定するのは当然の法理である。起訴基準が「有罪の確信」であることは，いやしくも人を起訴して裁判にかけるという重大な公訴権を行使する以上，職務の当然の行為規範として戦前から定着しているものである。

　また，証拠は時間の経過とともにその価値が逓減し（人証では記憶の減退化や他の情報の混入による記憶の汚染混濁化，物証では変質化・散逸化の可能性が避けられない。），起訴時点ではより多めの新鮮な証拠を揃えての判断が求められる。このため，検察官にとって100％近い有罪の高度の蓋然性・確信がなければ起訴しないという「確信基準」は，当然の法理と解されてきた。起訴時までに収集し得た証拠能力を有する人証・物証の質量両面の総合的価値判断を行い，その結果「有罪の確信」の心証形成に達すれば起訴を決定する。

　そしてこの確信基準は，起訴前において到達し得る必要がある。例えば放火事件において，自白に基づくその実行行為に関する重要な火災実験を起訴後に

行うということは，起訴時にその行為が科学的にそして経験則等から有罪の確信が持てる場合でない限り許されないものである。つまり，起訴後の証拠収集の可能性を見込んでの「見切り発車的起訴」などは許されないものである。また，起訴後の補充捜査も許されてはいるが，それは起訴前に有罪の確信に達していたがその後証拠価値の逓減化に対応し，あるいは有罪の確実性を図っての上積みになる証拠の収集をする場合くらいである。

　問題は，起訴時の「有罪の確信」が，有罪判決を得るための微妙な境界線上にある場合である。一般的に，起訴後の証拠価値逓減による補充捜査も見越しての起訴の積極判断は許されようが，そのような場合では，検察官によっては消極判断を採る者も少なくない[20]。ただ，法律判断や社会の耳目を集めた重大な特殊大規模事故事件等裁判所の判断を求める価値と必要のある事件かどうか等の視点も判断基準に加えて，そのような事件については積極的な公訴権行使（起訴）によるべきではないかと考えるが，この点は起訴基準見直し論の考え方にも関連するので後に詳論する。

2　起訴基準見直し論を巡っての学説展望

（1）　弾劾的捜査観の徹底による起訴基準見直し論（平野説）

　平野龍一博士は，検察官の「綿密な捜査・慎重な起訴」の運用は公判中心主義を形骸化させるから，「確信のあるものだけを起訴するのではなく，何はともあれ裁判所へ連れて行き，ある程度の無罪はがまんすべき」と主張する。

　これは，刑事司法の在り方は弾劾的捜査観に立脚し，捜査機関の捜査は一方当事者が行う公判の準備行為として，糾問的でなく抑制的に行い，検察官は緩やかな基準で起訴し，法廷で有罪無罪を決することこそ本来の姿とするものである。「現に，欧米ではそうであり，アメリカでは，検察官は被害者の告訴がある以上『一応の証拠』で起訴しなければならないこととなっている。ところが，日本の裁判所は『有罪の確認』をするところになっている。その起訴に必要な嫌疑は，逮捕・勾留に必要な『相当の嫌疑』よりも高く，嫌疑が十二分確認されてはじめて起訴すべきものとしている。起訴が慎重なこと自体は好ましいようにも見えるが，起訴に高度の嫌疑が要求されると，訴訟の実質が捜査手続に

移って，捜査機関に強力な強制権限を与えざるを得なくなる一方で，裁判所は検察官が有罪と確信したものを『念のために確かめる』だけになってしまう。実際我が国の第一審は，『検察官に対する控訴審にすぎない』と言えなくもなく，『検察官司法』といわれる。したがって，その刑事訴訟の実質は捜査手続にあり，それは検察官・警察官による糺問手続であるところから，問題はこの捜査手続ないし公判前手続をどのように構成するべきかにある」とされる。また，「ドイツでは予審制度が1964年の刑事訴訟法の改正により，検察官に予審判事の権限の一部を移譲することでその廃止が実現した。我が国では，予審制度を戦後廃止したが，刑事訴訟法上では予審判事の権限が検察官に移譲されてはいないものの運営上はかなり移譲され，これが現実はむしろ強化方向にある。結局，参審か陪審制にでもしない限り変革できず，『我が国の刑事裁判はかなり絶望的である』」と評された[21]。

同博士は，その後は参審制を採用すれば，法廷で心証をとるようになり，捜査記録も「要を得た，事件の核心を突いた」短いものになって，取調べや身柄拘束の長さにも影響を及ぼし，法廷での証人尋問，反対尋問も核心的なものになるかもしれないとし，それは「ラフ・ジャスティス」ではなく，「核心司法」であると説かれるようになった[22]。

（2） 捜査と起訴（基準）に対する当事者によるチェック論（田宮説）

田宮裕博士は，弾劾的捜査観に立脚しながらも，その捜査観の本旨は「起訴は被告人にとって極めて重大な処分で，検察官は仮にも有罪の確信のもてない者を起訴すべきではないし，刑政の目的を他の手段で十分達しうるため刑事制裁を使うまでもない起訴猶予相当の情状がある場合には起訴を控えるべきは当然である。そういう確信をもてない場合は，不起訴にすることにある」と深い分析をされる。そして裁判所は，検察官の訴訟の監督者として嫌疑の有無を「相当の証拠」で審査するが，このことは「嫌疑の引継」とはならず，予断排除の原則にも反しない，として捜査に始まる訴訟構造をシステム的に捉え，我が国での当事者主義の徹底を主張されるのである。

このように，捜査は当事者である捜査機関側と被疑者・弁護人側とが公判活

190　　第 2 章　起訴基準見直し論に対する一考察

動と同様，対等当事者として各準備し合う弾劾的捜査観によるべきであるが，た
だそれと現行の訴追制度とはナチュラルには繋がらず，法の正当な適用を請求
するという準司法官的性格を持つ検察官の「司法処分」的な訴追と，捜査の当
事者的性格とはうまく繋がり難い。したがって検察官に司法処分を行う地位・役
割までを付与する訴訟構造は，当事者主義，弾劾的捜査の理想に反して本来は
相当でないとの考えを示す。しかし同博士は，検察官の地位・役割が客観義務
を負う準司法官として，確信基準での起訴になる現状はむしろ積極評価とする。
すなわち，検察官制度が国家訴追主義を支えていることを前提に，捜査の結果
を調書にまとめて，これが証拠として事実認定に供する手続が定着し，それは
起訴状一本主義を「一段階遅れた書証の引き継ぎ」と化させて捜査の結果が実
質上優先することから，調書尊重主義すなわち書面審査の「調書裁判」となり，
口頭弁論・公判中心主義を形骸化させる危険を孕んでいるということを指摘す
るが，しかしこの裁判手法によって，無罪率を最小限に抑え込んでいて，それ
は有罪の確信に至るまで証拠を厳選してこれを決定しているからであり，それ
自体は「人権に配慮し，裁判の効率化にも寄与している」と評価される。

　もっとも，田宮博士は，訴訟構造上の深い問題点も指摘されている。それは，
現状で裁判が公正に誤りなく行われ，正しい結果を出しているならばよいが，
運用の実態は公判中心主義を形骸化させ，ひいては当事者主義のチェック機能
を働き難くさせ，冤罪を易々と有罪と裁判してしまう危険が避け難く，そこに
「検察官が準司法官の立場で完璧を期そうとすればするほど，それは非当事者
主義化する」という制度的な問題点があるとするものである[23]。

（3）　捜査と基礎基準見直し論の検討

1）　平野説は，「緩やかな捜査と起訴」を提言し，参審制導入などをもって，一
気呵成に核心司法で公判中心主義が実現されることを志向する。そして，起訴
基準を緩和させることは，これと相関関係にある捜査にも必然的に相応の変革
をもたらせることも視野に入れ，そのことにより無罪事件が相当数増加するこ
とも，敢えて受容せよとする。

　これに対し，田宮説は，検察官の起訴・不起訴のセレクト機能とその実績を

評価し，また，生々しい捜査から起訴への過程のリアリズムにあって，起訴の確信基準がそのセレクトにおける当然の志向であることを認め，その上でこれを被告人・弁護人が厳格にチェックすることにより，運用の充実を図らせ，これにより公判活動の活性化を加速させるという，いわば刑事手続の中核部分を当事者自治に委ね，以て当事者主義を深化させようとするものである。

平野説と田宮説の違いは，刑事司法の担い手における役割分担の見直しに対する基本的理念と変革手法の捉え方にある。平野説は，検察官の「綿密な捜査・慎重な起訴」の運用により公判中心主義を形骸化させているとするが，実務では支持されずその運用に変更をもたらせなかった。そればかりか，学界の反応も「被疑者の主体性の承認という点では弾劾的捜査観を支持しながら，起訴のための嫌疑の基準を下げるべきであるというこの平野主張に従わなかった」のである[24]。確かに，平野博士も無罪判決は検察官・警察官の失態とされ，マスコミその他国民の多数もそう考えがちであること，一審有罪，上級審無罪の場合でさえ，検察官の起訴に対し賠償が求められ許容されていること（憲法第40条，国家賠償法第1条），公訴提起に高度の嫌疑を要求するのは，一度公訴が提起されると被告人に大きな負担がかかるからとされることなどを指摘される。更に，我が国の定着した取調べと「任意性の疑い」の裁判所の扱いからの調書裁判の実体や，最高裁判所も書面による事実認定にかなり自信を持っていること，警察の取調べによって，自白させることができないときは，国民やマスコミもしばしば「もどかしさ」を表明し，ところが自白の内容が客観的事実と喰い違うと，急に「人権」を問題にすることなどがあって，現在の捜査のやり方はある意味では世論に支えられているとも言えよう，として起訴基準変更の難しさに理解は示されていた[25]。

ただ，同博士は「参審制導入で核心司法となり，現状打開ができる」とも主張され，国民参加となってその方向性が見え始めた今は，その点では慧眼であったとされる。もっとも，松尾浩也教授は現状を是認した上ではあるが，平野説にも理解を示されて，「起訴基準を少しずつ引き下げ，無罪判決の若干の増加を覚悟すれば，事態は動くはずである。その方向に踏み出す決断をするかどうかが，21世紀に向けての大局的な課題だと言えよう」とされていた[26]。

192 第2章 起訴基準見直し論に対する一考察

2) 石田倫識准教授は，平野説を「捜査段階における供述採取は基本的に公判での被告人質問及び証人尋問に委ねるべきであるという考え方であり，いわば『捜査抑制』型改革案といえよう」として支持する。そして，田宮説については，「今日の高い起訴基準—検察官による事件選別機能—を保持するために，被疑者及び参考人からの供述採取の必要性を正面から承認したうえで，同時に反対当事者によるチェックを可及的に強化していこうとする考え方であり，いわば『当事者点検』型の改革案といえよう」と評し，しかしそれは「検察官に裁判官の役割を求めるものであり，我が国の刑事司法が目指すべき方向といえるかは甚だ疑問であろう」と述べ，続いて自説を次のように展開する。

すなわち，検察官に予審判事と同様の役割を担わせるには法制度（刑訴法第226条・第227条・第321条1項2号等）が十分でもなく無理があること，検察官に一極集中型で予審判事としての役割を担わせるのではなく，権限と責任の分散型が健全な刑事司法の在り方としては望ましいこと，当事者点検型の田宮説には限界があることを指摘し，「供述証拠は，その性質上，供述採取の方法によって，その本来の証拠価値（供述の純真性）が汚染される危険性があることに留意しなければならない。……捜査段階における供述採取は必要最小限度に抑え，検察官がいちおうの選別を済ませた後は，速やかに公判に付し，当事者の対等かつ同時の手続参加が保障される公判での供述採取（証人尋問・被告人質問）に委ねるべきである，という『捜査抑制』型のアプローチを基軸に据えた改革案が支持されることになろう」とする[27]。その一方で，イギリス法が，逮捕後24時間以内に留置管理官が被疑者に「起訴するに充分な証拠」（有罪判決の現実的見込み。「裁判所が，被告人を無罪とするよりも有罪とする可能性が高い，という程度の見込み」—検事規定）があると判断されれば，捜査を終結しなければならないとする法制を参考例とする。これは「一定の時点」で起訴・不起訴の決定を行うものとし，この決定を留保することで身体拘束下における被疑者取調べの継続を可能にすることは許されず，有罪判決をより確実なものにするために，取調べによる嫌疑の積み増しを無制約に行うことを許さないということであるとして，我が国でも「有罪の確信」とする起訴基準の再検討の参考にすることを提言する。その提言は，検察官は勾留期間が満了するまでは「慎重な

起訴」の名において，「有罪の確信」が得られるまで—自白が得られるまで—被疑者取調べを無制約に続けることを可能とするが，そのような「有罪の確信」が得られた時点をもって「捜査の終結」と解することは，公判中心主義のためには妥当でない。したがって，この時点を前倒しする方向で，刑事手続全体の見直しを図っていくことが今後の課題となるとする[28]。

3) 平野説支持論者からは，刑事司法は法廷での審理判断こそ中核になるものであって，公判中心主義は当然の法の要請とするが，「真相解明は捜査段階よりも公判段階の方が優れている」という実証的主張とは成っていない（真相解明は，むしろ捜査段階でこそなされる場合が多い。）。それは刑事司法の「在り方論」という理念的なテーゼのアイデアリスティック（理想的）な主張であり，また，ドラスチックな役割分担の究極の変革の提言と言えよう。

　ところが，起訴基準を緩和させることが直ちに真相解明のための公判中心主義の実現とはならず，検察審査会法の起訴強制制度への法改正も，これまで検察官の起訴基準を見直す契機とはなっていない（かえって，起訴強制事件の裁判では，殆どが無罪となっている。）。また，「供述証拠が捜査段階では汚染される危険性がある」とする石田准教授の見解は，捜査機関における被疑者等の取調べとその供述調書作成の過程をもって，それ自体「汚染」の始まりとワープするデジャ・ビュ（既視感）に囚われたような純粋思惟になる。あたかも，「捜査は衛生状態が悪い場所での作業だから，汚染の危険がある。だから，確信基準に達するまで捜査を続ければ，折角の事件の『鮮度』を徒に落とさせるので（汚染化），可及的速やかに事件を公判へ持ち込むべきである」とし，捜査における取調べをひたすら危険源として排他律とするような見方と言えよう。それは「公判廷での審理こそ，真相解明の最高の機会」とする，より踏み込んだ「公判至上主義」になるが，現況は起訴後も公判前整理手続が平均7カ月余，最長約4年を要し，かえって未決勾留の長期化の弊害や，人証の記憶減退・混濁化の危険を生んでいることも指摘しておかなければならない。

　また，同准教授のイギリス法に倣う「捜査終結時点の前倒し論」も，これが「有罪の確信の有無の決定ができる時点に至れば，勾留満期前でも処分を決定するべき」との主張ならば管見と同じになるが，それがイギリス法の起訴基準で

194　第2章　起訴基準見直し論に対する一考察

ある「有罪の一応の証拠程度」を前提にする以上，噛み合う議論とはならない[29]。

3　起訴基準見直しへの管見の整序

（1）　起訴の基本型としての確信基準論

　適正手続をもって事案の真相を解明し，相応の刑罰を科するには，事件の鮮度が落ちない「絶好の機会」を捉えての充実した初動の被疑者取調べ（供述調書の作成）を含む捜査の徹底にある。その旬を過ぎた起訴後の法廷では，それこそ供述等の「汚染」ないしその「繁殖」がし易く，法廷戦術駆使の中で真相解明から遠ざかった審理状況を招き，もし「一応の嫌疑」程度の証拠で起訴したならば，公判では結局，「捜査不十分のつけ」を前にして，悪質者ほど巧みに逃れる危険が拡大する。「そして，証拠不十分で悪は逃れた」（真実の有罪者が，証拠不足で無罪），という「空しい結果累々」となること瞭然と言ってよい。これは，刑事司法の現場における切々たる憂慮の見方と言えよう。

　もっとも，被疑者の取調べが強圧的で虚偽供述を招く「冤罪発生の危険装置」となることは，厳に避けなければならないこと刑事司法の厳然たる眼目である。しかし，その任意性・信用性の立証は，実務で既に試行し，また，法改正により一定の事件で義務化されるに至っている被疑者取調べの可視化（録音・録画）が有効である。それは，誤判回避にも資する一面もあって，捜査段階の「供述汚染の危険」という議論は杞憂となろう。公判至上主義者は，「捜査での被疑者らの取調べとその供述調書の作成には『汚染の危険』があるから，弁解録取程度にとどめて速やかに裁判所へ送る」こと，つまり起訴基準を「有罪の確信」ではなく，それより不確かな程度でよいとする。また，「人証以外の物証の収集は綿密に行うべし」としているようであるが，捜査の実際は旬のうちに，人証と物証の収集を同時並行で迅速に行い，両者の相互作用でこれを深化させ，真相解明に至るものである（人証の供述から物証を，また，物証から人証の詳しい供述を導くという相互作用である。もとより，自然な秘密の暴露獲得は重要であるが，被疑者の自白に安易に頼って証拠物に結び付けるという捜査方法なら危うい。）。特に，供述がなければ真相が解明し難い犯罪では（犯罪の故意・過失，知情，目的，共謀，動機等の主観的な要素や，贈収賄，公職選挙法違反事件等供述なくしては立

証し難い事件の取調べの必要要素は多い。），勢い捜査段階では「鮮度」が高く，それこそ「汚染されていない供述」が取調べによって獲得され，これが裏付け証拠で証明されるという真相解明の過程は重要である。要は，捜査機関はいかにして適正捜査による任意性を優にクリアした信用性のある良質の捜査結果（証拠）を法廷に提出できるのかということが議論されるべきである。そして，実務では従来から自白を求めても，拘泥はせず間接証拠を集積しての確信基準で起訴して高い有罪率を維持している。「真相は，適正捜査から明らかになる」ことの確認である。

　平野説は「捜査と起訴は緩やかにして，事件の黒白は速やかに法廷で決めるべき」とする理念的形而上学的な公判モデル論であるが，それではいわば「生煮え料理」のままの起訴事件が増加するため，裁判員裁判対象事件も含め，裁判では難しい判断を迫られることも多く，必然的に審理時間を要し，その裁判の結果も無罪事件が増えて真の有罪者を逸し，冤罪者も生じさせるという「誤判の危険」も多くなろう（裁判官ら訴訟当事者の担い手の拡充でも，カバーは容易ではないであろう。）。「捜査は冤罪を生む危険な場」──「法廷は真相が発見される究極的イデアの場」との二項対立的な主張がいかにリアリティーに欠けるバイアスか。綿密捜査・慎重起訴であってこそ，核心司法での冷静な真相解明の吟味をする法廷となるという実相が確認されよう。平野説が実務を動かし難い真の理由は，実はここにあると言えよう。

　これに対し，田宮説は確信基準によるスクリーンの必要性を認めた上で，検察官の公訴権行使に恣意や誤りが入らないよう，その捜査から起訴に至る過程に弁護人や民意からの的確な控制・チェックが欠かせないと説かれる。

　起訴におけるセレクトが組織的チェックを経て厳正に行われるべきことは，実務が虚心に服膺すべき点である。

（2）　管見の整序

1）　平野博士の起訴基準緩和説は，多数の支持は得られず，検察も確信基準を変更することなく今に至っている。

　その理由を整理すれば第一に，国民が慎重な起訴で高い有罪率が維持される

196 第2章 起訴基準見直し論に対する一考察

ことを強く期待し，検察官も綿密な捜査で起訴を確信基準により厳選すること
によって，これに応えてきたことにある。その結果，自白に至った事件が90%以
上を占め，三十数%の起訴率の中で，その起訴種別において略式命令請求，即
決裁判手続，そして通常の公判請求等事件にセレクトして，結局争う事件では
（起訴事件中，法廷でも否認する事件は地裁が7〜8%，簡裁が3〜4%で例年推移し
ている[30]。），法廷では現に核心司法で十分な攻撃防御が展開されている。検察
官は犯人違いを断固避けるため確信基準で起訴するが，それでも稀に冤罪・誤
判が生じる。ただこれは，三審制（更には再審）になる刑事司法の制度設計自体
に「適正」な範囲での無罪率と誤判率を織り込んでいるものと冷静に理解すべ
きである。それ故に，一層確信基準で冤罪・誤判の極小化に努めるのは，実務
の当然の姿勢と言える。

　第二の理由として，いわゆる「調書裁判」の所以は，被疑者や事件関係者は
捜査官の前では真実を語りながら，法廷では他を慮って真実を語りたがらない
傾向が強く，裁判所も「調書信頼の対応」で事実認定をするという必然性があ
ったことである（捜査機関の「自白調書への依存傾向」の背景には，実は裁判所の「直
接証拠の自白調書があれば安心して裁判ができる」という姿勢に対応したものであ
ったことも見逃せない。）。ただ，これは言うまでもなく，取調べとその調書が「適
正手続を履践し，真相をうがった信頼できるもの」であることが当然の前提と
なっていたものである。

2)　そこで，従来の捜査と起訴の運用状況の検証から始めるとして，先ず法制
審議会特別部会が提示した「新たな刑事司法制度の基本構想」でも，刑法等の
実体法の構成要件が主観的要素を区分し，量刑幅も大きい規定であることから，
情状等も含め諸要素を解明するため取調べの必要性があることを確認した上で
の議論であった。したがって，今後も構成要件の根本的改正問題，誤れる見込
み捜査や取調べに過度に依存するが余りの強圧的取調べフォースによる虚偽の
自白誤導等の危険な「捜査体質」がないかなどを，リスクマネジメントも含め
分析することは重要である。

3)　次に，検察官の起訴基準は，予審時代の当初は「緩やかな捜査・起訴」で
あったが，予審無罪が多く国民の批判に晒され，やがて「綿密な捜査・慎重な

起訴」の運用に移行し，「有罪の確信」が起訴基準となり戦後の改正法を経ながら，法的安定性をもって定着しこれが慣行化していることである。このため，これを変更するには，例えば，「検察官は，犯罪について有罪と認定するに足りる相当の証拠があると思料するとき，これを公訴提起することができる」というような規定を設けるくらいでなければ変更はできないであろう。いや，仮にそのような明文化をなしても，検察官制度が存在する限り，プロの矜持から先の予審時代の検察官の起訴基準の変遷のように，公判での証拠逓減の傾向と国民の非難を考慮し，やがて確信基準が行為規範とされる現状へ回帰する可能性が高いものと思われる。

　平成22年4月になされた特殊大規模事故事件における検察審査会の起訴強制事件例としては，明石花火大会歩道橋事故事件と福知山線列車脱線事故事件があるが，一，二審とも前者は実質無罪となる免訴，後者は無罪となっている（いずれも検察官役の指定弁護士が上告しているが，うち前者の事件は最高裁も原判決を支持して既に同28年7月14日被告人の上告を棄却している。）。ほかに，同27年7月に起訴強制の議決のあった福島原発事故事件もある（東京電力の元会長ら旧経営陣3人に対する業務上過失致死傷事件での起訴強制事件で，同28年2月29日強制起訴されている[31]。）。しかし，検察官はこれら起訴強制事件では，再捜査でも過失犯における「具体的な予見可能性の有無」という従来の過失基準に従い，確信基準を変更しなかった。また，平成23年1月31日強制起訴された小沢元民主党代表に対する政治資金規正法違反起訴強制事件においては，検察官は1回目の起訴相当議決後の再捜査の結果でも嫌疑が不十分であったため，通常の確信基準に従って不起訴処分としたものであった。

　これに対し，「検察官が民意を無視するのは偏狭」との見方もあり得ようが，従来から「起訴相当」や「不起訴不当」の議決があった多くの検察審査会受理事件では，検察官は再捜査を経て既に相当数起訴を以て「民意」に応えてきた実績がある[32]。ただ，検察官は，先の起訴強制事件では法的安定性の観点から，従来の定着している起訴基準を特に「被疑者に不利益な方向で変更すべきではない」（この点「起訴猶予の基準」も同様である。）との法理，矩（のり）に従った処分をしたものと思われる。

4) ここで管見を整序すれば，検察官のこのような運用は個別事例としては基本的に支持するものである。

検察官は，検察審査会の起訴強制事件も含め，裁判所の有罪基準が変更されれば（例えば，過失事件の「具体的な予見可能性」の基準が，一定の危険事業部門では「危惧感説」が妥当するとの判例変更があるなどの例が考えられよう[33]。），もとよりその判例変更に従って起訴基準を変更するが，そうならない以上はこれまでの職務倫理・行為規範に従って，なお従来の確信基準を継続するのが，基本的には法的安定性・手続の継続性からしても適切な公訴権行使と考える。

しかし，国民の司法参加の制度趣旨から，検察官は綿密捜査を持続し，起訴も確信基準を基本とした上で，民意反映のセンサーは精錬させ，その起訴基準の「柔軟弾力的」な運用化とその基本ガイドラインを策定することを提言したい。

その指針としては，第一に，事実認定はよいとしても，更なる擬律判断において法解釈上疑義がある事件，第二に，「有罪の確信」が境界線上にあって起訴を躊躇するような事件でも，国民の関心が高い候補者に係る公職選挙法違反事件や特殊過失事故事件等については，裁判所に判断を求めて起訴するという少し大摑みな起訴基準も考えるべきである。

また，第三に，不起訴事件に対する検察審査会の当初の「起訴相当」の議決の場合の再捜査における検察官処分基準の変革である。一度「起訴相当」の民意が示された以上，再捜査では法・先例と証拠に照らして，やはり嫌疑が十分でないと認める事案のほか，犯罪が軽微・形式的事案とか，情緒的・魔女裁判的判断，あるいは政治的なポピュリズム（大衆迎合主義）に堕する判断等不合理な議決ならば，再捜査でも処分を変えず再度の起訴強制議決に委ねるが，当初議決に明らかな不合理性がない限りは，民意の判断が大摑みで確信基準の境界線上にある事件でも，特に民主主義の根幹をなす候補者に係る実質犯の公職選挙法違反事件等[34]では，従来の民意尊重の起訴実績を踏まえて起訴に転じ，その結果が無罪であっても，起訴意見の民意を検察官の「免罪符」とするくらいの「意識改革」を遂げて起訴する，との起訴基準の「理念チェンジ」である[35]。それがまた，公判活性化に繋がる方策にもなると考えるのである。

＊　もっとも，検察官の起訴基準運用のプリンシプルは，その運用実態に照らすとき，起訴強制制度導入にあっても，むしろこれを検察官と司法参加の国民の意思（民意）との役割分担と捉え，これまで通り確信基準による起訴の運用に徹することこそ，その付与された適正な公訴権行使の役割をよく果たしていく所以であると考えているように思われる。しかし，そうであるとしても，検察官はこの法改正を契機として，その公訴権行使の過程にエキスパートエラーもあり得ることを自戒し，これまで以上に「民意の反映」のセンサーの練度を深化させることは重要なことと思われる。

なお，第四として，告訴・告発（関税法等の訴訟条件となる告発を含む。）に対する実務での「慎重受理」の対応も，民意反映等の視点から，「受理の柔軟化」も，起訴基準の見直し論と関連して検討の必要があることが指摘されよう。

5)　最後に，起訴基準の問題は検察官の事件処理のセレクトにおいて，略式命令請求，即決裁判手続，そして通常公判請求の各事件に分かれるが，前二者の処分については，立証の難易等からの理由でその起訴裁量権の範囲で行う一種の「秘められたる司法取引」も含めた決定があることについてである[36]。

それは，通常公判請求をするには立証上の難点がある場合に，捜査や訴訟経済上からして被疑者との阿吽の呼吸と相まって，その承諾を得て相当な範囲で罰金の略式命令請求をする場合である。公判請求事案では，公判で争いが続く限り捜査は念のための分を含めて省力化ができないが，刑政の理由等で執行猶予が許容範囲ならば，即決裁判手続は「核心司法」の観点からも有益な制度改革と言える。また，通常公判請求事件でも，検察官は「核心司法」を目指して，自白して「争わない事件」と，否認して「真に争う事件」とを捜査段階から被疑者（被告人）・弁護人側と十分協議もし（平成28年に一部司法取引の法改正が行われている。），これをセレクトし「核心司法」を現に行っているが，この起訴種別のセレクトが粗放であれば，通常公判請求事件が氾濫して「法廷崩壊」を招きかねない。この点，裁判員裁判になって同意書面でも採用せず，証人や被告人の尋問を実施する傾向にあるのは在るべき刑事司法を導くとの流れにそぐわないと言うべきであり，問題である。法廷での審理の核は真に争う事件に絞ってこそ「核心司法」になるものである[37]。

こうして，起訴基準の見直し論は，刑事司法システムの全過程の見直し点を広角度で見据えながら，それとの整合性を図り統一的に改善点を整理し，至大な民意の熟成に歩を合わせつつ，更に進化させていくべきものと考える。

Ⅳ　おわりに

本論考では，検察官の公訴権の行使の在るべき姿を求め，捜査と起訴基準の有り様の再検討を行ってきた。その起訴基準は，裁判所に有罪判決を求める以上，その嫌疑立証が「有罪の確信」に達した程度になる確信基準で現に運用されているが，綿密捜査を抑制し，もっと緩やかな基準で速やかに起訴すべしとの弾劾的捜査観が根強くあった。それが近時の「被疑者の取調べ及び供述調書に過度に依存した捜査・公判の在り方」の再検討の結果に基づく，改革のための法改正へと向かった大きな時代の潮流にあって，起訴基準の見直し論を元検察官の立場から考察してきた。

裁判員制度の導入を契機に，「自白事件」と「争う事件」とを運用上区分けし，後者の事件においてこそ公判における口頭主義・公判中心主義を濃密に展開すれば「核心司法」となって，従来の「綿密捜査・慎重起訴」の「精密司法」自体を変える必要はないとの結論が導き出されよう（ただ，供述調書は核心内容の1〜2通にまとめ，ほかは取調べの録音・録画の記録媒体を公判で実質証拠として採用するとの改善策を考慮すべきであろう。）。裁判員制度の施行後も，高い有罪率には殆ど変化がなく，これは従来からの刑事司法の運用が相当であることの証左であると言えよう。また，検察官が従来の起訴基準で不起訴にした事件が強制起訴となった例でも，殆どが無罪で検察官の不起訴処分の相当性が示されている。緩やかな捜査・起訴では，あたら無罪になる者を徒に法廷に晒して人権侵害を続出させ，国民の支持を失わせること必定と言えよう。また，捜査については，自白事件でも否認に転ずれば，万全の立証を行わなければならず，その場合に備えて証拠収集の捜査を徹底しておく必要があり，立証の省力化には限界がある。起訴後の証拠収集では，後追いで遅きに失し有効な捜査とはなり難い。したがって，捜査では基本的には従来通り「綿密捜査」とならざるを得

ず，検察官も適正な公訴権の行使をするためには，これまで通り実質的に捜査に深く関与することが必要と言える。

裁判員制度，不起訴事件の起訴強制制度という国民の司法参加制度の改革は，検察官の起訴要否決定の基準要素に「民意の反映」が加えられ，これが大きな影響力を持つことを確認し，しかしこれら制度自体及びその個々の民意には問題もあり得るが，今や検察官は起訴基準の見直しの検討が必要であり，その一定の枠組みについて管見を述べたところである。ただ，刑事司法が制度理念通りの展開がないとして，性急に回天を図る近時の潮流に雪崩現象的テンション高揚の危うさを感じないわけでもない。我が国の刑事司法は，明治以降だけを見てもフランス法やドイツ法に倣い，そして戦後はこれに当事者主義などアメリカ法も接ぎ木して実施してきたが，その各時代の国民が形成する法文化が，これら範とした外国法の理念を智慧と要領をもって換骨奪胎し，「自家薬籠中の物」として使いこなしてきたものであった。およそ「理論」は，積み重ねられてきた現状の運用を理念的に前進させる力を顕現させるものでなければならず，それが乏しいリアリティーを欠く抽象論は机上の「空論」視される。我が国で，アメリカ法の当事者主義や公判中心主義を，ア・プリオリな理念として無批判に受容すべきではない。刑事司法の運用は，日本の「ポピュリズム」をスクリーニングした国民性や法文化に従って，「温故知新」で従来からの実務の運用と背景事情にも十分配意し，その改革をするにしても，飽くまでも国民の共鳴が得られるバランスのとれたものであることが求められる。そして，現在の「国民の司法参加」への一大司法改革は，国民に統治の客体意識から主体意識への「意識改革」を求め，それが国民にとっても，また「国民の司法」にとっても真に有用なものであるとの「仮説」の証明という「大いなる実験」の過程にある。そうである以上，その担い手にある者はその改革の志向する方向性を一度とことん実践追求して見て，然る後にその結果を検証し，謙虚に再改革も検討するというプロセスを踏んでいくことが必要であろうと思われる。

この一大司法改革の真っただ中，検察は，制度疲労の危機から脱し，「頼り甲斐のある検察」への再生に向けて今，鼎の軽重が問われている。それは，真相解明のために，適正な手段をもって証拠収集を徹底し，起訴不起訴の判断は

国民の司法参加の時代の要請にとことん従って，一層民意に配意した事件処理の運用を図るということ，しかし，そうは言っても，その運用は従来のよき基本型の維持の中での厳選であり，決して民意に安易におもねることに堕することであってはならない。検察官は民意に十分配意しつつも，プロの矜持から，飽くまでも確信基準の基本は維持しての事件処理を続けることであり，そのような誠実な運用の積み重ねこそが，検察実務の歴史に照らしても，国民の真の信頼と支持を得る所以であると言えよう。

(1)　例えば，石田倫識の①「起訴の基準に関する一試論―黙秘権の実質的保障に向けて―」法政研究 78 巻 3 号 839 頁，②「捜査改革と起訴基準」法律時報 85 巻 8 号 36 頁参照。

(2)　検察官の公訴権行使の在り方については，第 1 章（初出「刑事司法における検察官の役割」日本法學 81 巻 2 号・3 号，同巻 4 号，同 82 巻 1 号）で詳論し，起訴基準の見直しの必要性についても言及している。

(3)　出射義夫『検察・裁判・弁護』（有斐閣，1973 年）52 頁。佐伯千仞「刑事訴訟法の 40 年と無罪率の減少」ジュリスト 930 号 16 頁参照。

(4)　青柳文雄「新しい予審制度の検討」ジュリスト 199 号 52 頁以下で，予審制度に内在する欠陥の克服となる新予審制度が提言されている。同「刑事手続論」『刑事裁判と国民性〔機能編〕』（成文堂，1976 年）29・33 頁，34 頁の注(8)。

(5)　横井大三（元検察官・元最高裁判事）「現行刑事訴訟法の四つの改正点―二十数年後に見る」ジュリスト 551 号 172 頁では，予審的な手続がない国は少なく，スクリーニングの役割を持つ予審があった方がよいとする。

(6)　渡辺咲子「現行刑事訴訟法制定時における公訴提起に必要な嫌疑の程度」『田宮裕博士追悼論集上巻』（信山社，2001 年）85 頁。

(7)　新屋達之「刑事訴追と国民」刑法雑誌 45 巻 3 号 456 頁。検察審査会の起訴議決の改正の問題点等につき，『週刊朝日』（2012 年 10 月 15 日号）130 頁は，小沢元民主党代表に対する政治資金規正法違反事件の「起訴強制事件」の控訴について，「強大な権力を有する検察をチェックするという検察制度の趣旨は正しいが，その運用がポピュリズムに染まったとき，歯止めは誰がかけるのか。そこに流れているのは『推定有罪』の論理である」との批判を展開している。

(8)　裁判員制度の成立過程とその制度の問題点については，柳瀬昇『裁判員制度の立法学』（日本評論社，2009 年）が詳しい。

(9)　酒巻匡「裁判員制度の導入に向けて　裁判員制度の意義と問題点」法学教室 308 号 11 頁では「戦後改革以来これまでの間に，諸外国でも類を見ない，極めて精度の高い，しかし特殊日本的な側面も含んだ刑事司法の運用が確立し，そのこと自体に対しては多くの国民の支持が得られていたのであろうと考えている」と評する。椎橋隆幸「裁判員制度が克服すべき問題点」『田宮裕博士追悼論集下巻』（信山社，2003 年）123 頁は「裁判員制度が，国民の強い要望から構想されたものでない」と分析する。

（10）　ジュリスト1148号―アメリカの刑事手続法の実情について，①ダニエル・H・フット「日米比較刑事司法の講義を振り返って」165頁以下。②B. J. ジョージ「外国人から見た日本の刑事訴訟法」（佐伯仁志訳）174頁。③ジョーゼフ・ホフマン「『真実』と日本の刑事訴訟法」（長沼範良訳）178頁（審理陪審（小陪審），大陪審（非公開制）の問題点が指摘されている。）。

（11）　拙稿「『裁判員制度』は今」『罪と罰』（日本刑事政策研究会報）49巻4号45頁以下では，①被告人への裁判員裁判の選択権の付与，②裁判員の事実認定・量刑の判断の裁判官への勧告制化，③対象事件を国民に身近な軽罪，少年・家事事件等や否認事件に限定し，薬物密輸事件，性犯罪を除外，④予断排除の原則と推定無罪の徹底を期しての事件報道の改善，⑤裁判員の選定におけるリテラシー問題，裁判員構成等の偏りを排しその平準・公平化―具体的には年齢・男女の構成比の制度化，人的・地域的特有の不公平判断のおそれからの回避，就職禁止と辞退事由規定の緩和化等，⑥裁判員の公判前整理手続への出席可能化，⑦その他，裁判員に関し守秘義務の緩和化，記者会見の自由化，トラウマ対策，検察審査員との負担度の対比と平準化等がある。また，⑧裁判の真相解明への到達過程は本来易しくはなく，犯行場面の証拠写真をイラストに変えたり，過剰な「最良証拠」と「分かり易さ至上主義」の運用上の改善等々が見直し点である。ほかに，笠松健「裁判員制度のあるべき姿」法と民主主義367号23・24頁は，裁判員裁判の被告人への辞退や選択権の付与制度問題は，立法過程で殆ど議論が行われなかった経緯を述べる。椎橋・前掲注(6)書125頁は，「裁判員の記憶違いや理解力の不足が心証形成に影響を与えないと誰がいえようか。法定刑の重い重大事件の中には事実関係が複雑に入り組んだ事件も相当存在することが予想されるが，裁判員がそれをいかに的確に整理・把握するのであろうか」と疑問を呈されている。

　　なお，平成28年5月末現在で裁判員候補者の選任者は累計85万人余になるが（うち，裁判員・補充裁判員を現に務めるに至った者は約7万人），その選任候補者からの辞退率は当初が53％であったものが年々増加し，同年5月末現在では65％まで増加し，無断欠席者も加えると実に候補者の76％余が裁判員に参加していないという，国民のあたかも徴兵忌避のような裁判員選任に対する敬遠現象が見られ，これが続けば，やがて裁判員の職業別属性にも偏りを生じさせ，これが制度崩壊の途を辿りかねないことも懸念されている（平成28年7月31日付け『日本経済新聞』朝刊・中外時評―大島三緒「裁判員制度はどこへいく―『不参加八割』の危うい現実」記事参照）。

（12）　平野龍一「参審制度採用の提唱」ジュリスト1189号52頁は，陪審を参審と比較してその問題点は，「事実認定が不安定である」（陪審員が，感情的，個性差が大きい。証拠評価に不慣れがために，当事者の訴訟技術や証拠外のマスコミ報道等にひきずられやすい。），陪審を支える司法文化について，「陪審は国民を国家から保護するために存在するのではなく，国家を国民から保護するために存在するのだ」（アメリカの長い歴史の重みと独特の司法文化に支えられ，陪審が決めたことは「しかたがない」として受け入れる信仰に近い観念）と言われ，我が国の場合は，「国の捜査資料にたより，これにいつまでも（お上のなさることは完璧でなければならないという前提で）『文句をつける』，わが国の司法文化とはかなり違っている」と評し，「異なった法文化のなかに，既成

品として卒然として移し植えようとしても，できるものではない」こと，「とくに陪審への『信仰』は到底輸入できないであろう」とする。陪審で裁判官がする証拠能力の有無や適用すべき実体法についての説示を正確に理解しているかどうかは問題とされ，参審は公判中心主義となるので，調書裁判・精密司法からの脱却の契機となるとされる。しかし，陪審の問題点は裁判員制度にも残るであろう。

　また，長谷部恭男「司法権の概念と裁判の在り方」ジュリスト 1222 号 146 頁は，「裁判員制度の設計者としては，あくまで国民の司法参加がより適切な裁判を実現する効果的な方途であることを主張し，立証すべきである。かりに，国民の司法参加がより適切な裁判を実現するか否かについて十分な確信を共有することができなかったがために，それにかえて国民の司法に対する理解を深めるという目標が掲げられているのだとすれば，むしろ，国民の司法参加の仕組みの導入は控えるべき」とされる。

　なお，最高裁は，「裁判員制度は，司法の国民的基盤の強化を目的とするものであるが，それは，国民の視点や感覚と法曹の専門性とが常に交流することによって，相互の理解を深め，それぞれの長所が生かされるような刑事裁判の実現を目指すものということができる」と判示している（最大判平 23.11.16 刑集 65・8・1285）。

(13)　今関源成「検察審査会による強制起訴─『統治主体』としての『国民』」法律時報 83 巻 4 号 1〜3 頁。

(14)　松尾浩也「公訴権の行使と民衆参加」『佐伯千仭博士還暦祝賀　犯罪と刑罰（下）』（有斐閣，1968 年）185 頁は，裁判所が，起訴猶予ないし公訴取消しが適切でないかと疑問を抱く事件について，審査を命ずることにする特別検察審査会の設置案を示す。

(15)　嫌疑の存在が訴訟法上は要件とならないとする通説は，宮本英脩「公訴権の観念」法学論叢 17 巻 4 号 513 頁など。平野龍一「刑事訴訟における実体判決請求権説─いわゆる修正された糾問捜査をめぐって─」『捜査と人権〔刑事法研究第 3 巻〕』（有斐閣，2005 年）189 頁以下は，その理由を弾劾的訴訟観から，嫌疑の存在を訴訟条件とすると捜査の糾問化を生じて，その結果，公判中心主義が形骸化すると主張する。これに対し，高田卓爾「公訴権理論の反省」『刑事法学の基本問題・下巻〔木村亀二博士還暦祝賀〕』（有斐閣，1958 年）881 頁以下は，嫌疑の存在は実体法・訴訟法上いずれも必要として有罪判決の見込み，すなわち，客観的嫌疑の存在は訴訟条件であり，訴訟時にこれが欠ければ，公訴棄却（刑訴法第 339 条 1 項 2 号）とすべきとする。この見解が公訴権濫用の理論的根拠とされている。なお，山本昌樹「検察官制度と起訴裁量権」森下忠ほか編『日本刑事法の理論と展望・下巻〔佐藤司先生古稀祝賀〕』（信山社，2002 年）92 頁以下参照。

(16)　クラウス・ロクシン『ドイツ刑事手続法』（新矢悦二・吉田宣之共訳）（第一法規出版，1992 年）104 頁，辻本典央「起訴強制手続」『ドイツ刑事法入門』（法律文化社，2015 年）183 頁。

(17)　石田倫識「起訴基準の再検討─いつ捜査は終結するのか？」法律時報 84 巻 13 号 349・350 頁。

(18)　拙著『適正捜査と検察官の役割』（北樹出版，2008 年）199 頁以下。

(19)　鈴木義男・田宮裕・松本時夫・三井誠・宮原守男「川本事件最高裁決定をめぐって─公訴権濫用論と最高裁」ジュリスト 737 号 39 頁参照。特に鈴木，田宮発言参照。

IV　おわりに　　205

(20)　法律のひろば 17 巻 8 号―岩下肇「検察官はいかなる場合に起訴すべきか」3 頁，難波治「起訴をめぐって」8 頁参照。

(21)　平野龍一の①「刑事訴訟の促進の二つの方法」『訴因と証拠』（有斐閣，1981 年）186 頁―初出ジュリスト 227 号 8 頁。②「現行刑事訴訟法の診断」『団藤重光博士古稀祝賀論文集第四巻』（有斐閣，1985 年）407 頁。なお，被疑者側からの証拠保全手続―刑訴法第 179 条につき，最決平 17.11.25 刑集 59・9・1831 は「捜査機関が収集して保管している証拠については，特段の事情がない限り，証拠保全手続の対象とはならない」と判示しており，弾劾的捜査観を支持してはいない。

(22)　平野龍一「参審制の採用による『核心司法』を―刑事司法改革の動きと方向」ジュリスト 1148 号 2・3 頁，平野・前掲注(21)①書 186 頁。

(23)　田宮裕の①「公訴権の運用と検察審査会」判例タイムズ 222 号 10 頁。②「刑事手続きをめぐる理論と現実」法学教室 170 号 10 頁以下。③「訴追裁量のコントロール―公訴権の濫用について―」立教法学（1969 年）11 号 126 頁以下。

(24)　後藤昭「平野刑訴理論の今日的意義」ジュリスト 1281 号 62 頁。

(25)　平野・前掲注(21)②書 407 頁。

(26)　松尾浩也「刑事訴訟法 50 年―総括の試み」（1999 年）『刑事法学の地平』（有斐閣，2006 年）121 頁。

(27)　石田・前掲注(1)①書 850 頁，②書 38 頁。

(28)　石田・前掲注(17)書 349・350 頁。

(29)　管見では，拙著・前掲注(18)書 171 頁以下の別件逮捕勾留論において，「捜査の勾留期間は，勾留事実の起訴・不起訴の決定のための被疑者取調べを含む捜査に必要な期間」とする川出敏裕教授説（同『別件逮捕・勾留の研究』（東京大学出版会，1998 年）19 頁以下）を敷衍して，「余罪（本件）でも別件の勾留事実を処理するに必要な限りではその取調べを行い，こうして処理の機が熟した時点で起訴し，不起訴ならば釈放して勾留期間を終結させるものとする」との起訴の確信基準を前提にしての見解を著している。

(30)　最高裁判所「平成 24 年における刑事事件の概況（上）」法曹時報 66 巻 2 号。『平成 27 年版犯罪白書』46 頁以下参照。

(31)　福島第一原子力発電所・業務上過失致死傷事件は，東京電力元会長ら 3 人を東京地検が従来の過失の判断基準から嫌疑不十分で不起訴処分としたが，東京第五検察審査会は平成 27 年 7 月 17 日付けで 2 回目の起訴議決をした（同月 31 日付け原子力資料情報室等）。これについて，福井厚「福島第一原発苛酷事故と『起訴強制』制度―東京第五検察審査会の『起訴強制』議決を契機として―」京女法学（京都女子大学法学部）9 号 19 頁以下は，検察官の起訴便宜主義の運用が特別予防的なものであることから，「有罪の確信なしには起訴しない傾向が生じる一方で，そのような傾向の裏返しとして他方では，……自白を追及する苛酷な被疑者取調べに基づく訴追という訴追権の運用が生み出され（る）」もので，「このように，『高度の有罪の見込みを要求する検察官の起訴基準』という『既存の法』というフレーズで正当化できるかには疑問がある」として，検察官の起訴裁量権の在り方全体の改革を論じた上で，第五検察審査会の起訴強制を評価する。もっとも，この起訴強制制度における検察官の起訴基準に関しては，阿部泰隆「政策法

学演習講座 63―検察審査会の強制起訴議決制度のあり方」自治実務セミナー 644 号 39 頁以下は，「起訴強制制度のもとでは起訴基準を下げる方向で機能し始めているとの見方もある。しかし，そのいずれも被告人の苦難を無視する意見であり，起訴されても何らの不利益がない社会を作るのが先決と思う」とし，小沢事件（政治資金規正法違反起訴強制事件）を例に挙げて，「裁判官の判断を仰ぎたいと称して，証拠が足りないのに，起訴に賛成する審査員が少なからず存在したと思われる。これでは，有罪判決を得られるだけの合理的な嫌疑がなくとも，人を被告人という苦難の地位に陥れ，無用の防御活動を強い，その権利自由を剥奪し，さらには，えん罪を発生させかねない」と論じている。

　なお，福知山線列車脱線事故事件については，神戸地検検察官が JR 西日本の山崎正夫前社長（事故当時の鉄道本部長）を業務上過失致死罪で起訴し，歴代社長の 3 人は嫌疑不十分で不起訴としていたが，その 3 名に対しては神戸検察審査会が起訴強制となる議決をしたものである。神戸地裁は，山崎社長に対しても 2012 年 1 月 11 日無罪の判決を言い渡し，検察官はこれを控訴せず無罪で確定しているが，この控訴をしなかった検察官の判断に対しても，「遺族や被害者感情に配慮すべきという『世論』にとらわれず，法律的な判断を下したことに，勇気と理性を感じました」との評もある（土屋直也日本経済新聞社経済金融部兼証券部編集委員「JR 西日本前社長の無罪確定控訴断念に理性を感じる」研修 764 号 47 頁）。これに関連して，元次長検事の伊藤鉄男弁護士は，在職当時から検察官の原因究明・再発防止が強く求められるような大規模列車事故や医療事故等の特殊業務上過失致死傷事故事件（特殊業過案）の処理について，（主要な裁判例を紹介しながら），「警察・検察は専門的調査機関からの告発を待って本格的な捜査に着手し，かつ，検察は起訴猶予制度を駆使するなどしてできるだけ処罰の範囲を限定する，という将来像を思い描くようになった。これは必ずしも特異な見解ではなく，少なからぬ検察幹部が同様の考えをもっていたように思う」，また，検察審査会のなす起訴強制制度との関連では，「特殊業過案処罰の新たなスキームにおいて起訴猶予にするのは嫌疑が十分と認められる事案についてであり，強制起訴されれば無罪とはならないであろう」としつつ，ただ，市民感覚の視点から裁判で事実関係及び責任の所在を明らかにすべきとの立場に立って嫌疑が十分でなく起訴が難しい事件でも起訴強制されてしまう可能性があることについては，「このスキームの構築は広く社会一般の理解の下に進められるべきものであり，これが定着すれば，検察審査会としてもそれに沿った判断をするのではなかろうか」との有力な見解を展開している（伊藤鉄男「⑲特殊業務上過失致死傷事件の刑事責任追及」西村あさひ法律事務所編『会社を危機から守る 25 の鉄則』（文藝春秋，2014 年）242 頁以下）。ほかに，前掲同法律事務所編『会社を危機から守る 25 の鉄則』では，「⑦ JR 福知山脱線転覆事故無罪判決について」82 頁（山本憲光弁護士），「①検察審査会の『民意』とは何か？」12 頁（同）も参考になる。また，医療過誤事件について，只木誠「日本における医療過誤と刑事責任」『人間存在と刑事法学』日本法學（船山泰範教授古稀記念号）82 巻 2 号 224 頁・233 頁は，「節度ある法適用の範囲を越えた医師の訴追，行き過ぎた処罰等，懸念すべき問題が新たに生じており，その拡大を危惧する声は大きくなっている」とし，そこで「医療者の単純なミスや医師の判断や方法についてまでも過失を問われ，糾弾され，責任追及が行われるということになれば，

医師の専門性そのものの根幹がゆるぐ」ことなどを指摘し，近時の事故調査委員会や無
過失補償制度の活用に言及している。

(32) 検察審査会法施行後の昭和 24 年から平成 26 年までの間，検察審査会の処理人員は，
合計で延べ 16 万 6220 人であり，うち延べ 1 万 8071 人（10.9%）について起訴相当また
は不起訴不当の議決がなされているところ，その結果検察官により起訴された人員は，
延べ 1543 人になる。そして，1380 人が有罪（自由刑 490 人，罰金刑 890 人），97 人が無
罪となっている（『平成 27 年版犯罪白書』201 頁）。

(33) 福島原発事故事件の処理につき，危惧感説を以て起訴すべきとするのは，古川元晴・
船山泰範『福島原発，裁かれないでいいのか』（朝日新書，2015 年）139 頁。
　＊　なお，具体的予見可能性説の前田雅英教授は，福島原発事故について，「電源の遮
断が起こることの予見可能性，さらにそれ以外の今回の事故結果につながる危険を認識
させる事情の有無の慎重な吟味が要請される」と指摘されている（「社会の変化と過失
犯論の展開」『人間存在と刑事法学』日本法學（船山泰範教授古稀記念号）82 巻 2 号
362 頁）。また，前記船山教授古稀記念号 159 頁の杉山和之「原発事故における過失責任
と注意能力」では，東京電力の技術的，知識，経験などに基づいた客観的注意能力の観
点から東京電力にその過失責任を認めつつ，「結果発生の危惧感と，結果回避義務と結
果回避義務違反という点を考えてみた場合，これを幅広くとらえれば，その責任の範囲
は東京電力に留まらない」こと，そして，その責任は国や一般国民にまで及ぶという重
要な指摘もされている。

(34) 中山善房「刑事手続の活性化」『西原春夫先生古稀祝賀論文集第 4 巻』（成文堂，1998
年）17 頁は，起訴積極の事件を指摘する。

(35) 田宮・前掲注(23)①書 11 頁は，検察審査会は「検察の守護神たる機能を果たしう
るといえよう」と評している。

(36) 第 3 章（初出「検察官の適正な公訴権行使と司法取引」法務研究 8 号 19 頁以下）参照。
なお，即決裁判手続の捜査の省力化問題に関連し，宇藤崇「即決裁判手続と事実認定に
おける『証拠の量』」研修 810 号 12 頁では，即決裁判手続は，公訴提起以前の段階での
事件の「解明度を下げる訴訟類型の利用を自ら選択したことを前提にしている」とする。

(37) 裁判所は自白事件でも，検察官申請の被告人供述調書（刑法第 322 条 1 項の要件充足）
について，被告人質問を先行し，自白調書は法廷での供述と重要な点で相反する供述部
分だけを採用する傾向になっているが，刑訴規則第 198 条の 2 が，争いのない事実の証
拠調べでは，同意書面や合意書面（刑訴法第 327 条）の活用を検討するなどして，当該
事実及び証拠の内容・性質に応じた適切な証拠調べが行われるよう努めることを求めて
いることからすれば，この最近の裁判所の審理方式には疑問がある（清野憲一「『被告
人質問先行』に関する一考察」判例時報 2252 号 3 頁以下参照）。この風潮は一般事件に
まで及び，その結果，現に覚せい剤使用事件で裁判所が被告人の捜査段階の自白調書を
採用せず，公判廷の被告人質問だけで否認供述のまま有罪判決を言い渡したが，その「罪
となるべき事実」で覚せい剤使用の方法・場所を全く特定し得ない事実認定であったこ
とから，控訴審では原判決には理由不備の違法があるとして，破棄自判（有罪）とした
裁判例が現れるに至っている（福岡高判平 27.3.25（確定）—辻昌文解説，研修 807 号 69 頁）。

第3章
検察官の適正な公訴権行使と司法取引

（本論考は，平成28年の通常国会で一部司法取引が法制化される前の平成24年3月に発表したものである。）

I 本論考の課題

近時，被疑者取調べの全面可視化論が，検察官の証拠改竄という前代未聞の事件が平成22年9月明らかになったこともあって一層拍車が掛かり，更に，検察官の取調べ方法や公訴権行使の在り方にも改革を迫る流れにある。

前記事件を契機として，「検察の在り方検討会議」（法務大臣の私的諮問機関）が設置され，平成23年3月には，同会議から「検察の再生に向けて」との提言が公表され，これを受けて同年6月には，法務大臣から法制審議会への諮問がなされて「新時代の刑事司法制度特別部会」が設置された。その諮問事項は「時代に即した新たな刑事司法制度を構築するため，取調べ及び供述調書に過度に依存した捜査・公判の在り方の見直しや，被疑者の取調べ状況を録音・録画の方法により記録する制度の導入など，刑事の実体法及び手続法の整備の在り方について」というものである。もっとも，「自白への過度の依存体質から科学捜査への移行」との志向は，何も目新しいことではない。しかし，取調べの全面可視化は，捜査に及ぼす弊害が大きく，実務ではその対象の範囲・程度等を見極めるべく，既に試行的にその可視化を慎重に実施しているところではある。

ところで，もし取調べの可視化を推進するならば，捜査機関には通信傍受，おとり捜査等の対象犯罪の拡大等や，潜入捜査など新たな捜査方法の付与，あるいは監視カメラの増設や，既に韓国などで実施する衛星利用の GPS（Global Positioning System 全地球測位システム）の導入，DNA 型データベース化の一層

の拡充などの抜本的検討ほか，司法取引のシステム化などまでも許容しなければ，事案の真相解明ができず，「悪い奴ほどよく眠る」状態となって，国民の期待に反する結果を招くことが必至であるとの意見も多くなっている。なかんずく，司法取引に関しては，必ずしも立法の手当てまで要せずに検察官の起訴裁量権を根拠に導入も可能であることから，そのためには，これまでの検察官の公訴権行使の実態を見ながら，その具体的行使に関する問題点を検討する必要がある。すなわち，起訴裁量権の範囲や，公訴権濫用問題にも絡む違法捜査で得られた証拠物の排除問題の検討のほか，司法取引との関連ないし隘路となり得る判例等を分析しなければならない。そして，当事者主義からの当事者双方における処分権を反映した隠れた，あるいは顕在する「司法取引」の是非問題などもある。

　取調べの可視化の全面実施が断行されるのであれば，これに対し，真相解明機能を有する供述の確保手段の補助的ないし代替的機能の確保との視点から，新たな捜査方法や，司法取引のシステム化の必要性が具体的に検討されなければならない。そして，この司法取引の導入に対して，国民に一種のアレルギーがあるとすればその説得とともに，議論の在り方に関しても整理をするなど，これら問題点を真正面から検討をすべき時期に今や来ているものと思われる。

　そこで，本論考ではまず，検察官が有する公訴権の内容とこれまでの運用の歴史を見た上，アメリカ等の司法取引を概観し，検察官の公訴権限行使上の実質司法取引の結果を導く処理の実態の整理のほか，捜査機関への有力な捜査武器の付与になる，おとり捜査や令状による通信傍受の対象犯罪の拡大等のほかに，刑事免責（イミュニティ制度）を含む司法取引を我が国へ導入する「日本版司法取引」の是非論に立ち入って検討することとした。

II　司法取引導入の必要性と課題

1　取調べの有要性

　我が国の刑事司法における取調べの有要性は，その任意性立証が効果的に行われることによって認知されるが，かねてからその取調べの過程を可視化（録

音・録画）することについての是非論が続いていた。

　私は，長く検察官として捜査・公判活動に従事していた経験を持つ実務家の立場から，この取調べの全面可視化論に対しては，かねてから反対論を発表してきた。それを要すれば，従来から捜査機関は客観証拠の収集や科学的捜査の手法を採っているものの，真相解明に供述が果たす役割が決定的に大きい事件は多いのであり，やみくもに全面可視化では，被疑者を説得し真実の供述を得るという取調べの真相解明機能を著しく阻害するということにある。その弊害は，特に重大犯罪や組織犯罪，あるいは脱税，独占禁止法違反，その他大型経済事犯等の事件に顕著に顕れてくる。例えば，各事業者間で合意して価格協定等カルテルを結んで不当な取引制限の罪を犯す独占禁止法違反事件においては，その摘発自体が困難である上，利害を共通にする被疑者や参考人の取調べによって，その供述から具体的な合意状況を確認し，それによって証拠を収集することが多く，立証に困難が強いられる犯罪類型であるところ，これが取調べの全面可視化では，この種の犯罪の起訴は一層困難を極めることが考えられる。このため，前述の「検察の在り方検討会議」における提言でも，供述の真相解明機能の重要性は認めた上でのものであった。

　我が国では，欧米等諸外国で認められているような強力な捜査方法・証拠収集の手段がなく，必然的に取調べを重視しなければならない。このような現状の捜査構造のままにおいて，この取調べの全面可視化を実施することは，捜査機関の捜査能力を著しく脆弱化させるばかりでなく，裁判員裁判においても，その記録再生に厖大な時間を要する上，審理の負担軽減の要請にも逆行し，到底現実的とは思われない[1]。

2　全面可視化と司法取引の導入

　取調べの可視化は，検察官の任意性立証の一環として，その主導において事件や被疑者の性質・供述状況等に照らし，その時期・範囲にも考慮した方法での適宜適切な実施に委ねるのが刑訴法の法意と言うべきである。しかし，もし取調べの全面可視化を断行するのであれば，捜査機関に新たな捜査方法や，司法取引の付与が正面から検討されなければ，その規制は余りに跛行的と言わざ

るを得ない。

　この点は，我が国の「国のかたち」が事前規制型社会から事後制裁・救済型社会へと構造変革を遂げようとする中で，透明・公正なルールの一層の整備・確立が求められているもののひとつである。そして，司法制度改革審議会意見書（2001年6月）でも，「新たな時代に対応しうる捜査・公判手続のあり方」について，従来の取調べの真相解明機能の維持を前提としつつ，いわばその補助機能的位置づけとして，刑事免責制度，参考人の協力確保のための方策が新たな捜査手法として掲げられている。また，前述の独占禁止法違反事件では，リニエンシー・プログラム（制裁減免制度）を導入し，違反行為者が犯罪発覚前に最初に申告をした場合は，公正取引委員会が課徴金の行政制裁を免除し刑事告発も控えるとして，独占禁止法（私的独占の禁止及び公正取引の確保に関する法律）を平成17年改正し，翌年1月施行したことから，その摘発効果が絶大なものとなっており，この例は同じ組織犯罪の摘発に有用であり，既にして司法取引への道筋をつける一例となっていると言えるであろう[2]。また，平成16年の裁判員制度の導入に伴い，争点及び証拠の整理を行う公判前整理手続が創設されたが，これは，当事者の処分権の行使としての一種の司法取引を認めたという側面も否定できないと思われる。そして，近時取調べの可視化が一層推進される中において，真相解明機能として重要な供述確保に代わって，新たな捜査手法や司法取引の必要性も強力に主張されるようになっている。

　もっとも，司法取引という場合，その概念自体必ずしも見解が統一されているわけではなく，通常は刑事免責とも区別して論じられている。このため，本論考では，まず検察官の適正な公訴権の行使に関して，起訴裁量権・選択権を有しこれを効果的に運用してきた歴史を概観し，これに関連する判例も検討することとした。続いて，司法取引の実施国であるアメリカなどにおける自己負罪型・捜査協力型の司法取引を紹介し，これを参考にした上，我が国における司法取引の導入上の問題点や隘路となる従来の主な判例を検討する。そして，実質司法取引的な結果を導く事件処理の実際に視点を当て，検察官の適正な公訴権行使の在り方と，実質司法取引がある場合の事例に通底する法意思の確認を行うこととした。それは，検察官の公訴権行使に内在ないし顕在する司法取

212　第3章　検察官の適正な公訴権行使と司法取引

引につき，顕在する狭義の司法取引のほか，内在的な広義の実質司法取引をも含め広く検討しようとするものである。

　その「司法取引」の概念であるが，「取引」という文言は，相互の利益になるような交換条件で事を処理することを指すのであるから（広辞苑），「検察官がその公訴権（起訴裁量権）の適正な行使の中で，立証の困難等の隘路を解決するため，あるいは本件ないし他事件の全容解明を目的として，検察官と相手方との間で交換条件（自白あるいは捜査協力の供述と，その見返りの寛大処分）を提示し合って，交渉の結果真摯な合意形成を得ることにより，一定の取引的処分を行うこと」と一応定義づけられよう。自白して罪を自認することをもって，検察官が起訴猶予処分とか軽い求刑や執行猶予の判決の見通しなどの寛大処分を暗黙のうちに了解し合ったりするなどの類の「取引」は，どの国でも存在するものであるから，いわゆる「司法取引」には含まれないとの見解もある[3]。確かに，先に述べた「取引」の概念からしても，両当事者の間で合意に達するまでの交渉経過が必要であり，また，示談したら処分を軽くしたりするのは，犯罪の責任に対応した特別予防への配慮であって，検察官の通常の公訴権行使の範囲内であるから，殊更「司法取引」の対象とすべきではないことは当然と言えよう。しかし，私は，いわば顕在化ないし明文化された「司法取引」に対し，このような取調べの過程で生まれる取引的な処分経過も，その実態は微妙に境界線上での同質的な発展性を有する程度問題の場合もあり，むしろその実態・実質に着目し，顕在化させることで司法取引の効果的活用として定着させるためにも，これを「秘められたる司法取引」（「隠れたる実質的司法取引」と言ってもよい。）と位置づけて[4]，検討の対象とすることとし，また，刑事免責もあえて広義の司法取引の射程内で検討することとした。

　ところで，この「司法取引」というネーミングに対しては，原告官として被害者（善良な国民）側に立つ検察官と，犯罪を犯したと目される被疑者とはそもそも対等の当事者ではなく，検察官と弁護人との間であればともかく，検察官と被疑者との間での「取引」を認めることや，あるいはそのビジネス的な語感に違和感があるとの批判もあることにかんがみ，実態に即して，「司法合意」と同意義と考えることとしたい。なお，検察官が「秘められたる司法取引」をしてき

た例があると述べたのは，立証上や刑事政策的観点から行ってきた「妥当な配慮」のことである。しかし，このような例も，本来の司法取引を導入する以上は，システム化のガイドラインの中にこれも含ませることで，効果的な捜査・立証ができることを期するものである。更に，司法取引を導入することで，検察官も捜査・公判に向けた活動の効果的な配分ができる。つまり，脱税事件や独占禁止法違反事件等でも争点整理ができて，必要以上に将来の争いに備えて行う捜査・立証活動の合理的な省力化ができるというメリットがある。これは，いわば起訴後の公判前整理手続の「捜査版」，すなわち，事件の捜査・処理をする際における「争点・証拠の整理手続」としての司法取引を行うことである。

3　司法取引の法的根拠と検討すべき事項

　司法取引を導く法的根拠は，新たな特別の立法措置を待つまでもなく，検察官の公訴権，すなわち，起訴裁量権に求めることができると考える。そこで，起訴裁量権・選択権が認められる公訴権限の行使上，問題となる点は，①違法な捜査ないし証拠収集があった場合に，ⓐこれが瑕疵の治癒した限度での起訴であったり，ⓑ本来公判請求相当事件を被疑者の同意を得て，いわば罪一等減じての略式命令請求（罰金求刑），あるいは公判請求をする場合でも，即決裁判手続（必要的執行猶予付き）を選択しての処理の際に往々見られる，いわば暗黙の合意による秘められたる司法取引の起訴であったり，②証拠の量と質の程度からくる事実認定の困難性や争点の複雑な事件等の場合に，ⓐ迅速な審理と有罪の確実性に従ったいわば絞った起訴の選択をしたり，ⓑ約束ないし刑事免責で得られた供述のような明示的取引の結果の起訴であったり（顕在的司法取引），③手続的正義に反する公訴の維持・追行の場合などであったりのケースにおいて，その獲得に係る証拠の排除問題がある。

　そして，司法取引を導入する場合の参考，あるいは隘路となり得るいくつかの判例も検討しておかなければならない。それは，まず，①当該事件については公訴権濫用論を否定したチッソ川本事件の最決昭 55.12.17 刑集 34・7・672 事件（判例①。公訴権濫用論を初めて肯定して「公訴棄却」の判決をした原審・東京高判昭 52.6.14 高刑集 30・3・341 について，これを否定した上告審決定），②違法

収集証拠の排除法則を初めて宣明した最判昭 53.9.7 刑集 32・6・1672 事件（判例②），及び，③強制退去と検察官面前調書の証拠能力に関する手続的正義の観点からの新たな証拠排除の基準を示した最判平 7.6.20 刑集 49・6・741 事件（判例③）などがあり，いずれも，検察官の公訴権行使の適正な行使に関する参考判例と言えよう。そして，司法取引を導入する場合の隘路となり得る問題点に関する判例としては，④約束による自白と認定し，これが任意性が欠けるものとして証拠排除をした最判昭 41.7.1 刑集 20・6・537 事件（判例④），同じく，⑤いわゆる切り違え尋問の最大判昭 45.11.25 刑集 24・12・1670 事件（判例⑤），また，⑥刑事免責による強制証言であるとして証拠排除をしたロッキード事件丸紅ルート最大判平 7.2.22 刑集 49・2・1 事件（判例⑥）がある。これらの判例は，証拠の証明力があり，その利用価値が大きくても，司法の廉潔性の維持などの専ら政策的理由から証拠排除をするものである。

Ⅲ　公訴権とその運用の歴史

1　公訴権の内容

　検察官は，刑事事件について，公訴を行う（刑訴法第 247 条，検察庁法第 4 条）。これは国家訴追主義を採ったものである。そして，一定の基準に従って公訴を提起しないこともできるが（刑訴法第 248 条），これは起訴裁量（便宜）主義と言われるものである。

　我が国の検察官は，公訴権を原則的に独占して行使しているが，そもそも公訴権とは，一般には検察官が裁判所に対し公訴を提起・追行する権限を指すとされている。その用語自体は，明文上は明治 15 年施行の治罪法第 9 条や，明治 26 年施行の旧々刑訴法（明治刑訴法）第 6 条では「公訴ヲ為スノ権」と規定されていたものの，大正 13 年施行の旧刑訴法（大正刑訴法）及び昭和 23 年 7 月施行の現行刑訴法とも「公訴権」という定義的用語自体は用いていない。現行刑訴法では，予審制度が廃止されて，捜査と公判とが公訴提起を契機として結び付けられる構造となり，同法第 247 条が「公訴は，検察官がこれを行う」，検察庁法第 4 条が「検察官は，刑事について，公訴を行い」と規定して，そこ

での「公訴」がすなわち「公訴権」であることは明らかである（公訴権の用語自体は，検察審査会法第1条では手続法としての本来の公訴権の意味で使われ，恩赦法第3条，旧遺失物法第11条では実体法の刑罰権という意味で使われている。）。そして，検察官は一定の基準に従い公訴を提起しない権限も有するが（刑訴法第248条—起訴裁量主義），現行刑訴法が当事者主義を導入したことから，原告官として審判の対象である訴因を設定するに当たり（刑訴法第256条3項の訴因設定権の行使），発生した社会的事実たる犯罪事実のうち一部のみを選択して起訴するなど訴訟の対象を適正に処分する起訴裁量権（訴訟物に対する処分権—起訴の選択権）が認められている[5]。更に，その当然の帰結としての公訴追行上特別に必要な場合に起訴変更に当たる公訴取消しを行い得る権限も有することから（同法第257条），公訴権は広義には，「刑事について，起訴・不起訴の処分をなし，公訴提起後はその追行を行い，若しくは必要に応じ公訴取消しを行う権限」というのがその権限のより的確な内容の説明となろう。そうであってこそ，起訴猶予にすべき事件を起訴した場合に，これを公訴権濫用の事由のひとつに加える論理との整合性が得られよう。

2　公訴権行使の歩み

　検察官（現行刑訴法から「検察官」と規定されるが，旧刑訴法までは法上は「検事」と規定されていた。）の公訴権は，その捜査権限の充実とともに発展してきた歴史がある。明治時代に入って，治罪法第92条や旧々刑訴法第46条では，検察官や警察官の捜査機関には，原則として強制捜査権限は現行犯の要急事件等のほかは付与されていなかった。検察官の公訴権も，起訴法定・起訴強制主義が法意思であるものと広く解されていた。しかし，検察官・司法警察官の権限は，その任意の「聴取書」に証拠能力が認められるようになったり（大判明36.10.22刑録9・1721），司法警察官が違警罪即決例（明治18年制定）や行政執行法（明治33年制定）を犯罪捜査へ活用することで，その権限拡大が行われていった。

　また，明治38年当時は起訴法定・起訴強制と解される時代において，有罪判決に対する刑の執行猶予の制度が導入されるや，それとともに検察官の公訴権行使の猶予，すなわち，犯罪の嫌疑があり類型的訴訟条件的事由は具備して

いてもなお起訴の必要性がない場合に，起訴を控えるという処分を「起訴猶予制度」として慣行上行うようになった。そして，これが大正3年（1914年）の大浦事件（共犯者は起訴するも，大浦内大臣に対する議会工作における野党議員に対する買収・贈賄事件は不起訴処分とした事件）を経て，検察官の起訴猶予権が大正11年，旧刑訴法第279条として明文化され，検察官の権限は一層拡大されていった。

　もっとも，ドイツなどのように検察官の起訴法定主義と起訴強制の原則を採用する国もある。この制度では，起訴・処罰の必要のない事件まで起訴対象となって，現実的に起訴件数の増大化による刑事司法の機能不全を招く恐れがある上，被告人の改善・更生という刑事政策的な視点からも妥当な制度とは言えない。ドイツでも，最近は徐々に起訴裁量主義を取り入れているくらいであり[6]，我が国の起訴裁量主義の法制度は，実際の運用においても誠実になされ，大方の国民の支持の下でその実績を積み重ね，秀逸な制度と評されている。しかし，もとより起訴裁量権限の行使は恣意的であってはならず，常に適正・健全な範囲内で行使されなければならない。裁判官の自由心証主義（刑訴法第318条）であっても，内在的制約の面からだけでも，恣意的なそれであってはならず論理則や経験則に照らして合理的でなければならないこととされている。検察官の公訴権の行使が起訴裁量権限によるものと言っても，その範囲は刑訴法第248条が規定する一定の基準をもって，半ば法規裁量的ないし羈束行為的に捉えられている（ただ，実際の適用は総合的判断であって，裁判官の自由裁量に近い運用が検察官同一体の原則の下に統一的に行われているのが実態である。）。

　ところで，公訴権行使が不起訴処分としてなされたときは，準起訴手続（刑訴法第262条）や検察審査会の審査議決（検察審査会法第30条）などによる控制があるが，特に後者は，平成16年法62号の改正により，起訴相当議決について検察官が再捜査の結果でも起訴しない場合における公訴提起の議決への拘束力の付与（検審法第41条の2以下の改正規定による「起訴議決」）が，裁判員の参加する刑事裁判に関する法律の公布（平成16年法63号）とともに，国民の司法参加の一環として改正・新設導入された。その施行後の成果が注目されたが，いわゆる「起訴強制」に至ったいくつかの事件を見ると，検察審査会での構成

員やその議決経過の不透明さなど，余りにブラックボックス内での審議と議決
状況であるとして，検察審査会事務局ないし助言の弁護士（審査補助員）のミス
リードないし徒らに世情におもねるパフォーマンスを指摘ないし懸念する批判
や，その可視化の要請がなされている。あるいは，刑事手続の訴訟構造の根幹
に関わる起訴の基準になる犯罪の嫌疑の程度の捉え方さえ，有罪の確信（裁判
における「合理的な疑いを超える証明」となる程度と殆ど同じ程度の「高度の蓋然性」）
の程度でなくとも，いわゆる有罪の「51％の優越」とか，民事訴訟法のような
「証拠の優越の心証」で足りるとのダブルスタンダード容認論までマスコミで喧
伝され，「確信基準」ではなくその「優越基準」で起訴強制に至った事例が現出
している。しかし，それはあくまでも検察官の処分の当否を審査するものであ
る以上，起訴の基本的基準がダブルスタンダードであってならないことは当然
の法理である。「国民目線」をはき違えているエモーショナルな極めて危うい議
論である。そして，そもそも「起訴強制」の法改正の経緯に対しても，立法府
の議員からもこれらの問題点に対する十分な審議が尽くされていなかったとの
反省の弁すらなされている極めて心許ない遺憾な状況も呈され，起訴議決制度
の冷静な見直しが問われれているところである[7]。

3　公訴権の適正行使に係る判例

（1）　前掲判例①のチッソ川本事件の最決昭 55.12.17 について[8]

公訴権限は原則的に検察官に専属しているが，およそ権限あるところ濫用が
あり得ることから，理念上この検察官の公訴権の権限行使に関しても，濫用が
問題になり得る。そこで，公訴権濫用論者は，検察官の公訴権行使に関して，
刑訴法上明文の規定はないが，事由によっては類型的訴訟条件と同視すべき訴
訟障害事由として捉えられるとする。それは通常，事由別に②犯罪の嫌疑なき
起訴，⑤違法捜査に基づく起訴，そして，ⓒ起訴裁量権限の逸脱・濫用ないし
不平等起訴などに分類して指摘している。これら非類型的訴訟条件事由のある
事件の公訴提起と追行は，「公訴権の濫用」になるから，検察官の非を明らか
にして裁判上早期にこれを打ち切り，被告人の権利救済を図らなければならな
いとする考え方である[9]。

218　第3章　検察官の適正な公訴権行使と司法取引

　特に，本チッソ川本事件の最高裁決定及びその後の不平等起訴として争われた赤碕町長選挙違反事件の最高裁判決（最判昭56.6.26刑集35・4・426）によって，相次いでその当該事案の公訴権濫用が否定されることで，公訴権濫用論自体が殆ど理念的概念にとどまり，現実には理念自体否定されたのも同然の判例状況となった。本チッソ川本事件の上告審決定は，「検察官の訴追裁量権の逸脱が公訴の提起を無効ならしめる場合がありうるが，それはたとえば公訴の提起自体が職務犯罪を構成するような極限的な場合に限られること，本件では検察官の訴追裁量権の逸脱があったとは認められず，その逸脱があったとして公訴の提起を無効とした原判断は誤りであること，しかし，原判決には判決に影響を及ぼす法令の解釈運用の誤りがあるが，いまだ刑訴法第411条を適用すべきものとは認められない」旨判示している。

　なお，これまで公訴権濫用と言うとき，検察官の公訴提起に限って俎上に載せられてきたが，例えば検察官の公訴権独占の例外となる準起訴手続（刑訴法第262条〜第269条）における裁判所の公訴提起行為や（同法第264条で検察官が同法第262条1項の請求を理由があるものと認めるときは，検察官が公訴提起をするが―この場合でも理念的には公訴権濫用の問題が残るが―，これをしないときは第266条・第267条により，裁判所が審判をして公訴提起の有無を決定する。），公訴維持の指定弁護士の公訴維持行為（同法第268条）にも，純理論的には濫用が否定できないはずである。更に，前述したように検察審査会の起訴議決に公訴提起の法的拘束力を付与することとなったのであるから（検審法第41条の6。第41条の9第1項「裁判所は，起訴議決に係る事件について公訴の提起及びその維持に当たる者を弁護士の中から指定しなければならない」，第3項「指定弁護士は検察官の職務を行う」，第41条の10第1項「指定弁護士は，速やかに，起訴議決に係る事件について公訴を提起しなければならない」と規定する。），この場合も，各段階での濫用問題はあろう。それにもかかわらず，検察官の公訴提起に対する公訴権濫用論だけが論じられるのは，それは，世界にも類例がないほどに我が国の検察官が「検察官同一体の原則」の下で，刑事政策を推進し，大きな起訴裁量権限を行使して，事実上，起訴・不起訴の判断は第一審の裁判にも等しい権限行使をする重要な役割を担っていることから，これを糾問的捜査観と結び付けて，一方当事

Ⅲ　公訴権とその運用の歴史　　219

者の弁護人やその支援論者が戦術として公訴権濫用論を主張する政策的背景があると見るのが相当であろう。

　しかし，本チッソ川本事件の最高裁決定は，「検察官の裁量権の逸脱が公訴の提起を無効ならしめる場合のありうることを否定することはできないが，それはたとえば公訴の提起自体が職務犯罪を構成するような極限的な場合に限られるものというべきである」と判示した[10]。

　そこで，ここで問題とされるのは，検察官の起訴裁量権の行使上，司法取引が行われた場合，これが公訴権の適正な行使となるのかということが議論されるべき事項となる。

（2）　前掲判例②の違法収集証拠の排除法則を宣明した最判昭53.9.7について[11]

　これは，公訴権濫用論者が非類型的訴訟条件として掲げる前述の障害事由ⓑの違法捜査に基づく起訴の場合にも関連する。この判例②は，最高裁が初めて示したいわゆる違法収集証拠の排除法則の宣明であり，「証拠物の押収等の手続に憲法35条及びこれを受けた刑訴法第218条1項等の所期する令状主義の精神を没却するような重大な違法があり，これを証拠として許容することが将来における違法な捜査の抑制の見地からして相当でないと認められる場合においては，その証拠能力は否定されるべきである」と判示する。

　検察官は，特にこの判例以後，もし起訴の段階で証拠排除されるような重大な違法捜査が認められた場合は，違法手続の瑕疵の治癒方策（新たな押収手続等）を講じたりして，違法手続が疑われる当該証拠を排除した場合に他の証拠でどこまでの事実認定ができるのか慎重に検討して，起訴の範囲・内容を決定することとなる。場合によっては，不起訴処分を選択せざるを得ない場合もある。しかし，実際は起訴後の裁判の過程で被告人・弁護人側から当該証拠が重大な違法手続で押収されたとして争われることで初めてその事実が判明し，それに対して裁判所の判断が示されるというケースが多い。

　そこで，仮に違法収集証拠の疑いがある場合でも，それが重大な違法でもない限り，検察官と被告人側との間において，例えば，検察官が執行猶予を求刑することを条件に当該証拠を刑訴法第326条によって同意するなどの取引をす

ることの適否が議論されることとなる。

（３）　前掲判例③の強制退去と検察官面前調書に関する最判平7.6.20について[12]
　本件は，入管法（出入国管理及び難民認定法）に基づいて，タイ国へ強制送還された売春防止法違反のタイ人参考人（売春婦）の検察官に対する検察官面前調書の証拠能力を具体的事案に即して肯定したものである。
　事案は，売春クラブの経営者の被告人らが，売春婦15名（うちタイ人女性14名）を自己の管理する場所に居住させて，業として売春を行った管理売春（売春防止法第12条違反）事件である。検察官は，タイ人14名を取り調べて検面調書を作成したが，その後入国管理当局により，1週間以内にタイ国へ順次強制送還されるに至った。
　そこで，本判決は，退去強制によって出国した者の検面調書について，「その検面調書を刑訴法第321条1項2号前段書面として証拠請求することが手続的正義の観点から公正を欠くと認められるときは，これを事実認定の証拠とすることが許容されないこともある」と判示した上，その具体的基準として，①検察官において供述者がいずれ国外に退去させられ公判準備または公判期日に供述することができなくなることを認識しながら殊更そのような事態を利用しようとした場合や，②裁判官または裁判所がその供述者について証人尋問の決定をしているにもかかわらず強制送還が行われた場合，などを例示的に挙げている。そして，本件の検察官が採った措置については，前記①には当てはまらず，しかも，前記②については「本件に関連して同時期に強制送還された他の供述者については証拠保全としての証人尋問が行われており，本件供述者のうち，証拠保全請求があった1名については請求時に既に強制送還されており，その余の者については証拠保全の請求がないまま強制送還が行われたなどの判示の事実関係の下においては」とした上，結論としては，「本件供述者の検面調書を証拠請求することが手続的正義の観点から公正を欠くとは認められず，これを事実認定の証拠とすることは許容される」と判示している。この判断枠組みは，固有の明文の規定によるものではなく，刑訴法第321条1項2号の検面調書の証拠能力の判断の解釈問題として，新たな証拠排除のケースのひとつと

したものであった。それは，その判示例の前記①の場合かどうか，要するに，検察官の訴訟追行が適正な公訴権の行使の内容になっているか否かの判断としたものであった。これは，前掲判例①②に通底する考え方とも言えよう。検察官が，証人を殊更国外へ出国させたような故意の場合であれば，検面調書の採用を否定することには異論がないであろう。しかし，本件のように，検察官に殊更利用の意図がない場合でも，検察官に証人確保義務を認めて，それが履行されない場合は，同号の「供述不能」の要件解釈として，検面調書の証拠能力を否定する考え方もある（大阪高判昭 60.3.19 判タ 562・197）。

　本件の基本的問題は，「出入国の公正な管理を目的とする入国管理当局による退去強制の執行と，公共の福祉の維持と個人の基本的人権の保障とを全うしつつ事案の真相を明らかにすべき刑事裁判の要請とを,いかに調整するかにある」（大野正男裁判官の補足意見）。要は，刑罰権の適正な行使と入国管理行政の在り方の国家的利益の衝突の上に，当該外国人の人権（利益）がからむ問題だけに，むしろ立法において法的調整規定を創設すべき問題と思われる。しかし，現在の手続構造のままであれば，後述するように検察官と弁護人間で司法取引で解決する方途があるのではないかが検討事項となる。

　このように，我が国の検察官の権限である公訴権の内容とその適正行使の運用の実績を確認してきたが，そこで，取調べの可視化による真相解明機能の脆弱化に対応して，検察官への新たな捜査方法の付与と並んで司法取引の導入の検討となるが，初めにこれを既に活用している主要国の運用実態から概観していくこととする。

Ⅳ　アメリカ・ドイツにおける司法取引

1　アメリカの司法取引

　アメリカの司法取引については，以下，主として先駆的な宇川論文に依拠し，これを要約して紹介する[13]。その法的根拠が，検察官の起訴裁量権にあるところ，司法取引の権限を付与する直接の権限規定はなく，連邦刑事手続規則に「検察官と弁護人または自ら訴訟活動を行う被告人は，答弁について協議し，合意

することができる」と規定されているだけであるが（同規則第 11 条(c)(1)），この規定は 1970 年の連邦最高裁判決によって取引の適法性が確認されたことを受け，1975 年に追加されたものである（その追加の際に創設されたものではない。）。そして，この取引は，検察官の関与なしに警察限りでこれを実施することはできないとされている。

　司法取引は，対象者が真実を述べることを前提とするもので，それは①自己負罪型取引と，②捜査協力型取引とに区分される。前記①は，被疑者自身が犯罪事実を自認し，その見返りに寛大処分を付与する場合であり，前記②は，被疑者が共犯者ないし第三者の犯罪に関する共謀ないし目撃等の知り得た情報を供述し，あるいはその後のターゲットの訴追に捜査協力をするなどし，その見返りとして寛大処分を付与する場合である。これら司法取引は，アレインメント（有罪答弁）の制度と結び付けられており（同制度を前提としない司法取引もある。），検察官と被告人間の取引（交渉による合意形成）によって有罪答弁がなされれば，証拠調べなどのトライアル（公判審理）を省略して，以後量刑手続に入る。なお，証人の供述を獲得する方法でも刑事免責（イミュニティ）は，一定の免責を付与して自己負罪拒否特権を消滅させることによって，証言義務を課するという一方的な強制の手続であり，検察官と証人の取引（交渉と合意）によって機能するものではないことから，司法取引と法的メカニズムが違うとされる。

　さて，アメリカでも約束等と寛大処分によって誘引された自白には任意性がないとされて証拠能力が否定されるが，これが司法取引としてなされていれば任意性は肯定される。いずれも有罪自認に変わりがないのに，このようなダブル・スタンダードとなっている。この点について，「有罪答弁は，裁判所，検察官あるいは弁護人から提示された約束の現実的価値を含め，その直接の結果を十分に認識した上でなされていれば，脅迫（または有罪答弁をすれば嫌がらせを止めるという約束），欺罔（約束の不履行または履行不能の約束を含む），あるいは検察官の職務から見てそれ自体不当な約束（買収など）によるものでない限り，有効と解すべきである」とするブレイディ判決（1970 年）が紹介されている。

　そして，有罪自認・捜査協力に対する寛大処分の量刑上のガイドラインも定

められ，従来その連邦量刑ガイドラインは裁判所に対しても法的拘束力を有していたが，連邦最高裁が 2005 年のブッカー判決において，その法的拘束力を否定したことから，以後はガイドラインは寛大処分の勧告基準として機能しているとされている。

なお，刑事免責に関しては，検察官がその必要性等の判断権を有するが，手続上は検察官の申立てに基づき裁判所が証言命令を発することで実施される。

ところで，この司法取引に関しては，既に 1967 年の大統領諮問委員会報告書において，「取引による有罪答弁は重要な機能を果たしている。実際問題として，多くの裁判所は，すべての事件について公判を開くという負担にはたえることができない。また，司法取引をもって，単に刑事事件を最小のコストで処理するための手段としてとらえるならば，それは重大な誤りである。司法取引は，被告人・検察官の双方を，公判手続に不可避のリスクや不確実性から解放する。それは，融通が利かない一方で予測のつかない手続に，一定の確実性と柔軟性を与える。司法取引は，法定刑の下限の厳しさを緩和し，不適切な罰則規定をそのまま適用するよりも，各事件に固有の情状をより正確に反映した量刑を可能にするために用いられている。さらにそれは，寛大な処分とひきかえに，他の重大な犯罪に関する情報，捜査協力，証言を獲得するという形で，取締当局の重要なニーズのために頻繁に利用されているのである」と指摘し，そして，このように司法取引の過程を訴訟記録に記録して可視性を高めることにこそ，重要な意義があることを提案していることも紹介され，また，「刑事法システム」の概念の導入も示されている。

2　ドイツの「合意手続」

ドイツでは，2009 年 6 月に「合意手続法」（刑事手続における合意に関する規定を定める法律）が制定されたが，これは「司法取引」と呼ぶにしても，アメリカのそれが検察官の起訴裁量権を根拠にしての交渉と合意としてなされるのとは異なる。すなわち，ドイツでは起訴法定主義の下において，検察官には重罪についての起訴裁量権が認められておらず（軽罪については，1975 年の刑訴法改正で起訴猶予・手続打ち切りの範囲が規定された。），我が国の戦前の刑訴法の

224　第3章　検察官の適正な公訴権行使と司法取引

ように，第一回公判期日前に裁判官が起訴状と一件記録・証拠物を精査して法廷に臨み，裁判所による実体的真実の発見と厳格な法の適用のための審理を行うものである。このため，ドイツの学説の多数は，手続参加者による合意や法取引によって，手続打ち切りや，刑の減軽が行われることは，裁判の公正・平等の原則，そして，起訴法定主義にも反し，ひいては国家刑罰権の実現が歪められるなどとして反対する。そこで，新法には実体的真実の発見を前提とし，裁判所が主体的に関与して合意を提案する合意手続システムの規定を置き，これにより手続参加者の参加・協働権は保障されていると見做されている[14]。

　ところで，この合意手続は，この新法制定の以前の 1980 年代から，既に職権主義の下で実務上行われていた。当初は財政経済事案からこれがなされるようになり，それが最近では，性犯罪事案でも行われるようになった（起訴法定主義の例外の場合とは異なって，全ての罪種に及ぶ。）。それは，事件全体の 2 割ないし 4 割を占めるようになっているという。その事件処理のための合意形態としては，被疑者が一定金額を納付する代わりに検察官が事件を不起訴処分にする例，被告人が自認する代わりに略式命令手続で処理する例，被告人が自白する代わりに刑を減軽する例，自白の程度（一部自白など）に応じて代わりに余罪を不起訴にしたり事件の一部起訴にとどめる例，被告人が大規模事件の訴追協力をする代わりに犯罪行為の一部について手続を打ち切る例などが挙げられている。この合意手続は自白が構成要素となり，その自白の信用性は一件記録によって吟味される[15]。

V　司法取引導入の問題点とその検討

1　秘められたる司法取引

（1）　我が国の公訴権行使の実態

1)　先に紹介したアメリカとドイツの司法取引は，我が国の捜査・取調べとはその手続構造を異にする制度である。

　このため，我が国に司法取引を導入するにしても，日本版のそれとして独自性を持った内容のシステム化を図る必要がある。また，前掲判例①ないし⑥の

各判例は，司法取引導入との関連でどのような位置づけ，ないし隘路となり得るのかも整理しなければならない。しかし，これらの具体的な検討に入る前に，ここで我が国の公訴権行使の実態を見ておくこととする。

　先ず，およそ「取引」である以上，検察官は被告人側に問題の証拠の取調べに同意するよう働き掛ける交換条件として，事件をいわば罪一等減ずる形で起訴選択権を適正にして弾力的に行使し，あるいは，例えば執行猶予付きの求刑を約することで協議を調えることとなれば，これは，暗黙の合意で行う秘められたる司法取引と言うべきであろう。刑訴法も前記同意に関する第326条に続いて，第327条では検察官と被告人・弁護人の両当事者間における合意において，文書の内容や公判期日で供述することが予想される供述の内容を文書化して提出したときは，供述者の取調べなくして証拠能力を付与するという「合意書面」制度を規定するが，これは一種の当事者処分主義を認め，実質的司法取引を明文化したものとも言えよう。私は，そもそも取調べでの供述調書も一種の「合意書面」だと考えている。それは，その供述した時点での被疑者が調書化を認めた範囲での被疑者と取調官との合意書面ということである。これは特に，共犯者のいる複数事件などや，組織犯罪などに見られるのであるが，被疑者は真実を述べても自分が最初に自白した者になりたくないとか，今の段階では調書への署名は控えたいとか，犯行現場への行動で真実はそういう事実もあったが（例えば，道中覗き見をしたとか，愛人宅に寄ったとかなどの事実），それは名誉に関わる「不都合な真実」であるので伏せたいから（裏付け捜査の実施は別としても），調書の記載上はその部分を外して欲しいとか，この供述部分は弁護人と相談してどの範囲の記述にとどめるかを決めたいとか述べて，事件の真実のうちその時点でどの範囲・程度までを書面化に応ずるかが，結局，取調官と被疑者側の合意の上で決せられ，その結果が供述調書として書面化され署名押印（捺印）に至るという経過を辿る例も多いのである（なお，これは被疑者主導のケースであり，取調べの録音・録画での可視化の下では，このような赤裸々な姿をさらけ出すのには躊躇を示し，その実現が難しくなるため，対応の特別の知恵と手当て（担保）が必要と言えよう。）。

　刑事手続は公の関心事である以上，証拠裁判主義（刑訴法第317条）は貫か

226 第3章 検察官の適正な公訴権行使と司法取引

なければならず，訴訟当事者といえども民事訴訟法における擬制自白のような完全な当事者処分権を認めることはできないが（民訴法第179条。なお同法第247条も参照），当事者主義を標榜する現行刑訴法下では，司法の廉潔性や実体的真実主義に著しく反するものでない限り，審理の迅速化・効率化の要請からも，一定の当事者処分主義と同様の結果を容認することも合理性があると言える。

2)　『平成23年版犯罪白書』によれば，同22年における検察庁終局処理人員は，157万7369人（前年比4.3％減）であり，その処理区分は，公訴提起として公判請求10万9572人（前年比7.6％減）と略式命令請求が40万8681人である。また，不起訴処分では，起訴猶予83万9984人，その他の不起訴7万3372人となっている。ほかに，家庭裁判所送致が14万5760人である。なお，無罪率は例年0.01％ないし0.02％で推移している。ここで注目すべきは，全終局処理人員中，公訴提起に至るのは全体の約33％にとどまるということである（家裁送致事件を除いても36.2％である。）。そして，その公訴提起の内訳も8割近くが略式命令請求事件で処理され，公判請求は2割強にとどまる。その公判請求事件中，即決裁判手続の人数は地裁・簡裁合わせて平成21年が約4％の4470人であったのが，平成22年は1200人以上減で地裁・簡裁合わせて約3％の3256人である。

　罰金・科料求刑の略式命令請求手続，あるいは必ず執行猶予付きとなる即決裁判手続とも，起訴の前にその手続を採ることに被疑者が「異議がない」こと（刑訴法第461条の2第1・2項），あるいは「同意」すること（刑訴法第350条の2第2項）が，それぞれ書面でなされることが必須要件となっている。簡易公判手続では，被告人が「起訴状に記載された訴因について有罪である旨を陳述したとき」に限り，同手続が採られるが（刑訴法第291条の2），これは英米法で採られているアレインメント（arraignment）制度とは異なる。このアレインメント制度は，罪状認否で被告人が訴因に対し有罪の答弁（guilty plea）をした場合，以後証拠調べなくして有罪として扱い，後は量刑判断（調査）がなされて判決に至る。そして，被告人が無罪の答弁をした場合だけ公判審理（trial）手続に入るものである。我が国では，アレインメント制度は憲法第38条3項や，刑訴法第319条2・3項で補強法則が規定されていることと，刑訴法は民訴法のように当事者処分権主義を採っていないことから採用し得ないとされる。簡易

公判手続を選択すれば，伝聞法則の適用がないなど簡易な手続で審理促進が図られるが，被告人としてはそれによって執行猶予が約束されるような利益はなく，実際には余り利用されてこなかった[16]。そこで，平成16年の刑訴法改正で即決裁判制度が創設された。争いのない明白軽微な事件につき，簡易かつ迅速に公判審理・裁判を行うことで手続の合理化・効率化を図るのが制度趣旨である。要は，裁判員制度導入に伴いこれが充実・強化のために，その対象事件以外の他の事件では，捜査処理を含め一層の合理化を図るという司法制度改革の一環としての政策的制度である。

3)　即決裁判手続の合憲性について

　最判平21.7.14刑集63・6・623は，即決裁判手続が犯罪事実の誤認を理由とする上訴制限をしていることについて，これができるものとすると，そのような上訴に備えて必要以上に証拠調べが行われることになりかねず，同手続の趣旨が損なわれるおそれがあることを指摘した上，被告人が同手続を自由意思で選択したことについて，①被告人の有罪の陳述が必要なこと（刑訴法第350条の8），②被告人及び弁護人の同意が必要なこと（同法第350条の2第2・4項・第350条の6・第350条の8第1・2号），③この陳述・同意は，判決の言渡しまでいつでも撤回することができること（同法第350条の11第1項1・2号），また，④被告人は手続の過程を通して，同手続に同意するか否かについて弁護人の助言を得る機会が保障されていること（同法第350条の3・第350条の4・第350条の9），⑤同手続による判決では，懲役または禁錮の実刑を科すことができないものとされていること（同法第350条の14）を挙げている。また，前記のような被告人に対する手続保障の内容に照らすと，同手続において刑の執行猶予の言渡しが必要的であるとする制度自体が虚偽の自白を誘発するものとは言えないから，弁護人の憲法第38条2項違反をいう所論は前提を欠くとしている。この最高裁の判決は，結局，被告人が有罪を自認することと，必要的執行猶予事件（即決裁判手続）とが「約束・条件関係」となって起訴されることが，制度的に虚偽の自白を誘発するものではないとする重要な判断を示している。

228　第3章　検察官の適正な公訴権行使と司法取引

（2）　秘められたる司法取引の実証的検討

1)　略式命令請求や即決裁判手続に応諾すること，あるいは簡易公判手続に関し公判で「有罪陳述」をすることを，検察官と被告人・弁護人との間で協議し争わないことや，訴因の構成・量刑などを約束の上で，事件処理をすることは「秘められたる司法取引」ではないか，との問題点が検討されなければならない。以下，具体的事件を想定しながら，実証的に論述することとしたい。

　「大学生Aが夜間，繁華街を通行中，酔った勢いで通行中の初老の被害者Vに『金を貸せ』と声をかけ，Vがこれを断るやいきなり同人を殴りつけてその場に転倒させ，同人に加療約3週間の傷害を負わせた。AはVが恐れていることをいいことに，その上着の内ポケットから財布を取り出し，これを持って約10メートル歩いた所で自分の犯したことが恐ろしくなって，近くの店舗前の植木の陰にその財布を隠して約100メートル逃げた所で，折から警ら中の警察官に出会うや，自ら進んで前記犯行を告白し，Vの財布を隠した場所にも警察官を案内して被害品を確認させた。このため，警察官はその場でAを強盗致傷の現行犯人として逮捕した。その後，Aの親がVへ治療費等を支払ってA・V間で示談が成立し，VはAを宥恕している。また，Aには前科・前歴がなく，介護福祉士を志望し日頃は大学で熱心に授業を受けている真面目な学生であった」。

　さて，前記の想定事件で，検察官が行使する起訴裁量権限の幅は大きい。想定される事件処理としては，①犯罪事実通り強盗致傷罪で公判請求する。②立証の難易・情状等を勘案し，恐喝罪または窃盗罪と傷害罪で公判請求する。③傷害罪で即決裁判手続により公判請求する。④傷害罪で起訴と同時に罰金求刑の略式命令請求をする。⑤起訴猶予処分とする，などである。

2)　そこで，前記事件処理パターンの①の場合は，検察官が起訴の選択権を行使するまでもない処分である。前記②の場合は，立証の難易の点では，Aが「金を貸せ」と声をかけた時点でのAの犯意が，酔余のからかい半分であって金員喝取ないし強取の犯意が容易に認定できない場合，したがって財布の財物奪取，不法領得の意思の立証の困難性が考えられる。恐喝の訴因は，声をかけた時点で犯意を認定しながら，その反抗を抑圧する程度の暴行・脅迫での立証に

困難性があって，強盗ではなく恐喝と認定する場合である。恐喝ではなく窃盗の訴因は，声をかけた時点での犯意の認定が難しいと判断して，窃盗と認定したものと考えられる。そして，いずれにしろ，傷害罪は明らかとして訴因に加えている。ただ，いずれにしても，刑法第240条（強盗致死傷）の法定刑が「7年以上の懲役」と規定されていた時代は，通常，執行猶予が付されないことから，この想定事件のような場合は，情状を考慮し刑事政策的考慮から，強盗致傷をこのように罪一等減ずるような訴因で起訴をすることも少なからず見られた（平成16年の刑法改正で「6年以上の懲役」と改正され，以後はその状況も変わっている。）。その場合，検察官と弁護人が事前に協議し，公判で事実を争わないことを確認合意した上でする場合もあり，あるいはそのような明確な協議と合意ではないがこれを暗黙の合意で行う場合もあり，これらは秘められたる司法取引と言ってよい。

　また，前記事件処理パターンの③の即決裁判手続，④の略式命令請求手続では，検察官が被疑者に対しその手続について十分その内容を説明した上，真摯な「同意」（即決裁判手続）ないし「異議がない」（略式命令請求）ことを所定の書面で確認して行うものである。もし，事案がA・Vともに酒に酔っていて供述が曖昧で，Aの犯意の発生時期や犯行状況等が判然としなかったり，傷害自体もVの過失が加わっての結果であったりする場合もある。そのような場合，徹底して争う公判では，検察官と被告人・弁護人側双方が訴訟経済上得策でないことがあって，このような場合，事実認定上固いところで訴因を設定し，あるいはこの隘路を回避するため，当事者が協議し合意の上，略式命令請求の罰金刑で処理したり，即決裁判手続が創設されてからは公判請求するにしてもこの手続を選択したりすることもかなりある。これは，従来から，ひとつの暗黙の合意ないし明確な合意形成を行った上での「秘められたる司法取引」としてなされていたものを，今後はいわば顕在化した司法取引と評してよいのではないかとも考える。ただ，即決裁判手続に関する前掲最判平21.7.14では，この制度が虚偽自白を誘発するものでないことを判示するが，前掲判例④ないし⑥の約束ないし刑事免責による自白・証言でのその証拠能力を否定する判例の判断枠組みからの検討は必要であるので，この点は後述する。

230　第3章　検察官の適正な公訴権行使と司法取引

そして，前記事件処理パターンの⑤の起訴猶予処分の場合は，本想定事件で
は少ないかも知れないが，前記のような立証上の難点があったり，そうでなく
ても自首事案であり全体の情状，刑事政策的考慮から，証拠上，事実は認定で
きても，刑訴法第248条の「犯人の性格，年齢及び境遇，犯罪の軽重及び情状
並びに犯罪後の情況により訴追を必要としない」場合に当たるとして，「公訴
を提起しないことができる」とすることは，不相当な公訴権の処分（不行使）
とは言えないであろう。ただ，この処分は検察官の起訴裁量権に基づく通常の
事件処理として，敢えて秘められたる司法取引ともすべきではないであろう。
それは，常習累犯窃盗事件などにおいて，動機に同情すべき事情があり，軽微
な窃盗事件を検察官が単純窃盗罪として起訴する場合も同様である[17]。しかし，
例えば，前記事件処理パターンの①ケースにおいて，起訴後に検察官が請求予
定の書証等の証拠を弁護人が同意する見返りに，保釈に同意する場合は秘めら
れたる司法取引と言える。また，検察官が警察の報告を受けて被疑者から捜査
協力として，隣家2階で目撃した「暴力団員がけん銃数丁を密売人から買い込
んで天井裏に隠した」との事実を供述調書化するについて，その見返りとして
求刑で軽い量刑とすることを弁護人も接見の上被告人と協議し検察官とこの約
束を合意した場合などは，ある程度の顕在化した司法取引と言えよう。もっと
も，この捜査協力型の司法取引というのは，後に再論するが，我が国の検察官
が現に行っているということではない。

なお，前記想定事例などで，被疑者が未届けの相当数の余罪を自白する場合
がある。これを全部立件することは，被疑者にとっても逮捕・勾留が繰り返さ
れることとなって望むことでもない上，捜査経済上（起訴されれば訴訟経済上）
も省力化が求められるところである。そこで，被疑者と捜査機関（検察官）と
で折り合いを付けて，全件を立件せず，主要ないし証拠上明白な事件のほかの
余罪は起訴せずに，被告人の悪性格の情状立証とともに，反面反省悔悟の表れ
としてこれを量刑事情に用いることが実務上定着している（最大判昭41.7.13刑集
20・6・609等参照）。

2 約束・偽計，刑事免責等に関する判例

（1） 司法取引導入の隘路となり得る前掲判例④ないし⑥の判断枠組みの検討

1） 前掲判例④の約束による自白として証拠排除した最判昭 41.7.1 について[18]

「約束による自白」とは，自白が利益誘導ないし利益に結び付けられた手法で採取された場合を指すとされている。すなわち，取調官が被疑者に対し「不起訴にしてやる」などと利益供与を約束して得たその自白である。その約束の内容は，刑事責任に関する利益（不起訴，保釈，刑の減軽等の約束）はもちろん，差し入れ等や面会などの便宜供与など通常の利益誘導と同じ形態のものを含む。そして，本判決の判旨は，「自白をすれば起訴猶予にする旨の検察官のことばを信じた被疑者が，起訴猶予になることを期待してした自白は，任意性に疑いがあるものと解するのが相当である」というものである。

事案は，税務署員の被疑者 A に係る収賄事件である。A は B らから所得金額等の査定について好意ある取扱い方を請託されて，その報酬として金品を収賄したとの被疑事実で逮捕勾留中であったが，金品の収受は認めながら，貰う意思はなかった旨述べて収賄の事実を否認していた。ところが，贈賄被疑者 B の弁護人 X は，B から「A に金品を提供したことで迷惑をかけた」旨聞いたことから，担当検事と面談し A のために陳述したところ，その際同検事から，「A が見えすいた虚構の弁解をやめて素直に金品収受の犯意を自供して改悛の情を示せば，A は検挙前に金品をそのまま返還しているとのことであるから起訴猶予処分も十分考えられる案件である」旨内意を打ち明けられ，かつ，A に対し無益な否認をやめ率直に真相を自供するように勧告したらどうかという趣旨の示唆を受けた。そこで，その後 X は，A の弁護人 Y を伴って留置中の A と面接し，「検事は A が見えすいた嘘を言っていると思っているが，改悛の情を示せば起訴猶予にしてやると言っているから，真実貰ったものなら正直に述べたがよい。馬鹿なことを言って身体を損ねるより，早く言うて楽にした方がよかろう」と勧告した。このため，X の言を信じた A がその後の取調べから順次金品を貰い受ける意図のあったこと，及び金銭の使途等について自白するに至ったというものである。

本件の原審（広島高岡山支判昭 40.7.8）は，「自白の内容を詳細に観察し，か

232　第3章　検察官の適正な公訴権行使と司法取引

つ関係証拠と対比検討すると，これらの自白供述は，捜査官の違法な取調べに
基因するものではなく，Ａが任意になしたものであることが認められるから，
自白の動機が前記のような原因によるものとしても，捜査官の取調べそれ自体
に違法が認められない本件においては，Ａの自白調書の任意性を否定すること
はできない」と判断した。しかし，上告審である本判決はこれを覆し，「本件の
ように，被疑者Ａが，起訴不起訴の決定権をもつ検察官の，自白をすれば起訴
猶予にする旨のことばを信じ，起訴猶予になることを期待してした自白は，任
意性に疑いがあるものとして，証拠能力を欠くものと解するのが相当である」
と判示し，被告人の自白は刑訴法第319条1項の「任意にされたものでない疑
のある自白」（不任意自白）に当たるとして，当該自白（調書）を証拠排除した（た
だし，他の証拠で優に有罪と認められるとして，被告人側の上告は棄却している。）。

　本件は，検察官が起訴猶予を約束したかどうかそれ自体が問題であり，その
処分の見通しも，収受金品をそのまま返還したとの事実が前提となっていると
ころ，それ自体がその後崩れたことの事情もあり，むしろ弁護人が検察官の言
を誇張して被告人に助言したことから，弁護人のこの助言によって被告人自身
の判断で自白するに至った事案であって，本判決が任意性を否定した結論には
疑問が呈されている[19]。

　なお，英米法では約束による自白は証拠排除されていると言われているが，
アメリカのそれは，刑事責任に関する利益の約束についてだけに限定的に解釈
するものであり，しかも前述したイミュニティ法制度を併存させているのであ
るから[20]，同日の談ではないことを指摘しなければならない。これは前掲判例
⑤⑥にも関連するので，そこで司法取引の観点から再度検討することとする。

2)　前掲判例⑤のいわゆる切り違え尋問事件の最大判昭45.11.25 について[21]

　事案は，夫婦がけん銃等共同所持違反事件で逮捕勾留中，検察官が夫の取調
べに際し，「妻が夫との共謀事実を自白した」との嘘の事実を告知し，これを
信じた夫が，「妻との共同所持の事実」を自白した。その後，妻の取調べにお
いて，「夫は既に妻との共同所持を自白した」旨告知して，妻からも夫との共
同所持の自白を得た上，検察官は夫だけを「妻と共謀の上，けん銃1丁と実包
3発を共同所持した」との公訴事実で起訴し，妻（芸者置屋経営）は起訴猶予

処分とした。しかし，被告人側がこの検察官の取調べは切り違え尋問という偽計による自白であったとして争った。

差戻し前の原審（大阪高判昭 42.5.19）は，偽計による自白であっても，その動機に錯誤があるにとどまり，虚偽の自白を誘発する蓋然性は少ないから，他に虚偽自白を誘発する蓋然性の大きい要素が加わっていない本件では，自白の任意性はあるとしたが，最高裁は，「捜査手続といえども，憲法の保障下にある刑事手続の一環である以上，刑訴法第 1 条所定の精神に則り，公共の福祉の維持と個人の基本的人権の保障とを全うしつつ適正に行われるべきものであることにかんがみれば」として一般論を述べたのに続いて，「捜査官が被疑者を取り調べるにあたり偽計を用いて被疑者を錯誤に陥れ自白を獲得するような尋問方法を厳に避けるべきであることはいうまでもないところであるが，もしも偽計によって被疑者が心理的強制を受け，その結果虚偽の自白が誘発されるおそれのある場合には，右の自白はその任意性に疑いがあるものとして，証拠能力を否定すべきであり，このような自白を証拠に採用することは，刑訴法第 319 条 1 項の規定に違反し，ひいては憲法第 38 条 2 項にも違反する」との判断枠組みを判示した上，本件にこれを当てはめて，結局，原判決を破棄差戻している。

本大法廷判決では，①偽計を用いることが禁じられるとしつつも，具体的には，更に「偽計によって被疑者が心理的強制を受け，その結果虚偽の自白が誘発されるおそれがある場合」において，任意性に疑いがあるものとなることを示していること，また，検察官は，夫の被告人の取調べに当たり，②「『奥さんは自供している。誰がみても奥さんが独断で買わん。参考人の供述もある。こんな事で 2 人共処罰される事はない。男らしく云うたらどうか。』と説得した事実のあることも記録上うかがわれ，すでに妻が自己の単独犯行であると述べている本件被疑事実につき，同検察官は被告人に対し，前示のような偽計を用いたうえ，もし被告人が共謀の点を認めれば被告人のみが処罰され妻は処罰を免れることがあるかも知れない旨を暗示した疑いがある」とも指摘していることを注意深く見るべきである。前記①に関しては，取調官が偽計を用いることで，「虚偽の自白をするおそれがある状態」（抽象的おそれ状態）を招き，その結果，被疑者が心理的強制を受け，そのことにより「虚偽の自白が誘発される

おそれがある疑いが濃厚な状態」（具体的なおそれ状態）となっていると結論づけ，その結論の真偽につきなお審理不尽の違法があるとするものである。そして，前記②の要素は前記①の心理的強制に陥ることに相乗効果をもたらしているとの指摘と解されるが，そこには，前掲判例③の「約束による自白」の判断枠組みが意識されているように思われる[22]。

3) 前掲判例⑥のロッキード事件丸紅ルート最大判平7.2.22について[23]

本大法廷判決で論点となるのは，いわゆる刑事免責を付与して得られた嘱託証人尋問調書の証拠能力である。

刑事免責は，法制度上は一方的な証言強制であるから「取引」ではないとされているが[24]，共犯者のひとりが証言しそれがターゲットの犯罪立証に供されることで，証言者には免責という一定の利益を付与することや，その刑事免責が付与されるまでには，交渉の過程を辿ることからして，実態において取引的な形態をとることに変わりはない。また，交渉の結果，証言者がその証言をすることを「合意」すれば，それは「司法取引」そのものとなる。そして，これも約束による自白等と同様，供述の任意性に関わる問題点を含んでおり，私は，結局，実質的に「捜査協力型」の司法取引の亜流ケースとして検討対象となる判例と捉えることとした。

事案は，田中角栄元首相が昭和51年7月27日外為法（外国為替及び外国貿易管理法）違反で逮捕され，同法違反と受託収賄で起訴された丸紅ルート事件を中心とする著名な事件であり，アメリカ在住の贈賄側のコーチャンらに対する証人尋問の嘱託に関してとられた処置が問題となった。本大法廷判決は，検事総長がコーチャンらに対し将来にわたり公訴を提起しないとの不起訴確約宣明書を，また，最高裁判所も検事総長の同確約が将来にわたり我が国の検察官によって遵守される旨の不起訴宣明書を尋問の連邦地方裁判所宛に各発出した結果，刑事免責の約束の下で嘱託証人尋問調書が作成されたことについて，判旨は「刑訴法はいわゆる刑事免責の制度を採用しておらず，刑事免責を付与して得られた供述を録取した嘱託証人尋問調書を事実認定の証拠とすることは許容されない」としている。この事件は，昭和62年7月29日に東京高裁の控訴棄却判決があって以来，上告審の最高裁の判断が示されないまま経過し，田中元首

相が死亡したことで平成 5 年 12 月 24 日最高裁は公訴棄却の決定を行い，他の
被告人の関係では最高裁は平成 7 年に至ってようやく大法廷が上告棄却の決定
を言い渡して決着した異例の経過を辿るものである。このため，上告審の判断
に対する批判はもとより[25]，余りにも長期間を要した裁判であることや，最高裁
の不起訴宣明自体の疑問も出る。大法廷判決では，問題の不起訴約束によって
刑事免責が付与されたと判示しながら，その評価（適法・違法）は避けているが，
不起訴約束を検察官の公訴権放棄ないし事実上の刑事免責との各ルートの控訴
審の見解によれば，本件証人尋問調書の証拠能力は肯定できる。しかし，弁護
人は，「検察官が刑事免責を与えたことは憲法，刑訴法に違反し，権限を有しな
い最高裁の宣明に関しては憲法第 76 条 3 項等に違反し，これらによりコーチャ
ンらに証言を強制して得られたものであるから，刑訴法上違法な捜査方法によ
って得られた違法収集証拠となって証拠能力はない。また，弁護人に反対尋問
の機会が与えられていない点は憲法第 37 条 2 項等，刑訴法第 321 条 1 項 3 号の
要件に欠ける」とする。更に，「不起訴宣明によって刑事免責を付与したことか
ら，自己負罪拒否特権が消滅したとして証言を強制することは，憲法第 14 条，
第 31 条，第 38 条 1 項に違反し，その任意性を肯定することは憲法第 38 条 2 項
に違反し，約束や偽計による自白に関する最高裁判例に反する」とも主張する。

　大法廷判決は，刑事免責を許容する規定がないことを理由に証拠排除を導い
たが，結局，「刑訴法全体の精神に照らし」ということから，従来の違法収集
証拠排除法則とは別の新たな証拠排除の判断枠組みを用いたとの見方があり，
これは前掲判例③の「手続的正義の観点（手続の公正）」にも通じるものとも言
えよう。そして，今後，刑事免責制度を立法化するならば証拠能力が肯定でき
ることを示す「司法取引への指向判決」とも評することができるところである。

　この判例は，前掲判例④⑤の約束ないし偽計による自白と任意性問題と合わ
せて，司法取引の内容の検討対象となる。

（２）　隘路となる判例の分析と司法取引
1)　先に前掲判例①ないし③を概観したように，違法捜査による起訴に関する
公訴権濫用の前掲判例①，及びこれに関連して違法収集証拠の排除法則の前掲

判例②では，検察官は起訴前に違法捜査が明らかになっていれば，その瑕疵の治癒に心を下し，それができない場合は訴因の設定について一部起訴や縮小起訴など起訴選択権を行使する一方，被告人・弁護人に対し違法捜査の経過を明らかにした上で，刑訴法第326条の同意ないし証拠物の取調べに異議がないことに応諾するよう働き掛けて，その旨協議を調える場合がある。前掲判例③も，検察官が強制退去の可能性のある外国人参考人の検面調書の作成に当たっては，常に刑訴法第226条，第227条に基づく公判前証人尋問の実施が適正な公訴権行使として求められるのかとの「手続的正義」の問題があり，弁護人との調書同意の交渉等を通じての司法取引の方途がある。また，先に検討した軽い訴因設定での起訴や，即決裁判手続・略式命令請求を選択することなどのこれまでの「秘められたる司法取引」がある。

　ところが，このような態様と，前掲判例④の最判昭41.7.1（約束による自白），及び前掲判例⑤の最大判昭45.11.25（切り違え尋問の偽計による自白）が，任意性を欠くとして証拠排除される態様や，あるいは，これに通ずる前掲判例⑥の最大判平7.2.22（刑事免責による嘱託証人尋問調書の証拠能力）が証拠排除される態様とにはどれほどの違いがあるのか、以下、見てみたい。

2)　**前掲判例④の「約束による自白」**については，私は，そもそも最高裁が認定した任意性を欠くとした「約束」の存在自体に―これが判例としては「傍論」ではあっても―疑問を持っている。ここで刑訴法第319条1項にいう証拠排除すべき「その他任意にされたものでない疑のある自白」，すなわち「約束による自白」と言い得るには，担当検事が弁護人を介して収賄被疑者Aに対し起訴猶予処分を約束したことから，これを信じたAが自白したという因果関係を辿る例でなければならない。しかし，判示のような検事が弁護人に対し事件処理の見通しを述べることは一般的にあり得る。例えば，公判請求のほか罰金ないし起訴猶予もあり得る事案について，「自白して反省し示談も成立するなら公判請求でなくてもよいだろうが，否認のままでは略式罰金では処理できない」とか，「示談が調えば，略式罰金か場合により起訴猶予もあり得る」などと事件の一般的見通しを弁護人に述べることは，あり得ることであって，何ら処分の約束をして自白を求めたものではない。その際，検事が「弁護人から被疑者に素直に

真実を話す方がよいと説得しておいてください」ということばを付加したとして
も，それは弁護人が弁護方針の中で被疑者への助言方法を考えるものであって，
これをもって「処分を約束して自白を導いた」ものとも言えないと考える。こ
の判例の収賄被疑者 A に対する弁護人の助言は，検事の説明を正確に伝えたも
のでもなく（A が収受金品を返還していることが真実との前提があっての起訴猶予
処分の見通しであった。），「検事が約束している」ということ自体が弁護人の曲
解の疑いがある。しかも，検事が弁護人との事件処理の協議の中で，通常あり
得る合理的範囲内になる処理の見通しを述べた場合は（それが寛大処分に繋がる
内容であっても同じである。），弁護人が弁護方針の一環として被疑者に十分説明
し被疑者もこれを十分理解して自白した以上は，一律に任意性を欠く自白と見
るのは相当とは思われない。すなわち，このような場合は証拠能力を一律に否
定するのではなく，むしろ個々具体的に，自白の出方なりその内容と裏付け証
拠の突合結果など総合的に吟味してその信用性を判断することが相当な採証方
法と思われる[26]。最高裁の判示も「本件のように，被疑者が，起訴不起訴の決
定権をもつ検察官の，自白をすれば起訴猶予にする旨のことばを信じ，起訴猶
予になることを期待してした自白は，任意性に疑いがあるものとして，証拠能
力を欠くものと解するのが相当である」と述べるだけで，必ずしも理由を尽くし
た説得力のあるものとは思われない。検察官が直接被疑者に約束した場合なら
ばともかくであるが，この論旨からは，被疑者が，例えば検察官が述べたこと
を全く誤解して，「自白すれば寛大な処分になるもの」と思って自白した場合や，
極端には被疑者が否認したのに「検察官がニッコリ笑っていたので，自白すれ
ば起訴猶予にしてくれることを暗示しているもの」と曲解して自白した場合で
も（検察官は，ただニコニコと穏やかに被疑者の弁解を聞いていただけである。），「被
疑者がそうと信じたからこそ自白したというものである以上，虚偽自白の誘発
のおそれとの観点からすれば，明確に約束があろうがなかろうが余り問題はな
い」ということまで論理を発展させかねない危うさを秘めている。その意味では，
司法取引として顕在化させることでかえってフォーマルなものとして扱い，争
いをなくす方がよいこととともなると言える。

　しかし，翻って考察してみれば，そもそも，刑訴法第 319 条 1 項に規定する

238　第3章　検察官の適正な公訴権行使と司法取引

「その他任意にされたものでない疑のある自白」（以下，「その他の不任意例」と言う。）とは，その前段に規定する「強制，拷問又は脅迫による自白，不当に長く抑留又は拘禁された後の自白」（以下，「典型的不任意例」と言う。）のようないわば典型的物理的な不任意例に比べて，その他の非典型的物理的ないし心理的な不任意例とでもいうべき場合も含むものの，この「その他の不任意例」の程度は，あくまでも「典型的不任意例」に準じないしこれに類するそれと「同視」できる程度のものでなければならないものと解すべきである。そうである以上，前掲判例④ないし⑥の約束等の自白は，個々具体的に事案ごとに判断して，明らかに「類型的」に任意性を欠く程度の例でなければならないはずである。約束等があり，それに応じて自白があったというだけではなく，その態様が虚偽の自白を誘発するおそれが「類型的に高い状況」であったときに，初めて「その他の不任意例」に当たると言うべきである。犯人（被疑者）の多くは，捜査機関が有罪となるだけの証拠を収集していると知ることにより，初めて観念して自白する。反省悔悟から自白する場合でも，それは直ちにではなく，罪を免れ切れないと観念してからの場合が多いのが実際である。A例として，証拠を突きつけられて初めて真実を自白する場合と，B例として，約束が提示され納得の上で真実を自白する場合とでどこが違うのか。証拠や利益の約束を提示されたりしたことが契機・動機付けとなって自白したとしても，直ちに類型的に「虚偽の自白を誘発する」危険があるとは言えない。そして，A例はその証拠が適法に収集された真実の物である限り，「その他の不任意の例」には該当しないとされている。ところが，A・B例とも自白するか否かの選択権は被疑者の自由な判断として残されていることから，本来の任意性は欠いていない。また，B例で「自白すれば起訴猶予になるに違いない」と考えて自白する場合と，検察官から明確に起訴猶予処分を約束されて自白した場合とでどこが違うのか。約束と期待とでは「趣を異にする」から違うとの見解もあるが[27]，いずれも約束ないし期待は被疑者においての動機付けとして働くだけではないか。これは，前掲判例④の約束による自白になる最高裁の昭和41年判決の原審の「自白の動機が起訴猶予になるとの期待があったことの原因によるものとしても，捜査官の取調べそれ自体に違法が認められない本件においては，その自白調書の任意

性を否定することはできない」旨の判断とも一致する[(28)]。また，前述の前掲判例⑤の切り違え尋問事件の原審も，「偽計による自白であっても，その動機に錯誤があるにとどまり，虚偽の自白を誘発する蓋然性は少ない上，他に虚偽自白を誘発する蓋然性の大きい要素も加わってもいない」からとして，不任意自白とは判断しなかった。

　要するに，任意性の問題は，被疑者の「虚偽自白を誘発するおそれ」の観点から，そのおそれのある取調べの結果自白することを考えて，証拠能力を否定し排除するものである。したがって，類型的にそのおそれが高い取調べ方法が採られた場合は，仮にその結果自白したとの因果関係が判然としなくても，また，真実の自白であっても，それは「任意にされたものでない疑のある自白」と見做して，証拠排除をしようとするのが法意と考えるのが判例の立場と言えよう。してみると，取調官側の行為が自白する動機付けにとどまる場合なのか，そうであっても「心理の拷問的状態」に陥って選択の自由がなく自白せざるを得ない場合であったのかが，「任意性の有無判断」の分水嶺であると考えられる。すなわち，「約束」が十分でなく寛大処分がひとつの可能性にとどまる場合や，切り違え尋問が「偽計」として微妙な場合における自白の動機付けの例とか，被疑者に「被害者の下着に付着していた精液のDNA型が被疑者の物と一致した」と告知した例でも，それが客観的事実に反する場合か真実の場合かなどの例で，いずれもその結果自白するに至った場合について，吟味が必要なことが考えられる。

3)　前掲判例⑤の切り違え尋問事件の差戻し審である大阪高判昭47.2.9判時676・96は，問題の切り違え尋問の微妙な経過について，差戻し前の原審認定の偽計の順番などとは異なって，次のように認定している。

　すなわち，検察官は，①被告人（夫）の従前からの態度から考え，自供こそ得るに至っていないが，被告人の態度は世間で言う顔に書いてあるという状態で自供までにもう一押しという情況で，暗黙には認めているものと判断し，妻に対し「主人は相談した（本件けん銃の買受けおよび所持について）と言うているし，かばう必要はないやないか，君の方でかくしても仕方がないではないか，責任をもつものにもたらしたらどうか」などと告げて説得したところ，妻は主

人がそういっているならと考え，被告人に相談しその指示によって本件けん銃等を買受け所持していたことを供述したので，その旨の調書を作成したこと，②その後の被告人の取調べでは，「奥さんは自供している，誰れがみても奥さんが独断で買わん，参考人（妻にけん銃を売った者）の供述もある，こんなことで2人とも処罰されるようなことになってはいかんじゃないか，男らしく言ったらどうか」と説得した結果，被告人は妻から相談をうけ，被告人の指示によって妻が本件けん銃等を買受け所持していたことを自供したので調書を作成したこと，③その後，警察に被告人及び妻の再取調べを指示し，両名は警察官に対しても前記検察官の面前で述べたのと同旨の供述をしたのでその旨の各調書を作成した，という取調べ経過を辿ったことを認定した。その上で，「被告人が検察官の説得，すなわち，妻が共犯関係を認めていることを前提として，被告人がこれを否認すれば結局2人共処罰されることになるかも知れないが，もし被告人がこれを認めれば被告人のみが処罰され妻は処罰を免れることがあるかも知れない旨を暗示するような内容の説得を受けたことはすでに認定したとおりであるが，被告人の差戻後の当審における供述によれば，被告人は右説得の結果，もし自己が妻との共犯関係を否認すれば2人とも処罰されるかも知れず，そうなると家庭が崩壊しその苦痛は耐えることができない。もし自己が共犯関係を認めれば妻が処罰を免れ家庭の崩壊を食い止められるかも知れないと考えた末自供するに至ったことが認められ，これによると被告人は前認定のような偽計によって明らかに自供するか否かの意思決定および意思活動を著しく阻害された心理状態すなわち心理強制を受けた状態にあり，虚偽の自白が誘発されるおそれがある場合に該当し，前記尋問によって得られた被告人の検察官に対する自白は任意性に疑いがあるものといわなければならない」として，これらの調書の証拠能力を否定し，妻にけん銃等を売った参考人の「妻が『夫と相談する』と言っていた」旨の供述や，被告人自身が警察官の被告人方に対する捜索差押えで本件けん銃等が発見押収された後の弁解録取書等において，本件を認める供述をしているがこれらの供述については信用性がないか共謀を認定するに足る証拠ではないとして排斥して，結局，妻が本件けん銃等を所持していた事実はともかく（妻は起訴猶予処分済み），被告人は妻との共謀を認めるに

足る証拠はないとして無罪とし，検察官も上訴せずに確定した。

　夫婦共犯事件は，一般的には当時の夫婦仲の濃淡等により，かばい合ったり，なすり合ったりで，真実の供述が得にくい捜査官泣かせの事件類型である。本件では，被告人方からけん銃等が発見押収された冷厳な事実はあったが，芸者置屋経営のおそらくやり手であったと思われる妻の単独所持が真実である可能性も完全には払拭できず（ただし，本件けん銃等の買受け自体は妻の独断であっても，その後は夫である被告人との共同所持の疑いは十分残った事案である。），誰も処罰されずに終わった。刑事政策的観点から大岡裁きで事件を処理したつもりの検察官だけが，その後辞職し，かくして「切り違え尋問」という教訓は残った，という後味の悪い検察の失敗事件処理事例というのが事件顛末である。

　この切り違え尋問事件は，微妙ではあるが偽計に約束がからんだ事件の，そして，実務では夫婦で逮捕された各種事件では，妻が積極的に関与し主導的であったとしても，夫だけを暗黙の取り計らいで起訴する事例はかつては少なからずあった。また，組織犯罪や暴力団仲間の事件にとどまらず，ひとつの地域の多数の供与・受供与になる公職選挙法違反事件など，要するに共犯者が複数ある場合の事件では，それが真実であっても「最初の自白者」になることを恐れて，真実は述べてもその旨の調書には署名押印を拒絶するか，既に自白者が現れたという確証を自分なりに得た後に初めて自白に応じるという例は多い。もし，最初に自白したことが後に発覚すれば，組織や暴力団の仲間ないしヒットマンから，その自白した共犯者らの命が奪われる恐れが十分あることは現実の例がそれを示している。一般人の場合でも，勤める会社ないし地域社会から，いわゆる「村八分」的扱いを受ける恐れがあることは現実往々にしてある。したがって，このような事件では，特に取調べ当初の可視化には最も馴染まない事件領域でもある。このような例では，被疑者が取調官に対し共犯者が自白しているかどうかをしつこく確認することが多いが，本件切り違え尋問では，検察官は夫が逮捕当初は妻との共同所持事実を認めながら，その後妻との共謀を否認するに至った経緯があったことから，その態度の中には共同所持の事実を認めることがいわゆる「顔に書いてある」状態と理解して，いわば大岡裁きをする感覚で取調べの正しいルールの一線を越えてしまったものと評される。少な

242　第3章　検察官の適正な公訴権行使と司法取引

くとも被告人方にけん銃等が隠匿されていた事実は動かすことのできない事実であったのであるから，共同所持の真実性を裏付け証拠をもって綿密に立証をしなければならないのに，それが不十分であったそしりは免れない。検察官としては，一種の司法取引で刑事政策的事件処理をするつもりであったことが窺えるが，余りに粗雑で大らかな取調べであったと言わざるを得ない。このような場合，被告人としては妻との共謀を認めなければ妻が起訴されるであろうが，自分が真実でなくても共謀を認めれば自分だけが起訴されて妻は起訴されないとの心理的強制，すなわち，供述の選択の自由が残されていない状態に追い込まれ，「虚偽の自白をする危険状態」に陥ったと評される。したがって，このような場合，差戻し審でもあり，任意性に疑いがあるとして証拠能力を否定した裁判所の判断はやむを得ないということとなるのではあろう。しかし，このような取調べが行われれば，その結果得られた自白については一律に証拠能力を否定するというのではなく，事案によりその証拠能力を認めた上で，供述の信用性で判断をすれば足りる場合もあると思われる。

　ほかに，先に述べたように，DNA型が一致したとの告知により，被疑者が自白した場合がある。この場合は，取調官がDNA型が一致した旨告知したことにより，被疑者が心理的強制を受けたとしても，それが真実のことである以上，虚偽の自白が誘発されるおそれはなく，もはや罪は免れ得ないと観念して真実を自白したものであり，その証拠能力が否定されるいわれはない[29]。したがって，被疑者がこれによって心理的強制を受け，虚偽の自白が誘発される危険な状態に陥った場合というのは，その告知事実が虚偽の場合である。その例として，**東京地判昭62.12.16判時1275・35**は，窃盗事件の現場に遺留されていた犯人の物と思われるデッキシューズについて，取調官が被疑者に対し，そのような鑑定すらしていないのに同シューズ内の分泌物が被疑者の物と一致した旨嘘をついたことによって，被疑者が自白したことについて，任意性に疑いがあるとしてその自白の証拠能力を否定して無罪としたものであった。しかし，この場合とか，ポリグラフ検査の結果が曖昧なのに取調官が「ポリの結果は明確に黒と出ている」などと述べたりした場合などでも，その結果，被疑者が罪を免れ切れないと判断して盗品の隠匿場所を自白し，その自白した場所から盗

品が発見押収されたとしたら，その証拠も排除すべきなのか。これはいわゆる不任意自白に基づいて発見された証拠物の証拠能力の問題であるが，この場合の証拠物の証拠能力は肯定することもできる[30]。また，客観的事実に反していても，取調官がその一致を信じていたような場合とか，当時のDNA型鑑定では一致との判定であった場合は，むしろ任意性に関する違法排除説からは取調官の取調べに違法がないことから任意性が認められるであろう。ところが，その虚偽排除説からは被疑者としてみれば真実は不一致なのに一致するとの誤りの証拠を突きつけられた結果自白したとなれば，心理的強制の下で虚偽の自白を誘発する危険が具体的に高いと言えることとなり，したがって，任意性に疑いがあるとの結論を導くべきではないかとも思われる。足利事件の再審無罪事件では，有罪の確定判決当時のDNA型鑑定では当時の鑑定水準の下で，被害者の着衣に付着していた体液と被告人のDNA型とが一致したとの結果が出ていたことから，**宇都宮地判平22.3.26判時2084・157**は，取調官は証拠能力が認められない証拠であると認識して本件DNA型鑑定を被疑者に示して取り調べたものではないから，偽計による自白としてその任意性が否定される場合ではないと判断している[31]。

4)　**前掲判例⑥**については，刑事免責を付与して得られた供述を録取した嘱託証人尋問調書の証拠能力の問題である。

　アメリカでは，約束による自白は，裁判の場ではなく，インフォーマルな取調べの過程でなされるので任意性が問題となるが，刑事免責は司法手続上の処分なので任意性の問題とはならないとされる[32]。そこで，一，二審は，刑訴法第321条1項3号該当書面として証拠能力を肯定したが，本大法廷判決は，刑事免責を付与して得られた供述を事実認定の証拠とすることは我が国の刑訴法の許容するところではなく，これが国際司法共助の過程で同制度を利用して獲得された証拠についても全く同じであるとして，その証拠能力を否定した。すなわち，「検事総長及び東京地方検察庁検事正の各宣明は，コーチャンらの証言を法律上強制する目的の下に，同人らに対し，我が国において，その証言内容等に関し，将来にわたり公訴を提起しない旨を確約したものであって，これによって，いわゆる刑事免責が付与されたものとして，コーチャンらの証言が得

244 第3章 検察官の適正な公訴権行使と司法取引

られ，本件嘱託証人尋問書が作成，送付されるに至ったものと解される」とした上，刑事免責の制度は，「自己負罪拒否特権に基づく証言拒否権の行使により犯罪事実の立証に必要な供述を獲得することができないという事態に対処するため，共犯者等の関係にある者のうちの一部の者に対して刑事免責を付与することによって自己負罪拒否特権を失わせて供述を強制し，その供述を他の者の有罪を立証する証拠としようとする制度である」としてその内容を確認した。そして，本件証人尋問が嘱託されたアメリカ合衆国では，「一定の許容範囲，手続要件の下に採用され，制定法上確立した制度として機能している」が，我が国の憲法では，「その刑事手続等に関する諸規定に照らし，このような制度の導入を否定しているものとまでは解されない」としつつ，「この制度を採用するかどうかは，これを必要とする事情の有無，公正な刑事手続の観点からの当否，国民の法感情からみて公正感に合致するかどうかなどの事情を慎重に考慮して決定されるべきものであり，これを採用するのであれば，その対象範囲，手続要件，効果等を明文をもって規定すべきものと解される」と判示した。ところが，「我が国の刑訴法は，この制度に関する規定を置いていないのであるから，結局，この制度を採用していないものというべきであり，刑事免責を付与して得られた供述を事実認定の証拠とすることは，許容されないものといわざるを得ない」とし，このことは，本件のように国際司法共助の過程で同制度を利用して獲得された証拠についても，全く同様であって，これを別異に解すべき理由はなく，これを事実認定の証拠とすることは許容されないと結論づけた。

　この最高裁の判断経過を見ると，本件嘱託証人尋問手続や刑事免責を付与して供述を獲得したことについて，いずれも「違法」かどうかという直截的な判断が示されていない。本件手続は，検察官の請求で裁判官が嘱託し，国際司法共助として実施され，受託国のアメリカでは合法とされている手続である以上，上告趣意が主張する違法捜査の抑制の見地からの違法収集証拠の排除法則適用の事件類型ではないと思われる。我が刑訴法に規定のない刑事免責を付与しての証言強制は，結局，違法収集証拠の排除法則上は，違法な捜査に帰するが重大な違法ではないとする見解もあるが（大野正男裁判官の補足意見），多数意見は，本件をこれとは別個の証拠排除の判断枠組みを掲げたものと見られている。

3 司法取引導入自体の問題点とその検討[33]

（1） 基本的な問題点

1） 我が国の刑事手続は，民事訴訟のように当事者間の民事的紛争解決の場合とは異なり，刑事事件が公の関心事として公益に属するものである以上，実体的真実の追求が目的とされ，その真相解明がなされた事実に対して，適正な手続により応分の刑罰が科せられるものでなければならない（刑訴法第1条）。

したがって，本来的に当事者に取引によって事実解明と処分を委ねることは否定的に解され，国民からも事件処理に関しての取引が，ダーティーなものと見られがちであったことは事実である。しかし，当事者の納得のいく事実確定を前に，これを供述するに当たって，交渉によって一定の見返りが前提となるからといって，明らかにされた事実が不実に帰するものでもない。

2） また，捜査・起訴処分に対する協力の見返りとして寛大処分を約することへの批判がある。しかし，自首などによる刑の減免自体，誘引規定であり（刑法第42条。その他同法第43条後段—中止未遂，第170条・第173条—裁判確定前の自白，第228条の2—解放減軽等），取引自体がダーティーなものと一概に観念づけられるものではない。それに，これまで実体法は客観的事実を基本にしつつ，主観的要素により犯罪類型・構成要件が厳密に分けられ，したがって，被疑者や参考人等事件関係者の取調べにより，このような主観的事実関係を含め真相供述を確保することが，重要な捜査手法として位置づけられてきた。ところが，前述したように，刑事手続を巡る環境の変化は，公判前整理手続制度の創設や，取調べ可視化に拍車が掛かるなど著しいものがある。このため，従来の「秘められたる司法取引」の実態からも，検察官が起訴裁量権を根拠に被疑者・弁護人と事件処理に関し，真相解明を前提として，一定の合理的な寛大処分を提示して，真実の供述を求めるなどの交渉と合意を形成する「司法合意」の処分を制度的に許容する必要性は大きいものがあると言える。検察官だけが加重な負担を強いられ，刑事手続の立証上著しくアンバランスを生み，その結果正義が後退することになる事態は国民も望むところではないはずである。また，司法取引を採用する諸国が共通に求める点として，限られた資源である司法・刑事手続の担い手の有効利用の要請の中で，刑事手続の合理化（効率化），訴訟経済，

246　第3章　検察官の適正な公訴権行使と司法取引

手続の迅速化は喫緊の課題であり，これを訴訟当事者が司法取引という形で積極的に協働的に参画することにより達成することは，国民のコンセンサスが得られるものとして実施されている[34]。これは，裁判員制度を導入した我が国でも，自認事件と否認事件とでは，それに要する司法労力も合理的に配分すべき状況にあると言えるのである。

　こうして，この司法取引問題は，徒らにタブー視するのではなく，今やこれが導入のための問題点と解決策の議論を深化させるときであり，その環境もそろそろ整いつつあると言えよう。この問題をポジティブに捉えることで，司法改革の流れが真に合理的なものとして国民から支持され，被告人・被疑者の人権と被害者の保護にも資することができるようになるものと思われる。

（2）　司法取引のその他の問題点

1）　本来，刑罰は犯した犯罪事実と責任に応じて一般予防と特別予防の観点から科せられるものであるから，自認し，あるいは捜査協力をすることを見返りに寛大処分が付与されるということは，そもそもどのような根拠に基づくのか。また，このような処理は不公正ではないのかなどの疑問点もある。

　情状酌量の理由は，自己の犯行の反省悔悟の事実であり，「捜査協力」をしたからでは寛大処分の理由となり得ず，まして自己の犯罪ならともかく，他人の犯罪に関する供述（情報提供）の場合はなお更根拠がないのではないかということである。また，他人の犯罪を認定するための供述をすることで，自己の犯罪の処罰を免れるということは，「ずるい」ことであり，「公正さ」を欠くのではないかという批判も軽視はできない。この点，前掲判例⑥の刑事免責に関する判例の第一審証拠決定（東京地決昭53.12.20刑裁月報10・11＝12・1514）も，「一部関係者に対し，証言と引きかえに訴追を猶予して刑事処罰による正義の実現を断念するものと構成して取引の観念を強調すれば不公正感を免れない」旨判示する。

　しかし，果たして捜査協力をした見返りとして寛大処分を付与するのがおよそ了解できないほどの障害なのであろうか。これを否定する規定が存在しないという消極的理由だけではない。ここでオウム真理教事件中の地下鉄サリン事

件における元医師 H 被告人に対して，事件の全容解明に協力したことを考慮
し，検察官が死刑求刑を回避して無期懲役求刑にとどめた例が挙げられよう（H
と同様の犯行役割を果たした共犯者の多くに対しては死刑を求刑している。）。これ
に対し，裁判所（東京地判平 10.5.26 判時 1648・38）も，刑法第 42 条の自首減免規
定を適用し，求刑通り無期懲役に処している。もっとも，捜査協力の点が量刑
上どれだけ考慮されたかは必ずしも明らかではないが，犯罪の解明に貢献した
点も指摘しているので，真摯な反省の点が指摘されている中で捜査協力が考慮
されていることは否定できないと言える。

2)　ほかに，捜査協力の結果による供述の信用性を肯定する裁判例も紹介した
い。その例のひとつとして，**大阪高判平 8.7.16 判時 1585・157** がある。事案は，
日本在住の被告人が，共犯者の運び人 A をしてオーストラリア在住の B に対し，
約 400 g のヘロインをメルボルンのホテルで譲渡した麻薬及び向精神薬取締法
違反（営利目的輸出）等事件である。その捜査の過程で，同国で逮捕された B が
同国連邦警察捜査官に対し捜査協力として本件を供述し，この捜査協力を前提
に保釈され同国裁判所で有罪判決を受けたが，その際被告人らに対する将来の
公判において協力する約束で刑の恩恵的減軽もなされたことから，弁護人はこ
のような捜査協力は捜査官に迎合する危険性が類型的に存するから特信性がな
いと主張した。これに対し，判決は，B の供述録取調書の作成事情に照らすと
特信性を認めるに十分であるとした上，「捜査や公判に協力することを約した
ために自己の刑事事件において恩恵的措置が取られたからといって，その後の
取調べにおける供述が捜査官による約束や利益誘導によるものとはいえないば
かりか，その供述内容の信用性が類型的に失われる取調べとはいえない」と判示
している[35]。

　また，弁護人の主張には，捜査協力による供述と刑事免責の主張も含まれて
いた**東京高判平 21.12.1 判タ 1324・277** がある。事案は，被告人が共犯者の運
び屋 X とその同行者 Y と共に成田空港旅具検査場において，マレーシアから
覚せい剤約 3 kg を営利目的で密輸したという覚せい剤取締法違反及び関税法違
反で緊急逮捕され，被告人は勾留満期に起訴された。しかし，外国人の X・Y
は検察官面前調書と刑訴法第 227 条 1 項に基づく公判前の証人尋問調書が作成

248 第 3 章 検察官の適正な公訴権行使と司法取引

された後，処分保留のまま釈放されて，間もなく入管当局によって強制退去の
手続が採られたというものである。弁護人は，検察官のこの措置が前掲判例③
の平成 7 年最高裁判決による証拠排除に関する判断枠組みである殊更強制退去
を利用しての手続的正義に反する行為であったこと，特に X・Y を起訴するこ
となく釈放した理由について，X がマレーシア警察に本件の情報を提供したが
そのまま本件密輸を実行することを指示された旨供述していること，日本の捜
査機関もこの情報を事前にマレーシア警察から得て被告人らを検挙するに至っ
ていることなどを挙げて，X・Y の前記各調書の証拠能力を争った。判決では，
Y の不起訴理由には特段の問題はないものの，X の不起訴理由については，「X
が自己の関与も含めて詳細に犯行を自白しているということと同人の犯行に対
する関与の程度が従属的であることから起訴猶予したということに関しては問
題がなくはない」旨，あるいは「X が捜査協力者であることについては記録化，
証拠化されておらず，その点についての捜査関係者の説明が必ずしも十分に説
得的でない」旨述べながら，「しかしながら，本件は約 3 キログラムに及ぶ大量
の覚せい剤の密輸入事犯であって，背景に国際的な犯罪組織の関与があること
が明らかな事案であるところ，その密行性が重視されるような事犯であること
など証拠関係を総合すれば，X については，同人のマレーシア警察当局に対す
る情報提供ないし同警察当局のおとり捜査的な捜査手法があるため，担当検察
官としては X を起訴することなく釈放したものと認められ，そのような判断及
び措置が不当であるとはいえない」旨，そして，弁護人の本件犯行前に不起訴
ないし処罰しない旨の約束があり，その結果犯罪を実行した者が任意にした供
述であって「刑事免責」に当たるから，その供述の証拠能力は認められないと
する主張に対しては，所論のいうような場合は一種のおとり捜査であると言え，
その捜査の適法性，関係者から得られた供述の証拠能力については，別途検討
すべきものであるとして，「X は覚せい剤の密輸組織から本件覚せい剤の密輸を
指示され，捜査当局にその情報を提供し，当初の指示どおり本件覚せい剤を密
輸したにとどまり，被告人に対して犯意を誘発・強化するなどの働き掛けをし
たものではないことなどに照らすと，本件の捜査が違法であるということはで
きない」旨，更に「X らが被告人と同様に逮捕・勾留されていることなどに照

らすと，日本の捜査当局から処罰されない旨の保証を得ていたとは考え難い」
旨など述べて，「その他，Xと日本の捜査当局やマレーシアの捜査当局との間で，
上記調書の証拠能力を左右するような不当な捜査手法がとられたことをうかが
わせる証拠や事情はない」と判示する。

　前掲平成8年大阪高裁の裁判例が，捜査協力を受けての寛大処分の捜査を司
法取引的なものと捉えた上で，その適法性を結論づけているのに対し，前掲平
成21年東京高裁の裁判例は，このような捜査形態を「一種のおとり捜査」として，
従来の捜査手法にいわば置き換えてその適法性を論じている。しかし，いずれ
の裁判例も実質はこのような司法取引的な捜査方法による供述の獲得が，直ち
に証拠能力否定に繋がるものではないことの指向性を示すものと思われる。

3)　さて，このような捜査協力の貢献は，オウム事件のような大掛かりな組織犯罪
等の事件（その他，暴力団等のけん銃・薬物・詐欺取引事案）において，末端の行
為者が上部のターゲットの指示等の犯行状況を供述するなどその組織ぐるみの
犯行の全容を明らかにすることにより，これをけじめとして以後組織を離れて
真っ当な人生を送ることを示すこともある。これらは捜査貢献の理由だけでな
く，反省悔悟によることも事実である場合が多い。してみると，従来の量刑の
減軽理由である反省悔悟も併存していると見做してもよいと言えるであろう。
また，捜査協力をした結果，ターゲットが有罪とされ，そしてその捜査貢献に
より自らが寛大処分を受けることが「ずるい」「不公正」などの疑念を抱かせる
との批判も，考えてみれば，そのターゲットが自己の犯罪に対し適正な刑罰が
科せられる以上，その起訴や処罰が不当視されるいわれはないと言うべきであ
る。その意味で，ターゲットだけが不当に処罰されて協力者だけがその捜査協
力によって不当に寛大処分を得るものとはならないはずである。前掲判例①で
の公訴権濫用に関する事件の関連において紹介した赤碕町長選挙違反事件の最
判昭56.6.26でも，原審（広島高松江支判昭55.2.4）が，現金等の受供与等で起訴
された被告人ら供与者側の共謀者には当選町長（立候補者）も含まれていたのに，
警察がその町長の捜査をせず立件送致すらしなかったことを理由に（ただし，当
該事件の公訴提起を含む検察段階の措置には，被告人に対する不当な差別や裁量権の
逸脱等がなかった。），被告人に対する起訴は不平等起訴であるとして，「公訴棄

却判決」としたのに対し，「被告人と対向的な共犯関係に立つ疑いのある者の一部が，警察段階の捜査において不当に有利な取扱いを受け，事実上刑事訴追を免れるという事実があったとしても，……そのために，被告人自身に対する捜査手続が憲法第14条に違反することになるものでないことは，当裁判所の判例の趣旨に徴しても明らかである。なお，原判決によると，本件公訴提起を含む検察段階の措置には，被告人に対する不当な差別や裁量権の逸脱等がなかったというのであるから，これと対向関係に立つ疑いのある者の一部が，警察段階の捜査において前記のような不当に有利な取扱いを受けたことがあったとしても，被告人に対する公訴提起の効力が否定されるいわれはなく，原判決は憲法第14条の解釈適用を誤ったものというべきである」と判示して，原判決を破棄し，被告人の控訴を棄却するとの判決を言い渡した（なお，本件については，警察が原判決認定のように，候補者の当選町長を不当に有利に取扱う意図のもとに偏頗な捜査をしたとまで認定できるかどうかについては，証拠上疑問なしとしないとも判示している。）。この判例に照らしても，共犯者の一部の者が起訴されたり不起訴にされたりすることで不公正感を抱くということが，実は感覚的なものにすぎないことを示すものと言えよう。

　もっとも，検察官の適正な公訴権（起訴裁量権）の行使の観点から，例えば，同じ一網打尽を目指すにも，ターゲットが先に捕まり，そのターゲットと交渉して部下の犯行を供述させることで，その見返りとして量刑など罪一等減ずる寛大処分を付与するなどの捜査協力型の取引であったり（ただし，それでも当該ターゲットの犯罪の立証に必要な合理的範囲にとどまる場合であるならば許容されるであろう。），重大犯罪であるにもかかわらず，見返りが余りにも相当性・合理性に欠ける寛大処分にすぎるような取引であったりすれば，その効力は否定的に解すべきであろう。

4）　ここで付言するに，前述のオウム事件のH医師の全面自白と刑の減軽の関係も，その時点でそのような取引が行われたという事実を指摘しているのではなく，結果的に反省悔悟となるターゲットの供述が捜査協力となって刑の減軽に結び付くことに着目して，捜査協力型の司法取引に盛り込める論理を説明したものであった。したがって，取調べ全面可視化に伴って被疑者が自己の犯

罪を含めて共犯者（ターゲット）の犯行を供述しない状況が続出してくる場合を想定し，このような場合の可視化の方法を工夫しながら，一方で，将来「日本版司法取引」を実施する場合は，このようなケースも織り込むべきものという考えを述べたものである。

（3）「日本版司法取引」に向けてのガイドラインの策定

1）　司法取引に向けての検討事項としては，前述したように，特に前掲判例④ないし⑥において約束等の自白は任意性に疑いがあるとの認定や，許容規定のない刑事免責の証拠能力は否定するとする各判例との整合性である。

　約束による自白が任意性を否定される理由とは，それが利益誘導によって虚偽供述をするおそれが「類型的に高い」からとされていることは前述した通りである。しかし，これは自白することの見返りとして寛大処分を約束することを内容とする司法取引と，どこが違うと言うのであろうか。アメリカでの司法取引は，自己負罪型の場合は，通常は裁判所での有罪答弁においてその任意性が確認されるし，捜査協力型の場合は，真実の供述を前提としての証人であり，かつ，その証人尋問での反対尋問においてその信用性が吟味確認されることから，その保障がないただ単に取調べのテクニックとして行われた利益誘導による自白とは同日の談ではないとされる。単なる取調べのテクニックの形態では，虚偽の自白を誘発するおそれが類型的に高く，不任意自白の疑いがあるのは当然であるとしてその違いを指摘する。

2）　そこで，刑事手続において起訴裁量権を有する我が国の検察官が果たす役割としては，これまで見てきたように，新たな立法を要することなく，検察官の起訴裁量権を根拠として，現に取調べや事件処理の過程でなされている「秘められたる司法取引」も，事案の真相解明のために被疑者が真実供述をすることを前提として，次の要件を履践することで「日本版司法取引」としてこれを許容することを提案したい。

　すなわち，ⓐその取引内容が合理的であり，かつ相当な範囲のものであること，ⓑ被疑者・被告人が真に取引内容を理解し，選択の自由な状態にあること，ⓒ弁護人の助言を得る機会を保障し，弁護人が選任されていない場合でも，調

書上にその取引の交渉と合意形成の経過が記載されていること，ⓓ検察官はこの訴訟上の事実たる「司法合意」の立証責任も，任意性立証の一環として負うことから，その必要な範囲で可視化などに努め，これが裁判所において確認し得たこと，そして，ⓔ司法取引の対象となった被疑者ら関係人の自白供述が，裁判所によってその大宗において信用性が否定されないこと，以上の5要件をもって，我が国の司法取引のためのガイドラインとすることにより，「類型的な虚偽誘発性」は解消されたものと解される。もっとも，最後の前記ⓔの要件は，検察官に課せられるその他のガイドラインとは結果責任であることにおいてやや異質となるが，審理過程で虚偽供述の疑いが合理的に残る事案についてまで司法取引の果実を付与することは著しく正義に反することであるから，これが要件とされることで虚偽供述が事前に排除される効果をもたらすことともなり，要件性を保ち得るものと考える。また，この秘められたる司法取引がむしろ顕在化することにより，検察官の適正な公訴権行使も，本舞台を踏む中で，より洗練され信頼されるものとなることも期待されると言えるであろう。

　なお，被疑者・供述者に寛大処分を付与して協力を得るに当たっては，近時の「修復的司法」との観点も考慮し，被害者の被害感情の意思確認ないし意見聴取という点を，「日本版司法取引」のガイドラインの設定に際して，どう配意するかはひとつの問題点と言えよう[(36)]。

3)　こうして，このガイドラインの遵守によって，あくまでも事例判決である前掲判例④⑤が示す判断枠組みにも抵触しない扱いとすることができるものと考える。また，前掲判例⑥については，「我が国の刑訴法は，この制度に関する規定を置いていないのであるから，結局，この制度を採用していないというべきであり，刑事免責を付与して得られた供述を事実認定の証拠とすることは許容されないものといわざるを得ない」と判示するが，規定が存在しないことを理由に，全ての刑事免責を証拠排除すべきかは評価が分かれるところであり，その理論的根拠が十分ではない憾みが残ることは否めない。また，正式な国際司法共助の嘱託手続を履践していることや，更に，当時は最高裁も検事総長の不起訴約束に対して，そのいわば裏書き的な不起訴宣明書を発しているのであるから，それが司法行政の一環としてなされたものであっても，刑事免責制度

が存在しているのと同じ効力を有するものと解する余地は十分あったはずである。そうでなければ，特に本件の場合，主権国家としての司法の存在意義も問われかねないと言えよう。そして，刑事免責による証言強制が任意性に疑いをもたらす処分との解釈もとっていないから，この点からの疑念も抱く必要はないであろう。なお，この丸紅ルート上告審判例の対象となった嘱託証人尋問に基づいて，被告人がロッキード社から得た報酬に対して税務署が行った所得税の更正及び重加算税賦課決定の処分が争われた児玉ルート税務訴訟上告審判決（最判平 7.6.29 判タ 885・151）では，「刑事訴訟手続において外国の管轄司法機関により行われた嘱託証人尋問の調書は，当事者に反対尋問の機会が与えられていなくても，民事訴訟において書証としての証拠能力を有する」と判示している。我が国では民事・行政訴訟では，伝聞証拠が禁止されていないことなど訴訟構造が刑事訴訟とは違うことから，反対尋問権の保障の点もその書証の証明力に関する問題として扱われる。しかし，違法収集証拠については民事訴訟においても証拠能力を否定される場合があり，もし丸紅ルートのこの刑事裁判における嘱託証人尋問調書が違法収集証拠であるとの立論で排除されていれば，この児玉ルート税務訴訟上告審判決にも影響を及ぼすこともあり得ることであったとも言えよう。いずれにしろ，刑事訴訟で証拠排除されたと同じ証拠が，民事訴訟では排除されなかった例であるが，「公正手続によらない証拠」という観点からは，同じ証拠の扱いであり，前掲判例⑥がひとつの割り切れなさを残した判断であったことを浮き彫りにしたものとも言えよう。

　結局，前掲判例⑥は，「この制度を採用するかどうかは，これを必要とする事情の有無，公正な刑事手続の観点からの当否，国民の法感情からみて公正感に合致するかどうかなどの事情を慎重に考慮して決定すべきものと解される」と判示していることであるから，当時の最高裁としては，司法取引の類の導入は，国民のコンセンサスを得る必要があり，その時期はまだ熟していないと言いたかったのであろうと思われる。してみれば，この判例の存在も，もはや「日本版司法取引」の導入と確立の必要的流れにおいては，決定的障害となるものではないと言えよう。

VI 総 括

　如上のように，司法取引は，検察官の適正な公訴権行使の一環としてのものと位置づけられるものである。すなわち，検察官が公訴権を適正に行使するためには，捜査，特に被疑者・参考人の適正な取調べを行うことが前提となる。また，その取調べの可視化にも十分耐えられるものでなければならない。司法取引は，検察官の取調べの過程で行われ，また，起訴・不起訴の事件処理の段階及び裁判所の審理過程でも行われ，これが，それぞれ適正になされることで虚偽が排除された真の自白も獲得でき，その供述としての真相解明機能を確保しつつ，真摯かつ公正・合理的な合意形成ができることが求められる。確かに，一般には司法取引によって，真相から離れた好い加減な供述が生まれたのではないかとの疑念が残るのも一理はあるところである。そこで，この当事者の合意形成の中で，真実が歪められるとの懸念の払拭についてであるが，それは，要はどれだけ真実の自白による合意形成の結果が積み重ねられるかである。特に，自白はしたくてもその全部の調書化を嫌がる被疑者，組織犯罪などで自らが先に自白したことを仲間に知られたくない被疑者，組織の他の事件に関する「蛇の道はへび」で知り得る極秘情報の提供を渋る関係者らに対しては，真実の供述をしてもその供述録取調書への署名押印をしないことを条件に，あるいは調書化に応じて署名押印をしても，その調書を証拠としては使わないことを条件に真実供述を得るなどとしても，特段正義に悖るというものではない。そのような場合，その供述内容について別途裏付け証拠を収集し，その収集証拠こそ先に独立して入手したように扱うこととして調書化をしない代わりに真実供述を得ることで，一定の寛大処分を付与することを提示して真相解明に迫ることは有益であり，コアの供述自体の真実性を曲げたり害するものでもない。ただ，それも，結局は，司法取引に入る前に捜査機関がどれだけ真相解明のために必要な契機となる相当の証拠を摑んでいるかということである。一般事件でも，また，重要事件でも多くの犯罪者の心理としては，取調官との信頼関係の中でも証拠を摑まれている範囲の自白，あるいは，真相解明は時間の問題でな

されてしまうとの観念を抱くに至ってからでなければ自白する心境に到達ができないというのが実際なのである。そのことから言えば，司法取引が真相解明機能を維持しつつ，虚偽が排除された真相の自白や，捜査協力での真相供述を獲得して合意形成を成就するためには，結局，捜査に携わる者が証拠収集等捜査の一層の充実強化を図ることこそ，その帰趨を制するものとなることも確認し，この冷厳な捜査の実際を拳々服膺しなければならないのである。司法取引という武器・利便さが，かえって易きに付いて捜査の一層の充実強化を怠る結果を招き，ひいては捜査の基礎能力の向上の停滞ないし減退の道を辿るのでは本末転倒であり，それではやがては国民の信頼を失うこと必至の大本であることも指摘しておかなければならない。

　もっとも，我が国の場合，これまで勤勉な国民性に支えられてきた結果として，裁判では「精密司法」が形成されてきた。司法取引はそれとは対極にあって，いわば「司法のルーズ化」を招くものであり，「恥」と「謝罪」の文化の伝統国家ではその根底において，そもそも馴染まない要素が強いのではないかとの危惧感も容易には消えないであろう[37]。しかし，その国民性からすれば，その一方で「和を以て貴しと為す」との伝統的な精神文化も有することから，紛争を好まない「合意の文化」も強いと言えるのである。このため，「日本版司法取引」の社会的合意も徐々に構築され，かくして，「司法の合意」も，その適正なガイドラインさえ確認でき，それに従って透明性を保ちながらこれが履践されれば，刑訴法第1条が標榜する実体的真実主義を維持し，事件の全容解明に迫る中で，検察官と被疑者・弁護人側の双方がいわば事件の「落とし所」として，その立証あるいは反証等の捜査や防御上の省力化ができることを求めて，その旨の「合意の形成」がなされ，気がつけば，これを自家薬籠の中の物の如く扱うようになることが十分期待できるところである。そして，その一方で，従来から，犯した罪の責任の程度に応じた刑を科するとの大原則の下に，その減軽理由を一応「反省悔悟」（それが法廷での半ば儀式化したものであっても）に置くゆえんが，実は我が国の刑法等実体法の各本条における法定刑の幅の広さからくる刑の量定の便宜に由来すると指摘されている点も考えなければならない。このため，犯罪類型ごとに構成要件を細分化して，それに相応して法定

刑の幅をより小さくするための立法化は法曹の当面の務めである。また，自認
や捜査協力とその「見返り」に寛大処分を付与することが，ビジネスライクに
映らず，反省悔悟と同価値の資料・情状と位置づけることができるよう，それ
への志向も確実に図らなければならないであろう。

　このようにして，日本版の「司法取引のガイドライン」に基づいた，秘めら
れたるそれの顕在化も含めた司法取引例が重ねられ，これが判例法化していけ
ば，前掲判例②の違法収集証拠排除法則が採った解釈論による「判例による法
創造」の例により，特別の司法取引に関する立法を待たずとも，全ての司法取
引を顕在化させて，「日本版司法取引」が実現できるものと考える。ただ，刑事
免責の最高裁判例等との整合性を当面は図る必要もあることから，それら以外
の司法取引から先鞭をつけていくことが適切とは思われる。

　ともあれ，取調べの全面可視化に歯止めが掛からない流れの中では，この「日
本版司法取引」が導入されることが必然の流れと考え，これが国民の深い理解
と支持を得て根付いていくためには，何よりも，刑事手続の担い手の間におい
てこれが熟議され，共通の認識を有するに至ることが肝要である。なかんずく，
公訴権の行使者であり，広範囲の起訴裁量権を有する検察官にこそ，取調べ可
視化，新たなる捜査手法の導入等の問題等と「合一」して果断にこれを推進させ
る重要な役割が課せられていると言えよう。昨今の検察を取り巻く厳しい状況
の中，そうであるからこそ，検察が徒らに萎縮しての「縮こまり思考」に陥って
いてはならない。遅効的課題であっても，中長期的視点に立って，善良な国民
のために何が真に必要であるかとの決定の要諦を確かめるべきであり，もはや
そのための着手時期を躊躇逡巡し，遷延していることは許されないものと言うべ
きであろう。

(1)　拙著『適正捜査と検察官の役割』第 2 章「取調べの有要性と任意性立証」（北樹出版，
　　2008 年）37 頁，本書第 4 章「『取調べ可視化』の限界について」（初出，『日本大学法科大
　　学院法務研究』6 号 17 頁）。なお，最近の論文として，小木曽綾「供述の心理と取調べの
　　可視化」研修 757 号 3 頁。また，法務省は平成 23 年 8 月 8 日，ウェヴサイトにおいて取調
　　べの可視化に関する省内勉強会の取りまとめ結果等を公表しており，その公表資料「被疑
　　者取調べの録音・録画に関する法務省の勉強会とりまとめ」及び「取り調べの録音・録画

制度等に関する国外調査結果報告書」（http://www.moj.go.jp/content/000077865.pdf　同000077868.pdf）では，英米欧州主要国の取調べ構造と録音・録画及び各種捜査手法・司法取引の実情が詳しく紹介されている。

　また，国家公安委員会主催「捜査手法，取調べの高度化を図るための研究会」中間報告（平成23年4月 http://www.npa.go.jp/shintyaku/keiki/chuukanhoukoku.pdf）でも，諸外国の取調べと捜査手法の現状の紹介がなされている。更に，警察庁は平成23年10月20日，被疑者取調べに関する調査結果も発表している。主要都道府県警察の平成23年2月中の1カ月間調査の一般事件と，平成22年1年間調査の全国の都道府県警察が捜査本部を設置した重大事件（56事件86人）であるが，それによると，自白の契機となった理由としては，一般事件では，不利益な証拠が強固であることが42.4％，犯した罪の意識が41.8％と多いが，捜査本部事件では，取調官との信頼関係からとするものが68.4％を占め，以下，説得力ある取調べ技術が50.9％，罪の意識からが47.4％，自分に不利益な証拠が強固であるとの認識からが22.8％，情状への悪影響から自供した方が得策からが7.0％となっている。また，捜査本部事件で被疑者の取調べによって，重要な証拠が発見できたものは57.1％に及び，その内訳は，死体5件（8.9％），凶器等の犯行道具26件（46.4％），被害品10件（17.9％），共犯者が解明できたもの9件（16.1％）だったことなどの結果であり，被疑者の取調べにおける信頼関係の構築や，証拠を収集することの重要性が浮き彫りになっている結果が表れている（警察庁ウェヴサイト「警察における取調べの実情について」警察庁 http://www/.npa.go.jp/　2011.10.24）。

(2)　松尾邦弘「司法制度改革と刑事司法」刑法雑誌48巻1号1頁以下，郷原信郎「独占禁止法違反に対する制裁の現状と課題」日本経済法学会年報22号80頁以下，川出敏裕「経済犯罪と取引的捜査手法」ジュリスト1228号139頁。川出敏裕「新たな捜査手法の意義と展望」刑事法ジャーナル29号特集・新たな捜査手法の現状と課題，3頁以下。村山治（朝日新聞編集委員）『市場検察』（文藝春秋，2008年）352頁以下。特に，第四部「切れる刀『司法取引』」400頁では，「課徴金減免制度は，日本の企業コンプライアンスに革命をもたらした。各方面の予想に反して談合・カルテルにかかわった企業からの減免申請が殺到し，それまでの情報不足が嘘のように公取委は相次いで独占禁止法違反事件を摘発した。……減免制度施行前の公取委と同様，検察，警察は，構造的な贈収賄や組織的な暴力団犯罪の摘発に四苦八苦している。何度も述べたように，端緒情報の不足に加え，従来の密室での取調べで供述を引き出す捜査手法が限界に来ているからだ」と指摘している。

　なお，現行独占禁止法（私的独占の禁止及び公正取引の確保に関する法律）第7条の2第10項では，当該違反行為をした事業者のうち最初に公正取引委員会に当該違反行為に係る事実の報告及び資料の提出を行った者に対しては，課徴金の納付を命じないものとすることを規定し，同条第11項1・2号は2番目・3番目の申告者に対しても，一定割合の課徴金減額を規定している。そして，専属告発権を有する公正取引委員会が最初の申告者に対して行う不告発の処分は，告発犯則調査方針（平成17年10月7日付け「独占禁止法違反に対する刑事告発及び犯則事件の調査に関する公正取引委員会の方針」）に根拠を置いたが，これは2番目・3番目の申告者との関係で刑訴法の告発不可分の原

則との関連で問題があることから，平成 17 年法改正の国会審議の際に法務省刑事局長の「特定の者について公取委からの告発がなかったという事実を検察当局としては重く受け止めるので減免制度は機能する」旨の答弁を国会議事録にとどめることで事実上の刑事免責的な処理をすることとしている（白石忠志『独禁法講義〔第 5 版〕』（有斐閣，2010 年）246 頁参照）。

(3)　宇川春彦（検事）「米国における司法取引」刑法雑誌 50 巻 3 号 358 頁。同検事は先に「司法取引を考える(1)〜(17)・完」判例時報 1583 号〜1627 号に有益な論文を発表されており，この問題の先駆的論文と評される。なお，川出敏裕「司法取引の成否」公正取引 617 号 22 頁参照。

(4)　同じ見解に立つのは，安原浩「司法取引とアレインメント」法学セミナー（「論争」刑事訴訟法第 5 回）565 号 85 頁。なお，同頁のこの「論争」コーナーで高田昭正教授は，これを「隠れた司法取引」と称する。更に，『季刊　刑事弁護』（No.39，2004 年）の座談会・後藤昭司会「刑事弁護に『取引』はあるか」22 頁以下，同 46 頁以下の森下弘〔刑事弁護の中の取引経験 2〕悩める「取引」（特集刑事弁護の中の取引）論考参照。

(5)　宇野元代議士公職選挙法違反事件の最決昭 59.1.27 刑集 38・1・136 は，「選挙運動者たる乙に対し，甲が公職選挙法第 221 条 1 項 1 号所定の目的をもって金銭等を交付したと認められるときは，たとえ，甲乙間で右金銭等を第三者に供与することの共謀があり乙が右共謀の趣旨に従いこれを第三者に供与した疑いがあったとしても，検察官は，立証の難易等諸般の事情を考慮して，甲を交付罪のみで起訴することが許されるのであって，このような場合，裁判所としては，訴因の制約のもとにおいて，甲についての交付罪の成否を判断すれば足り，訴因として掲げられていない乙との共謀による供与罪の成否につき審理したり，検察官に対し右供与罪の訴因の追加・変更を促したりする義務はないというべきである」と判示する。その後，最大判平 15.4.23 刑集 57・4・467 は，被告人（宗教法人責任役員）が業務上占有する土地に抵当権を設定後に，いわゆる不可罰的（共罰的）事後行為となる同土地を他に売却して所有権移転登記を了した事実を，検察官がいわば切り取って起訴したのを適法とし，また，最判平 15.10.7 刑集 57・9・1002 は，実体的に常習特殊窃盗を構成すると見られる窃盗行為を，検察官が立証の難易等諸般の事情を考慮し，常習性の発露という面を捨象した上，基本的犯罪類型である単純窃盗として起訴し得ることは当然のこととして，検察官の広範な起訴裁量権を認めている。

(6)　イェルク＝マルティン・イェーレ（ゲッティンゲン大学教授）「起訴法定主義の終焉—ヨーロッパ諸国との比較におけるドイツの状況—」（葛原力三訳）刑法雑誌 47 巻 2 号 1 頁以下では，ドイツでの 2 つの事件を例にとりながら説明する中で，最近のドイツ刑事実務が，経済事犯に限らず一般事件においても，犯罪件数の増加に伴い手続の簡略化と短縮が求められる状況下で起訴法定主義と訴追強制の原則が破られる頻度が増していることが紹介されてる。

　　なお，三井誠「諸外国における起訴の方法」『公判法大系 I 公訴』（日本評論社，1984 年）90 頁以下は，フランス，アメリカの検察官の起訴裁量主義制度を紹介するが，彼の国では我が国の検察官の公訴権濫用論などの問題はないようである。フランスの場合は，予審制度を維持し，我が国の予審判事の権限を規定する旧刑訴法第 313 条と同旨の規定も置

き（フランス刑訴法典第 177 条），予審判事は検察官の予審請求された事件について判決裁判所に付するか否かを実質取調べを含めて捜査をして，その結果をちょうど我が国の少年法の家裁からの検察官逆送のようにいったん検察官に送付し，決定に不服があれば抗告し，最終的に判決裁判所への送付（公訴提起）は検察官が行う制度であることから（フランス刑訴法典第 180 条・第 185 条），公訴権濫用論の生じる余地がないものと思料される。
(7) 田宮裕「公訴権の運用と検察審査会（特集・検察審査会の現況と将来）」判例タイムズ 222 号 7 頁，同「訴追裁量のコントロール―公訴権の濫用について―」立教法学 11 号 155 頁以下。横井大三「起訴便宜主義」『公判法大系Ⅰ　公訴』（日本評論社，1984 年）79 頁以下。

また，検察審査会法のいわゆる起訴強制への改正に関しては，菅原由香「検察審査会の議決に対する法的拘束力について」國學院法研論叢 38 号 1 頁は，法改正されたいわゆる起訴強制の問題点を指摘し，新屋達之「【法律時評】本格始動した改正検察審査会」法律時報 82 巻 11 号 1 頁は，被疑者への意見表明権の付与や，不当起訴への検察審査会の権限付与の課題を指摘する。その他，平田紳「改正検察審査会の活動―大規模事故と起訴強制―」『福岡大学法学論集』55 巻 3 ＝ 4 号 435 頁，大出良知「検察審査会の強制起訴権限実現前史」『〔東京経済大学〕現代法学』20 頁参照。
(8) 『最高裁昭和 55 年刑事判例解説』422 頁（渡部保夫調査官解説）。
(9) このように，公訴権濫用論を類型的訴訟条件を狭義の訴訟条件，非類型的訴訟条件を広義の訴訟条件として，両者を併せて「訴訟条件」と捉えて論ずるのは，井戸田侃『公訴権濫用論』（学陽書房，1978 年）12 頁以下参照。
(10) なお，公訴権濫用ではないものの検察官の公訴権の適正行使の観点から，近時，「国策捜査」という言い方がなされることがある。須藤純正「旧長銀粉飾決算事件の最判平 20.7.18（刑集 62・7・2101）の検討―『公正なる会計慣行』と罪刑法定主義について―」法学志林 109 巻 2 号 49 頁以下では，最高裁が「長銀の本件決算処理は『公正なる会計慣行』に反する違法なものとはいえないから，本件有価証券報告書の提出及び配当につき，虚偽有価証券報告書提出罪及び違法配当罪の成立を認めた一審判決，これを是認した原判決は，事実を誤認して法令の解釈適用を誤ったものである」として破棄自判（被告人 3 名とも無罪）したが，「本件捜査から起訴に至る経緯としては，長銀の破たん責任，国民負担発生の責任者として経営者を処罰しなければならないといういわゆる『国策捜査』の事情があったかもしれない。しかし，裁判所はもとより検察官も，本来破たん金融機関の経営者の責任を追及するに急なあまり，後視的観点から判断を誤るということはあってはならないことであろう。……本件起訴については，検察官が法益保護機能を重視するあまり，法令の目的論的解釈（類推解釈）を是としているのではないかという点が気に掛るところである。……刑事司法は行政目的達成のために運用されるべきではなかろう。その意味での国策捜査は，検察官がそれにのめり込むと，検察庁法第 4 条にいう『裁判所に法の正当な運用を請求する』という職務権限を逸脱するおそれがある」と批評する。検察官はその職務の重さを自覚して，看過できない犯罪に対しては毅然として捜査処理することが求められるが，その対象の選択の難しさが出た事件処理と言えようか。

また，検察官の捜査・公判追行上の適正さに関しては，『自由と正義』2011年9月号（vol.62）の「特集①厚労省元局長無罪事件を検証する」が参考になる。特に，若狭勝「厚労省元局長無罪事件を元検察官の立場から考える」の論考中，14頁以下「特捜部の『七つの危うさ』」は率直直截的な指摘と思われる。

(11) 『最高裁昭和53年刑事判例解説』386頁（岡次郎調査官解説）。

(12) 『最高裁平成7年刑事判例解説』239頁（池田耕平調査官解説）。

(13) 宇川・前掲注(3)書刑法雑誌掲載359頁以下。もとより，前記宇川論文の要約の責任は筆者にある。なお，宇川検事は，ブレイディ判決の論旨を一歩進めて，一定の前提を満たす取引的自白の任意性を肯定する解釈論も可能ではないかとして，約束自白の任意性が否定される理由が，類型的な虚偽誘発のおそれということにある以上，①弁護人が選任され，②取調べのための尋問のテクニックとしてではなく，検察官の事件処理に関する協議の一環としてなされ，③合理的な範囲の寛大処分が提示され，④被疑者・被告人が選択肢の内容を理解した上で態度決定がなされているとの4条件を掲げ，これが満たされれば類型的おそれは解消されているものとする。更に，宇川「司法取引を考える」(2)判例時報1584号28頁以下，同(8)判例時報1596号28頁以下，同(12)判例時報1602号30頁以下も参照。

また，田中利彦「英米の刑事裁判と合意手続・司法取引」刑事法ジャーナル22号15頁以下は，アメリカの答弁取引をイギリスのそれと比較して紹介する。アメリカでは，イギリスにはなかった検察組織が存在し，検察官が訴追裁量権を含む極めて広い権限を行使し，更に厳罰化の傾向で被告人にとって事実審理のリスクが高く，有罪答弁で処理されるのが98％強に及ぶ実態にあること，イギリスも最近では経済事犯の処罰を求める社会の流れの中で，実利的な法政策が採られ，答弁取引の確立が提唱されているという。また，日米の比較では，その違いの原点が当事者（対抗）主義，弾劾主義の在り方と，それと表裏一体の事柄として，取調べに依存する構造かどうかが対極的にあることを指摘した上，「アメリカにおいて，被告人にとっての不確実性の排除が答弁取引の重要な意義のひとつとされている点について日本の法律家として違和感を感じるところがあるとすれば，それは，刑事裁判における真実とは何かについて基本的な考え方の違いがあるからではないかと思われる」とする。

デイビッド・T・ジョンソン（ハワイ大学社会学科助教授）「アメリカと日本の司法取引の比較」（笹倉香奈訳）『季刊　刑事弁護』（No.39，2004年）36頁では，「アメリカの司法取引は，いつも『ハンマーの脅威のもとで（in the shadow of the hammer）』」行われる。すなわち，憲法上保障された陪審審理を受ける権利の行使には，量刑が大幅に厳しくなるという危険がつきまとう。したがって，アメリカ型の司法取引は根本的に強制的である」と指摘する。

(14) 滝沢誠「ドイツの刑事訴訟法における合意について」専修ロージャーナル5号159頁以下。

加藤克佳「日本の刑事裁判と合意手続」刑事法ジャーナル22号4頁。ヨハヒム・ヘルマン「ドイツ刑事手続における合意」（加藤克佳訳）法経論集（愛知大学）155号1頁。山名京子「ドイツ刑事訴訟における事前の合意」奈良法学会雑誌13巻3～4号139頁。

なお，池田公博「ドイツの刑事裁判と合意手続」刑事法ジャーナル22号23頁以下。特に同31頁以下では，「他人の刑事事件の解明を目的として，被告人に自白等を通じた情報提供を促し，これと引き換えに訴追を打ち切り，あるいは刑を減軽するという形での合意も，行われる可能性がある」とする。また，この点に関連して，「あらかじめ定められた要件を充足することによって，一定の重大犯罪の解明に貢献した者について，当該犯罪への関与を処罰せず，あるいはその刑を減軽する取扱いを実体法に定める，『王冠証人（Kronzeuge）』規定の整備を内容とする，刑法，およびその他の法律の改正が，今回の（合意手続の）刑事訴訟法改正と同日に連邦議会において可決され，2009年9月1日より施行されたことに，留意が必要である」とも述べる。この捜査協力型の司法取引を王冠証人制度というが，それは重大犯罪，組織犯罪を対象とされていることについては，ペーター・J・P・タック「ヨーロッパにおける王冠証人規定の展開と現状」（山名京子訳）法学志林95巻4号1頁。

(15)　加藤克佳・前掲注(14)書刑事法ジャーナル4頁以下。

(16)　松尾浩也『刑事訴訟法上・新版』（弘文堂，1999年）298頁，田宮裕『刑事訴訟法〔新版〕』（有斐閣，1996年）278頁参照。

(17)　安原・前掲注(4)書86頁は，これも司法取引の実情として説明する。なお，この安原論文を要約して紹介すれば，①加重な量刑の回避のための訴因の縮小や削減のための取引例のほか，②有罪答弁による被告人の負担軽減のための取引—略式起訴をするかわりに業務上過失致死事件の過失を認める働きかけを被告人・弁護人に行う例，③免責的取引—違法捜査の形跡がある事案例，特別有益な捜査協力があった事案等の例，④保釈等身柄問題についての取引例，⑤自白事件と簡略公判手続と身柄早期釈放の被告人の負担軽減のための例，⑥⑦捜査協力取引—けん銃所持の自首と刑の軽減例や主犯者・密売人の特定のための捜査協力と減軽求刑例，⑧量刑に関する取引—否認から自白に転ずることの量刑上の有利な取扱い例，⑨量刑に関する取引—寛刑を示唆して社会奉仕活動をすすめる訴訟指揮例など多岐にわたる実質的司法取引例が挙げられている。なお，後藤昭司会・前掲注(4)書，森下・前掲注(4)書，デイビッド・T・ジョンソン・前掲注(13)書各参照。

(18)　『最高裁昭和41年刑事判例解説』100頁（坂本武志調査官解説）。

(19)　香川喜八朗「約束による自白」『刑事訴訟法判例百選〔第8版〕』（有斐閣，2005年）78事件では，最判昭41.7.1判例につき，検察官が不起訴約束をしたこと自体の認定に疑問を提起した上，「贈賄側の弁護人の発言に同席している被告人の弁護人が異議を述べないので，第三者によって作出された虚偽を誘発しやすい状況の下で，約束がないにもかかわらず，あると誤信し，錯誤に陥ったあげくの自白として，任意性を欠くものとした例と解すしかあるまい。本件は事案に即して虚偽排除の観点から自白を排除したものと位置づけるほかないのである。」旨指摘する。なお，大久保隆志「訴追の前提—捜査における利益提供の可否—」広島法科大学院論集2011年3月7・70頁参照。

(20)　田宮裕「刑事免責へのアプローチ—アメリカと日本の距離—」『アメリカ刑事法の諸相・鈴木義男先生古稀祝賀』（成文堂，1996年）508頁。飯田英男「アメリカ合衆国におけるイミュニティ法の運用の実情と問題点（上・下）」警察研究49巻8号25頁以下，9・19頁以

262 第3章 検察官の適正な公訴権行使と司法取引

下参照。なお，同（上）25 頁以下では，「イミュニティ制度は，自己負罪拒否特権（privilege
againstself-incrimination）の絶対性と公益上必要な証言を獲得するという政府側の必要性
という対立的利益の合理的な調整を図ることを目的とするものであり，ある種の犯罪におい
ては，関係者である証人の証言によってのみ立証が可能であり，他の行為者の有罪を獲得
するためには，彼らに証言を強制する必要があるという事実的認識に基づいて考えられた
ものである。」「わが国では，イミュニティ制度を専ら『取引による司法（bargain
justice）』の一場面と理解しているように思われるが，この制度の中心的部分は，取引に
応じないで証言を拒否する反抗的証人に対して，証言を強制しょうとする点にあること
を看過すべきではないであろう」と指摘される。ほかに，酒巻匡「刑事免責（訴追免除）
制度について—供述強制制度の立法的考察—」（特集・刑事訴訟法 50 年）ジュリスト
1148 号 245 頁，井上正仁「刑事免責と嘱託証人尋問調書の証拠能力(1)(2)」ジュリスト 1069
号 13 頁，1072 号 140 頁。田口守一「刑事免責による証言強制」『刑事訴訟法判例百選〔第
8 版〕』71 事件— 148 頁，多田辰也「刑事免責による証言拒否」『刑事訴訟法判例百選〔第
9 版〕』（有斐閣，2011 年）71 事件— 150 頁，椎橋隆幸「刑事免責制度について」法曹時
報 55 巻 3 号 551 頁。

(21) 『最高裁昭和 45 年刑事判例解説』403 頁（鬼塚賢太郎調査官解説）。

(22) 川出敏裕「偽計による自白」『刑事訴訟法判例百選〔第 9 版〕』75 事件— 159 頁では，
最大判昭 45.11.25（刑集 24・12・1670）について，「同判決によれば，偽計の使用は，自
白の任意性に影響を及ぼす一要素となる反面，それが用いられたからといって，自白の
証拠能力が直ちに否定されるわけではなく，自白が排除されるのは，それによって被疑
者が心理的な影響を受けた結果，それを単独で，あるいは，他の事情とあいまって，虚
偽の自白を誘発するおそれがあると評価できる場合ということになる」と解する。

(23) 『最高裁平成 7 年刑事判例解説』特に，31 頁以下（龍岡資晃・小川正持・青柳勤各
調査官解説）。

(24) 田宮・前掲注(20)書 508 頁，酒巻匡「刑事免責（訴追免除）制度について—供述強制
制度の立法的考察—」ジュリスト 1148 号 245 頁，川出・前掲注(2)書ジュリスト掲載 135 頁。

(25) 増井清彦「ロッキード事件・丸紅ルート最高裁大法廷判決に対する疑問—その判断
と遅延—」日本大学法科大学院・法務研究 2 号 109 頁は，この嘱託証人尋問調書の証拠
能力否定の判断に対して，「最高裁の不起訴宣明について，判決はなんら説明するとこ
ろがない。……最高裁は，わが国の検察官の尻馬に乗って無責任な宣明をしたというの
か，それとも裁判をあまりに引き延ばしたため裁判官全員が交替してしまい，ロッキー
ド事件捜査着手時の熱気もすっかり冷めて，判断が全面的に変わってしまったとでもい
うのであろうか。このような判断が，米国司法当局にわが最高裁に対する多大の不信感
を抱かせたことは想像に難くない。二枚舌といわれても仕方がないのではあるまいか。
同国にとどまらず，世界の各国に対しても，今後わが国が国際司法共助の嘱託をする場
合，これが大きな障害になることは明白であろう」と評される。

(26) 宇川春彦「司法取引を考える(8)」判例時報 1596 号 31 頁，川出・前掲注(3)書25 頁。
なお，加藤克佳「約束による自白」『刑事訴訟法判例百選〔第 9 版〕』74 事件参照。

(27) 坂本・前掲注(18)書 104 頁は，「この約束は，自白の動機であって，自白をするとい

う意思そのものではない」としつつ，しかし「約束と自白を切り離して論ずることはできない」とし，そして，これが，「被告人が，一方的に，自白すれば起訴猶予にしてもらえるであろうと考えて，自白をしたような場合とは，趣を異にするのである」「また，自白が一見任意になされたもののように見えるのは，自白をしても起訴猶予にしてもらえるという保障があるから，あえて自白をしぶる必要がないことによるのである。その底に働いている，自白への誘引力を看過することは許されないものと考える」とも説明する。

(28) 宇川・前掲注(26)書 32 頁参照。なお，宇川検事は坂本・前掲注(27)書の前掲の解説に対しては，「一体，どう趣を異にするというのであろうか。自白をすれば起訴猶予にしてもらえるという動機はいずれの場合にも働いているのである」と批判する。また，龍岡資晃「約束・偽計による自白」判タ 397 号 22 頁は，最高裁判例が，全ての約束あるいは偽計による自白について証拠能力を否定すべきものとしているわけではないと解する余地があるとする。

(29) 川出・前掲注(22)書 159 頁参照。

(30) 大阪高判昭 52.6.28 刑裁月報 9・5〜6・334，判時 881・157，中谷雄二郎「不任意自白に基づいて発見された証拠物」『刑事訴訟法判例百選〔第 9 版〕』79 番事件参照。

(31) なお，川出・前掲注(22)書 159 頁では，足利事件再審無罪判決（宇都宮地裁平成 22 年判決）の当時 DNA 型を取調官が被疑者に告知して取り調べたことについての任意性を肯定した判断に対し，「偽計による自白の証拠能力が否定される根拠が，心理的強制の下で虚偽の自白を誘発する危険にあるとすれば，それは，捜査官の認識の有無にかかわらず同様に認められるから，この場合にも証拠能力が否定される余地はあると思われる」とする。

(32) 田宮・前掲注(20)書 508 頁。

(33) この項は，川出敏裕「司法取引と刑事訴訟法の諸原則」刑法雑誌 50 巻 3 号 4 頁，川出・前掲注(3)書 22 頁以下，及び川出・前掲注(2)書ジュリスト掲載 139 頁以下を参照。また，長沼範良「取引的司法」『刑事訴訟法の争点〔第 3 版〕』（有斐閣，2002 年）112 頁，宇藤崇「司法取引と量刑的考慮について」刑法雑誌 50 巻 3 号 14 頁参照。

(34) 加藤克佳・前掲注(14)書刑事法ジャーナル掲載 4 頁参照。

(35) この大阪高裁平成 8 年 7 月 16 日判決では，原判決（大阪地判平 7.2.17）が犯罪事実の認定に用いた証拠にオーストラリア連邦警察が連邦裁判所裁判官の発付する電話検証許可状により B の使用電話の電話傍受した傍受テープとその反訳・翻訳文や，同国捜査官に対する供述の録音テープ，供述録取調書，嘱託尋問の録音テープ等について証拠能力も認めたことに対しても，弁護人が同意して供述証拠として取り調べられていることや，傍受テープ等に関しては本件事案の特殊性及び重大性にかんがみ我が国の憲法及び刑訴法の精神に照らしてみても，証拠能力を否定すべき特段の事情はないと判示する（なお，我が国の通信傍受法が制定される以前の事件ではある。）。また，A・B に対する嘱託尋問における録音テープ並びにその反訳，翻訳文に関しては，弁護人が嘱託尋問調書の証拠能力に関する最高裁平成 7 年 2 月 22 日大法廷判決を引用して被告人・弁護人の審問の機会を一切否定することになり刑訴法第 1 条の精神に反して許されないことや，虚偽供述の危険性が類型的刑事免責を付与して得られた供述を録取したもので本件とは事

264 第3章 検察官の適正な公訴権行使と司法取引

案を異にして適切でないとしている。

　なお，中国人による福岡一家殺害事件の福岡地判平 17.5.19 判時 1903・3 は，国際捜査共助の要請に基づき，中国（中華人民共和国）において，同国の捜査機関が作成した共犯者の供述調書等が刑訴法第 321 条 1 項 3 号の書面に当たるとした。弁護人は，本件調書等は，黙秘権の保障，司法の独立や無罪の推定が確立されていないなどの中国の刑事訴訟制度下で，供述の自由を侵害して得られたものであって，違法収集証拠として排除すべきと主張したが，判決では，日本の捜査官の違法行為によって得られた証拠の証拠能力を否定する違法収集証拠排除法則が，中国の捜査機関による証拠収集手続に適用されないことは明らかとして，これは証拠としての許容性の問題として検討すれば足りるとした。そして，その基準は，外国の捜査機関による証拠収集手続が，刑訴法全体の基本理念に実質的に反している場合に限られるが，本件ではその場合に当たらないとしてその証拠能力を肯定した。

(36)　川出・前掲注(2)書刑事法ジャーナル掲載7頁では，「司法取引であれ刑事免責であれ，それによって，一定の範囲で，本来問われるべき刑事責任を問わないという結果を生じさせることになるため，当該犯罪の被害者の利益との調和をどのように図るかという問題が生じる。そこからは，例えば，そもそも一定の重大な犯罪はその対象から外すとか，そうでなくとも，取引ないし免責の際に被害者の意見を聴取するといった，被害者の利益に配慮した制度設計の検討が求められることになろう」と指摘している。

(37)　シルビア・クロイドン「丁寧裁判と司法取引」法学セミナー 664 号 146 頁。なお，河合幹雄「司法取引と日本社会・文化との相性」刑法雑誌 50 巻 3 号 49 頁。

第４章
「取調べ可視化」の限界について

（本論考は，一定の範囲で被疑者取調べの可視化（録音・録画）が平成 28 年の通常国会で法
制化される前の平成 22 年 3 月に発表したものである。）

Ｉ　はじめに

　我が国の刑事手続において，昨今はその在り方が問われる深刻な冤罪・無罪
事件の判決が相次ぎ，取調べなど特に警察捜査の問題点が厳しく指摘されてい
る。その上，裁判員裁判対象事件では国民すなわち裁判員に「分かり易い裁判」
ということが至上命令となっていることから[1]，被疑者の取調べの可視化問題
が急展開を示している。この問題については，検察と警察とが緊密な連携の下
で，協同して対応すべきであるところ，先ずは最高検察庁が平成 18 年 5 月 29 日，
「検察官による被疑者の取調べのうち相当と認める部分の録音・録画について，
これを試行することとした」との次長検事コメントを発表して，全国的にその試
行を実施することとし，その後，中間での実施結果の公表を経て，平成 21 年 2
月 17 日，全国で検察官が実施（同 20 年 4 月〜12 月末の間の実施）したその結果
を公表した[2]。また，警察庁は平成 20 年 1 月，「警察捜査における取調べ適正
化指針」を示し，同年 4 月 3 日には国家公安委員会規則 4 号「被疑者取調べ適
正化のための監督に関する規則」が制定され，取調べの録音・録画も試行に入
った[3]。
　ところが，民主党が平成 20 年 6 月，日本弁護士連合会などからの取調べの全
面可視化の要求に呼応して，被疑者取調べの全面的な録音・録画を義務づける
こと等を内容とする刑訴法の一部改正法案（公布から 1 年半以内は殺人や強盗な
ど一定の重罪を対象に，また，その後 3 年以内には全ての犯罪を対象とするものであ

266 第4章 「取調べ可視化」の限界について

る。）を議員立法で国会に提出し，参議院本会議では賛成多数で可決されるまで
の状況となっている（その後，衆議院で廃案となったが，同党は平成21年4月にも，
同内容の刑訴法改正案を参議院に提出した。同法案は，同月，参議院において賛成多
数により可決され，衆議院に送付されたが，同年7月の衆議院解散により，未付託の
まま同法案は廃案となって成立は見ていない。）[4]。そこで論拠とされるのが，取調
べの可視化を実施している外国の例であるが，我が国の刑事手続との大きな違
いを考慮することなく比較するのは正当とは言えない。

このように，近時の無罪判決や裁判員の参加する刑事裁判に関する法律の施
行を踏まえ，検察・警察における取調べの適正確保の観点から，取調べの可視
化を求める声が強まっているが，この問題は，検察・警察による刑事事件捜査
の在り方，ひいては我が国における刑事手続の在り方に極めて深刻な影響を及
ぼし得るものである。このことから，ここでは，諸外国における刑事手続の在
り方も踏まえた幅広い観点から，この問題について検討を加えることとしたい。

Ⅱ 取調べの適正確保とその可視化問題

1 我が国の刑事手続の特徴及び取調べの有要性

（1） 我が国の刑事手続の大きな特徴点

我が国の刑事手続における特徴点は，①強制捜査は令状主義の下に行われ，
②捜査は careful 緻密・丁寧裡に行われるが，その理由は，真相解明こそ刑訴
法の目的であり，それが国民の強い要請でもあること，詳細な被疑者取調べが
必要であること，その真相解明には真犯人特定のための取調べ，すなわち公判
での「当事者」となる者の特定のためのものであり，したがって，犯罪の嫌疑
者と目された者にとっても取調べが弁解・主張の重要な機会の場であること[5]，
アレインメント（有罪答弁）や司法取引の制度もない厳格な刑事司法の中で，
事件全てについて犯罪事実と情状に関する証拠を十分に収集することが求めら
れていることである。そして，③検察官は自ら取調べを行うなどして，起訴・
不起訴の判断を行い，起訴する場合も有罪の確信が得られた場合に限っての慎
重な判断を経て起訴する（「いやしくも真犯人でない者を起訴してはならない」，と

の真誠なる緊張感を持って判断するという職業的倫理が確立している。）。④公判では，精密司法で判決に至る。すなわち，公判前整理手続も創設して争点整理と適切な証拠開示を行って，犯罪事実と情状について，過不足なき証拠調べを行い，判決理由も的確に示される。したがって，有罪率は99.9%，すなわち，無罪事件は毎年ほぼ全事件の約0.09%，否認事件の約1.4%前後で推移している，ことなどである。

（2）　限定された捜査手法と緻密捜査—取調べの有要性

　このように，我が国の刑事手続の特徴点は多いが，更にその具体的な内容を見てみよう。第一に緻密・丁寧な捜査に関してである。そこでは取調べが極めて重要な役割を持つことを指摘しなければならない。この点で，①取調べの録音・録画を義務づけている国々では，次のように刑事手続の在り方が我が国と基本的に異なる。すなわち，ⓐ取調べの重要性が低いこと，ⓑ証拠収集について，我が国では認められていない特殊な捜査手法等が認められていること，ⓒいわば「あっさりした捜査」で，「おおらかな起訴」が行われ，したがって無罪率も高いことなどが国民にも容認されていることである。次に，②我が国では，令状主義が徹底され，逮捕は現行犯と緊急逮捕を除き逮捕令状によらなければならず，強制捜査は慎重であり（逮捕者数の人口比は，例えばイギリスの20分の1，アメリカの40分の1である。），捜索・差押えも逮捕に伴う場合を除き，別途捜索差押えの令状によるが，このような緻密・丁寧な捜査は，真相解明こそが刑訴法の目的であることと，大多数の国民が，「石は沈み，木の葉は浮く」ものとしての真相に適った捜査処理を強く求めていることによるものである（ちなみに，英米法などの陪審員裁判の国では，その判断が「浮いている物を木の葉だとして判断したが実は誤りで，それは石であり浮いているはずがない」ものであっても，「浮いているのが木の葉だ」として，仮に石でもこの判断に従うことをもって縦しとする国民性の違いが大きい。）。③各種刑罰法規も，我が国では，例えば故意・過失など主観的要素の違いを重視して刑罰を厳格に区分していることもあり，一層被疑者を丁寧に取り調べてその主観要素や動機等事案の真相を解明する必要があり，取調べは極めて重要な位置づけとなっている。そして，④目撃者や

268　第4章　「取調べ可視化」の限界について

物証がなく，重要な事実を知るのは犯人のみという事件，共犯者間での共謀と犯行の役割分担の解明が重要な事件，組織的な犯罪等々，緻密・丁寧な取調べなくしては真相解明がなし得ない場合は多い。したがって，単に弁解と聴聞という弁解録取の手法ではなく，虚偽供述を排除して被疑者から真実の供述を得るように，あるいは，組織犯罪にあってはその組織の全貌，各組織構成員や上位者の犯罪関与状況等について詳細な供述を得るための真摯な説得が必要である。更には，⑤適正な量刑の判断資料として，情状（犯罪の動機・態様・結果等や，身上・経歴の一般情状）の取調べも重要である。⑥刑事政策的にも自白があってこそ更生の道が開けるものであり，このことも取調べの有要性を高める所以である。

　第二に，我が国の捜査手法が取調べ以外には極めて限定的で規制が多いということも指摘せざるを得ない。それは，①前述した強制捜査（逮捕・勾留や捜索差押え）について厳格な令状主義が採られていること，②逮捕・勾留の捜査期間が，最長23日間（内乱罪等特別の罪につき更に5日間の延長）に限定されていること，③英米諸国などでは多用されている刑事免責，司法取引，潜入捜査，幅広い電話会話傍受・おとり捜査等の捜査手法は全く採用されていないか，採用されていても限定的であることである（法による罪種等限定された通信傍受，あるいは薬物犯罪等一定の犯罪捜査に限定されたおとり捜査等）。

2　諸外国の取調べの録音・録画の実施の有無と捜査の実情

　（1）　イギリス（イングランド・ウェールズの例）

　⑴　**取調べの録音・録画等**　　録音・録画義務づけの対象は，身柄拘束中の被疑者の取調べに限定されているが，その身柄拘束中の場合は全過程でこれを実施し，取調べに弁護人の立会いも認める。従来の被疑者取調べの際は，捜査官が被疑者の供述内容を後日書面化し，被疑者にその内容を確認させて署名を求めることのないまま，それが証拠として使用されることがあり，そのような場合について書面記録の正確性が問題となるなどしたため，正確を期して録音・録画が義務づけられた経緯があるものである。なお，PACE（1984年警察・刑事証拠法）による取調べの録音制度の確立前も，一定割合の事件においては，

被疑者の供述調書が作成されており，こうした供述調書については，PACE
の制定経緯においても特段問題視されていなかったとされる。

(2) 捜査の実態・各種捜査手法

1)　警察の無令状の逮捕が広く認められ（逮捕者数は日本の約 20 倍），「あっさ
りした捜査」で起訴され，取調べの重要性が低い（原則として逮捕後 24 時間以
内に起訴）。逮捕後 30 分程度の取調べが 1 回だけ行われるのが殆どであり，そ
れも弁解を聞くのみで，否認したり供述に矛盾があっても真相供述を説得して
求めることもない。

2)　多様な捜査手段等が認められ，取調べ以外の捜査で証拠が収集できる法制
度となっている。すなわち，無令状の逮捕・捜索差押え，黙秘被告人に対する
不利益事実の推認(1994 年法制化)，被告人に宣誓させること，被疑者潜入捜査，
広範なおとり捜査・通信会話傍受，重大経済犯罪庁での詐欺事件における出頭・
証言強制制度，逮捕者の DNA データベース化，世界一と言われる多数の街頭
監視ビデオ設置，司法取引・有罪答弁制度等である。

3)　検察官は直接的な捜査を行わず，警察が逮捕から起訴まで行い，多くの事
件ではバリスタ（法廷弁護士）が検察庁の依頼を受けて公判に立会う（1985 年に
なって検察官庁が設置され，それ以後は検察官も起訴に関与するようになった。）。そ
の起訴基準は，有罪の見込みが無罪の見込みより大きい場合の 51％ルールであ
り，したがって，判決もラフ・ジャスティスで無罪率が高い（クラウンコート……
地裁の約 30％になる無罪答弁事件中，有罪が約 35％，無罪が約 65％であるが，無罪
事件の 60％は検察官が立証ができないとして証拠を提出しなかったことによる陪審公
判前のものであり，約 40％が陪審公判における無罪である。)[6]。

（2）　アメリカ

(1) 取調べの録音・録画等
連邦や多くの州では実施しておらず，一部の州
（アラスカ州，イリノイ州等）だけが全面録音・録画を実施する。しかし，それ
も対象犯罪を限定（罪名の限定等）してのほか，身柄拘束中の被疑者の取調べ
を対象とする州が多い。また，被疑者の取調べに弁護人の立会いが原則認めら
れているが，被疑者がこれを放棄した場合はこの限りでないとされている。

270　第4章　「取調べ可視化」の限界について

(2)　捜査の実態・各種捜査手法

1)　アメリカでも，イギリス同様無令状での逮捕の範囲は広く，また，軽微事件でも立件すれば逮捕原則主義を採る。取調べの重要性は低く，被疑者が弁護人の立会いを求めれば取調べを行わない例が多い。

2)　司法取引，イミュニティ制度（共犯事件において，共犯者のひとりに不起訴約束あるいは共犯者の証言を同人の不利益には使わないことの約束をして証言させることを制度として保障する。），広範なおとり・潜入捜査，通信・会話傍受等多様な捜査手法が認められている。

3)　検察官も独自に捜査を行う場合がある。イギリスでは第一次世界大戦後に廃止された大陪審がアメリカでは今日も続いており，これも捜査機関であって，検察官がその主導の下で強制的な証人尋問や文書提出命令，重要証人抑留制度を駆使して正式起訴に至る。アレインメント制度で，陪審裁判係属事件は全体の10%にとどまるが，否認事件の無罪率は高く，そのうち30%が無罪判決となる。比較的厚い捜査体制で臨む連邦においても，20%以上の無罪判決を見る[7]。

（3）　フランス

(1)　**取調べの録音・録画等**　　従来，警察留置中の少年にのみ全面録音・録画が実施されていたが，長期勾留の末の予審無罪事件（ウトロー事件）を契機に2008年5月施行の刑訴法改正で警察留置中の重罪の成人事件の被疑者にも原則これを実施するようになった。しかし，例外としては，①潜入・特殊捜査等が認められているテロ犯罪，マネーロンダリング・麻薬の不正取引，組織的集団による強窃盗等の重罪事件の場合，②一度に多数の者を取り調べ・尋問することで一部対象外とする場合，③録画の技術的不能ないしビデオカメラ等の不具合がある場合などは実施をしないことができるものとしている。また，弁護人は予審判事による尋問には従来から立会権は認められているが，形骸化していると言われている。検察官の取調べは実質的なものではない上，弁護人にはその立会権は認められていない。

(2)　捜査の実態・各種捜査手法

1)　我が国の旧刑訴法と同様，検察官は捜査機関の警察から送致された重罪事

件につき予審請求（公訴提起）し，その後の予審段階は予審判事が強制捜査を主宰し（被告人の勾留期間も重罪で1年以内であるが，最長では4年8カ月まで延長可能），綿密な捜査体制となっており，我が国の現行刑訴法と捜査構造の基本を異にする。なお，重罪被疑者に対する予審判事の尋問についても録音・録画義務づけの対象とされている。

2) 捜査手法は，通信・会話傍受，潜入捜査等取調べ以外にも多様な捜査方法を認める。なお，薬物犯罪等一定の犯罪に対する刑の減免制度もある（刑の減免を約束することにより，共犯者の身元の供述を得る手法である。ただ，同国の王冠証人制度では，司法機関に他の構成員の身元を知らせ，それによって，組織を通じて犯罪がなされ得ることを阻止する者は，刑を免除するなどとするもので，つまるところ，捜査協力等の結果が発生したことを刑の減免の理由にするという規定形式を採っているにすぎないことから，刑の減免の「約束」のような司法取引的な利用方法が現に採られているかである。実際上は，刑事免責的な手法にとどまらず，司法取引的な使い方ができなければ実用的ではないと考えられることから，更なる実態調査の課題としたい。）。なお，法定刑が5年以下の拘禁刑の軽罪に限っては，英米法系における「有罪の答弁」に類似した一種の司法取引制度が導入されている[8]。

（4） ドイツ

(1) **取調べの録音・録画等**　取調べの録音・録画は実施していない。弁護人の取調べの立会権は警察官の場合はなく，検察官の取調べにだけこれを認めるが，検察官が取調べをすることは例外的な場合しかない。

(2) **捜査の実態・各種捜査手法**

1) 予審制度は1975年完全廃止され，以後検察官は裁判所の一部局の司法官として公訴権と捜査権限を行使するが，裁判官も相当程度捜査を行う。任意（在宅）捜査が原則であり，被疑者の勾留要件は厳格であるが，勾留期間は原則6カ月以内あり（勾留更新に回数制限はない。），相当長期綿密な強制捜査が可能となっている。しかし，取調べでは，弁解録取に重きを置き，真相解明手段としては当初から期待せず，取調べ自体には重要度を置かない。通常は警察におい

272 第4章 「取調べ可視化」の限界について

て，緊急性があり勾留請求が必要となる事件の被疑者を仮逮捕（24時間拘束）した後に，1回だけ取り調べるだけである。

2)　捜査手法は，王冠証人制度，おとり・潜入捜査，通信・会話傍受，ラスター捜査（Resterfahndung：複数の関係者の共通キーとなる事項の各種データを，コンピューターを駆使して密かに収集することで帰納法的に犯人を割り出すという，網の目スクリーン犯罪捜査と言われる捜査手法）等多くの手段が認められる[9]。

（5）　イタリア

(1)　**取調べの録音・録画等**　　身柄拘束中の被疑者の取調べに限り録音・録画を全面実施し，その弁護人の立会権も認める。

(2)　**捜査の実態・各種捜査手法**

1)　フランス同様の刑事手続を採り，検察官も司法官である。捜査段階での勾留期間は犯罪の種類により定められ，3カ月〜1年間であるがその延長は1.5倍まで可能である。また，このほかにも，自宅拘禁や住居制限等の段階的な身柄の保全処分が設けられている。ただ，我が国の勾留に相当する拘置所拘禁が認められる割合は必ずしも高くないともされており，更には，捜査公判が長期化している傾向も指摘されている。

　しかし，被疑者の取調べは弁解録取の機会の位置づけにとどまり，その重要度は低い。したがって，自白以外の証拠によって立証するのを前提に捜査を遂げるようにしている。

2)　捜査手法はフランス同様多くの手段を有する。すなわち，通信・会話傍受，おとり・潜入捜査等のほか，捜査協力者の刑の減免制度も用意するなど取調べ以外の種々の捜査手段を駆使する。しかし，その割りには地裁の無罪率は約30％と高い（ただし，公訴棄却判決を含む率である。）[10]。

（6）　オーストラリア

(1)　**取調べの録音・録画等**　　取調べの全過程につき録音・録画を実施する。取調べの弁護人の立会権も原則認めるが，不合理な介入にわたる行為があれば，その立会いを拒否できることとされている。

Ⅱ　取調べの適正確保とその可視化問題　　273

(2)　捜査の実態・各種捜査手法

1)　逮捕後の捜査期間が原則4時間以内と制限されていて，十分な捜査はなされず，取調べにも重要度を置かない。

2)　捜査手法は，刑事免責・司法取引，おとり・潜入捜査，通信・会話傍受等により取調べ以外の手段により証拠収集をするが，無罪率は高く，否認事件では無罪率が50％に上る州もある[11]。

（7）　韓　　国

(1)　取調べの録音・録画等
既に少数は運用で実施していたが，2008年1月から刑訴法改正により，取調べの録音・録画を検察官の裁量により施行することとし，同時に弁護人もこれに原則的に立ち会えることとした。もっとも，弁護人立会権は，改正前から運用で認められていたが，実際は弁護人側が積極的でなかったと言われており，今回の法改正でも，正当な理由がある場合には例外的に弁護人は立ち会わないこととされている。

　なお，韓国においては，警察には独立捜査権が認められていない上（我が国の旧刑訴法と同様，警察官は検事の指揮を受けてその捜査または捜査の補助を行うとされる。），警察官調書の証拠能力も検事調書より劣り，被告人が録取内容を公判廷で認めない限り証拠能力がないものとされていた。また，同国においては，過去に警察が検察に比べて非人権的であるとの社会的評価があったことから，取調べにおける弁護人参与権も，警察が将来において検察から独立した捜査権を獲得するため積極的な人権擁護の意思を示す必要があると考え，1999年に積極的に取調べへの弁護人参与権を保障する旨宣言した経緯があるとされる。

(2)　捜査の実態・各種捜査手法

1)　韓国の捜査は，我が国と似ていて，取調べに重点を置く捜査であり，検察官も捜査・取調べに実質的に関与する。したがって，録音・録画の目的も我が国で検察官が実施している目的と同様，それ自体を証拠化することではなく，取調べの状況・任意性を立証することにより，その供述調書に証拠能力と信用性を付与することとされている。

2)　捜査手法としては，我が国と違って通信傍受が広い範囲で認められている

274　第4章　「取調べ可視化」の限界について

こと，指紋登録は前科者にとどまらず全国民に及んでいることなど，取調べ以外にも有力な捜査手段を有する[12]。

（8）台　湾

⑴ 取調べの録音・録画等

台湾の刑事訴訟法においては，検事は召喚，逮捕，捜索・差押えの強制捜査権限を持つ準司法官的地位を有し，警察官は検事の指揮命令を受けてその捜査を補助するという構造となっている。そして，法律上は供述調書のうちテープ録音の内容と一致しない部分が証拠とできない旨規定されているにすぎず，実務においても全過程の録音・録画が行われているわけではないとされる。台湾では，当初取調べの全過程にわたる録音（必要がある場合には更に全過程の録画）を義務づける内容の法案が提出されたが，立法院における審議の際には修正が加えられ，「供述調書の記載のうち，テープ録音の内容と一致しない部分は証拠とすることができない」という規定へと変更された。これは，「取調べの同時録音という絶対的規制要件を幾分か緩和し，国家機関による録音義務を軽減するとともに，信用性の観点から，テープ録音の内容と一致しない供述証拠の部分だけを排除するという限定的なアプローチをとった」とされている。そして，実務においては，必ずしも全過程の録音が行われていないとされるが，これについては，前記規定の解釈を巡り，本来法律により全過程録音（録画）が要求されているにもかかわらず，実務がこれに従っていないという評価がなされることもあろう。

なお，弁護人の立会いも，罪証隠滅のおそれや，捜査妨害に及ぶ事由が認められればこれが制限できることとされている。

⑵ 捜査の実態・各種捜査手法

1） 捜査の権限は我が国の旧刑訴法と同様大きい。検察官が勾引等の強制捜査権限を有し，勾留期間は原則2カ月間，延長をすれば最長4カ月間の勾留が可能であって，その間，偽証罪制裁の下での証人尋問制度もあって，取調べの重要度も高く緻密な捜査が行われる。しかし，無罪率は比較的高く10％前後である。
2） 捜査手法としては，証人免責制度や司法取引が認められるほか，通信傍受の範囲も広く認められ，活用されている[13]。

Ⅱ　取調べの適正確保とその可視化問題　　275

3　取調べの録音・録画の在り方と可視化の限界

（1）　検察と警察における取調べの実情と在り方

　我が国の捜査機関による取調べをコアに緻密な捜査による真相解明という捜査の在り方そのものは，刑訴法の目的に適い多くの国民の支持を得ているものであり，今後も維持すべきである。真犯人が速やかに検挙されて適正な刑罰が科せられてこそ，被害者や遺族そして善良な国民全てが安堵し，安心な社会が回復するもので，このことは国家社会・国民にとっても極めて重要なことであり，冤罪防止のためにも取調べはかえって必要である。また，我が国では諸外国とは違って無罪率が極めて低いことから，一度逮捕・勾留により起訴された者に対しては，たとえ法的には有罪判決が確定するまでは無罪の推定が働くのが建前であるとしても，一般国民の間では，捜査機関のその処理について「犯人に間違いないだろう」との強い信頼感を抱くのも紛れもない現実である。それだけに，捜査機関は取調べを含む緻密・丁寧な捜査を遂げた上で，適正な起訴・不起訴の処理がなされ妥当な刑罰権の行使がなされることが，大多数の国民から強く求められている。ところが，最近の冤罪・無罪事件（富山の氷見事件・栃木の足利事件の冤罪事件や鹿児島の志布志無罪事件等）等過去に問題を残す捜査が行われたとされる冷厳な事実に対しては虚心に直視し，その原因を十分に検証して取調べの適正を図る必要があることは焦眉の急務である。この点で，取調べの全過程について録音・録画による記録を行うべきとの論があり，それにより任意性の争いで裁判が長期化するなどの弊害を是正し，裁判員裁判に向けての分かり易い裁判に資するという一定の効果が期待できるとの考えが強く主張されるようになっている。

（2）　可視化の問題点と限界

　しかし，録音・録画を義務づけるということは，常にビデオカメラの前での公開に等しい取調べを意味し，誰しも身構えていわば建前のよそ行きの対応にならざるを得ないことも見易い道理と言えよう。そればかりか，被疑者においても早く真実を語って更生したいと悔悟反省していても，容易にこれが素直にできず躊躇するままその重要な機会を失ってしまうことにもなりかねない。こ

276 第 4 章 「取調べ可視化」の限界について

れは，被疑者を説得し真実の供述を得るという取調べの真実解明機能を著しく阻害することである。特に取調べの当初は，真犯人なればこそ己の破廉恥でおぞましい罪を認めることに行きつ戻りつ悩み，躊躇を見せるのは煩悩多き人間の業であり性でもある。それを，時間をかけ，自白することの恐れを克己させ，否認から真相吐露の自白に脱然転じさせる過程は，殺人等重罪ならばなおのこと極めてデリケートな心情変化である。このような取調官との間で緊張のうちに展開する，厳然たる心象風景が常に取調べの場に横たわっている実際を認識しなければならない。これは，人間の尊厳を冒しての取調べでは全く不可能な，神聖な「信頼構築」の場面と言えよう。少なくとも，否認から自白に転ずる佳境の時期には録音・録画は全くなじまない，むしろ暴戻なる行為とさえ言えるものであって，被疑者の人権擁護の観点からしても当然避けるべき行為というほかはない。事件が敢行されるに至る背景には，他からは決して触れて欲しくない事柄も多いし，組織からの報復を恐れて真実の吐露が容易にはできない場合もある。あるいは，第三者のプライバシーにわたる種々の供述もなされる。その取調べの全過程が後に公開されるということは，被疑者自身を含む多くの国民を重大な人権侵害の危殆に晒すことにほかならない。結局，取調べの全面的な録音・録画は，被疑者からかえって自由に語れる唇と，これに浸れる精神の平安の機会を奪い，取調べの真相解明に取り返しのつかない悪影響を与えるおそれが大きい。また，殊更に否認している被疑者が，録音・録画向けの作為的な発言や演技をするなどし，これを悪用して自らの虚偽の主張を貫こうとするおそれもある。更に，録音・録画により自白の獲得が困難になれば，組織的犯罪等における黒幕の摘発が困難となり，「悪い奴ほどよく眠る」こととなりかねない。このように，事案の真相解明を求める国民の期待に反し，録音・録画が犯罪者のための救済装置に堕落し，ひいては検挙率の低下，真の有罪者をいたずらに逸して無用に無罪率を高めること必定である。そして，治安悪化の結果をもたらし，長年続けてきた国民の期待に応える捜査機関の努力を静かに無に帰させること，昭然というほかはない。

　更に，我が国では欧米等諸外国で認められているような強力な捜査方法・証拠収集の手段がなく，現状の必然的に取調べを重視しなければならない捜査構

Ⅱ　取調べの適正確保とその可視化問題　　277

造のままで，取調べを全面録音・録画することは，捜査機関の捜査能力を著しく脆弱化するばかりか，裁判員裁判においてもその記録再生に膨大な時間を要し（公判前整理手続でこれを再生して整理しようとするだけなら，裁判員に対する「分かり易い裁判」という本来の裁判員制度の目的に反する。），裁判員の負担軽減に逆行する。これに対しては，記録再生については被疑者の同意を条件とする方法も考えられるが（録音・録画が公開されないとすることにより，自由な雰囲気の中で供述するとの実体が失われないことを期待できるのではないかとの考え。），それでは記録中に含まれる多くのプライバシー侵害の危険を避け難い。その上，そもそもこの度検察官が試行を経て実施に入った一定の録音・録画方法は，任意性立証上の必要性からであり，その使用の判断を被疑者に委ねるというのは不合理というほかはなく，採り得ない。また，全面録音・録画論者が論拠とする制度導入の一部の外国の例も，それぞれ我が国と事情を異にするものである。およそ，一国の刑事司法の運用は，それぞれの国の文化・歴史・国民性・経済的状況等，様々な事情・国情を背景とするもので，その上でその国に適した特徴的な制度・実務が運用されている。それは，連邦制を採る国家における連邦と各州間においても既に同様であることを十分認識すべきである。先に見てきたように，イギリス等では，我が国に比して取調べが果たす役割・重要度が格段に低い上，聴聞と弁解録取の域にとどまり，真相供述を説得するようなものでもない。同国の捜査の中心は，我が国では認められていないような特殊な制度・方法を駆使して遂行するものである。しかし犯罪を最もよく知る被疑者に真相を語らせないままの，「あっさりした起訴」である以上，無罪率が高くなるのも宜なるかなであり，それもかかって同国の国民の支持があってこそのことである。

　ところで，全面的に録音・録画することが冤罪をなくすための「神の手」になるものでもない。積極的な身代わり犯人の供述や，迎合の供述からの虚偽供述の排除は，録音・録画をすることで防げるものではない。それに，そもそも真相吐露は，取調室からのみ生まれるものでもない。被疑者の連行の場や実況見分の場など被疑者が身構えることなく雑談などしている中で，思わず真相を吐露し，あるいは，語るに落ちた言動から，自ら自白への転機とすることもあ

278　第4章　「取調べ可視化」の限界について

る。そして，全面的な録音・録画論者は，仮に捜査機関が真に全ての取調べについて全面録音・録画を実施していたとしても，それまでの開示の記録再生では任意性抗弁が通らないとき，「未だ記録を隠しているはずだ」と全面記録を巡っての果てしない「開示論争」を繰り広げ，捜査機関に外に記録した物はないことの「悪魔の証明」を求めることにもなりかねない。そもそも，全面録音・録画論者は，取調べ自体を「国家権力」と，「か弱き冤罪者かも知れない一個人たる被疑者」との古典的な対立抗争型として捉え，取調官を真相解明のためのカウンセラー如き立場とは認めないのであるから，議論が基本的に噛み合わないところが問題を複雑にしているところではある（その論者は，可視化により任意性の立証容易な利益は検察官にもあるはずともしている。しかし，その論者とて真相解明をそこそこに，検察官をして「あっさりした起訴」を行わせ，裁判員裁判でも分かり易さだけで真相解明に根を置かないという，従来の我が国の刑事手続構造に大転換を迫ることで，その結果，無罪判決の累々たる犠牲者—無用に被告人として法廷に立たされた者—の山を築いて治安悪化を望むような取り返しのつかない事態を招くことを容認したいはずはなかろう。）。ところが，およそ取調べを通じ緻密・丁寧な捜査を経て，起訴後も「精密司法」になる審理の結果，極めて高い有罪率を維持してきた世界に冠たる誠実な捜査・司法の構造の下では，稀なる冤罪事件，誤認逮捕の被疑者だけを想定するのは適切ではない。大多数の真犯人を想定しての取調べも考えるべきであり，最近の冤罪事件等も，捜査機関の行っている真相解明のための重要な取調べを実施する現行制度自体の問題ではなく，その具体的事件においての慎重・適正さを欠いた捜査・取調べ結果であって，この一事をもって制度やその運用自体が不都合などと軽々に即断すべきではない。この制度判断は，「国家百年の大計」であり，真相解明のために取調べを捜査のコアとするその在り方を論じるには，一部の不具合から直ちに桶の湯を赤子共々捨て去るような「総合の誤謬」に陥ってはならない。現行の制度にあって，その運用上，生理現象にとどまらず，もし病理現象まで一部達している欠陥があるとしても，長年にわたって洗練の過程を経て時代の要請の中で醸成し定着してきた制度・運用の長所を最大限に生かしながら，今後は適正捜査の徹底とその新たな制度的担保規定の構築等によって，現行の捜査構造の中で弊害を最

小限度にしながら可視化する方法を見極める必要があると言える。

（3）　今後の取調べの在り方とその適正確保方策

　取調べの可視化問題に関しては，実は既に最近の裁判員制度導入に伴う公判前整理手続による拡大された証拠開示とその運用実態（例えば，最決平 20.9.30 判時 2036・143 では，警察官の私的取調べメモにまで証拠開示命令がなされているほどである。），取調べ状況報告書作成の制度化，被疑者段階での国選弁護制度などが相次いで導入されたことにより，弁護人の活発な手厚い被疑者の権利擁護の中で，被疑者と弁護人との接見交通の一層の機会保障がなされ，取調べの客観化と事後検証の場が設けられたことから，検察と警察もこれらを適正に運用することが推進された。また，検察において，裁判員裁判対象事件について自白の任意性立証を効果的・効率的に行うための方策の一環として，被疑者取調べの録音・録画の実施を重ねていることは画期的なことと評されている。また，「検察における取調べ適正確保方策について」（平成 20 年 4 月 3 日）も策定し，①接見への一層の配慮（弁護人等からの申し出に対して，できる限り早期に接見の機会を提供することなど），②取調べに当たっての一層の配慮（深夜・長時間の取調べ，適度の休憩に関する配慮，問答形式の供述調書の活用等），③取調べに関する不満等への適切な対応措置，④その他，取調べ状況等報告書に被疑者の署名指印を得ることなどを方策の骨子として，全検察官への徹底を図っている。警察においても，「警察捜査における取調べ適正化指針」を警察庁が全国の警察本部宛に発し，続いて，国家公安委員会規則 4 号「被疑者取調べ適正化のための監督に関する規則」を制定し，その後，取調べの録音・録画の試行に入っている。これらの，検察と警察の取調べ可視化に対する大きな方策の努力に対しては，国民の理解と一層の信頼を得ることが期待されるものであり，現在の捜査手続の構造の中で裁判員裁判の場でも自白調書の任意性と信用性判断に有効な手段を提供するものと思われ，性急な弊害多い全面録音・録画の方法は控えるのが妥当と言える。少なくとも，欧米諸国が採用している捜査手法の採用や，被告人・証人の法廷供述の信頼性担保のための規定（偽証制裁等）の新設等，総合的な制度設計なくして，民主党法案のようにこの取調べの全面的な録音・録

画の方策のみが立法化されると，捜査における真実発見機能の阻害事由だけを際だたせることとなることは明らかと言えよう。

　私は，検事としてのその長い取調べ実務の体験を踏まえて，真相解明の段階にある極めて流動的な捜査における取調べを，公開にも等しい録音・録画の前で行うことは，本質的になじまないことであるとかねて主張公表してきた。これは，大多数の取調べに携わる捜査関係者に共通の意見かと思われる。現にその試行・実施の結果でも，相当数の被疑者にその弊害が現れてもいる。しかし，その取調べ過程も事後の相当な範囲内での客観的検証には応える必要性があることもまた然りである。したがって，この真相解明に支障を来すおそれのある弊害との兼ね合いで勘案するとき，既に被疑者の取調べのための留置場の入出房記録の正確厳格な管理・運用や，取調べ状況の正確な把握とその検証の用に供するための業務上記載する取調べ状況報告書の制度的完備等をもって捜査・取調べの可視化としては相当果たしているものと言えよう（改正の犯罪捜査規範第182条の2，刑訴法第316条の15第8号参照）。そして，これをもって，大多数の事件の取調べの任意性の判断は合理的に担保できるし，また，捜査機関においても先に見たように相次いで取調べの適正化に関する方策を推進し，任意性のある取調べに一層努める中で，原則この方法を基本とすべきであろう。しかし，裁判員裁判の対象事件となる重罪事件については，刑訴法改正で創設した第316条の2以下の争点及び証拠の公判前整理手続の諸規定の趣旨にも照らすとき，最高検察庁が踏み出したように，例外的に取調べの真相解明機能を阻害しない限度で取調べの適切な一過程について録音・録画を行うことは，積極評価すべきものと言えよう。しかし，その場合でも，裁判員裁判対象事件中，明らかに取調べの任意性が争われることが予想される事件について，かつ，取調べの任意性立証に資する範囲に限って，挙証責任を負担する立場の検察官の判断で行うとするのが許容範囲の手法というべきと言えよう。すなわち，自白調書の取調べの任意性や信用性に関する裁判員の判断に資する上で必要な限度で，被疑者の葛藤の末の供述が一段落した後の自白の経緯や心情を語る場面での録音・録画を検察官が行うことを限度とすべきである。もっとも，被告人は，任意性を争う以外に真相供述（自白）を覆せないことから（刑訴法第322条参照），

Ⅱ　取調べの適正確保とその可視化問題　281

「警察での自白はその取調べに任意性がない。検察官の取調べでもその違法状態の遮断措置は特段とられていない。したがって，違法な反復自白にすぎず同じく証拠能力を認め難い」との主張をする法廷戦術が当然考えられる。検察官の任意性立証は，この抗弁を常に念頭に置いて適切・効果的な手段を講じなければならない(14)。

4　検察官の役割

　このように考えてみれば，検察官が今後，警察による取調べに対するチェック機能を果たしていく上で，警察における取調べを全面的に可視化するということが適切な方策であるとは到底考えられない。それでは，今後，検察官はどのような方策によって，警察による取調べに対するチェック機能を十全ならしめていくべきであろうか。

　この点については，近時講じられた次のような適正確保方策が注目される。すなわち，現在においては，被疑者国選弁護人制度の導入及び拡大により，身柄拘束中の被疑者が早期に国選弁護人を選任し，接見の際の助言等の援助を受ける途が大きく開かれている。これは，取調べの適正確保に資するところが大きいと考えられる。また，捜査機関側について見ると，前述したような取調べ状況の書面記録制度の導入により，検察官において，警察における取調べの開始，終了時刻，休憩時間の有無，供述調書作成の有無等を正確に把握できるようになったほか，検察官が，被疑者等の不満等への適切な対応措置を通じ，警察の取調べに対して被疑者等が不満を持つ場合には，その内容を的確に把握して対処することとなっている。そして何より，検察官は，自ら被疑者の取調べを行うことを通じて，被疑者の供述の信憑性の吟味はもとより，警察における取調べ状況を含めた捜査の適正を十分にチェックできる機会があるのであって，これらを十分に活用することなどにより，取調べの全面的な可視化によらずして，警察の取調べについても十分なチェック機能を果たすことができると考えられる。その意味においては，むしろ検察と警察の関係を緊張化させて，検察官により警察捜査の適正を徹底的にチェックすることによって，取調べを中心とした捜査の適正確保を図るのが妥当なのであって，この適正手続の履践

は,「警察にとっては,職務遂行上尊重・遵守すべき職務規範にとどまるが,検察官にとっては,その実現が実体法の適正な実現と並んで自己の直接的職責となるわけであり,自己の関与する捜査過程の全般について,適正手続の観点からチェックを行うのは,その職責上むしろ当然ということになる」[15]ものなのである。

Ⅲ　おわりに

このように捜査・刑事手続を巡る状況は,近時の裁判員制度や被害者参加制度の導入,また,国民の司法参加に伴う裁判員・国民に分かり易い裁判を期するためにも,捜査機関における手持ち証拠の開示,捜査・取調べの可視化問題が急展開を示してきた。このような刑事手続を巡って,ますます厳しくなる「捜査・公判環境」の中で,今や検察官こそ,刑事手続の担い手の中において特にポジティブにその中心的役割を果たすべき新たな段階に入っているということを強調したい。検察官は,警察等送致に係る具体的事件において,警察等捜査の充実強化と適宜な補充捜査の遂行を図ること,及び違法捜査の抑止に関して,警察等捜査を両者間の適宜適切な協議を通じて,よくチェックし適切な指揮をなして,後日の裁判員裁判を初めとする公判一般でも的確な立証がなされるよう努めなければならない。そのためにも,検察と警察の両者には任意性立証に関し,必要にして真相解明機能が阻害されない範囲における「取調べの可視化」の適正妥当な実施に努めることが求められているものと言えよう。

    ＊　なお,取調べの可視化に関しては,既に平成18年5月以降検察がその一部の試行を始め,その後警察も同様一部その試行に入ってこれを重ねているところ,この被疑者に対する特定の事件の取調べの録音・録画義務は,平成28年6月3日（法54号）公布の刑事訴訟法一部改正において一部司法取引（捜査・公判協力型協議・合意制度ないし刑事免責制度）とともに法制化されたことから,今後の事件の真相解明と取調べ状況,そしてその罪体等の立証方法には大きな変革が見られよう。

Ⅲ　おわりに　283

(1)　裁判員法（裁判員の参加する刑事裁判に関する法律）が平成16年5月法63号をもって公布され，5年間の周知準備期間を経ての同21年5月21日から施行となった。そして，その施行第1号事件として，東京都足立区の隣人殺人事件が，同年8月3日から4日間にわたって東京地裁で審理され，これは連日大きく報道されたが，自白事件であり，その裁判員裁判は概ね好評価に判決言渡しに至って終了し（検察官の求刑が懲役16年に対し，判決は懲役15年），その後全国で相次いで裁判員裁判が実施され，5カ月を過ぎて既に100件以上（殆どが自認事件）審理を経て同年11月末現在で判決は82件に及んでいる（なお，その前記第1号事件では，重い実刑判決だとして量刑不当を理由に被告人控訴となっており，控訴審判決が注目されている。）。この画期的な国民の司法参加制度は，依然として制度自体に対する根強い反対の立場もあるが，ともかく「目人間（Augenmensch）」―書面確認から「耳人間（Ohrenmensch）」―コミュニケーションへとの法廷中心主義へスタートした現時点では（平野龍一「現行刑事訴訟法の診断」『團藤重光博士古稀祝賀論文集〔第4巻〕』（有斐閣，1985年）422頁参照。なお，平野博士は，同423頁で「アメリカやドイツで本気で公判廷で心証をとろうとしているのを単なる教条主義とみていいものだろうか」とも述べる。），これに対応する刑事手続の担い手の中心にいる検察，そして警察の新たな役割はひときわ大きいものがある。また，被害者参加制度や更には通信傍受法（犯罪捜査のための通信傍受に関する法律。平成11年8月法137号）の施行という新しい刑事手続への検察と警察の対応も注目しなければならない。

(2)　その最高検のHP公表結果によれば，実施対象事件1676件中，164件について被疑者が拒否したり組織犯罪等で真相解明機能が害される事案等で実施がなされず，結局1512件が実施されたところ，うち86件（実施件数の6％）が供述内容が録音・録画していないときに比し変化（供述の否認・後退・曖昧化等）し，うち299件（同20％）が供述態度が変化（緊張・口が重くなる等）するなどした。最高検はこの結果を踏まえ，録音・録画は自白の任意性を効果的・効率的に立証するのに有用だが，真相解明に影響を及ぼすことがあるから，取調べの機能を損なわない範囲で実施するのが相当であると結論づけている。なお，最高検の平成20年2月15日の試行結果の中間発表では，170件実施したその試行結果中，うち7％の12件において録音・録画時に一部否認するなど供述に変化があったことを報告した上，「全体的に効果を確認できたが，自白していた被疑者がカメラの前では供述をためらう懸念もぬぐえない」と分析していた。最高検では，平成20年5月には3件の次長検事依命通達等を発し（①取調べの適正を確保するための逮捕・勾留中の被疑者と弁護人等との間の接見に関する一層の配慮について，②取調べに関する不満等の把握とこれに対する対応について，③取調べに当たっての一層の配慮について），法務大臣訓令「取調べ状況の記録等に関する訓令」等も一部改正している。

(3)　警察庁HP等公表された資料によれば，その適正化指針の骨子は，①取調べに対する監督の強化，②取調べ時間の管理の厳格化，③その他適正な取調べを担保するための措置，④捜査に携わる者の意識向上，の4点について各項具体的な指針を示す。そして，取調べの都度，犯罪捜査規範第182条の2第1項に規定する取調べ状況報告書を罪種や事案の軽重，身柄の有無等を問わずこれを作成して本部監督担当課に報告するものとしている。ほかに，弁護人選任の申し出ができることの教示，長時間にわたる取調べの回避，

284　第4章　「取調べ可視化」の限界について

取調室の構造・設備の基準の明確化等の改正がある。また，その後取調べ自体の録音・録画の試行も一部実施している。なお，警察大学校編集『警察學論集』61巻6号では，「被疑者取調べの新たな在り方について」を特集している（①北村滋「新たな取調べの確立に向けて―取調べに関する大きな変革―」（1頁以下），②重松弘教「『警察捜査における取調べの適正化指針』について（18頁以下），③阿久津正好「『被疑者取調べ適正化のための監督に関する規則』及び『犯罪捜査規範の一部を改正する規則』の制定について」（63頁以下），④森下元雄「富山事件及び志布志事件における警察捜査の問題点等について」（98頁以下），⑤大濱健志「取調べの録音・録画をめぐる議論の動向及び警察における取調べの一部録音・録画の試行について」（124頁以下），以上執筆者はいずれも警察庁の幹部である。）。志布志事件については，藤吉和史「鹿児島志布志事件と適正な取調べ」志學館法学10号1頁も参照。また，吉村博人元警察庁長官「取調べ全面可視化に反対する」『文藝春秋』2009年12月号164頁以下では，警察の立場から全面可視化の問題点を指摘する。その他取調べ可視化の是非を巡っての論文は多い。本江威憙「取調べの録音・録画記録制度について」判例タイムズ1116号4頁，同「取調べの録音・録画記録制度と我が国の刑事司法」判例時報1922号11頁（欧米主要諸国の各種捜査手法等は，本論考注(6)～(10)でも参照），吉丸眞「録音・録画記録制度（上）（下）」判例タイムズ―（上）1913号16頁，（下）1914号19頁，青木孝之「取調べ可視化論の整理と検討」琉球法学81号41頁，佐藤隆之「被疑者取調べの適正化」ジュリスト1370号102頁，白川靖浩「警察捜査における取調べの適正化に向けた取組―取調べ監督制度を中心として―」刑事法ジャーナル13号15頁，小坂井久・秋田真志「取調べの適正化をめぐる課題」刑事法ジャーナル13号23頁等多数。

(4)　民主党の平成20年6月国会提出の「刑事訴訟法の一部を改正する法律案」の骨子は，第一に，被疑者の取調べの全面的な録音・録画の義務化であり，①被疑者の取調べに際しては，被疑者の供述及び取調べ状況の全てについて，その映像及び音声を記録媒体に記録―録音・録画すること（被疑者の身柄拘束の有無を問わず，また，弁解録取手続にも適用する。），②前記違反の被告人に不利益な内容の供述調書の証拠能力を制限すること，③被疑者または弁護人は，記録媒体の閲覧，聴取，複製の作成ができること，④施行（公布日から1年6月）の初めは，死刑または無期若しくは長期3年以上の懲役・禁錮に当たる事件を対象とするとともに，特別司法警察員が行う取調べを除外することとし，公布後3年以内に全面的に実施すること。第二に，検察官手持ち証拠の一覧表の開示であり，これは，公判前手続において，検察官は被告人または弁護人に対し，手持ち証拠の一覧表を開示しなければならないとするものである。なお，平成21年9月18日，民主党を中心とする「鳩山内閣」が成立し，新しく就任した千葉景子法務大臣は，『毎日新聞』の「新閣僚に聞く」のインタビューに対し，取調べ全過程の録音・録画（可視化）の法案化に関し，「確実な歩みで，実現に向けて取り組みたい。骨格は（党内で）打ち合わせており，それをどういう形で現実のものとするのか，多くの意見をいただき，開かれた議論を行いたい。これまでに議員立法で提案した法案を土台に，どこまで対象を含めるか，最初から全部にするか，1歩目，2歩目と段階的にいくか，詰めていきたい」と述べる（『毎日新聞』平21.9.30付け朝刊）。また，中井洽国家公安委員長（元法務大臣）は，

Ⅲ おわりに　285

取調べ全過程の録音・録画（可視化）の実施は，司法取引など新たな捜査手法の導入とセットとの考えを示した上，「捜査当局が大変な犠牲のもと，容疑者の検挙に努力している。昔のように好き放題の取調べはできない。犯罪者の側も利口になっている。闘おうと思えば『武器』が必要だ。諸外国で例があり，それを日本版にし直してやるべきだと。可視化とは，僕から言わせれば自供中心主義から少し（それ以外の─筆者注）証拠中心主義へと変えていくこと。党は『冤罪防止のため』と言っているが，僕は違う」と述べている（『毎日新聞』平 21.9.23 付け朝刊）。そして，同委員長は，「可視化の実現には新たな捜査手法の導入が必要」として，取調べ全面可視化の在り方・捜査手法の高度化に関する有識者研究会（座長は前田雅英（首都大学東京）教授。弁護士，警察や判検事出身者ら 12 人の委員で構成）を開催している（同研究会は 2 年後を目処にその結論をまとめる方針で，平成 22 年 2 月 5 日に第 1 回目が開催されている─『日本経済新聞』同月 6 日付け朝刊）。

(5)　亀山継夫「検察の機能」『現代刑罰法体系 5・刑事手続 1』（日本評論社，1983 年）40 頁は，「捜査とは，被疑者を特定し，その被疑者の訴追の要否を判断するとともに，これらの特定及びそれに伴う公訴を適正に行うために必要な資料を収集する手続ということ」とする。また，河上和雄「被疑者を取り調べずに起訴できるか」『最新刑事判例の理論と実務』（信山社出版，1990 年）247 頁以下では，「被疑者の取調べは，客観的に存在する，被疑者が真犯人でないかと思われる証拠からくる嫌疑に対する，被疑者の弁解，主張を聴取することにある。その弁解，主張が正しいか否かを，再度，客観的（つまるところ被疑者の供述以外の）証拠によって吟味し，被疑者に対する嫌疑を確定するものである」，つまり「被疑者の取調べは，被疑者の刑事責任追及の概観を呈したとしても，そのためのものではなく，犯罪が行われたか，いかなる犯罪か，誰がこれをおこなったかという，客観的な事実についての真実の追求のためであり，取調べはその一手段にしかすぎないのである」とする。そして，福岡高決昭 59.10.29（高検速報 1317 号）を取り上げ，同裁判の事件は弁護人の「第 1 事件で逮捕後，同事件が第 2 事件と併せて起訴された際，第 2 事件についての被告人本人の取調べなくして起訴されたことは，被疑者の防御の機会を奪うものであって，刑訴法 203 条，憲法 31 条に違反するものであり，公訴を棄却すべきである」との控訴趣意に対し，福岡高裁決定は「公訴提起前に被告人本人の取調べが行われなかったとしても，刑訴法 198 条 1 項本文は捜査機関は犯罪の捜査をするについて必要があるときは，被疑者の出頭を求め，これを取り調べることができると規定するに止まり公訴提起に当たり被疑者の取調べを前提条件とすべき法令上の根拠は見当たらず，捜査官は事案に応じ必要な取調べをしたうえで，十分な嫌疑がある場合には犯罪の軽重等を考慮して検察官が公訴を提起すれば足りるのあって，事前に被疑者を取り調べなかったことを以て違憲違法であるとは解されない」旨判決した。珍しい裁判例の紹介であるが，「被疑者の取調べは，実体的真実発見のものであるから，被疑者の取調べを必要としない程度に犯罪の嫌疑が確定（もちろん捜査段階でのことであるが）されていれば，理論的には被疑者の取調べを必要としないことになる」とする。なお，警察庁の幹部の尾崎幸一「警察捜査の本質と補充捜査」警察學論集 19 巻 2 号 27 頁も，捜査の本質について，「創造的発見過程にあり，漠然たる疑いから出発して真犯人を発見し，確定していく過程にある」

286　第4章　「取調べ可視化」の限界について

と説明する。

(6)　山上圭子「英国における取調べの録音制度について」法律のひろば 2003 年 6 月号 71
頁以下，小島吉晴「英国の刑事司法制度の特徴」法律のひろば 1997 年 6 月号 46 頁以下，
佐々木知子『日本の司法文化』（文春新書，2000 年）66 頁以下，倉田靖司「イギリスの
刑事司法制度に見られる幾つかの特徴について（要旨）」東北法学会会報 21 号 5 頁以下，
白川靖浩「イギリスにおける被疑者の取調べについて（上）（下）」警察學論集—（上）60
巻 4 号 75〜156 頁，（下）6 号 65〜95 頁，清野憲一「英国法務事情(1)〜(3)」刑事法ジャー
ナル（2006 年）(1) 3 号（72 頁〜），(2) 4 号（69 頁〜），(3) 5 号（110 頁〜），岡田薫「DNA
型鑑定による個人識別の歴史・現状・課題」レファレンス（2006 年）1 月号 7〜31 頁（米・
英・独につき紹介あり。英国関係部分は 23〜25 頁），Ministry of Justice , Judicial and
Court Statisitics（2007 年司法統計）等参照及び筆者の平成 18 年度短期留学における現
地調査研究結果に基づく。
　　なお，古田佑紀「法制度比較の視座」『河上和雄先生古稀祝賀論文集』（青林書院，
2003 年）25 頁以下は，日本の刑事手続と欧米主要国の刑事手続を比較法的に通観する。

(7)　金山泰介「米国における取調べの録音録画について（上）（下）」警察學論集—（上）60
巻 1 号 202〜215 頁，（下）2 号 128〜141 頁，Federal Rules of Criminal Procedure, Rulell
(c)（連邦刑事訴訟規則，司法取引に関する条文），18U. S. C. 6001-6005（合衆国法典，刑
事免責に関する条文），Compedium of Federal Criminal Justice Statistics（2004 年司法
統計）等参照。なお，『取調べの録音・録画の実情—アメリカ合衆国イリノイ州での取
調べ録画・録音の実情』日本弁護士連合会 HP23 頁以下もある。

(8)　フランス刑事訴訟法第 64-1 条，第 116-1 条等（録音・録画について），高内寿夫「フ
ランス刑事訴訟法における予審の機能（一）〜（五）」国學院法政論叢 12〜16 輯，山﨑威「フ
ランスにおける予審制度を巡る最近の議論について」判例タイムズ 1237 号 129〜134 頁，
谷口清作「フランス組織犯罪対策法の成立とその課題」警察學論集 57 巻 4 号 150〜166
頁（「改悛者」（刑の減免）制度について，162 頁）等参照。その他，拙著『適正捜査と
検察官の役割—適正な裁判を求めて—』（北樹出版，2008 年）52 頁以下及び筆者の平成
18 年度短期留学における現地調査研究結果に基づく。

(9)　松尾浩也「ドイツにおける刑事訴訟法及び刑事訴訟法学の発展—日本法との関連にお
いて—」『田宮裕博士追悼論集下巻』（信山社出版，2003 年）73 頁以下，白川靖浩「ド
イツにおける組織犯罪対策法について⑤」捜査研究 501 号 49〜57 頁，同「ドイツにおける
刑事手続の諸問題(1)〜(6)」警察學論集 46 巻 (1) 9 号（124 頁〜），(2) 10 号（135 頁〜），
(3) 12 号（134 頁〜），47 巻 (4) 1 号（123 頁〜），(5) 2 号（140 頁〜），(6) 4 号（136
頁〜），田畑智明ほか 1 名「仏・英・独の身柄拘束制度と拘禁施設の現状（五）」警察學
論集 50 巻 1 号 113〜151 頁等参照及び筆者の平成 18 年度短期留学における現地調査研究
結果に基づく。

(10)　イタリア刑事訴訟法第 141 条の 2（録音・録画について），古田茂「録音・録画は最
低条件のイタリアから学ぶ」季刊刑事弁護 41 号 149〜153 頁，渡邉晃・石田高久「イタ
リアにおける組織犯罪対策（下）」警察學論集 50 巻 11 号 140〜157 頁，谷口清作「国際
警察治安事情 2　イタリア・マフィアは克服されたか」捜査研究 603 号 36〜40 頁（「改

Ⅲ　おわりに　287

悛者」制度に関する法律の改正については 39 頁）等参照及び筆者の平成 18 年度短期留
学における現地調査研究結果に基づく。

(11)　指宿信「取調べ録画制度と自白の証拠能力—オーストラリアにおける立法ならびに
判例からの示唆—」判例時報 1997 号 3〜18 頁，渡辺修・山田直子編『被疑者取調べ可
視化のために〜オーストラリアの録音・録画システムに学ぶ』（現代人文社，2005 年）
132 頁以下等参照。

(12)　朴燦運「弁護士が見た韓国における捜査の可視化最近の状況と議論の内容」季刊刑
事弁護 39 号 98 頁参照。また，椎橋隆幸ほか 1 名「韓国改正刑事訴訟法における取調べ
の映像記録制度」刑事法ジャーナル 13 号 34〜43 頁等参照。

(13)　陳運財「日本と台湾における被疑者取調べの規制」比較法雑誌 38 号（東洋大学比
較法研究所）51〜108 頁（取調べの録音・録画制度の法制に関する解釈と実務の運用は，
91〜97 頁）参照。

(14)　拙著・前掲注(8)書「第 2 章　取調べの有要性と任意性立証」60 頁以下。

(15)　亀山継夫「刑事司法システムの再構築に向けて—主として検察の立場から見た『新
刑訴』の回顧と展望—」『松尾浩也先生古稀祝賀論文集下巻』（有斐閣，1998 年）22 頁。

第5章
「検察と警察の関係」について
——「刑事手続の警察化論」と検察官の役割——

I　本論考の課題

　「検察と警察の関係」については，治罪法を経ての旧々刑訴法（いわゆる明治刑訴法），そして旧刑訴法（いわゆる大正刑訴法）の戦前までの時代と，戦後の新憲法（日本国憲法）の施行に伴って全面改正された現行刑訴法時代とでは，まずはその法体制が大きく変容していることに着目しなければならない。

　しかし，検察と警察の関係は何時の時代でも，社会秩序の維持を担わなければならない機関同士として，緊密な関係にある反面，それだけに「微妙な協力関係」をもって維持されて来たものと言える。特に戦後は，警察が第一次捜査権を認められて検察から独立し，両者の関係は特に「相互協力関係」としてこれが強調されるところとなったが，それも昭和28年7月の検察官の警察官に対する一般的指示権等の刑訴法一部改正を巡る検察・警察対立の歴史も辿ってのものであった。また，検察・警察の捜査手続に関し，昭和30年代から40年代にかけて新しい「捜査観論争」が澎湃として沸き上がった。新刑訴法下では糺問的捜査観でなされてはならず，いわゆる弾劾的捜査観で行われるべきであるとの平野学説の台頭であった[1]。それに伴い検察官に対する「公判専従論」まで呼んで，検察官の役割を巡る喧しい論争がなされたという時代経過もあった。

　戦前の警察は，司法警察活動面では検事の補助役に徹する役割であったが，その広く強大な権限を有する内務省はその実力を徐々に発展させた。そして，国体の変革・私有財産制度を否認する結社の取締りを目的とする治安維持法の下で，その取締りを強化していった。それは，行政執行法に基づく公安を害するおそれのある人物に対する予防検束や，違警罪即決例に基づく警察署長の即

決処分権限による各警察署たらい回しとなる身柄拘束の継続など，これを暗い谷間で繰り広げるものであった。これが，時として大きな非難の対象となる傲然たる権限濫用の歴史を残すところとなった。しかし，終戦直後の6年間余，地方分権を標榜していたアメリカに倣っての国家地方警察と自治体警察組織併存の時代を経て，その後，現在の警察庁を頂点とする都道府県単位の中央集権型の警察組織として編成替えを遂げた。その警察組織は，以後実力を着々と蓄え，今や犯罪捜査に関しては，「刑事手続の警察化」との新しい問題が指摘されるほどの熟爛状況を呈するまでに発展している。

　更には，この刑事手続に関しこの十数年の間には，国民の司法参加となる画期的な裁判員制度や，被害者参加制度が導入され，あるいは取調べの可視化の要請が一段と強くなるなど刑事手続を巡る環境は大きく変容し，これを担う検察・警察においては一層の工夫が求められ，その責任感と重圧感を抱いての任務遂行となる緊張状態が生まれている。このことから，「相互協力という微妙な関係」と言われる検察と警察の関係も，今や両者の新しい関係の在り方が，クイックリィに構築されることが期待され，そのためには，これら諸課題に対応した新しい検察官の役割が検討されなければならないと思われる[2]。

Ⅱ　戦前までの検察と警察の関係史

1　行政警察と司法警察

（1）　明治以降の刑事手続

　我が国の明治以降の刑事手続は，当初はフランスから招聘したボアソナード（パリ大学）教授の下でナポレオン法典に倣って起草され，明治13年太政官布告37号で公布，明治15年（1882年）施行された治罪法に始まる（治罪法施行までは，明治5年以降に司法省職制章程並検事職制章程，断獄則例，検事職制章程並司法警察規則，糺問判事職務仮規則等が相次いで制定されて刑事手続が運用されていた。）。以後，大日本帝国憲法が制定されて（明治22年2月11日公布のいわゆる明治憲法），旧々刑訴法（明治23年法96号のいわゆる明治刑訴法）がドイツ刑訴法的な改正も加味して治罪法を承継した。そして，併せて裁判所構成法（明治23年法6号）

が制定されて，各裁判所に検事局が附置され，検事は刑事事件の公訴権を有し，また，司法及び行政事件につき公益の代表者として法律上その職権に属する監督事務を行うことが定められた（同法第6条1項。なお，同法は各裁判所と検事局の分離独立に伴い，昭和22年5月法59号で廃止された。）。その後，大正11年（1922年）に旧刑訴法（大正11年法75号のいわゆる大正刑訴法）が，ドイツ刑訴法を基に内容を改めて制定され，大正13年1月1日から施行されるに至った。

　その間，近代的警察制度として太政官布告17号により明治5年（1872年）8月に司法省に全国の警察事務を統括する警保寮が設置された。しかし，翌6年11月に警察・地方行政その他内務行政を所管する内務省が設置されたことに伴い，その翌7年には警保寮は司法省から内務省へ移管された。警保寮は，「国中ヲ安静ナラシメ人民ノ健康ヲ保護スル為メニシテ，其安静健康ヲ妨ゲル者ヲ豫防スルニアリ」として，行政警察事務を権限事項とする部署と定められ（明治7年1月制定の警保寮事務章程第1条。なお，警保寮は以後警視局を経て明治14年から警保局として変遷改編），その後一貫して，警察作用は行政警察と司法警察とに区分されてきた。すなわち，明治8年3月の太政官達第29号になる行政警察規則では，人民の凶害を予防し安寧を保全する行政警察作用のみが警察の固有事務とされた（同規則第1条）。そして，犯人探索・逮捕等の犯罪捜査は，検事章程並びに司法警察規則によって，司法警察作用に属し，各府県の司法警察官吏が，予審制度の下で司法官として捜査の主宰者になる検事を補助し検事の指揮の下で犯罪捜査に従事することとして定められていた（同規則第4条。なお，同規則第1条は治罪法制定に伴い削除されたが，行政警察事務が警察固有の事務であること，また，警察官が司法警察事務を扱う司法警察官吏との身分を兼ね，同じく内務大臣の任免監督下にあることに変わりはなかった。）[3]。

（2）　大陸法系と英米法との比較

　我が国の戦前までの刑事手続はフランスやドイツの刑訴法に由来する大陸法系に依る制度であるところ，フランスでは，司法警察官吏が犯罪を捜査しその証拠を収集して犯人を裁判所に引き渡す。したがって，治安裁判所・予審判事はいずれもこの司法警察権を行使することとされている。また，ドイツでは，

検事は法治国家の旗手「真実と正義への意図のみに義務づけられた法律の番人（Wachter des Gesetzes）」と評され，予審判事とともに捜査権限を有し，1975年の改正で予審制度が廃止後は検事が準司法官として公正にその捜査・公判権限を行使することで，その職責遂行が信頼されている。この点，英米法系では，そもそも司法警察と行政警察という区別観念がなく，捜査権は警察の機能とされ，検察官は警察官が捜査し証拠を収集し検挙した犯人の訴追機関として存在してきた。イギリスでは，公衆（私人）公訴主義が原則であることから，検察官公訴も少なく，警察官による公訴も公衆公訴の一種と位置づけられている（なお，1985年に至って「検察官庁」が制度として独立発足したが，訴訟追行が主とされていて，依然として公衆公訴主義の原則が行われている。）。したがって，犯罪の捜査は主として警察が行い，ただ，殺人等重大事件，大陪審を経由すべき事件，その他特殊事件については，警察は事件掌握後直ちに検察官に報告し，検察官は警察に対し公訴を提起する上において必要な注意や援助を行うことができるとされている。結局，イギリスでの捜査は警察が基本的に独立して行い，公訴は第一には公衆公訴主義により，二次的にそれが警察にも委ねられているもので，検察官の役割は殺人，通貨偽造事件等，裁判所の起訴命令事件，内務大臣の移牒事件等特定の事件の公訴に限られている。したがって，検察官と警察の関係も一般的指揮・命令関係にはないこととされている。また，アメリカでは，検察官はイギリスとは違って国家訴追主義で公訴官であるのに対し，警察は捜査機関であり，告発者として積極的に事件を告発し法廷に立って訴訟の手続に関与することとされている。連邦・各州の2つの統治権下において，検察官は公選制で公的訴訟代理人（Public attorney）とされ，法律家として時に特別に補助警察官（検察官が特別に採用した捜査員または警察からの派遣警察官）を指揮し，自ら捜査することも行われ，この点は，捜査に関してイギリスほど警察捜査ひとつに集約されているわけではない[4]。

2　検事の補助役としての司法警察官吏

（1）　捜査の主宰者

　前述したように，警察事務は，その所管する司法省の一部署であった警保寮

292 第5章 「検察と警察の関係」について

が内務省へ移管されることにより，内務省内の内務行政の一局（警保局）が行政警察事務を固有の権限として担当する部署として位置づけられた。そして，行政警察を担当する警察官が司法警察に関しての事務執行の身分を兼ねるところ，裁判所構成法により，司法省・検事局・内務省・地方官庁間で協議の上，警察官のうち各裁判所の管轄区域内において勤務する「司法警察官」を指定し，その指定された司法警察官は，各裁判所検事局検事が職務上その検事局管轄区域内において発する命令を受けてこれを執行するものと定められていた（裁判所構成法第84条1項・2項）。すなわち，司法警察官は捜査を主宰する検事の補助役を務めることとされた（なお，警部補以上の者が「司法警察官」であり，巡査は検事からの直接または直属上司である司法警察官の命令を受けて司法警察吏として捜査の補助を行うものであった。以下，両者を併せて「司法警察官吏」と言う。）。

　旧刑訴法（大正刑訴法）では，このように捜査権限は直接的には検事に付与され（なお，戦前までは法文上「検事」の呼称であるが，戦後の現行刑訴法では副検事の職制もあって，法上は「検察官」の呼称が用いられている。），捜査の主宰者を検事とする。したがって，司法警察官吏には独立しての捜査の権限は付与されておらず，あくまでも検事の指揮を受け補助役としての捜査を担当する立場に置かれていた（旧刑訴法第246条〜第249条）。もっとも，旧刑訴法上は強制処分は現行犯を除き予審判事の権限であり，被疑者等の取調べも検事ではなく，予審判事が主となっていて，予審判事に捜査権限が集約されていたことから，これを捉えて，捜査の主宰者を予審判事と見ることもできる。しかし，要急事件については検事と警察にその強制処分権限が委ねられており，検事が司法警察官吏を直接指揮して補助させながら捜査する実際と，検事が公訴権を独占するとともに起訴裁量権限を有していることからすれば（旧刑訴法第278条・第279条），少なくとも実質的な捜査の主宰者は検事であったと言える。それは，「捜査事務の遂行を統一し且つ捜査事務に関する責任の所在を明らかにする必要があり，そのためには各種の捜査機関を統一的に構成し，その中核となるものを定める必要があるが，それには検察官をもってこれに充てるのを最も適当としたからである。蓋し，検察官は，公訴官として捜査の当不当を判断する立場にあり，その任用資格については殆ど裁判官と変らない高い資格を必要とし，且

Ⅱ　戦前までの検察と警察の関係史　293

つ法律上強くその身分を保障されているので，十分に職務の公正を期待し得るからである」との理由づけが，正鵠を射ているものと言えよう[5]。

（2）　司法警察官吏の捜査実情

　予審判事が取り調べて作成する被告人や事件関係者の予審調書の証拠能力は無制限に認められる強大なものであるが（旧刑訴法第343条），捜査の実際を審察すれば，検事の指揮を受けて捜査する司法警察官吏が被疑者や事件関係者等から，第一次的に最もホットな時期に事情聴取をしてこれを聴取書にまとめることの意義と役割こそ大きいものがある。現場での初動捜査ないし最前線での捜査が純一か雑駁かが，その後の捜査公判の結果を左右すると言っても過言ではないというのが捜査の実際である。また，最前線の捜査において主観的に善意か悪意かはともかく，重要な事実がネグレクト（neglect）されてしまおうが，あるいは好ましくない捜査手法が行われようが，その他いかなる情報秘匿が行われようが，その後の捜査公判でこれらを検証し発見することは必ずしも容易ではない。このことは，以後の検事の取調べ（検事聴取書）及び予審判事の取調べ（予審判事調書）の各段階でも，新鮮味と正確性が漸次失われて（これを，時間経過による「証拠逓減の原則」という場合がある。）真実解明が深化されることなく，徒労にも「屋上屋を架す」にも等しい結果を招く事態に終始することも，あながち否定できない制度上の特質を失わない。捜査の実際の流れを虚心に見れば，警察捜査いかんがその後の捜査公判の結果を制するものと言っても過言ではない。

　したがって，既にこの時代から，刑事手続は警察捜査の段階で良くも悪くもその帰趨が実質的には決定されるにも等しい現象，すなわち，「刑事手続の警察化」の実体・萌芽が看取できるものと言えよう。それは，当時の司法省が司法警察官吏とは別に検事直属の特設司法警察官吏を付する刑訴法改正案を大正13年，昭和3年，同5年，同7年と数次にわたって提案し，しかしそのいずれもが，内務省の強い反対にあって成立しなかった経緯からも窺えるところである（昭和7年11月の法制審議会の刑訴法改正提案の理由は，①選挙違反に対する公正なる検察の確立，②警察による選挙干渉の防止—当時政治警察の部署があった—，③重大事犯捜査のための直属機関たる特設司法警察官吏の必要をあげた。）[6]。

294 第5章 「検察と警察の関係」について

Ⅲ 現行法の検察と警察の関係

1 現行刑訴法・警察法の誕生経緯

戦後はGHQ（アメリカを中心とする連合国総司令部）の強い影響による新憲法が昭和21年（1946年）11月3日公布され，翌22年5月3日施行された。そして，これを受けて現行刑訴法が昭和23年法131号をもって同年7月公布され，翌24年1月1日から施行された。その間の昭和21年10月，臨時法制調査会は，「捜査補助機関は検察庁の検察補佐官を司法警察官とする外ほぼ現行法（注―旧刑訴法）通りとする」との答申を出し，新たな検察庁法案の立案もその方向で進められていた。その議論の中では警察に第一次的捜査権限を付与しての検察と警察の関係見直し案が検討されたが，その結論が得られないまま，結局，昭和22年4月法61号をもって制定の検察庁法第6条1項では，「検察官は，いかなる犯罪についても，捜査をすることができる」と規定した上，同条2項では，「検察官と他の法令により捜査の職権を有する者との関係は，刑事訴訟法の定めるところによる」と規定して，この時点では，検察と警察の関係は当時の旧刑訴法通りとされたのであった[7]。

しかし，制定される新憲法の内容が明らかになった以後は，これを受けた刑訴法の全面改正を図るため，これに沿った刑訴応急措置法（日本国憲法の施行に伴う刑事訴訟法の応急的措置に関する法律）を取りあえず繋ぎ法として制定した上，アメリカ刑事手続法の理念を大幅に受け容れて当事者主義，伝聞法則等を基調とする新しい刑訴法（当初，7編406条から成る）が制定されるに至った。その変容の基本は，従来の裁判所中心の職権主義から当事者主義化することであり，また，予審制度が廃止されることに伴う警察に対する第一次捜査機関としての独立捜査権限の付与であった（刑訴法第189条1項・2項）。警察の権限については，GHQの指令により昭和22年12月公布，翌23年3月施行の旧警察法（法律196号）により規定された。同法では，①地方分権化として，国家警察たる国家地方警察と，これとは別に市及び人口5000人以上の市街的町村の市町村警察並びに東京の特別区警察（警視庁）の単位での自治体警察とを設置して，両警察

組織を併存させること，②違警罪即決処分・警察命令制定権限等を廃止すること等，③犯罪の捜査，被疑者の逮捕という司法警察事務が警察固有の責務権限事項とすること等が定められた。この権限規定中，②③事項は，昭和29年（1954年）6月法162号をもって現行警察法に承継された。ただ，旧警察法の前記①の地方分権化は，アメリカの警察制度による民主的・中立的警察行政の運営を目的としたものであったが，我が国の国情に合わず，非能率であり捜査経済上も不都合が多かったため，この制度は僅か6年間余の実施をもって，現行警察法をもって廃止された。そして，国家公安委員会の管理の下で，警察庁を頂点とする都道府県単位の公安委員会と警察本部の設置による従来の中央集権的な警察制度に戻された[8]。

　このようにして，検察官の権限も，捜査に関しては現行刑訴法第191条1項により，必要と認めるときは，自ら独自に犯罪捜査をすることができるとする第二次的捜査機関として位置づけられた。「捜査の主宰者」の立場も，予審制度の廃止に伴い，また，裁判所（検事局）から分離したことに伴い，従来の司法警察官吏を補助役として実質的に捜査を主宰した地位権限は変容を遂げた。すなわち，第一次捜査機関となった警察が実質的捜査主体となり，検察官は警察からの事件送致後に，形式的な捜査主宰者の権限を行使するとしても，もはや実質は公訴官として公判専従に徹するべきとの議論も呼ぶに至った。

2　現行刑訴法における検察と警察の関係規定

（1）　検察と警察の現行関係規定

　現在の検察と警察の関係は，刑訴法第192条ないし第194条に基本的に協力関係として規定を置いた。すなわち，第192条は，検察官と公安委員会・司法警察職員との関係について，「検察官と都道府県公安委員会及び司法警察職員とは，捜査に関し，互いに協力しなければならない」と規定する。また，昭和28年一部改正を経て第193条は，検察官の司法警察職員に対する指示・指揮について，「①検察官は，その管轄区域により，司法警察職員に対し，その捜査に関し，必要な一般的指示をすることができる。この場合における指示は，捜査を適正にし，その他公訴の遂行を全うするために必要な事項に関する一般的な

296 第5章 「検察と警察の関係」について

準則を定めることによって行うものとする。②検察官は，その管轄区域により，司法警察職員に対し，捜査の協力を求めるため必要な一般的指揮をすることができる。③検察官は，自ら犯罪を捜査する場合において必要があるときは，司法警察職員を指揮して捜査の補助をさせることができる。④前三項の場合において，司法警察職員は，検察官の指示又は指揮に従わなければならない」と規定する。

そして，第194条は，司法警察職員の服従義務（司法警察職員に対する懲戒・罷免の訴追）について，「①検事総長，検事長又は検事正は，司法警察職員が正当な理由がなく検察官の指示又は指揮に従わない場合において必要と認めるときは，警察官たる司法警察職員については，国家公安委員会又は都道府県公安委員会に，警察官たる者以外の司法警察職員については，その者を懲戒し又は罷免する権限を有する者に，それぞれ懲戒又は罷免の訴追をすることができる。②国家公安委員会，都道府県公安委員会又は警察官たる者以外の司法警察職員を懲戒し若しくは罷免する権限を有する者は，前項の訴追が理由があるものと認めるときは，別に法律の定めるところにより，訴追を受けた者を懲戒し又は罷免しなければならない」と規定して，検察の指示・指揮権の担保規定を新設した。

（2）　昭和28年の刑訴法一部改正を巡る経緯

これら関係規定は，一部昭和28年の刑訴法改正を巡る検察と警察対立の歴史を辿ってのものであった。改正案のうち，第193条1項の一般的指示権の改正案を可決した衆議院では，「検察官の定める一般的指示を行う場合には，検察と警察とが，あらかじめ緊密に連絡し相互に連絡し相互に協力することを政府は建前とせられたい。右の一般的指示により個々の事件の捜査を直接指揮しないよう留意されたい」との付帯決議を付すものであった。すなわち，改正前の第193条1項は，前段において「検察官は，その管轄区域により，司法警察職員に対し，その捜査に関し，必要な一般的指示をすることができる」とした上，後段において「この場合における一般的指示は，公訴を実行するため必要な犯罪捜査の重要な事項に関する準則を定めるものに限られる」と規定されていた。

Ⅲ　現行法の検察と警察の関係　　297

この点について，当時警察側は，検察官の一般的指示の範囲は，公訴を実行す
るために直接必要とされる事項に限られるべきであり，捜査一般が適正に行わ
れるよう検察官において必要事項を指示することはその範囲外ではないか，と
する疑義を出していた。このことから，改正案はこの後段の「この場合におけ
る一般的指示は」以後の条文を，「捜査を適正にし，公訴の遂行を全うするた
め必要な事項に関する準則を定めることによって行うものとする」というように
修正する案であったところ，これを可決するに当たって前記付帯決議がなされた
のであった。一見しては，際だった改正点ではないようにも思われるが，法務当
局の提案理由の趣旨説明等からすれば，改正前の第193条では，「公訴を実行す
るため必要な犯罪捜査の重要な事項に関する準則を定める場合にのみ，一般的
指示をなし得る」こととしているため，捜査自体の適正を期するためには一般
的指示をなし得ないのではないかとの疑いを持つ向きもあり，解釈上明確を欠
いていたため，検察官の一般的指示権の及ぶ範囲を明確にする必要があった。
すなわち，この検察官の警察に対する一般的指示は，公訴を実行するためには，
証拠の収集保全が必要であることは言うまでもないが，そのためには捜査その
ものが公正・適正に行われなければならないことから，「捜査を適正にし，公訴
の遂行を全うするため」に必要とする相当広範囲に及ぶ内容とするものであっ
た[9]。しかし，捜査を適正にするための一般的指示ができることは明らかにな
っても，それが公訴の遂行を全うするために必要がある場合になし得るだけな
のかどうかに関しては，「捜査を適正にしてはじめて公訴の適正を期しうるとい
う両者の内在的関連から，捜査の適正を期することが公訴を遂行するために必
要な事項のうちにふくまれることは当然であり，それを疑をさけるために規定
したにすぎない」とするのが提案理由に適うと思われるが（以下，この見解を「積
極説」と言う。)[10]，これに対し，「『捜査を適正にし』というのは『公訴の遂行を
全うする』の単なる例示であって，その限度におけるものだけを意味するもの
と解するのが正当であろう」とする見解もあって（以下，これを「消極説」と言
う。)[11]，この点，いまだ議論の余地を残したとされている。

298　第 5 章　「検察と警察の関係」について

（3）　現行法における指揮権規定等の趣旨

　現行刑訴法は，司法警察職員を捜査の第一次的責任を負う捜査機関と規定し（第 189 条 2 項），検察官は第二次的補充的責任を負うための捜査機関と規定した（第 191 条 1 項）。そして，両者の関係は，協力関係であると規定した上（第 192 条），検察官には警察に対する捜査の指示権・指揮権を付与した（第 193 条）。この基本構造の法意思は，刑罰権の行使は刑事手続を適正に履践してなされなければならず，そのためには，その手続の第一段階である犯罪捜査が真相解明のため適正かつ十分に行われなければ，適正な公訴遂行は実現できないとすることを前提とする（第 1 条参照）。そして，第一段階である警察の捜査能力を人権意識を持ったプロ集団としてより高めさせるには，従来の刑訴法のように検察官の補佐ないし補助機関としての他律的位置づけでは効果的でない。そこで，警察に独立して捜査権限を行使する地位・責任を付与することで，その捜査能力を自律的に高めさせることとしたことと解すべきである。確かに，法曹としての資格者として高度の法律的知識を有し，身分保障もある検察官を名実共に捜査の主宰者とし，従来の司法警察官吏を検察官の補佐ないし補助機関として固定的に位置づける制度は一面効果的ではある。しかし，そのような権力の集中よりも役割分担で，検察官は公訴官として警察捜査のいわば後見役・補充役として位置づけ，むしろ警察を独立捜査機関として第一次的責任を負う自律的地位に位置づける方が，その捜査能力は自ずから高まり，適正な刑罰権の実現により適うと考え，検察と警察はそれぞれ独立の捜査主体として，両者は原則として協力関係であるとしたと言える。立法としては，検察官を公訴官に徹しさせ，捜査権限を全て司法警察職員に委ねるとの議論も考えられようが，改正法はこの考え方を採用しなかった（もっとも，現行刑訴法でも，捜査は警察に任せて検察官は公訴官に徹底すべきとする，いわゆる検察官の「公判専従論」が強く主張される一時期もあったことは前述した。）。第 191 条 1 項で，「検察官は，必要と認めるときは，自ら犯罪を捜査することができる」と規定した趣旨は，公訴維持の責任を負う検察官に対し，司法警察職員の捜査の不十分・欠陥のある点を補充補正する必要性，事件の事実上法律上の把握・構成等に関する捜査方針の誤りを是正する必要性，あるいは，政治的配慮等による事件着手自体を躊躇する場合の

他事件との公平にして適正な観点からの捜査遂行の必要性などのため，第二次的補充的捜査責任を認めたものと解される。また，第193条3項においては，「検察官は，自ら犯罪を捜査する場合において必要があるときは，司法警察職員を指揮して捜査の補助をさせることができる」として，従来の司法警察官吏による検察官の捜査補助規定に似た規定を置く。このように，現行刑訴法は，検察と警察の協力関係，検察官の司法警察職員に対する一般的指示権，一般的指揮権及び具体的指揮権，あるいは，検察官の捜査を司法警察職員に補助させる規定，そして更にこれを徹底するために，司法警察職員の服従義務（検察官の指揮等に従わない司法警察職員に対する懲戒・罷免の訴追）規定まで置いた。この点，平野龍一博士は，昭和28年の一般的指示等に関する刑訴法第193条1項等の一部改正の直接の理由は，当時破防法事件の捜査に関し，検察が警察に対して着手報告をしてその承認を得ることと，その令状請求に当たってはあらかじめ検察官と協議をするなどの一般的指示をしたことに対し，警察側がこのような一般的指示は警察の捜査権を検察官に従属せしめる印象を与えるとして反対したという背景事情があったこと，それだけでなく，証拠法が厳格になった新刑訴法にあっては，特に捜査が十分になされていなければ公訴維持が困難になることからも捜査方法の指示が必要であり，また，当時は国家地方警察と自治体警察とに区分されていたことから，区々な捜査やそのやりすぎに対する規整もより必要とされていたことを指摘する。その上で，公訴の遂行とは，公訴提起後だけではなく，捜査を含む全体を言うと解することができるとされ，そして，「捜査の適正とは，捜査それ自体の適正ではなく，全体としての公訴の遂行という観点からみた適正であることに注意しなければならない」として，この点では，前述の消極説と同様の説明をしながらも，これに続けて，「検察官は，証拠の十分な犯罪だけを起訴して，不十分なものを不起訴として平然としていていいものではない。全体としての犯罪を，刑事政策の要求に基づき適切に起訴し刑を加え，社会の秩序を維持する任務を持つ。この目的のためには，すべての犯罪について，十分に捜査が行われることを要求する権利がある。また捜査の部分的なゆきすぎのため当該事件がこわれてしまうことも，放置しておけない」とされる[12]。この平野博士の見解は，むしろ積極説のいわんとするところに通

ずるものと言える。そうだとすれば，検察の警察に対する一般的指示の在り方を明確化した改正点の本質を適切に指摘するものであり，これは，第193条2項に規定する一般的指揮や，同条3項に規定する具体的指揮に共通する理解と言える。

なお，「検察官が警察の捜査それ自体を適正にするために一般的指示をなし得ると解釈するのであれば，旧刑訴法下におけると同じく，検察官が犯罪の捜査における主宰者ということになり，警察は検察官の指揮監督を受け，服従関係のなかにおいて捜査を行うところの補助者にすぎないということになる」との指摘もあるが[13]，それを言えば，第193条3項の検察官が自ら捜査する場合に司法警察職員に捜査の補助をさせることができるとの規定すら認め得ないことになりかねず，妥当とは思えない。そして，同条項における司法警察職員に対する検察官の補助指示―具体的指揮権の行使は，かつては，検察官の独自捜査の場合に限っての規定との見解が警察側にあったが，もとよりこれに限られることはないとするのが通説である[14]。実際は警察立件に係るいわゆる送致事件に対する補充捜査としての命令が通常であって，検察官のいわゆる独自捜査の場合は，警察との共同捜査体制で実施するときや，事件関係者の所在捜査の指揮の場合，あるいは検察官が独自捜査中，警察も同一事件の捜査に着手していたため，警察からこれが引継を受けて検察官捜査に統一した上で，警察にその捜査の補助を指揮する場合等での具体的捜査指揮例はあるが[15]，検察官の独自捜査ではむしろその必要性・保秘等の観点から司法警察職員に対しての捜査の補助指示―具体的指揮権の行使をなるべく控えているのが実情である。

また，現行刑訴法にあっても，警察から事件送致があれば検察官に勾留請求権限が委ねられており（刑訴法第204条～第206条・第211条・第216条），それはその段階での捜査の主宰者は事件のまとめ役・総責任者として検察官にあることを示すものである。このことは，公訴官たる検察官には公訴維持の観点からの捜査の統一と充実，あるいは捜査の適正に関してその十全を期する責任が負わされているからこそのことであって，それが旧刑訴法のような検察と警察の関係に先祖返りをするものでないことは明らかである。

更には，検察官の「公益の代表者」という職責上の観点からの説明，すなわ

ち，「捜査を全体として内容的にも手続的にも適正なものとして保持するという公益上の要請を最も効果的に充足させるという必要から検察官に一定の指示，指揮権のみならず捜査権も付与して捜査に関与させている」ものと捉える見方もできる[16]。

したがって，前述のような一般的指示を巡っての「警察の捜査それ自体を適正にするために」検察官が警察に一般的指示をすることの是非論というのも，確かに観念的には区分できるとしても，所詮はいわばことばの綾，修辞上の違いの類に帰し，検察官の警察に対する指示は，検察官の公益上の要請としての職責を全うするために，全体としての捜査の内容的な適正さの確保に資することにほかならないものであり，実際的議論とならない「観念の遊戯」にとどまろう[17]。

3 検察と警察の関係の実情とその在り方

（1） 協力関係の運用実態

検察と警察の関係は，戦前までの刑訴法と現行刑訴法とでは，両者の捜査上の位置づけで大きく法改正され，また，法改正を巡る検察と警察の対立構造が顕現されるとき，両者の関係は従来からいかにもぎくしゃくした歴史を辿って現在に至っているように見られるかも知れない。ところが，両者の協力関係の運用実態は，実は戦前も戦後そして現在もそう変わっていないと言われる。例えば，検事が捜査の主宰者という場合も，戦前においても運用の実際は現行刑訴法の第193条の規定程度であったと言われる。確かに，同条は建前においては旧刑訴法と根本的に異なっているが，運用の実際は新旧両刑訴法下で大差がなかったという。旧刑訴法では，検察官は司法警察官吏に対して職務上の指揮命令権が認められ，職務上も上官と位置づけられてはいたものの，身分上の監督権が与えられていなかったために，司法警察官吏が検事の指揮に従わなかった事例もあったと言われる[18]。そうしてみれば，現行刑訴法第194条で司法警察職員の服従義務（懲戒・罷免の訴追権限）規定を置いたのは，検察官の司法警察職員に対する捜査上の指示・指揮権を実効あらしめるための担保規定となるもので，むしろ，法形式においても現行刑訴法こそ，それまでの形骸化した

両者の関係をより実効的にして，適度の緊張的関係と権力機関相互のチェック・アンド・バランスを目指したものと評されよう。なお，第194条ではその2項で訴追の具体的方法に関しては「別に法律に定めるところにより」と規定し，その法律（いわゆる懲戒法）は，僅か2条から成る「刑事訴訟法第百九十四条に基く懲戒処分に関する法律」(昭和29年4月6日法64号)として制定されるまで，その実効性が担保されていなかった経緯がある。それは重要な規定であるため，その内容についての各方面の意見調整が難航し，全文28条からなる要綱の立案が見送られた後に，昭和28年には司法警察職員等適格審査会法案が国会提出されたが衆議院解散のため廃案となって，ようやく前記懲戒法が法務省と当時の国家警察本部との間で「その適用は慎重に行うよう相互に努力する」との申し合わせまで行ったという経緯もあったとされ，今日までその懲戒適用例もないところである[19]。この点も，新たな時代における検察官の役割として，穏当な両者の関係維持に棹さし続けるだけではなく，例えば証拠の重大な違法収集などのような場合，真に将来の違法捜査の抑制を図るため，この懲戒訴追権を果断に適用することも検討してよいのではないかと思われる。

また，第193条1項の一般的指示が発せられた例としては，①昭和25年の「微罪事件の送致の特例」に関する各地検検事正の一般的指示，②同26年の「未検挙重要事件の検挙前送致」に関する各地検検事正の一般的指示，③同27年の「破壊活動防止法違反事件の捜査手続の特例」に関する各地検検事正の一般的指示，④同36年の「司法警察職員捜査書類基本書式例」に関する検事総長一般的指示，⑤同38年の「司法警察職員捜査書類簡易書式例」に関する検事総長一般的指示，⑥「道路交通法違反事件迅速処理のための共用書式（いわゆる交通切符）」の使用に関する各地検検事正の一般的指示等があり[20]，その後も，事件処理に関し各地検検事正から発せられた刑法等法改正に伴う事件送致（付）基準の一部改正や交通違反等の捜査書類様式等についての一般的指示は相当数に上っている。しかし，平野博士は，「捜査の不充分さに対する指示が認められなければならないことは，当然である。これは改正前でも何人でも争わなかったし，現在でもこれを争うことはできない。現在，単なる様式程度の指示しか出されていないのは，むしろ検察官の怠慢とさえいうべきであろう」と指摘

Ⅲ　現行法の検察と警察の関係　　303

する(21)。もっとも，様式等にとどまる一般的指示が多いのは，警察の独立捜査
機関としての充実化と，検察と警察の関係のあるべき方向性の定着化の結果か
と思われるが，裁判員制度や被害者参加制度の導入，取調べの可視化制度の実
施という新しい捜査・公判環境の現出に伴い，これも先の懲戒訴追権の適用と
同様，新しい検察官の役割の構築に伴い新たな重要な一般的指示が検察との事
前の要の協議を経て発せられる必要も出てくるのではないかと思われる。

（2）　事前協議等の慣行

　刑訴法上は，事件着手や事前協議の定めが制度としてあるわけでないが，第
192条ないし第194条の規定は，両者の一般的協力関係と具体的な指示・指揮
あるいは補助の関係等を定めることによって両者の事前協議を促していると言
うことができる。また，犯罪捜査規範（昭和32年7月11日国家公安委員会規則
2号）第45条も，捜査に関して検察官との協力義務を規定する（特に同条2項
は検察官に対する事件の事前連絡義務を規定）。およそ公訴官たる検察官には，誤
りなき適正な公訴遂行のためには，特に重要事件について警察がいきなり事件
を立件し逮捕送致してきても，限られた勾留期間内では十分な捜査を遂げて，
誤りなき起訴・不起訴の処理をすることは困難な場合が多い。警察としても，
選挙違反事件，贈収賄事件，複雑な知能犯経済事件，殺人等重罪事件，捜査本
部事件，大規模事件，社会的耳目を集めた事件等々，検察官との事前の打ち合
わせが実際上必要な事件については，以前から「事前協議」や「事件相談」を
行うのが効果的であるとして，対応検察官に対してこれを実施してきた。検察
官としても，公訴維持上，警察から場合により着手時点の段階で，あるいは立
件送致前に事件の証拠関係の説明を得て，その事件の争点や事実上法律上の問
題点等を検討する機会があることは必要であり，それは「事件協議」「令状請
求の事前同意」などという直接的な明文の規定がない事項とは言え，やはり，
第192条の相互の協力関係，第193条の指示・指揮関係，その担保規定として
の第194条の懲戒・罷免の訴追関係，そして，第191条の検察官の第二次的補
充的捜査責任の関係の関係法文からすれば，この両者の「事前協議」の運用は
刑訴法上の直接的規定を待つまでもなく，必然的に樹立され定着した慣行と言

304 第5章 「検察と警察の関係」について

えよう。もっとも，この事件協議の運用が実のあるものとして継続するために
は，警察が苦労して事件処理を遂行しているとき，そのクライマックスとなる
両者の事件協議の場において，検察官はかねて実力を蓄え，情熱を持って事件
の問題点を的確迅速に把握し，いやしくも胡椒の丸呑みとか，問題先送りや保
身的補充指示との誹りを招かないような応対が肝要である。また，検察官の行
う指揮指導の姿勢は，「後ろ姿で学ばせる」くらいの泰然とした気概と聳然さも
求められ，常に鼎の軽重が問われる場であることを認識することも重要である。
いかに制度が良くても，それを運用するのは人間であり，所詮はその任に当た
る担当者の実力・情熱と人間性，それにより構築される信頼関係によって，そ
の善し悪しが決まることは世の常である。このことは，もとより検察・警察共
に心し，間違っても胡越隔てる関係であってはならないところである。

　この点，國松元警察庁長官も，検察と警察のあるべき姿の全体を，「昭和28
年刑訴法改正構造」の中でのみ考えるのは現実的でなく，そのような時代はと
うに過ぎていると指摘された上，「捜査が益々困難になりつつある時代にあっ
て，我々は，真にあるべき警察と検察の姿を再確認しなければならない。その
場合なにより大切なことは，両者の共通の土俵は『事案の真相を証拠によって
明らかにすること』であり，共通の認識は『悪いことをした者には，法の裁き
を受けさせる』という素朴な正義感であることを忘れないで，幅広いざっくば
らんな議論をしていくことであると思う」などと玩味すべき見解を述べる[22]。も
っとも，検察と警察の関係は，適度の信頼関係は必要であるが，殊に不祥事や
重大な違法捜査を巡っての両者の対応では，むしろ両者には適度の緊張関係が
求められるところであって，国民から見ていやしくも「持たれ合い関係」と疑
問視されることのないよう留意することは重要なことである[23]。

（3）　検察と警察の関係の現状と将来

　検察と警察の関係は，「指揮権に裏打ちされた相互協力の微妙な関係」と評
されたりするが，検察官に一般的指示権，一般的指揮権，具体的指揮権及び司
法警察職員の服従義務（懲戒・罷免の訴追権）を規定した法意思は，検察官に一
定の積極的指揮権行使による準司法官的役割を期待するものと言える。現に，

検察官の具体的指揮権を根拠に，例えば，警察の行った別件逮捕事件において，検察官は警察官に対し本件取調べの中止指示義務があるとする裁判例があったりもする[24]。しかし，その一方で検察官に付与された司法警察職員に対する指揮権等の規定は，強大な警察の実力の現実の前に既に1980年代から，「有名無実に近い状態である」とか，検察は「警察の従属的補完者」と化したとか，あるいは「警察司法」などとの指摘があった[25]。また，2002年5月開催の第80回日本刑法学会第二分科会「刑事手続改革の課題と展望」では，取調べの実務に関して，事件によっては自白を得なければ立件も立証もできない事件があり，例えば，組織犯罪での大本へ突き上げる捜査手法として，現行法では自白以外に下っ端の実行犯の自白なしで共謀や教唆を立証するのは非常に困難であり，その自白が得られないと下っ端だけの事件として処理せざるを得ないが，本当に国民がそれでよしとするか，国民の目線でよく考えてみる必要があることなどが議論され，あるいは，「精密司法」が，刑事裁判における真実発見に力点を置きすぎるとして，今後は刑事司法の負担軽減のためにも，「免責制度」などの司法取引的方法ないし制度をもっと柔軟に採り入れるべきではないかなどの観点での指摘がなされたり，更に踏み込んだ議論として，日本の刑事司法を「警察司法」として捉え，そこから改革プランを考える発想もあるとの意見も出され議論されたのが興味深いところである[26]。

　そこで，福井厚教授は，ドイツにおける「刑事手続の警察化」論を紹介される。以下，そのドイツでの現象分析から，我が国の検察と警察の関係の実体と在るべき方策を検討してみることとする。

Ⅳ　刑事手続の警察化

1　ドイツに見る「刑事手続の警察化」の問題

　ドイツ刑訴法は，我が国の旧刑訴法が範としたものであるところ，警察の地方分権化が基本法に定められ，警察事務は各州において遂行する。そして，刑事手続は，弾劾主義，国家訴追主義，起訴法定主義の下で，法律上は司法官たる検察官が刑事手続の主宰者とされている。すなわち，検察官は，捜査を自ら

行うことができ，または警察署・警察官に捜査を行わせることができ，検察官から嘱託・請求された警察官は，各州の法令により検察官の補助官の地位を規定する（我が国の旧刑訴法では第248条・第249条）。このように，建前は検察官が捜査を指揮し警察官はその補助官として活動するのものの，現実には捜査は広範に警察によってその固有の責任において遂行されている。このことから，「刑事手続の警察化（Verpolizeilichung des Strafverfahrens）」であるとして批判的に分析されている。ドイツではこれを，法律上捜査手続の主宰者とされている検察官が，実際には警察捜査をコントロールすることができなくなり，訴追も警察の捜査に依存するようになり，結局，「警察は刑事手続の補助者から隠れた支配者に昇格している」と言われるような現象を指すとされる。具体的には，①中小の事件捜査では，多くの事例で検事局は検察独自の補充捜査がないままで警察捜査の結果のみに従うことから，警察捜査の結果如何で公判の経過を決めることとなる。これは，背景に警察機関のみが強化され，検事局司法予算は削減される傾向から検事局と警察とのバランスは物理的にも失われているとの指摘である。②重大犯罪については，現場での犯罪捜査技術等が検察にはないことから，必然的にその捜査は警察が掌握する。ただ，重大犯罪で通常行われる電話傍受等特殊捜査手法の行使は，検察官（または裁判官）の命令または同意を要件とすることから，検察官が実質的指揮権の履行は失われていないとされるが，それも急速を要するときは警察が独自に行使できるため，実質は現場の警察主導となる。「組織犯罪に関する指針」では，検察と警察は特に緊密にかつ信頼して協力することとされているが，新しい捜査手法もそれを提供するのは警察であって，警察機関の構造的優位は変わらない。③経済犯罪に対しては，検事局は早くから専門部局を立ち上げ，経営学・税法学等の専門教育が実施された専門家が人的に備わっていたことから，検察優位の捜査であったが，それも事件の複雑性と大量の資料分析等の必要から警察の力に頼らざるを得ない状況となっている。また，④犯罪捜査の情報処理は警察のそれが検事局を凌駕しており，警察の情報支配，警察活動の国際化が時代の要請となっている。

　このように，ドイツでは警察の実力は質量共に検察に優位し，警察権限が法的にも拡大・強化され，更には犯罪予防の必要からの行政警察と司法警察の融

合傾向と事前捜査の拡大，情報支配が顕著になり，これをもって「刑事手続の警察化」の現象として，誤った警察捜査の発生が絶えないことに対する効率的なコントロールの方策が問われているという[27]。

　なお，ドイツにおける検察官（検察局）と州事務の警察（連邦は限られた範囲で固有の警察組織を持つだけである。）との関係について，クラウス・ロクシン（ミュンヘン大学）教授は，立法者の構想は，捜査の権限は全て検察局の手に委ねられ，検察局は，個々の限られた捜査請求について，警察の助力を得るのみであるとしながら，実際には，「捜査手続は大幅に警察の手に移されている。警察は，しばしば捜査を独立して進め，捜査の終結後初めて記録を検察局に送付し，その後は，検察局が手続を打ち切るか，あるいは公訴を提起するかを判断するだけである。これは，捜査手続に対する司法官庁の指揮をおびやかすから，疑問である。そこで，将来検察局に経験のある司法警察職員のスタッフを配置し，検察官の唯一の指示権に服させ，捜査活動が検察官の指揮に従い，他の警察官庁の力を借りて，直接その意向に従った指導をすることができるようにする必要がある」として，司法・内務大臣会議の共同委員会提示に係る「警察─検察局の関係の新形式に関する指導原理」が1975年に承認されている事実を指摘している[28]。

　また，ドイツにおける最近の刑事手続の状況として，トーマス・ワイゲント（ケルン大学）教授は，検察官は訴追機関として予審判事と同格に位置づけられていたが，検察官の予審請求が徐々に少なくなったことから予審制度は1975年に完全廃止された。検察官は，「裁判官に先立つ裁判官（Richter vor dem Richter）」と言われ，原則は起訴法定主義とは言え，十分な嫌疑があれば常に公訴提起を義務づけられる存在ではなく，軽微，あるいは中程度の犯罪行為については，検察に認められる裁量権を行使して，一連の選択肢から事件処理の方法を選択でき（手続打ち切り処分），そのひとつとして，検察が，被疑者が代償として一定の金員を国庫あるいは慈善団体に支払う場合があり，これを「協議の文化（Verhandlungskultur）」として許されるようになった。こうして今や，検察官が警察からの全送致事件中，公判請求するのは15%程度にとどまる。また，起訴された犯罪事実に関しても，自白を行う場合は一定の相対的に軽減された刑

308 第5章 「検察と警察の関係」について

罰を受けることでの「申し合わせ」（司法取引）も行われるようになっている。警察は，刑訴法上は検察の補助機関として位置づけられているが，近時その人員数，犯罪学的な専門的知識，必要な機器の装備等から「本来的な捜査機関」となる方向での発展を遂げている。その能力は，DNA型分析等自然科学の進歩，情報技術の進歩を通じて著しく増大し，法的にも，警察における隠密裡にかつ密行的に追行される情報収集手続のいくつかが認められるようになり，コンピュータのオンライン検索も予防捜査では認められるほどになっている。これに対し，検察は経済犯罪等特殊な領域を除けば，純粋に書面に基づいて権限を行使する機関，すなわち，警察による捜査の結果を分析して，起訴するか手続を打ち切るか（不起訴），あるいはその他の判断を行うべきか否かについて決定を下すようになっている。そして，これらの刑事手続の基本的変化は，ドイツにおける糾問的手続形式の核をまさに形作る真実発見という目的への志向が失われることを通じて，伝統的な諸原則や目的設定がますます形骸化していくことが危惧されることも述べている[29]。

2 我が国における「刑事手続の警察化」の状況

そこで，我が国の最近の検察と警察の関係，特に警察の捜査一般の現状から，ドイツと同様の「刑事手続の警察化」現象が呈されているのかどうかである。そもそも，我が国の検察官制度は，戦後大きく変容したことは既に見てきたが，GHQからの強い要請でアメリカ流の新憲法と現行の刑訴法が制定される経緯の中で，一時は検察官公選制や大陪審制度もアメリカ流に導入することが検討されたものの，結局，これらの制度の導入は見送られその代替として，前者には検察官適格審査会が，後者には検察審査会が設置されたという経緯もあった[30]。その激動の制度改革の中で，検察と警察の関係実体は，実は制度的変化いかんにかかわらず変わらないところである。すなわち，検察は警察に対し，指揮権に裏打ちされた相互協力関係として，現実には戦前からそして戦後の現在まで，その時々の警察の捜査能力を前提にして，検察官は常に公訴維持と刑事政策的観点からの適正な事件処理を遂行する上で必要がある限り，警察の捜査力に頼って適宜適切に指示・指揮を行い，その補助を得て時に緊張しながら

も概ね良好な関係を維持してきた。この点，戦前の我が国の旧刑訴法が範とし
たドイツ刑訴法が，現在も戦前同様の検察と警察の法的関係を維持しながら，
警察の捜査能力の増大に伴い，その関係が警察優位に変容し，「刑事手続の警
察化」現象を生んでいるとの指摘は，それはそれで一面の事実であろうことは
容易に肯定できるところである。そのドイツでの現象が，各種犯罪による警察
捜査の実情や，法制度的に許される捜査手法の違い等具体的状況において我が
国とは異なるとしても，また，それを検察との比較で警察優位と見るかどうか
は別としても，我が国でもその指摘される現象の分析は必要であると思われる。
そして，結果として，我が国の検察と警察の関係においても，生理現象にとど
まらず，刑事司法に重大な弊害をもたらす深い病理現象がもし広がっていると
するならば，その適正化方策の検討がなされなければならない。

　ところで，我が国の刑事手続の担い手のコアになる検察官について，捜査か
ら刑の執行に至るまで強大な権限を行使し，刑事手続全体を支配しており，こ
れは旧刑訴法により確立されて戦後改革を経てもなお温存・強化されていると
ころの，「糺問主義的検察官司法」というのが日本の刑事手続の実態である，
とする見方が一方に根強い[31]。具体的には，①1970年代以降，警察の権限拡
大と強化が見られ，検察官の捜査が警察捜査のいわゆる上塗り捜査と化し，警
察捜査の適正手続のチェック機能も失われ，検察はもはや「警察の従属的補完
者」だとする。また，②日本弁護士連合会が，当番弁護士制度の活用，接見交
通国賠訴訟による制度活性化，取調べの可視化等への取り組みを見せる中で，
黙秘権行使の奨励を尖鋭化する「ミランダの会」活動に対する批判を契機とす
る捜査機関主導型刑事手続の維持強化への流れ，③検察内部のアイデンティ
ティーの不明確化，いわゆる基準検察化等の検察官の官僚化，などの指摘として
主張される[32]。また，警察は検察に比し，人員，情報収集能力，警察通信，科
学捜査体制等において圧倒的に優位に立っており，検察が警察との関係で法的
権限の上では指揮権に裏打ちされた強い力関係にあるとはいえ，現実には立ち
向かう術がなく，刑事司法の運用という枠内では到底解決できない根の深い問
題点を抱えているとの指摘もある[33]。

310　第5章　「検察と警察の関係」について

V　新しい検察官の役割と準司法官論

1　検察官の「新たなる客観義務」論

　井戸田教授は，訴訟的捜査観の立場で検察官に当事者主義的客観義務を説く。まず，捜査手続は，公判の準備ではなく，独立の手続でなければならず，その手続では，検察官・司法警察職員・被疑者（弁護人）がそれぞれ訴訟法律関係を構成して，そこで一定の役割をそれぞれが果たすべきである。そこでの検察官の役割は，公益の代表者として捜査の最終段階においては，被疑者に対するnotice と hearing をなし，自己の責任において訴訟条件の有無を判断した上，起訴・不起訴の決定をなし，刑罰を科するという重要な処分としての第一のふるい分けをし，そのあと裁判所における第二のふるい分けをする手続と位置づける。すなわち，検察官には訴追機関として真実追求が義務づけられるが，かつ当事者対等に導くために法により課せられた義務が「公益の代表者たる地位」であるとして，当事者主義的客観義務の存在を説く[34]。そして，岡部教授は，人権保障と実体的真実主義を二律背反の矛盾概念とした上で，しかしそれをそのままにするのではなく，これを人権保障の中で調和止揚するという見地から，検察官の客観義務を積極的に承認する。そして，刑訴法の当事者主義構造を背景とする政策と理論の中において，新しくこれを正当化し定着させるべきとする。その具体的内容は，大要①被疑事件の客観的な解明＝客観的嫌疑と密接かつ鋭い緊張関係を保持すべき義務，②起訴便宜主義（刑訴法第248条）の趣旨を正当に解釈し，刑事政策その他の考慮を客観的に行うべき義務，③憲法第31条以下に定められた法の適正手続の保障を初めとする刑事手続に関する数多くの人権保障規定を尊重，擁護すべき義務（デュー・プロセスの保障の尊重，擁護義務）の3点を指摘する。これは，従来の検察官の客観義務なる概念が，刑事手続における検察官の法的地位―裁判所に対して法の正当な適用の請求を行う公益の代表者―司法官ないし準司法官―公正かつ客観的な職務執行の義務という概念要素と密着し，職権主義の刑訴法の構造論を背景にして従来から固定的に慣用されてきたが，その概念内容を換骨奪胎して，これを全く新しい角度から別異に

構成し直しその重要性を改めて強調すべきと説くものである[35]。松尾東大名誉教授は、「検察官の司法官的性格を肯定する試みは、当事者訴訟を後退させ、ひいては糺問訴訟の復活に連なるおそれを伴っていないだろうか」との問題提起をした上で、しかし、当事者主義の枠内で検察官の司法官的性格を認めることは可能であるとする。もし刑事司法の根本理念が「実体的真実主義」であるならば、検察官は真実発見のために活動するが故に司法官視され、他方訴訟構造としては当事者訴訟が排斥されて、両者が背理するに至るだろう。しかし、刑事司法の本質として「デュー・プロセス」の実現を措定するならば、訴訟構造の面で当事者訴訟が要求されると同時に、検察官はデュー・プロセスの実現に努める者として、その限度で司法官性を持つことになることから、司法官的性格の承認と当事者訴訟とは何ら矛盾しない。ここに、大陸法的な司法の伝統と英米法的な訴訟原理とを接合するひとつの可能性もひそむものと説き、検察官が犯罪捜査という純行政的な活動から、より司法的な活動である公判立会いに重点を移すべきとする「検察官公判専従論」は、――検察官が行政官であるという本質を承認した上で――可及的に司法官的性格の復活を求めようとする主張にほかならないからとして、これを高く評価しつつ、検察官には、警察捜査の批判者として、デュー・プロセスを擁護する機能が期待されると説くのである[36]。

　ところで、田宮博士は、検察官は当事者の一方たる原告（訴追者）として公訴を行うにも、裁判所に「法の正当な適用を請求」するという精神を堅持する必要があるとする（検察庁法第4条）。したがって、被害者を代弁して単に有罪を請求するだけが任務ではなく、法と正義の実現を目指して公正義務ないし客観義務が課せられ、その地位は社会秩序の維持に奉仕する行政官ではあるが、職務の遂行に当たっては司法官的な行動規範による修正が加えられる。検察官が時に「準司法官」と呼ばれ、また、一方では、行政府に属するため検察官同一体の原則が認められるものの、他方では、ある程度の独立があり、そのため裁判官に準じた身分が保障され、法務大臣の指揮権に制約が加えられるのもそのためである。そして、これがドイツ刑訴法の検察官の客観義務であり、基本的性格は我が国でも変わりがなくこの概念は妥当するとしながら、被告人の実質的な防御機能を取り込む内容のものであるため、当事者主義の形骸化を招く危

312 第5章 「検察と警察の関係」について

険があることと，準司法官として裁判官代替的性格が公判中心主義と矛盾する
契機を持つことに問題があり，当事者主義・公判中心との調和が最大の課題と
言えようとする[37]。また，捜査過程を含めて検察官に準司法官としての真実探
求の責任を期待することは，たとえ処罰機能よりはデュー・プロセス機能を重
視するとしても，現実にはその予審判事化を招来し，全体として「検察官司法」
を現出させないかを，十分に反省してみることが今後の課題になると思われる
とも説く[38]。

　亀山教授は，検察官の「公益の代表者」「準司法官」の意義について，法治
国家においては，法律が適正に適用・尊重されることが基本的大前提であって，
法の正当な適用が確保されることが具体的な種々の政策的公益に先行する公益
であること，検察官はこのような意味での「公益」が実現されるために必要か
つ適切な行動をとることを職務とする行政官であり，このように解することに
よって，検察官に課せられている種々の職務を統一的に理解することができること，
検察庁法第4条中に「裁判所に法の正当な適用を請求し」とあるのもその解釈
として援用できること等を指摘の上，このように解することは，同時に検察官
のいわゆる「準司法官性」も根拠づけられるとされる。検察官が現行法上行政
官であることに疑いがないのに，現在なお検察官の準司法官的性格，あるいは
客観義務が論じられるのは，沿革的・政策的理由にあるが，基本的には，「検
察の職務は，裁判のそれと，追求すべき具体的行政目的を有していないという
点において，また，その内容が法の正当な適用を中心とする点において基本的
に類似しており，したがって，職務遂行の態様においても，事実認定と法の適
用に関する判断が中心課題となる点において，類似の中立性，客観性が要求さ
れるのである。」とされる[39]。

2　検察官の新準司法官論（管見）

　私は，井戸田説の捜査手続の独自性，そこにおける検察官の役割・位置づけ
を「準司法官」と捉える点を支持したい。検察官が独自捜査をする一方で，警
察等他の捜査機関の捜査結果，特に犯人違いの有無，適正手続等を含めて厳正
にチェックし，また，起訴・不起訴を判断するために被疑者の有利な情状・証

拠も含めて補充捜査を指示するという役割は，捜査手続が事実上の第一審裁判手続にも匹敵する実体にある中で，その意味では検察官は「準司法官」の立場でなければならない。いまだ誤認逮捕，冤罪・無罪事件，証拠の違法収集手続，任意性を欠く虚偽自白の獲得などがあることは真に遺憾なことであり，それだけに法曹の一員としての職務を担う検察官が，「準司法官」の立場から警察等の捜査活動を厳重に吟味・審査すべきものと考える[40]。

　また，岡部教授の新しい検察官の客観義務論は，検察官に公益の代表者としての各種責務を課す点では支持できる。しかし，敢えていわば検察官の純行政官性を強調する点は実体を離れるところであろう。学説でも実務でも，検察官の準司法官的性格自体は，殊更このことを強調しないにしても，これを否定することはないところである。

　そして，松尾教授の刑事司法の根本理念の捉え方は，そのウエートが「デュー・プロセス」にあることは，多くの学説と同様であるが，検察官が犯罪捜査，すなわち，実体的真実の解明の根本の全てを警察に委ね，公判にだけ専従すればよいという「公判専従論」は，昭和30年代後半から10年間くらいは検察内部で個々的に議論されては来たが，それはやがて，公安事件等大量検挙の時代が終焉を迎えるのと平仄を合わせるが如く収束した。検察官は公判維持すなわち証拠法の観点から，実体的真実の証拠による裏付けの徹底の必要と，その警察捜査の不十分さの補充是正，それとともに適正捜査の厳格なチェックの必要が高まる一層の「精密司法」の要請の中で，その後「公判専従論」はすっかり影をひそめたのである。確かに，デュー・プロセスが重要であることは疑いないが，刑事手続の根本が実体的真実主義であることを確認し，その実現のためにはデュー・プロセスをクリアした捜査手続であることが要件であり，生命線となることの学習をするための，歴史の必然な流れであったと言うべきであろう。この点，亀山教授も，「デュープロセスは，刑事司法の機能概念としての重要性は是認できるが，独立の目的概念ではありえないのではなかろうか。確かに，手続の適正を維持するということは，抽象的には目的たりうるが，その内容をなす『適正』さは，固定的なものではありえず，対立する諸利益の総合調整の上に立った判断であるから，もともと刑事司法は，処罰されるべき者を

314 第 5 章 「検察と警察の関係」について

処罰するという社会生活上のやむを得ざる基本的要請の存在を大前提とするものであり，そのために実体的真実発見が目的とされるのであるが，そのような目的を達成するための手段が文明社会にとってショッキングなものであるかどうかということを個々的に判断することによって，いわば実体的正義と手続的正義の調和をはかるのがデュープロセスの考え方の原点だったはずである。したがって，具体的な諸利害の比較考慮を離れて，抽象的にデュープロセスというだけでは，現実の要請を統合する力とはなりえない」とされる[41]。

この実体的真実主義については，これと当事者主義，その矛盾と克服という点に刑訴法の難問が集約的に表現されているとの指摘が従来からなされているが，團藤博士は，「証拠法の根本的な指導理念は実体的真実主義（Rrinzip der materiellen Wahrheit）である。第 1 条に『事案の真相を明らかにし』と規定しているのは，これを意味する」とされる[42]。松尾博士は，実体的真実は，ドイツ刑訴法では形式ないし手続に対する優位，すなわち，認定されるべき事実と事実の認定のための手続とが対立の関係に置かれ，前者がその極限に絶対の客観的真実を目指すものであるが，アメリカ刑事司法では真実発見のための探求が求められないわけではないものの，その標榜する柱はデュー・プロセスの理念であることを指摘される。そして，憲法第 31 条は「法律の定める手続の保障」，刑訴法第 1 条も「事案の真相を明らかにし」と「個人の基本的人権の保障」「刑罰法令の適正迅速な実現」が標榜され，ドイツ法的要素とアメリカ法的な要素とが混在するところ，例えば，アメリカ法的な「有罪の答弁」の制度導入となると，実体的真実主義に反するとの意見が強く，一方，違法収集証拠の排除問題となると排除を支持する意見が多いというのが実情であるとされる[43]。

そして，平野博士は，「当事者主義は，国家が個人に対して刑罰という制裁を加える場合にとるべき基本的な態度を意味する。それは，被告人を一人の人格ないし主体として扱うことであり，これに刑罰を加えるためには，主体というにふさわしい行動をとる余地を与え自己を弁明する機会を与えなければならないことである」とされた上，「このような当事者主義ないし適正手続は，場合によっては真実の発見と矛盾する。刑事訴訟の理想として真実の発見を強調する考え方は，実体的真実主義と呼ばれるが，このなかには，積極的な実体的真実

主義と消極的な実体的真実主義とがある。積極的な実体的真実主義とはおよそ罪を犯した者はすべてこれを発見して処罰すべきだという考え方であり，消極的な実体的真実主義とは，およそ罪を犯していないものがあやまって処罰されることがあってはならないとする考え方である。当事者主義も消極的な実体的真実主義とは基本的には矛盾してはならないものであり，まさにこれと合致することを目的とするものであるが，積極的実体的真実主義とは，ある程度矛盾せざるをえない。真実発見のために必要と思われる手段でも，被告人その他の者の人権を侵さないようにするために，これをさしひかえなければならない場合もあるからである」と説く。そして，「もちろん，被告人その他の者の人権といっても絶対のものではなく，法が逮捕や勾留などの強制処分を認めていることでもわかるように，実体的真実発見の要求と比較較量し均衡を保たせなければならない性質のものである」とも念を押される[44]。この実体的真実主義の積極・消極二分説は，法の目的は実体的真実主義であるが，そのためにクリアしなければならない手段が適正手続であると考えれば，真実解明に急な余り被疑者・被告人の人格を無視するような「目的のためには手段を選ばず」であってならないことは，国民を擁護すべき国家機関が履践すべき当然の手続法であって，この二分説がこのことを意味するものと解すれば説得力を持つと言える。

　ところが，田宮博士が，検察官の準司法官性を基本的に肯定しながら，検察官は，捜査手続ではなく公判手続中心主義の当事者主義にシフトを移すべきであり，それをしなければ「検察官司法」化するとの批判を展開される点は，現実論を離れ理念論を強調しすぎると思われる。検察官は，司法官でないことは当然であるが，検察と警察の関係においては，公判前においてひとつの事件処理を行う裁判的機能を果たすべき立場にあり，この面では，あたかも司法官（裁判官）の如く，警察に対するチェック機能義務が客観義務として課されると解するのに何の不都合があろうか。これをもって，「検察官司法化」と見るのは，理論的にも，また現実からしても到底納得のいかない特定のイデオロギーに基づく批判と言わざるを得ない。この点では，「裁判員」の名付け親と言われる松尾博士が，検察官は，日本国憲法のもとにおいて，期待され尊敬され「国民のために法の実現をはかる法律家集団」であって，絶えず民意を汲むことによ

316　　第5章　「検察と警察の関係」について

って官僚性を希釈し，法律家としての良心に問いかけることによって自主性を回復し，また公害や交通戦争や私的独占などの新分野に取り組んで「法の守護者」としての実を上げることも期待される，と事の本質を客観的に喝破されている[45]。

3　新しい検察と警察の関係を目指す具体的な喫緊の課題

　そこで，検察と警察の関係において，検察官は警察捜査の過程で取調べやその他の捜査手続に違法がないかどうか，あるいは違法とならないよう具体的な指揮指導を行うことはもちろん，もし警察捜査に重大な違法があって，これを許容することが将来の違法捜査の抑制の見地から看過できないと認めるときは，起訴を果断に控えることが必要である。あるいは，瑕疵の治癒措置が可能であれば，警察に適切な指示なり指揮を行ってこれを是正し，その経過を公判で明らかにするなど，検察官がデュー・プロセスの擁護義務があることを体現することが必要である。もし，警察捜査に重大な違法があった場合において，それが検察官の指示・指揮の重大な違反によるものであるならば，刑訴法第194条の懲戒・訴追権限の行使を，「伝家の宝刀」として温存するばかりではなく果断に行使するのも，今後の検察官の指揮の在り方として重要と思われる。また，検察官は警察捜査に伏在する違法捜査の有無を可及的早期に洞察力鋭く見極める実力をよく蓄え，新準司法官としてのチェック機能をいかんなく発揮しなければならない。この点で，最高裁が判例上確立させた違法収集証拠排除法則の判例（最判昭53.9.7刑集32・6・1672）を初めて適用して，警察の捜査手続に重大な違法があり，これを許容することが将来の違法捜査の抑制という見地からして認めるべきではないとの判断に立って，押収物の証拠能力を否定した上で覚せい剤の使用罪を無罪とした最高裁の判例の最判平15.2.14（刑集57・2・121）を教訓とすべきである。判旨からすれば，検察官も警察の違法捜査を看破できず，上告趣意でも警察の主張を擁護するばかりであった，ということとなる。確かに，その違法は逮捕状の緊急執行の誤りという形式的な違法であって，証拠排除するまでの理由となるものか判断は分かれる事案であったが，警察が違法捜査に陥った理由と検察官の捜査・公判の経緯を分析し，今後の検察と警察の関

係の検討材料とすべき好個の事例と言えよう[46]。

　検察は，今後，新たなる準司法官として警察捜査に対するチェック機能を十全に果たすことが期待されるところであるが，新しい検察と警察の関係を目指す具体的な喫緊の課題としては，特に取調べの適正確保といわゆる可視化問題がある。我が国における最も重要な捜査手段である取調べについて，検察官は，新たな関係において，警察と綿密な協議を遂げてその取調べ内容とその可視化の方法・程度等をこれまで以上に，十分に把握するよう努めるとともに，新たなる準司法官として，その適正確保に十分配意し，必要な措置を講ずべきであると考えられる。

Ⅵ　総　括

　如上のように，本論考では検察と警察の関係は，戦前の旧刑訴法まではその実体において，検察官が司法警察官吏を支配下に置いて指揮命令する法体制であったが，戦後は警察が第一次的独立の捜査機関として捜査を行うように変容した現行刑訴法での中で，検察官が公訴官として，しかし，第二次的捜査権限も有しながら，警察に対しては，「指揮権に裏打ちされた微妙な相互関係」を保っていることを指摘してきた。しかし，戦前の法体制でも検察と警察の関係は所属機関が違う間での指揮命令関係であって，戦後の両者の関係とはその実態において大きな変容はないとの指摘，また，警察の実力は戦前は内務省として強大な実力を有し，戦後は内務省が解体され警察庁を頂点として都道府県単位の中央集権型の警察組織としての実力は物量共に拡大化し，その捜査実力も予防捜査の世界的必要性の要請からも，多くの情報を集中させながら警察が刑事手続の命運を制するまでに至る実態，つまり「刑事手続の警察化」論がドイツを初め指摘されるようになっていることも見てきた。

　このような捜査・刑事手続を巡る状況は，近時の裁判員制度や被害者参加制度の導入，また，国民の司法参加に伴う裁判員・国民に分かり易い裁判を期するためにも捜査機関手持ち証拠の開示，捜査・取調べの可視化問題が急展開を示してきた。この刑事手続を巡る環境が「滄海変じて桑田となる」中で，検察

318 第5章 「検察と警察の関係」について

と警察の関係も新しい時代を迎えていると言える。今や検察官こそ，刑事手続の担い手である新たなる準司法官として，ポジティブにその中心的役割を果たすべき段階に入っていることを強調するものである。これは，反対論者が危惧する「検察官司法」との意味合いとは全く違う提案である。飽くまでも，検察官が実力を出し惜しみすることなく，これまで同様真剣に汗をかくことを期待するが故にであること以上のものはないのである。全検察官は，「新たなる準司法官」を自覚して，送致に係る具体的事件において，警察捜査の充実強化と適宜な補充捜査の遂行を図ること，及び違法捜査の抑止に関して，警察捜査を両者間の適宜適切な協議を通じて，よくチェックし適切な指揮をなして，後日の裁判員裁判を初めとする公判一般でも的確な立証がなされるよう努めなければならない。新しい検察と警察の関係構築と，両者が任意性立証に必要にして，真相解明機能が阻害されない範囲における取調べの可視化に努めることが求められる。その中で，検察の警察への緊張を持っての指示・指揮の適正化・実効化，指示・指揮の服従義務に関しての懲戒・訴追の適正な制度活用等，いずれも抜本的・本格的な検討が必要な時期にきていると思われる。

* 被疑者の取調べの可視化（録音・録画）については，その後，平成28年6月3日法第54号刑事訴訟法一部改正法によって，一定範囲の法制化がなされるに至っている。

(1) 平野龍一『法律学全集　刑事訴訟法』（有斐閣，1958年）83頁以下では，従来の捜査観は，糺問的捜査観，すなわち，「捜査は，本来，捜査機関が被疑者を取調べるための手続であって，強制が認められるのもそのためである」とした上，「捜査は被疑者の取調べのための手続であるから，供述を直接に強制することはできないとしても，それ以外の強制は，この取調べを目的として行われる」とする捜査観であり，この場合は，被疑者取調べの本質が証拠収集の手段たる性格ということとなる。これに対し，現行刑訴法では，弾劾的捜査観でなければならないとして，それは「捜査は，捜査機関が単独で行う準備活動にすぎない。被疑者も，これと独立に準備を行う。強制処分は，将来行われる裁判のために（すなわち被告人・証拠の保全のために），裁判所が行うだけである。当事者は，その強制処分の結果を利用するにすぎない」とするものであるとする。この場合は，当事者主義的構造を既に捜査段階から取り入れることで，捜査機関には取調べのための強制処分の利用や取調べ受忍義務を否定することとなるが，解釈学を越える理念強調の学説と言える。なお，折衷的学説として，井戸田侃教授の訴訟的捜査構造論があるがこれは後述する。いずれにしても，捜査機関の実務では，そのネーミングはともかく，平野博

士が命名するところの「糺問的捜査観」，すなわち真実発見の捜査観であって，被疑者の取調べは必要であり，弾劾的捜査観が受け入れられたことは終始ない。第一に公判が当事者主義を採るから捜査も基本的にそれと同様であるべきとの理屈は何ら必然的でもないし，納得できるものでない。捜査は公判とは目的が全く違い，この段階ではまず起訴して公判に付するか否かのその「当事者」を特定するための手続である。したがって，嫌疑がある者（被疑者）が全て犯人とはならず，その嫌疑の有無を確認するために取り調べるのである。被疑者にとっても，真犯人でないならば積極的に捜査機関の取調べを受けることが，疑いを晴らすために最も有効な機会・手段なのである。いまだ当事者（被告人・被疑者）と定まらない捜査の段階では，一応の嫌疑を抱いてするその確認の手続であるから，公判と同じく「対立当事者」と位置づけることは全く妥当しない。通常の事件では，警察の捜査は，被疑者足り得るかどうか資料収集と取調べによる確認作業であり，その事件送致を受けた検察の捜査は，証拠上真犯人としての特定に誤りがないか否か，訴追に値するか否かという判断をする重要な「ふるい分け」の独自の自己完結性ある段階なのである（亀山継夫「検察の機能」『現代刑罰法体系 5・刑事手続 I』（日本評論社，1983 年）40 頁参照）。

(2) 松尾浩也『刑事訴訟法〔上・新版〕』（弘文堂，1999 年）92 頁は，検察と警察の関係について，「指揮権に裏打ちされた相互協力という微妙な関係」と評される。

(3) 出射義夫「検察制度の研究」『司法研究』（司法省調査部，1939 年）報告書 26 号輯 4 ― 84 頁以下参照，松尾浩也「司法と検察」兼子一博士還暦記念『裁判法の諸問題』中巻（有斐閣，1969 年）132 頁参照。

　なお，戦前の司法警察と行政警察の歴史に関しては，新井裕「司法警察と行政警察とに関する試論」警察研究 17 巻 4 号 2 頁以下，宮下明義「司法警察制度論」警察研究 19 巻 10 号 22 頁以下，広中俊雄『戦後日本の警察』（岩波新書，1968 年版）10 頁以下等参照。また，司法省の当時の改革構想等詳しい警察成立の歴史・経緯について，大日方純夫『日本近代国家の成立と警察』（校倉書房，1992 年版）64 頁以下，由井正臣・大日方純夫『日本近代思想体系―官僚制警察』（岩波書店，1990 年）426 頁以下参照。

(4) 新井・前掲注(3)書 3 頁参照。横井大三「検察官と司法警察職員」『日本刑法学会刑事法講座第 5 巻』（有斐閣，1953 年）973 頁注（五），977 頁注（一）参照。青柳文雄「日本の検察」『法学セミナー増刊　現代の検察』（日本評論社，1981 年）29 頁以下参照，松尾浩也「西ドイツ刑事司法における検察官の地位」法学協会雑誌 84 巻 10 号 1285 頁（13 頁）参照，古田佑紀「法制度比較の視座」『松尾浩也先生古稀祝賀論文集下巻』（有斐閣，1998 年）29 頁は，「アメリカの検察官制度は，イギリスに比べれば遙かに大陸法型の検察官制度に近い部分があるが，行政権に属するものとして構成され，公訴官としての性質を本質とするものではなく，起訴権限を付与されているに過ぎない。起訴の固有の権限は，原則として大陪審に与えられており，検察官による起訴は略式起訴（information），大陪審による起訴は正式起訴（indictment）と区別される。また，アメリカの検察官は，刑事事件のみならず，不法行為の差止請求など，民事的な権限が広く与えられていて，『国の法律代理人』という性格が顕著である」とする。もっとも，大陪審については，青柳・前掲書 35 頁は，「『大陪審は検察官のゴム印である』との批判も強く，実質的な効果が

320　第5章　「検察と警察の関係」について

　大きいとは思われない」とする。
(5)　宮下・前掲注(3)書22頁。
　　横山晃一郎「司法と検察」『法学セミナー増刊　現代の検察』（日本評論社，1981年）
　17頁以下は，検事の役割について，「起訴，不起訴の振り分け，その処分の妥当性確保が，
　国家財政上の要請，司法（検察）の課題とすれば，検事は自ら事件に深くコミットせざ
　るをえぬ。なぜなら，警察捜査の慎重な吟味検討，事件の実体，犯人の情状についての
　十分な心証形成だけが起訴不起訴の振り分けに確信を附与するからである」とする。そ
　して，「刑事手続における検察の事実上，法律上の権限拡大も，明治の終わりから大正，
　昭和にかけ急速に進んだ。その推進力になったのは，財政的理由，刑事政策的見地から
　次第に認められるようになった検察の訴追裁量権であり，政治がらみの事件に対する検
　察の捜査力である。治罪法も，そのあとをうけた明治刑訴法も，明文の規定はないが，起
　訴法定主義を採用したもの，と考えられていた。それを覆したのは，財政上の理由である。
　それは，常備兵費用より囚徒費のほうが多いことを慨嘆し，微罪不検挙，戒諭放免の訓令
　を発した，という明治18年から，明治42年刑事統計年表に『起訴猶予』の欄が新設され
　るまで，起訴便宜主義採用，拡大の主たる理由であった」と，その背景事情等を説明する。
(6)　新井・前掲注(3)書6頁参照。田宮裕「刑事訴訟法における警察の役割」『法学セミナ
　ー増刊　現代の警察』（日本評論社，1980年）60頁以下は，戦前における警察とその役割，
　捜査における警察の地位，戦後改革などが説明されている。
　　なお，検察が明治42年に独自捜査で日糖事件（大日本製糖株式会社による政友会等の
　国会議員になされた贈収賄事件）を検挙するまでの検察の犯罪捜査が，予審判事と司法
　警察官吏との谷間に置かれていた現状があったことを指摘するのは，当時の検事総長光
　行次郎が回顧する「検察権の運用の推移」『法曹会雑誌』第17巻11号78頁以下。しかし，
　その後は検察優位で「検尊判卑主義」とも言われるようになったとされる（元大審院判事・
　尾佐竹　猛『判事と検事と警察〔第2版〕』（総葉社書店，1927年）3頁参照。また，検
　察が日糖事件を検挙後，大逆事件，シーメンス事件と相次いで政治的大事件を手掛ける
　うちにその権限と地位を確固たるものとしたが，この点について，原敬内閣は検察を政
　治的脅威として認識し，これをモチベーションとして陪審制度を導入したとする興味深
　い分析をするのは，三谷太一郎『政治制度としての陪審制―近代日本の司法権と政治』（東
　京大学出版会，2001年）5頁以下である。）。
(7)　宮下・前掲注(3)書25頁以下。なお，新たな検察庁法立案の背景事情として，更に
　昭和20年11月司法省に設置された司法制度改正審議会も当初は旧刑訴法下での司法・
　行政両警察未分離の現実を前提に，新たに検事直属の捜査官吏を設けるべきとの議論が
　進められ，昭和21年10月の刑訴法の改正に関する臨時法制調査会の答申中にも，司法
　警察官吏を検察庁の所属に移すべきであり，それが実現する間は検察庁は司法警察官吏
　に対する指揮監督と教養訓練を厳にして捜査の適正・迅速化を期するという付帯決議が
　なされ，この線に沿って同年12月11日には検察補佐官設置に関する勅令も公布されて
　いたという経緯も指摘されている。
　　なお，前記司法制度改正審議会における予審制度の廃止と検察制度の制定，GHQ介入・
　指導と現行刑訴法の経緯について，渡辺咲子「現行刑事訴訟法制定時における公訴提起に

VI　総　括　　321

必要な嫌疑の程度」『田宮裕博士追悼論集（上巻）』（信山社出版，2001 年）57 頁以下参照。
(8)　1947 年制定の警察法が，マッカーサー書簡による GHQ の指令に基づいて制定された
　　経緯につき，田上譲治『警察法〔新版〕』（有斐閣，1983 年）18 頁以下，小倉裕児「1947
　　年警察制度改革と内務省，司法省」関東学院大学経済系第 185 集 67 頁以下参照。古川純「警
　　察改革『法学セミナー増刊　現代の警察』（日本評論社，1980 年）199 頁以下参照。
(9)　宮下明義『新刑事訴訟法逐条解説 II 捜査・公訴』（司法警察研究会・公安発行，1949 年）
　　36 頁参照。
(10)　『ポケット註釈全書　刑事訴訟法（上）〔新版〕』（有斐閣，1986 年）422 頁以下（横井
　　大三）。なお，更に「捜査の過程における名誉の保護ないし人権の尊重などが捜査を適正
　　にするため必要な事項でありながら公訴の遂行を全うするために必要な事項にふくまれな
　　い例として挙げられるが，必ずしもそうとはいえない。公訴の遂行を全うする上に必要な
　　事項であることが多い」とする。
(11)　團藤重光「刑事訴訟法の一部を改正する法律」法律時報 25 巻 9 号 56 頁。なお，同
　　博士は，更に「現行法のもとでも，かような解釈になるのであって，この改正規定は解
　　釈をあきらかにしたにすぎないものとみるべきだとおもう」とされる。
(12)　平野龍一「捜査」『日本刑法學會　改正刑事訴訟法〔特集〕』（刑法雑誌別冊）（有斐閣，
　　1953 年）27 頁。なお，宮下・前掲書 26 頁以下参照。
(13)　岡部泰昌「刑事手続における検察官の客観義務（二）」金沢法学 13 巻 1 号 85 頁。
(14)　土金賢三「捜査技術と公判の維持（上）」警察学論集 18 巻 6 号 14 頁以下では，勾留
　　後の警察の捜査に関しての説明の中で，被疑者の身柄送致後も警察の補充捜査が完了す
　　るまでは「事件送致」はしていないとの独自の見解を述べる点はもとより採り得ないが，
　　その点はともかく，「警察官の第一次的捜査責任に基づく自主的な事件捜査であり，し
　　たがって刑事訴訟法第 193 条 3 項の適用の余地はなく，検察官の指揮による補充捜査で
　　はないことが特に銘記されなければならない」とする。得てして若いキャリア警察官の
　　中には国家公務員上級（I 種）試験合格者としての自意識が余って，法曹である検事に
　　対する対抗意識を持ち，「警察は検察とは独立した捜査能力を有する第一次捜査機関で
　　ある」と過剰なまでの反応を示す者が稀にはいるものの，警察庁の幹部である土金氏の
　　本意は，第一線の警察官に対して，「警察官は，事件送致後も，検察官の起訴・不起訴の
　　判断が成るまでは，その指示があるまでもなく自らの旺盛な責任感を持って補充捜査を
　　遂げなければならない」ということを強調したものと善解すべきであろう。佐藤英彦・
　　元警察庁長官「刑事警察と刑事訴訟法の四〇年」『ジュリスト 930 号特集・刑事訴訟法 40
　　年を顧みて』『治安復活の迪』所収 6 頁では，刑訴法が施行された昭和 24 年 1 月 1 日国
　　家地方警察本部長訓示中に「従来警察が，その任務をつくすについて，独立の捜査権
　　を与えられていない結果，往々にして犯罪の捜査につき，ことごとに検察官に依存する
　　風を存し，ために進取独創の気概に乏しく，刑事警察の刷新強化についても熱意と責任
　　に欠けるもののあったことは否定しがたいところであった」という下りがあることを紹
　　介する。これは同訓示後二十数年以後経過の私の実務の体験中でも，警察は本部事件等
　　を除き，所轄署の一般送致事件に関しては，事件送致後は直ちに次の事件の検挙や捜査
　　へ体制的にシフトを移して，既送致事件の捜査に関しては自ら積極的に捜査する余裕も

322 第5章 「検察と警察の関係」について

なく，どうしても検察官の補充捜査の指示待ち態勢となるというのが実情であることを実感していたところである。もとより，司法警察員の検察官送致に関する規定の刑訴法第203条の解釈は，神谷尚男「捜査及び公訴機関」團藤重光編『法律実務講座刑事編第三巻(1)』（有斐閣，1954年）427頁が「勾留後の捜査手続は，検察官が主宰するもの」と指摘する通りであり，警察もこのことを誤解しているわけではなかろう。

(15) 伊藤榮樹ほか編『注釈刑事訴訟法〔新版〕』3巻（立花書房，1996年）63頁以下参照。

(16) 亀山継夫・前掲注(1)書41頁。なお，亀山教授は更に，検察官の捜査に関し，「このような考え方からは，全体としての捜査の内容的な適正さを維持するために，いわゆる独自捜査も，また，補充捜査もその必要が認められるのである。一方，捜査は，事実行為の集積であり，高度の技術性，合目的性を有しているから，その手続的な適正さを維持するためにも，単なる外部的な監査，監督だけでは困難であり，検察官が自ら適正な手続で捜査を行い，あるいは主宰することによって適正な捜査を実現することが最も効果的な方策となる。もちろん，第一次捜査機関といえども適正な手続によって捜査を行うべき義務を負っていることは当然であるが，これは行政目的を達する上での職務規範にとどまるものであるのに対し，検察官は『法の適正な適用』─『適正な手続による捜査』の実現そのものを職務の目的としているのであり，このような職責を有する検察官がその職責を全うするために捜査権を有しているところに特段の意義があるといえるのである」との重要な指摘をされている。

(17) 神谷・前掲注(14)書459頁は，一般的指示の「捜査の適正」を巡る積極消極の議論に関し，「結局それは観念上問題となるに止まり，実際上かかる事項はほとんどないであろうし，又あっても『重要な』事項でないということによって一般的指示の範囲から除外されるであろうから，その説の相違も，実際上には問題を生じないと思われる」とされるのも，管見と同旨の見解と言えよう。

(18) 宮下・前掲書30頁。

(19) 伊藤ほか・前掲注(15)書60頁参照。

(20) 伊藤ほか・前掲注(15)書66頁参照。ほかに，『大コンメンタール刑事訴訟法3巻』（青林書院，1996年）114頁 ※同書〔2版〕では，4巻117頁，松尾浩也監修『条解刑事訴訟法〔第3版増補版〕』（弘文堂，2006年）323頁各参照。

(21) 平野・前掲注(12)書26頁。もっとも，この指摘は昭和28年刑訴法改正当時でのものである。

(22) 國松孝次「刑事警察の歴史と今後のあり方」『講座 日本の警察 第二巻刑事警察』（立花書房，1993年）21頁以下。なお，同氏はオウム真理事件を警察庁長官として指揮指導していた渦中にあって，何者かに狙撃されて瀕死の重傷を負いながら奇跡的に生還された。同論文では，更に「私自身は，これまで兄事すべき立派な検察官に恵まれ，第一線にあるときは難しい事件であればあるほど，そして重要な事件であればあるほど，対応する検事正，地検刑事部長等に前広に相談をもちかけ，その指導と助言を得てきた。用があるときだけ訪ねるのではなく，雑談のなかから捜査運営のヒントを得ようと日常的人間関係の醸成に心掛けてきた。そこから得られたものは，限りなく大きい。しかし，その場合，私は，決して指揮や指示を受けに行ったのではなく，先方にもそんなつもりは

なかったであろう。警察と検察の関係は，それでよいのだと思う。今の世の中，指揮だ指示だということをギスギス考えていては前向きの建設的関係など生まれるものではない」と実に味わい深い経験も述べられており，私も経験上全く同感であることを付言したい。なお，ここで私の検事時代の体験的報告をひとつすれば，ある地方検察庁に勤務していたときに，警察本部の捜査官２名から事件着手の相談を受けた際，強制捜査の時期と範囲について，当初警察と若干の意見の違いがあった。地元のベテラン捜査官は直ぐに納得したが，本庁から出向のいわゆる若いキャリア捜査課長は，なかなか納得できず，最後には「それは検事さんの刑訴法上の具体的指揮権の行使としての指揮ですか」との質問に及んだ。これに対し私は，「検察官は事件を処理する場合，起訴すべき事件は起訴し，証拠不十分や情状の上から不起訴にすべき事件は不起訴にしなければならないという適正処理の責務がある。そして，起訴すべき事件であれば常に公訴維持の点を考えて緻密な捜査を遂げるとの視点で検察官としての意見を述べているが，私の見解に誤りがない以上は納得して欲しいところであり，これをもって具体的指揮権の行使でないかと聞かれれば，『その通り指揮権行使としての意見である』と言わざるを得ない」旨説明した。結局，事件の着手時期と強制捜査の範囲について私の指示通り実施されて，その後の検察と警察の捜査体制もスムースに運用されて所期の目的を遂げ，公判維持にも問題はなかった（当時私は，既に相当の実務経験を踏んでいた時期であったが，捜査官からそのような質問を受けたのはこれが初めてであり，以後もそのような質問例はなかった。）。

(23) 例えば，昭和61年11月28日発生のいわゆる日本共産党国際部長宅盗聴事件のときの東京地検特捜部の事件処理を巡っては，時の検事総長の回顧録などもあってマスコミ等で種々取り沙汰された。事件は被害者から東京地検特捜部に被疑者不詳で偽計業務妨害，有線電気通信法・電気通信事業法違反で告訴状が提出されたことから特捜部が鋭意捜査を行い，盗聴は神奈川県警の５人の警察官による組織的犯罪との疑いを強めたが，実行犯と目される警察官が死亡するなどし，結局，同62年８月，東京地検はうち２名が国際部長の通話内容を盗聴しようとしたとして，電気通信事業法違反─通信の秘密侵害罪で起訴猶予，残り２名は嫌疑不十分としていずれも不起訴処分とした。このときの検察の捜査は的確かつ迅速であったと評されたが，警察側は終始非協力的であったばかりか，その捜査の間，時の警察庁長官は参議院予算委員会などで電話盗聴の事実を全面的に否定し続けたが，結局，不起訴処分の直前に辞職することで決着された。この検察の処理について，伊藤榮樹『秋霜烈日　検事総長の回想』（朝日新聞社，1988年）165頁の「おとぎ話」（検察の力の限界，今後の検察と警察の良好な関係維持を考えての事件処理であった趣旨を，「よits国の話」として記述したものである。）。

外に，産経新聞特集部『検察の疲労』（角川書店，2000年）194頁以下参照。検察の事件処理そのものは通常のものと評されるが，警察が組織を挙げてした非協力的対応が，かえって，その裏に両者の癒着関係があるのではないかとの疑いを抱かせる結果となったものと言えよう。

(24) 鹿屋夫婦殺し事件無罪国賠訴訟控訴審判決の福岡高宮崎支判平9.3.21判時1610・45。警察官が別件による起訴後の勾留を利用して殺人被疑事件の取調べを行ったことを違法とした上，その警察官の同余罪取調べの中止を検察官が指示せず，勾留の取消し請

324 第5章 「検察と警察の関係」について

求をしなかったことを違法とする裁判例である。

(25) 小田中聰樹『ゼミナール刑事訴訟法（下）演習編』（有斐閣，1988年）41頁。渡辺洋三ほか編『日本の裁判』（岩波書店，1995年）小田中聰樹執筆208頁。中田直人「刑事司法と警察」松井康治弁護士還暦記念『現代司法の課題』（勁草書房，1982年）172頁。

(26) 白取祐司「討論の要旨」刑法雑誌42巻2号213頁以下参照。

(27) 福井厚「ドイツにおける『刑事手続の警察化』論」（2004年，法學志林101巻4号）2頁以下，同「戦後日本の検察と警察」『刑事司法改革と刑事訴訟法下巻』（日本評論社，2007年）64頁以下に依拠。

　　なお，新屋達之「刑事規制の変容と刑事法学の課題―立法を素材として（訴訟法の立場から）―」刑法雑誌43巻1号39頁以下参照。同40頁では，このドイツの刑事手続の「警察化」について，警察の事前捜査の必要性からの分析として，「行政警察と司法警察の限界が流動化して刑事司法自体が予防司法化しつつあることと，その担い手として警察権限が強化されているという二つの含みが『刑事手続の警察化』なのである」とする。

　　＊　白井諭「犯罪捜査における検察と警察の関係―合衆国における理論と実務からの一考察―」法学論叢（岡山商科大学）24号12頁以下は，合衆国の刑事司法が「警察が捜査し，検察が訴追する」という役割分担が伝統的なモデルとして確立されていたが，これが批判されて，検察には警察に対する法的アドバイザーにとどまらず，警察との緊密な協議・連携という両者の協働関係が求められていることなどの分析をなした上，我が国における警察捜査と検察官の立場・職責の在り方に関しては，検察官には客観義務を課することに理解を示した上で，その役割について「『公訴官』の役割を果たす法律家という役割をもって警察捜査を監視・抑制すること」が期待され，その可能性も残されていることとの分析を行っている。なお，白井諭「検察官の『公訴官』的地位と訴追裁量」『刑事法理論の探究と発見〔齊藤豊治先生古稀祝賀論文集〕』（2012年，成文堂）249頁以下も参照。

(28) クラウス・ロクシン『ドイツ刑事手続法』（新矢悦二・吉田宣之共訳）（第一法規出版，1992年）80頁。

(29) これは，トーマス・ワイゲント教授が，第87回日本刑法学会（学会創設60年記念大会）で「ドイツにおける刑事手続の過去，現在，そして未来」と題して講演された内容（池田公博（神戸大学）准教授訳）の要約である。なお，ドイツにおける「刑事手続の警察化」の問題は，ベルト・シューマン（ドイツ・ミュンヘン大学法哲学・法情報学研究所長）講演「現代の刑事手続における警察の地位」（山名京子訳）『立命館法學』254号4号176頁以下にも詳しい。また，ドイツの新たな捜査手法等に関する刑訴法改正の経過について，松尾浩也「ドイツにおける刑事訴訟法及び刑事訴訟法学の発展」『田宮裕博士追悼論集（下巻）』（信山社出版，2003年）79頁以下，同「アメリカ刑事訴訟法のヨーロッパ大陸法に対する影響―ドイツ法を中心に―」『アメリカ刑事法の諸相（鈴木義男先生古稀祝賀）』（成文堂，1996年）532頁以下参照。

(30) 小田中聰樹『現代刑事訴訟法論』（勁草書房，1977年）308頁参照。

(31) 新屋達之「現代検察官論の課題」刑法雑誌40巻1号6頁以下。三井誠「刑事訴訟法施行30年と『検察官司法』」『別冊判例タイムズ刑事訴訟法の理論と現実』（判例タイムズ社，

Ⅵ　総　括　　325

1980年）37頁，小田中聰樹『現代司法と刑事訴訟の改革課題』（日本評論社，1995年）
303頁，平野龍一「現行刑事訴訟法の診断」『團藤重光博士古稀祝賀論文集〔第4巻〕』（有
斐閣，1985年）407頁以下等参照。なお，平野博士は，同409頁で，弾劾的捜査観提唱者
からの立場で，「起訴に高度の嫌疑が要求されると，訴訟の実質は捜査手続に移らざるを
えなくなり，また捜査機関にかなり強力な強制権限を与えざるをえなくなる。そして，裁
判所は検察官が有罪と確信したものを『念のために確かめる』だけのものになってしま
うのである。実際わが国の第一審は実は検察官の裁判に対する控訴審にすぎない，とい
えなくもないのである。しばしばわが国の司法が『検察官司法』であるといわれるのも
あたっていないとはいえない」と評する。

(32)　新屋・前掲注(31)書7頁以下参照。

(33)　中田・前掲書172頁。なお，検察庁の平成20年度定員は，検察官2578人（検事
1679人，副検事899人），検察事務官等9063人である（検察庁HP公表）。また，警察職
員の平成21年度定員は，総数29万640人であり，このうち7660人が警察庁の定員であり，
28万2980人が都道府県警察の定員である（『警察白書　平成21年度版』192頁）。

(34)　井戸田侃『刑事訴訟理論と実務の交錯』（有斐閣，2004年）23頁以下。同「捜査にお
ける検察官の役割」『法学セミナー増刊　現代の検察』（日本評論社，1981年）88頁以下
も参照。

(35)　岡部泰昌「刑事手続における検察官の客観義務（一）」金沢法学11巻2号100頁。
同（二）13巻1号114頁以下，同（六・完）15巻1・2合併号132頁以下。なお，田和
俊輔『ドイツ検事制度の比較法的研究』（勁草書房，1992年）18頁以下では，第1章—
検察官の客観義務　当事者性が捜査に及ぼす影響（西ドイツとの比較において）につい
て，岡部・柏木・團藤各教授や西ドイツにおける諸論説を紹介しながら検討される。

(36)　松尾・前掲注(4)書1299頁（27頁）以下での我が国の検察官に関する記述。同博士は，
「検察官が治安維持の責任者という自覚に貫かれながら，一貫してその行政目的を追求
する姿勢をとっていることは，高能率の検察との実現という意味で，少なからぬ長所を
もつ。現在のわが検察陣は，犯罪捜査から刑の執行に至るまで広汎な職務を担当し，し
かも99％を越える有罪率の確保という驚くべき成果を収めている。しかし，検察権の行
使が，厳正的確であるかどうかの判断は，単なる統計数字によってはつくし難いもので
ある。一国の刑事司法の性格は，検察権のありかたによって大きく特色づけられる。こ
のことに思いを致すとき，現在のわが検察には，合目的性の考慮が優位に立ち過ぎては
いないかという反省に到達せざるをえないのである」とされた上で，公判専従論を高く
評価されている。なお，松尾教授は検察官のデュー・プロセス擁護義務論につき，『刑事
訴訟の原理』（東京大学出版会，1974年）262頁において，「検察官には，警察捜査の批
判者として，デュープロセスを擁護する機能が期待されなければならない。そして，こ
のことは，裁判所の役割がかつての実体的真実発見（＝処罰の確保）からデュー・プロ
セスの維持へ脱皮してゆくことに相応じ，検察官に真の司法官的性格を回復させるのであ
る」と説かれる。また，平野龍一『刑事訴訟法概説』（有斐閣，1968年。2007年第27刷）
27頁は，「検察官は行政部に属するものであるが，その時々の内閣の政策目的の実現をは
かる意味での行政機関ではなく，いわば国民の代理人として犯罪の訴追を行うことを任務

326 第5章 「検察と警察の関係」について

とするものである。したがって，検察官はいぜんとしてある限度では司法官的な性格をとどめている」とする。

(37) 田宮裕『刑事訴訟法〔新版〕』（有斐閣，1996年）24頁以下。

(38) 田宮裕「刑事訴訟法（法律学の動き A 重要論点紹介）」『ジュリスト年鑑』（有斐閣，1969年版）425号129頁，同「訴追裁量のコントロール公訴権の濫用について─」立教法学11号164頁。なお，同「刑事訴訟法の特色」『別冊判例タイムズ刑事訴訟法の理論と実務』（判例タイムズ社，1980年）10頁は，「わが国の検察官は，起訴猶予処分によって，はじめ行政官的な，やがて裁判官的な機能を果たしてきたといえる。もちろん，訴追の必要性の判断の前に，慎重な証拠判断が行われることは当然である。この両面において権限が大きければ大きいほど，前述の独占組織ということもあって，自己コントロールの機能が働くことになる。起訴は，十分に証拠を固め，有罪の確信をえ，訴追の必要性を肯定してはじめて行われるのである。このような慎重・周到な判断の前提として，みずからも捜査に没入し，とくに徹底的な取調べの励行を要求せざるをえず，かくて，上述の捜査における取調べの重視という事象と結びつくわけである」と分析する。

(39) 亀山・前掲注(1)書35頁以下。

(40) 拙著『適正捜査と検察官の役割』（北樹出版，2008年）第1章「取調べ受忍義務」21頁。
　　なお，井戸田教授が被疑者（弁護人）も捜査主体と見て，検察官の捜査における役割が最終段階における，被疑者に対する事実通知と弁解聴取にすぎないと捉える見解は，管見においては支持できない。何故ならば，検察官等捜査機関が，犯罪の実体的真実を追求し，裁判によって適正な刑罰権の行使・正義が実現されることを目指すことは，国民の負託内容にも当然よく合致するものだからである。

(41) 亀山・前掲注(1)書38頁。

(42) 團藤重光『刑事訴訟法要綱〔7訂版〕』（創文社，1967年）209頁。
　　なお，実体的真実主義は刑事裁判につき，裁判所が公訴事実につき客観的な真実の究明を図るという原則であるが，これに対するのが，民事訴訟法が採る形式的真実主義である。この場合は，当事者間に争いがないなど一定の形式に合致した事実があれば，それを真実と見做すという原則である（英米法では，刑事裁判でも自白・有罪答弁により証拠調べなくその事実を認める。）。また，実体的真実主義も神のみぞ知る絶対的真実の究明ではなく，その意味では捜査機関が究明の相対的真実主義である。また，その相対的真実主義を前提にして，捜査機関が実体的真実を追求するとしても，拷問はもちろん被疑者の人間としての根源的尊厳・人権を冒瀆する苛酷な行為が許されるわけではないが，その危険を避けるために，場合によっては実体的真実にも優越する原理があるものとして案出された智慧が，法の定めた適正手続に従った上での真実追求であるべきとのルールであり，これが訴訟法的真実ということとなる。被告人が自白し，その凶器が発見されてもその収集手続が違法収集証拠の排除法則（最判昭53.9.7刑集32・6・1672）に照らしてその凶器を証拠とすることを許容できない場合は，無罪もあり得るが，これは実体的真実は被告人が真犯人であっても，訴訟法的真実として無罪判決がなされる。この点，佐藤欣子「戦後刑事司法における『アメリカ法継受論』の再検討（上）」警察学論

集 32 巻 10 号 36 頁以下は,「『無辜を起訴すべからず, 巨悪を逸すべからず』という言い方には,『実体』と『手続』との混同がある。『無辜か否かを決定するものは裁判であり, かりに無辜であっても有罪とされることもあり, 有罪であっても無罪とされることもある』という実体と手続とのギャップはここでは予定されていない。そこには, 裁判の基礎を真実に置こうとする実体的真実主義の断固たる主張がある」「日本における司法は, いわば『誠心誠意主義』の下に行われているのであり, それは神に対する罪とこの世の裁判とを明確に区別し, フェア・プレイのゲームの精神で闘われるアメリカの裁判とは対照的なのである」とする。また, **河上和雄**「社会正義と検察」『法学セミナー増刊　現代の検察』(日本評論社, 1981 年) 22 頁以下は,「法の適正手続の要請に応えつつ, 実体的真実を訴訟法的真実として一点の乖離なく証明することが検察官のなすべきことであると言えよう。何故このようなことを言うかと言えば, 正義の基本となるのは, 実体的真実のみであり, それと乖離した訴訟法的真実は, 決して人の正義感を満足させないばかりか, 裁判制度自体に対する国民の不満を高めるにすぎないからである。検察の不十分な捜査, 不適切な公判活動により, 有罪となるべき被告人が無罪になるとすれば, そして, 訴訟法的には, その感情がいかに理不尽のものであっても, 正義を具現したと言い難いことは言うまでもない。検察に課せられた第一の使命は, このように, まず, 実体的真実を発見し, それを訴訟法的真実として具現することである」と説かれる。

(43)　松尾浩也・田宮裕「実体的真実主義とはなにか」『刑事訴訟法の基礎知識』(有斐閣, 1966 年) 12 頁以下 (松尾執筆)。

(44)　平野・前掲注(36)書 12 頁。なお, 同 30 頁では,「検察官は, 四つの機能, すなわち第一の警察官的な機能, 第二の裁判官的な機能, 第三の弁護士的な機能, 第四の矯正保護職員的な機能をもち, 刑事司法の全般にわたり, そのバック・ボーン的な役割を果たしているといってよい」とされる。

(45)　松尾・前掲注(3)書 149 頁。

(46)　最判平 15.2.14 (刑集 57・2・121) の事案は, 警察官が被疑者を逮捕する際に発付済みの窃盗罪の逮捕状を携行していなかったのに, その緊急執行の手段にもよることなく逮捕し, 以後逮捕状や報告書には「逮捕の現場で逮捕状を被疑者に示して通常逮捕した」旨虚偽の記載をし, 裁判所でもその旨偽証したとの事実認定の下に, これは排除基準である違法重大性及び排除相当性の基準を満たすからとして, 最高裁として初めて違法収集証拠として被疑者が逮捕中に任意提出した尿とその鑑定書を証拠排除 (覚せい剤使用罪を無罪) したものである。捜査官の前記行為が事実認定通りであるとしたならば, 検察官は「準司法官」の役割を果たしていなかったと言わざるを得ない (もっとも, 本件では検察官も捜査官の主張に沿って立証活動を展開し, 上告趣意でも捜査官の主張を真実として, 大阪高裁の原判決が重大な事実誤認であるなどとの論旨を展開しているので, 真相はなお藪の中とも言える。)。判決の事実認定を前提とする以上, 検察官は強大な警察組織を前に, 当初の不手際からとは言え大河となった流れを手で堰き止めようとする空しさを抱きつつ, あるいは漫然不用意に易きについたとの謗りを免れないであろう。拙著・前掲書第 1 章取調べ受忍義務— 33 頁注(18)参照。

初出一覧

第 1 章　刑事司法における検察官の役割

『日本法學』（一）〜（四・完）

（一）第 81 巻第 2 号（平成 27 年 10 月 20 日発行）に掲載

（二）同第 3 号（同年 12 月 25 日発行）に掲載

（三）同第 4 号（平成 28 年 2 月 25 日発行）に掲載

（四・完）第 82 巻第 1 号（同年 6 月 30 日発行）に掲載

The Role of Prosecutors in the Criminal Justice（Ⅰ）〜（Ⅳ）

第 2 章　起訴基準見直し論に対する一考察

『日本法學』第 82 巻第 2 号（平成 28 年 10 月 31 日発行）に掲載

A Remark on the Argument for Revision of the Prosecution Standard

第 3 章　検察官の適正な公訴権行使と司法取引

日本大学法科大学院『法務研究』第 8 号（平成 24 年 3 月 25 日発行）に掲載

The Appropriate Execution of the Prosecutional Authority and the Bargaining

between Prosecutors and Defendants

第 4 章　「取調べ可視化」の限界について

日本大学法科大学院『法務研究』第 6 号（平成 22 年 3 月 25 日発行）に掲載

On the Limits Of Visualization of Interrogation

第 5 章　「検察と警察の関係」について―「刑事手続の警察化論」と検察官の役割―

『日本法學』第 75 巻第 4 号（平成 22 年 3 月 15 日発行）に掲載

Relationship between Prosecution and Police

―Police's Dominance ouer Criminal Inuestigation and the Role of Prosecutors―

判例一覧

大判明 36.10.22 刑録 9・1721 ··· 215

東京地判昭 39.4.15 判時 371・5 ··· 184

広島高岡山支判昭 40.7.8 ·· 231

最判昭 41.7.1 刑集 20・6・537（判例④）······ 62, 113, 214, 229, 231, 235, 236, 238, 251, 252, 261

最大判昭 41.7.13 刑集 20・6・609 ··· 230

最大判昭 45.11.25 刑集 24・12・1670（判例⑤）····· 62, 113, 214, 232, 235, 236, 239, 252, 262

大阪高判昭 47.2.9 判時 676・96 ·· 239

最判昭 48.12.13 裁判集刑事一 90・781，判時 725・104 ·············· 185

最決昭 51.10.12 刑集 30・9・1673 ··· 104

東京高判昭 52.6.14 高刑集 30・3・341 ··································· 213

大阪高判昭 52.6.28 刑裁月報 9・5=6・334，判時 881・157 ·········· 263

最判昭 53.9.7 刑集 32・6・1672（判例②）····· 214, 219, 221, 236, 256, 316, 326

最判昭 53.10.20 民集 32・7・1367 ··· 185

東京地決昭 53.12.20 刑裁月報 10・11=12・1514 ······················ 246

最決昭 55.12.17 刑集 34・6・672 ·· 186

最決昭 55.12.17 刑集 34・7・672（判例①）····· 213, 217, 221, 224, 235, 249

最判昭 56.6.26 刑集 35・4・426 ·· 218, 249

熊本地八代支判昭 58.7.15 判時 1090・21 ································ 103

最決昭 59.1.27 刑集 38・1・136，判タ 519・67 ······················· 186

福岡高決昭 59.10.29 高検速報 1317 ······································· 285

大阪高判昭 60.3.19 判タ 562・197 ·· 221

東京地判昭 62.12.16 判時 1275・35 ······································· 242

最判平 7.6.20 刑集 49・6・741（判例③）····· 214, 220, 234, 235, 236

東京地判平 10.5.26 判時 1648・38 ··· 247

最大判平 7.2.22 刑集 49・2・1（判例⑥）

······················ 113, 214, 224, 229, 231, 232, 234, 236, 238, 243, 246, 251, 252, 253, 263

最判平 7.6.29 判タ 885・151 ·· 253

大阪高判平 8.7.16 判時 1585・157 ··· 247, 249, 263

福岡高宮崎支判平 9.3.21 判時 1610・45 ·································· 323

東京地判平 10.5.26 判時 1648・38 ··· 247

最判平 15.2.14 刑集 57・2・121 ·· 316, 327

最大判平 15.4.23 刑集 57・4・467 ··· 258

最判平 15.10.7 刑集 57・9・1002 ·· 258

福岡地判平 17.5.19 判時 1903・3 ·· 264

330　判例一覧

最決平 17.11.25 刑集 59・9・1831 ······························· 205
名古屋高判平 19.6.27 判時 1977・80 ····················· 185, 187
最決平 19.10.16 判時 1988・159 ································ 185
最判平 20.7.18 刑集 62・7・2101 ······························ 259
最決平 20.9.30 判時 2036・143 ································ 279
最判平 21.7.14 刑集 63・6・623 ························· 227, 229
東京高判平 21.12.1 判タ 1324・277 ··················· 247, 249
宇都宮地判平 22.3.26 判時 2084・157 ····················· 243
最大判平 23.11.16 刑集 65・8・1285 ························ 204
大阪地判平 27.1.27（LEX/DB 25506264）················· 173
福岡高判平 27.3.25 研修 807・69 判例紹介 ·········· 164, 207
大阪地決平 27.6.5（LEX/DB 25540308）················· 173
大阪高判平 28.3.2（LEX/DB 25542299）················· 173
名古屋地判平 27.12.24（LEX/DB 25541935）············ 173
広島地福山支判平 28.2.16（公刊物未登載）················ 173
広島高判平 28.7.21（公刊物未登載）······················· 173

事項索引

ア行

青柳文雄 ·· 64
赤碕町長選挙違反事件 ·················· 218, 249
明石花火大会歩道橋事故事件 ············ 197
足利事件 ······································ 243, 275
芦別国家賠償請求事件 ························ 185
アレインメント制度 ·········· 57, 146, 180, **226**
暗黙裡の取引 ······································ 112
違警罪裁判所 ·· 29
違警罪即決例 ··························· 26, 37, 215
一応の証拠 ·· 188
一般的指揮権 ······································ 299
一般的指示 ·· 302
一般的指示権 ······································ 299
出射義夫 ·· 93
違法収集証拠（の）排除法則 ······ 219, 316
イミュニティ制度 ·············· 222, 262, 270
依命通知 ·· 112
ウォーレン・コート ····························· 77
ウトロー事件 ······························· 29, 270
宇野元代議士公職選挙法違反事件 ·· 186, 258
上塗り調書 ·· 98
王冠証人制度 ······································ 271
大浦事件 ·· 47
小野清一郎 ·································· 27, 37

カ行

確信基準 ······································ 183, 217
核心司法 ···················· 76, 152, 189, 199
隠れたる実質的司法取引 ····················· 212
隠れたる取引 ······································ 112
家族モデル ·· 62
鴨良弼 ·· 63
仮逮捕 ·· 272
簡易公判手続 ······································ 226
擬似的当事者 ······································ 126
擬似当事者主義 ····································· 61
基準検察 ·· 149
擬制自白 ·· 226
起訴議決 ······························· 60, 136, 216

起訴基準 ····························· 116, 149, 183
起訴強制制度 ···················· 153, 179, 182
起訴裁量権 ·· 215
起訴相当 ·· 198
起訴の選択権 ······································ 215
起訴便宜主義 ································· 30-1, 37
起訴法定・起訴強制主義 ····················· 215
起訴法定主義 ································· 30, 37
起訴率 ·· 145
客観義務 ·· 55
旧警察法 ·· 294
旧長銀粉飾決算事件 ····························· 259
糺問的捜査観 ················ 58, **73**, 145, 318
行政執行法 ···························· 26, 38, 215
強制処分法定主義 ································· 36
強制退去と検察官面前調書 ·················· 220
協力関係 ······································ 298, 301
協力義務 ·· 303
切り違え尋問事件 ························· 232, 239
キング事件 ·· 83
具体的指揮権 ······································ 299
熊本水俣病補償請求 ····························· 186
グリフィス ·· 62
軽罪裁判所 ·· 29
警察司法 ·· 305
警察捜査における取調べ適正化指針 ····· 279
警察庁 ····································· 36, 295
警察突き放し論 ······························ 98, 141
形式的真実主義 ···································· 326
刑事政策的刑事司法 ····························· 150
刑事手続の警察化 ·············· 137, 293, 306
刑事統計年報 ······································ 41
刑事免責 ····························· 107, 222, 234
刑訴応急措置法 ···························· 32, 294
刑の一部執行猶予 ································· 150
刑の減免制度 ······································ 109
警保寮 ·· 290, 291
検非違使庁 ·· 20
嫌疑の程度 ·· 152
嫌疑の引継 ·· 189
顕在的司法取引 ···································· 213

332 事項索引

検察官公選制····················138
検察官公判専従論················311
検察官司法·············50, 75, 189
検察官同一体の原則·········179, 218
検察官の客観義務···············310
検察審査会······················181
検察審査会法·····················36
検察谷間論·······················98
検察庁···························36
検察的濾過作用··············94, 141
検察における取調べ適正確保方策について
·································279
検察二元論·······················95
検察の在り方検討会議··············85
検察の理念······················101
検察ファッショ···················50
検察問題検討会···················99
検事聴取書······················293
合意書面························225
合意手続························223
公益の代表者·······53, 86, 300, 312
公衆（私人）公訴主義···········291
公訴権·······················30, 214
公訴権濫用論·················186, 213
交通反則通告制度·················42
公判専従論··················93, 313
公判中心主義·····················60
合法主義·························30
合理的な疑いを超える証明·········184
勾留請求権限····················300
厚労省元局長事件·················85
五箇条御誓文·····················21
国民性論························64
国民（の）二分化············52, 180
児玉ルート税務訴訟上告審判決·····253
国家警察·························36
国家弾劾主義訴訟·················96
国家地方警察····················294

サ行

財田川事件······················104
裁判員制度··········151, 179, 180
裁判所構成法·················23, 289
幸浦事件·························97
GHQ·················33, 49, 177, 294

事件相談························303
自己負罪型取引··················113
私人訴追制度················132, 134
事前協議························303
私訴···························22
自治体警察···················36, 294
実質証拠························112
実体的真実主義········125, 314, 326
指定弁護士······················218
GPS捜査····················172, 174
志布志無罪事件··················275
司法官憲·························49
司法警察官······················292
司法警察職員の服従義務·······296, 301
司法参加の主体···················52
司法制度改革審議会意見書·····159, 211
司法制度改善策···················37
司法制度革新論···················27
司法取引·············106, 212, 222
重罪院··························29
柔道指導上の事故事件············154
重要証人抑留制度················270
準司法官························312
準司法官性·······················54
証拠開示制度の拡充··············108
証拠の優越······················184
証人免責制度····················274
嘱託尋問調書··············234, **243**
職権（審理）主義·············23, 39
審査補助員··················154, 217
シンプソン事件···················83
吹田事件·························42
制裁減免制度····················211
政治資金規正法違反起訴強制事件······153-4, 197
精密司法························179
精密司法論·······················65
全件送致・送付主義···············49
専門委員会······················159
捜査協力························246
捜査・公判協力型協議・合意制度···106
捜査の主宰者····················295
相当の嫌疑······················188
ソーシャル・ファーム············150
訴訟構造論·······················57
訴訟的捜査構造論················318

訴追されない利益 …………………… 181	犯罪捜査規範 …………………… 303
即決裁判手続 ………………… 107, 227	犯罪白書 …………………… 42, 226
	犯罪抑圧モデル …………………… 61
夕行	引き返す勇気 …………………… 148, 161
第一次的捜査権限 …………………… 294	被疑者国選弁護制度 …………………… 108
大逆事件 …………………… 50, 118	微罪処分 …………………… 145
代言人規則 …………………… 22	必要的執行猶予事件 …………………… 227
第二次的捜査機関 …………………… 295	氷見事件 …………………… 275
大陪審 …………………… 52, 79, 133	秘められたる司法取引 …………… 112, 199,
高田事件 …………………… 42	212, 224, 228
弾劾的捜査観 ……… 58, 73, 145, 190, 318	平野龍一 ……… 15, 62, 73, 74, 127, 156,
断獄則例 …………………… 21, 289	188, 283, 299, 314, 318
弾正台 …………………… 21	不起訴確約宣明書 …………………… 234
團藤重光 ……… 15, 43, 74, 125, 314	福島原発事故事件 …………………… 197
治罪法 …………………… 22, 24, 289	福知山線列車脱線事故事件 …… 153, 197, 205
チッソ川本事件 ……… 186, 213, 217	付審判制度 …………… 136, 154, 179
懲戒訴追権 …………………… 302	付帯決議 …………… 106, 109, 296
懲戒法 …………………… 302	ブレイディ判決 …………………… 222
調書裁判 ……… 59, 152, 181, 190, 196	プリ・トライアル制度 …………………… 35
調書尊重主義 …………… 59, 144, 190	ペナル・ポピュリズム …………… 52, 180
調書中心主義 …………………… 102	弁護人参与権 …………………… 273
直接主義 …………………… 23	ボアソナード …………………… 21, 289
通信傍受 …………………… 108	法廷闘争 …………………… 42
ディヴァージョン …………… 16, 158	保護観察モデル …………………… 150
帝人事件 …………………… 50, 118	
適正手続モデル …………………… 61	**マ行**
手続的正義 …………………… 236	前捌き的システム …………………… 179
デュー・プロセス ……… 77, 311, 325	マジストレイト（治安判事）…………… 73
ドイツ刑事訴訟法 …………………… 184	マップ事件 …………………… 41
当番弁護士制度 …………………… 309	ミランダ事件 …………………… 41
答弁取引 …………………… 57	ミランダの会 …………………… 309
独占禁止法違反事件 …………………… 211	民営化論 …………………… 135
特捜部 …………………… 162	民間委託 …………………… 132
独任官庁 …………………… 88	民衆訴追 …………… 48, 134, 181
取調べの可視化 ……… 105, 210, 282	免田事件 …………………… 102
	綿密な捜査・慎重な起訴 …………… 177, 188
ナ行	
日糖事件 …………………… 50, 118	**ヤ行**
仁保事件 …………………… 97	約束による自白 …………… 231, 236
任意主義 …………………… 31	有罪答弁 …………… 57, 222
念のための捜査 …………… 114, 152	有罪の確信 …………………… 183
	緩やかな捜査と起訴 …………………… 191
ハ行	要急事件 …………………… 292
陪審制度 …………………… 32	予審制度 ……… 22, 24, 34, 48, 177, 290
パッカーのモデル論 …………………… 61	予審制度（フランス）…………………… 29

334　事項索引

予審判事 ……………………………………… 177
予審判事調書 ………………………………… 293
予審免訴 …………………………………… 94, 177
予備審問 ……………………………… 34, 35, 72

ラ行

ラフ・ジャスティス ………………… 76, 189, 269
リニエンシー・プログラム …………………… 211
令状主義 ………………………………………… 36
連邦刑事手続規則 …………………………… 221
録音・録画制度 ……………………………… 105
ロッキード事件 ……………………… 98, 214, 234

著者紹介

加藤　康榮（かとう　やすえい）

1973年　検事任官（東京地方検察庁特捜部検事・法務省法務総合
　　　　研究所教官・同研修部長・東京高等検察庁検事・千葉地
　　　　方検察庁刑事部長・広島法務局長等歴任）
2000年　最高検察庁検事を最後に退官後，公証人就任
2004年　日本大学大学院法務研究科教授（2015年退職）
現　在　弁護士
【主な著書】
『適正捜査と検察官の役割』（2008年，北樹出版）
『刑法演習50選』（共著，2012年，北樹出版）
『ホーンブック新刑法総論〔改訂版〕』（共著，2010年，北樹出版）
『ホーンブック新刑法各論〔改訂3版〕』（共著，2015年，北樹出版）
『刑事訴訟法〔第2版〕』（2012年，法学書院）
『刑事法重要判例を学ぶ』（2012年，法学書院）
『ケース刑事訴訟法』（共著，2013年，法学書院）
『マスター刑事訴訟法〔改訂版〕』（2012年，立花書房）
『警察官のためのわかりやすい刑事訴訟法』（共著，2015年，立花
書房）
『刑事訴訟法』（共著，2012年，弘文堂）
『刑事法入門』（共著，2014年，弘文堂）

新生検察官論──国民の司法参加と検察官の役割

2017 年 2 月 20 日　初版第 1 刷発行

著　者　加　藤　康　榮

発行者　木　村　哲　也

・定価はカバーに表示　　印刷　シナノ印刷／製本　新里製本

発行所　株式会社　北 樹 出 版
URL:http://www.hokuju.jp
〒153-0061　東京都目黒区中目黒 1-2-6
電話(03)3715-1525(代表)　FAX(03)5720-1488

© Yasuei Kato 2017, Printed in Japan　　ISBN 978-4-7793-0522-1

（落丁・乱丁の場合はお取り替えします）